JN024109

経営とは何か

ハーバード・ビジネス・レビューの100年

HBR AT 100

ハーバード・ビジネス・レビュー編集部＝編
DIAMONDハーバード・ビジネス・レビュー編集部＝訳

ダイヤモンド社

HBR at 100 :
The Most Influential and Innovative Articles
from Harvard Business Review's First Century
by Harvard Business Review

序文

『ハーバード・ビジネス・レビュー』編集長 アディ・イグナティウス

100年前、『ハーバード・ビジネス・レビュー』（HBR）が創刊されると、比較的新しい分野だった企業経営に斬新なアイデアをもたらすものとして歓迎されました。

当時の米国は活気に満ちていました。第1次世界大戦の埃（ほこり）がようやく落ち着き、さまざまなビジネスが軌道に乗り始めた頃です。この興奮は、1929年に世界恐慌によって冷水を浴びせられるまで続きました。自動車製造やその他の消費者産業は活況を呈していましたが、これらの企業を効果的に指導するためのプロセスは、まだ生まれたばかりでした。

HBRはハーバード・ビジネス・スクール（HBS）の歴史上最も長く学長を務めたウォレス・ブレット・ドナムの発案によるもので、もともとは季刊誌でした。歯科医の子息であったドナムは、企業が最大の難題にどのように対処しているかという厳密な調査に基づいた適切な「ビジネスの理論」が、経営者に正しい判断を教示できると確信していました。これなくしては、ビジネスは「非体系的で場当たり的、多くの人にとって下手なギャンブルを打つようなもの」になってしまうと、1922年のHBR創刊号で彼は書いています。

HBRの初期の記事の多くは、オペレーションの効率を上げることに焦点を当てたものでした。その代表的なものが「科学的管理」で、当時最も有名だった経営思想家、フレデリック・W・テイラーが提唱しました。機械技師からコンサルタントに転身したテイラーは、事実上あらゆる産業プロセスを数値化して測定し、効率と一貫性を高めるために最適化できると信じていました。

しかし、産業や利害関係者がより複雑になるにつれ、ビジネス界は他のアプローチやアイデアを必要とするようになります。そしてHBRは、この進化する考え方を伝える重要な情報源として、マクロ経済のトレンドがビジネスに与える影響、労働組合への対応、金融の新しいルールへの適応など、幅広いトピックをカバーするようになりました。

やがて、HBRは社会とともに新たな領域にフォーカスするようになります。かつては「ソフト」だと思われていたトピック――従業員のモチベーション、真のリーダーシップ、ワークライフバランス――は、健全な組織にとって欠かせない側面だと認識されるようになったのです。HBRは新しいプラットフォームと製品を立ち上げ、雑誌だけでなく、ウェブ、ビデオ、ポッドキャスト、ソーシャルメディア、さらに2020年からはティックトックでもアイデアを発信していくことになりました。HBRが得意とする長文の記事はいまなおHBRの至宝ですが、今後はより短い記事、グラフィック、データ分析などを通じて読者に大きな価値を提供することを目指しています。

HBRは、現代ビジネスの歴史において最も影響力のある数々のアイデアを発表してきました。そこで本書のコレクションに当たっては、ビジネス環境が変化しても、また他の筆者がこれらの概念に独自の考え方や研究を加えても、数十年にわたって適切であり続けるものを選ぶよう心がけました。記事の中には、今日の基準では時代遅れと思われる言葉や、好ましくない表現が使われているものもあります。深慮のうえオリジナルの表現を残すことを選択しましたが、一部の文章が不快に感じられる場合もあることは認識しています。

本書はＨＢＲの歴史でもなければ、時代とともにどのように変化してきたかを示す年表でもありません。むしろ、過去1世紀にわたるＨＢＲの最も優れた、そして最も永続的なアイデアを示す記事を紹介するものです。

今回取り上げた記事には、過去に遡ることで生じるバイアスがあるかもしれません。30本の記事のうち、最初の60年間に書かれたものは5本だけで、また9本は２０１５年以降のものです。これは、ビジネスがいかに変化したかを反映しており、初期の記事の多くは焦点がぼやけている、ないし、一時的な洞察しか提供できていないことを意味しています。

最近では、戦略、ビジネスモデル、変革のマネジメント、テクノロジーなど、多くの読者に広く関連するトピックについて、より多くの記事を掲載するようになりました（この文章を書いている時点で、毎月約１１００万人のユニークビジターが我々のウェブサイトを訪問しています）。また、サステナビリティ（持続可能性）、ダイバーシティ・アンド・インクルージョン（多様性と包摂）、ファクトベースの意思決定など、長期的な成功に欠かせない価値観への一貫したコミットメントを反映させるため、これらのテーマに触れた記事もいくつか選定しています。

本書で紹介される筆者、論文や記事は、いずれも伝説的なものばかりです。

現代マネジメントの父として広く知られるピーター・Ｆ・ドラッカーからは、１９９９年に発表された「自己探求の時代」を第1章にて紹介します。ＨＢＳの著名な教授であるマイケル・Ｅ・ポーターからは、１９７９年の論文「競争の戦略：５つの要因が競争を支配する」を第4章にて紹介。これは、企業の競争力を理解するために多くの研究がなされている筆者の５つの力の枠組みを初めて取り上げたものです。

クレイトン・Ｍ・クリステンセンについては、１９９５年にジョセフ・Ｌ・バウアーと共著で発表された「イノベーションのジレンマ」を第6章にて紹介しますが、これがまさに、クリステンセンの代表的な概念である「破壊的イノベーション」を紹介した論文です。また、W・チャン・キムとレネ・モボルニュによる2004年の論文「ブルー・オーシャン戦略」を第5章で紹介します。いまや人口に膾炙したこの言葉を世に出し、新しい市場を創造する無数のイノベーターにインスピレーションを与えた論文です。

また、最近の記事では、リーダーが習得すべき最重要課題として注目されているトピックや課題を取り上げています。ジェンダー、人種、ダイバーシティ、テクノロジーと人工知能（AI）、気候変動、パンデミック、仕事の未来などに関する記事が含まれています。ビジネスの世界が進化し続ける中、HBRは長期的な成功を目指す明日のリーダーのための不変の指針として、その進化に対応していく所存です。

最後に、HBRの歴史上重要な人物であるセオドア・レビットの著作について触れましょう。ドイツ系米国人の経済学者であり、HBSの教授でもあるレビットは、1985年から1989年までHBRの編集長を務め、HBRのミッションとアプローチを拡大させたといわれています。1960年に発表された代表的な論文「マーケティング近視眼」を第26章にて紹介しますが、これは、企業が成功するためには顧客のニーズの真に意図するところを注視する必要があることを、いち早く鋭く論じたものです。

レビットは、HBRのことを「書けない人が、読まない人のために書いた雑誌」と冗談めかして言うことがありました。いささか自虐的な表現ですが、しかし、このコレクションに収められた論文や記事の数々は、そのアイデアの深さにおいて絶妙であり、ビジネス思考の歴史において最も広く読まれ、称賛されているものに違いありません。

本書を通じて、またこれらがこれからも皆様のインスピレーションの源とならんことを願っています。

経営とは何か
ハーバード・ビジネス・レビューの100年

◉

目次

※筆者の肩書きは発表当時のもの、タイトル、サブタイトルは新訳があればその発表時のものに準じた。訳語は時流を鑑みて多少の修正を施しているが、発表当時の時代背景や執筆意図を考慮し、現在ではやや不適切に思われる表記をあえて残している箇所もある。

第1章

Managing Oneself

自己探求の時代

知識労働者への教訓——自己の強み、仕事の仕方、価値観を知り、自己をマネジメントする

社会生態学者
ピーター F. ドラッカー

"Managing Oneself"
Harvard Business Review, March-April 1999, January 2005 (product #R0501K).
邦訳初出：「自己探求の時代」『DIAMONDハーバード・ビジネス』1999年6-7月号

ピーター F. ドラッカー (Peter F. Drucker)

1909年、ウィーン生まれ。フランクフルト大学卒業後、経済記者、論説委員を務めながら国際公法の博士号を取得。1933年に発表した論文がナチスドイツの不興を買いロンドンへ移住、保険会社のエコノミストなどを経験した後に渡米。ニューヨーク大学教授などを経て、1971年にクレアモント大学院大学教授に就任。

産業界に最も影響力の大きい経営思想家として知られ、「分権化」「目標管理」「知識労働者」など、数々のコンセプトと手法を発案してきた。その著書は邦訳されたものだけでも『経営者の条件』『断絶の時代』『ポスト資本主義社会』『非営利組織の経営』(以上、ダイヤモンド社)など、優に30冊を超える。

自己の強みは何か

ナポレオン・ボナパルト、レオナルド・ダ・ビンチ、アマデウス・モーツァルトのような偉人は、自己をマネジメントしたからこそ、偉業を成し遂げた。もちろん彼らは例外であって、才能にせよ、業績にせよ、常人の域をはるかに超えた。

ところがこれからは、普通の人たちも、自己をマネジメントできなければならない。自己の力を発揮していかなければならない。大きな貢献が可能な適所に自己を置かなければならない。職業生活は50年にも及ぶことになる。その間、活きいきと働けなければならない。自分の仕事をいつ、いかに変えるかさえ知らなければならない。

自己の強みと信じているものは、たいていが見当違いである。知っているのは、強みならざるものである。それさえ見当違いのことが多い。何事かを成し遂げるのは、強みゆえである。弱みによって何かをまっとうすることはできない。もちろん、できないことから成果を生み出すことなど、とうていできない。

人類の歴史において、ほとんどの人たちにとっては、自己の強みを知ったところで意味がなかった。生まれながらにして、地位も仕事も決まっていた。農民の子は農民となり、職人の子は職人になった。ところが今日では、選択の自由がある。したがって、自己の適所がどこであるかを知るために、自己の強みを知ることが必要になっている。

自己の強みを知るには、フィードバック分析しかない。すなわち、なすべきことを決めたり、始めたりしたならば、具体的に書き留めておくのである。そして9カ月後、1年後に、その期待と実際の結果を照らし合わせなければならない。私自身、これを50年続けており、そのたびに驚いている。

私の場合、たとえば、エンジニア、会計士、マーケットリサーチャーなどのスペシャリストについては、その仕事の本質を直感的に理解できることがわかった。その一方でゼネラリストについては、ただちに理解できないことがわかった。

このフィードバック分析は新しい手法ではない。14世紀にドイツの無名の神学者が始めたものである。その150年後、ジャン・カルバン（1509～1564年）とイグナチウス・ロヨラ（1491～1556年）が、奇しくも同時に採用し、それぞれの弟子たちに実行させた。彼らの創設したプロテスタントのカルバン派やカトリックのイエズス会が、わずか30年で支配的な力を持つに至ったのは、この手法によるところが大きかった。なぜなら、仕事と成果への集中をもたらしたからである。

このフィードバック分析を実行に移すならば、2～3年という短期間に、自己の強みが何であるかが明らかになる。自己について知るうえで、強みを知ることこそが最も重要である。しかも、すでに行っていることや、行っていないことのうち、自己の強みを発揮するうえでじゃまになっていることまで明らかになる。もちろん得意でないこともしかりである。まったく強みが発揮できないこと、不可能なことも明らかになる。

フィードバック分析から、いくつかの行うべきことが明らかになる。

第1は、こうして明らかになった強みに集中することである。成果を生み出すものへ、その強みを集中させなければならない。

第2は、その強みをさらに伸ばすことである。フィードバック分析は、伸ばすべきスキルや、新たに身につけるべき知識を明らかにする。知識の欠陥を教える。通常、それらの欠陥は誰でも正すことができる。数学者になるためには才能が必要だが、三角法は誰でも学べる。

第3は、無知の元凶ともいうべき知的傲慢を知り、正すことである。多くの人たち、特に一芸に秀でた人たちは、他の分野を馬鹿にしがちである。他の知識などなくとも十分だと思う。一流のエンジニアは、人間について何も知らないことをむしろ鼻にかける。彼らにすれば、人間というものは、エンジニアリング的な視点からは理解しにくく、あまりに不合理な存在である。逆に、人事部門の人間は、会計や定量的な手法を知らないことを鼻にかける。

そのような自己の無知をひけらかす態度は、つまずきの原因になる。自己の強みを十分に発揮するうえで必要な技能と知識は、必ず習得しなければならない。

第4は、自己の欠陥、すなわち、自己が行っていること、あるいは行っていないことのうち、成果の妨げになっていることを改めることだ。そのいずれもが、フィードバック分析によって明らかになるはずだからである。たとえば、せっかくの企画が失敗したのは、十分にフォローしなかったためであることが明らかになる。有能な人間の常として、優れた企画ならば山をも動かすはずであると思っていたに違いない。

だが、山を動かすのはブルドーザーである。企画は、しょせんそのブルドーザーをどこで動かすべきかを示すだけである。企画ができ上がったからといって、仕事が終わったわけではないことを知らなければならない。実行してくれる人たちを探し、きちんと説明しなければならない。必要に応じて企画を変更しなければならない。いつ諦めるべきかさえ決めなければならない。

第5は、人への接し方を改めることである。

人への接し方は、人間から成る組織において潤滑油である。複数の物体が接して動けば摩擦を生じることは、自然の法則である。人間も同じである。「お願いします」や「ありがとう」の言葉を口にすること、名前や誕生日を覚えていること、家族のことを聞くことなどの簡単なことが、好き嫌いに関係なく、一緒に仕事を進められるようになる。

頭のよい人たち、特に若い人たちの多くが、このことを知らない。もし素晴らしい仕事が、人の協力を必要とする段階でいつも失敗するようなら、その一つの原因として、他人への接し方、礼儀に欠けるところがあるに違いない。

第6は、できないことはしないことである。人には、苦手であって、並の水準にも達しえないことがいくつもある。そのような分野の仕事を引き受けてはならない。

第7は、並以下の能力を向上させるために、無駄な時間を使ってはならない。強みに集中すべきである。無能を並の水準にするには、一流を超一流にするよりも、はるかに多くのエネルギーを必要とする。しかるに、あまりに多くの人たち、組織、そして学校の先生たちが、無能を並にすることに懸命になりすぎている。資源にしても時間にしても、有能な人間をスターにするために使わなければならない。

仕事の仕方を自覚する

驚くほど多くの人たちが、自分の得意とする仕事の仕方を自覚していない。仕事にはいろいろな仕方があることさえ知らない。得意でない仕方で仕事をし、当然、成果が上がらないという状況に陥っている人が多い。しかるに、知識労働者にとっては、強みよりも、むしろ得意とする仕事の仕方のほうが、重要とさえ言ってよいくらいである。

自己の強みと同じように、仕事の仕方も人それぞれである。それは、個性というものである。生まれ付きのものか、それまでの人生によるものかは別として、それらの個性は、仕事に就くはるか以前に形成されている。

したがって仕事の仕方は、強みと同じように、与件である。多少修正はできても、変更できない。少なくとも簡単ではない。そして、ちょうど強みを発揮できる仕事で成果を上げられるように、人は得意な仕方で成果を上げる。仕事の仕方には、いくつかの要素がある。

読んで理解するか、聞いて理解するか

最初に知っておくべきことは、読んで理解する人間か、聞いて理解する人間か、ということである。ところが、世の中には、読んで理解する「読み手」と、聞いて理解する「聞き手」がいるということ、しかも、両方である者はほとんどいないということを知らない人が多い。みずからがそのいずれであるかを認識している人はさらに少ない。これを知らないことがいかに大きな弊害をもたらすかについては、いくつかの実例がある。

第2次世界大戦中、連合軍の欧州最高司令官を務めていた頃のドワイト・アイゼンハワーは、記者会見では花形だった。彼の会見の素晴らしさは広く知れわたっていた。あらゆる質問に答えられた。状況と戦術を簡潔に、しかも洗練された表現で話した。

アイゼンハワーは10年後に米国大統領となったが、今度は同じ記者たちから馬鹿にされた。質問に答えられず、関係のないことを延々と話した。間違った文法で英語を汚しているとさえ評された。彼は自分が読み手であって、聞き手ではないことを自覚していなかった。連合軍最高司令官だった頃は、会見の少なくとも30分前には、広報担当者が記者の質問を書いて渡していた。そのため質問のすべてを掌握していたのだった。

一方、大統領としての彼の前任者、フランクリン・ルーズベルトとハリー・トルーマンは聞き手だった。2人はそのことを知っており、自由質問による会見をむしろ楽しんでいた。アイゼンハワーは、前任者と同じ形で会

見をしなければならないと思い込んでいた。だが、耳では記者の質問を理解できなかった。アイゼンハワー以上に聞き手でない者は大勢いる。

その数年後、今度はリンドン・ジョンソンが同じく大統領として、アイゼンハワーとは逆に、自分が聞き手であることを知らなかったために失敗した。自分が読み手であることを知っていた彼の前任者ジョン・F・ケネディは、補佐役として最高の書き手を集めており、問題の検討に入る前に、書いたものを必ず要求していた。ジョンソンは、それらの書き手をそのまま引き継いだ。書き手たちは、次から次へとメモを提出した。しかし、ジョンソンがそれらを一度も理解しなかったことは明らかだった。彼は、上院議員だった頃は有能だった。だいたいにおいて、議員というものは聞き手である。

聞き手が読み手になることは難しい。逆についてもいえる。したがって、読み手として行動する聞き手は、ジョンソンと同じ道をたどる。逆に、聞き手として行動する読み手は、アイゼンハワーと同じ運命をたどる。何事もできず、何事もなしえない。

学び方を知る

仕事の仕方について知っておくべきもう一つの側面が、学び方である。ウィンストン・チャーチルをはじめ、世界の一流の著述家の多くが、なぜか学校の成績が悪い。本人たちも、学校が面白くなかったと述べている。もちろん、同窓の生徒全員がそうだったわけではない。だが彼らにとっては、学校は面白くないどころか、退屈そのものだった。

原因は、のちに著述家になった彼らが、聞くことや読むことによっては学べなかったことにあった。彼らは、自分で書くことによって学ぶという種類の人たちだった。だが、そのような学び方をさせている学校はない。それゆえの成績の悪さだった。

学校は、学び方には唯一の正しい方法があり、それは誰にとっても同じであるという前提に立つ。したがって学び方が大きく違う生徒にとっては、学校での学び方は苦痛以外の何物でもない。学び方には、それこそ一ダースほども違う方法があるのではないか。

チャーチルのように、書くことによって学ぶ人たちがいる。メモを取ることによって学ぶ人たちもいる。たとえばルートヴィヒ・ヴァン・ベートーヴェンは、膨大な量の楽譜の断片を残した。しかし作曲の時にそれらを見ることはなかった。「なぜ楽譜に書くのか」と聞かれて、彼は、「書かないと忘れる、一度書けば忘れない、だからもう見る必要はない」と答えたという。

さらには、実際に行動することによって学ぶ人たちがいる。また、自分が話すのを誰かに聞いてもらうことによって学ぶ人たちがいる。

同族経営の中小企業を世界でもリーダー的な大企業に育て上げたある人は、自分が話すことによって学ぶというタイプだった。彼は平均して週1回、主な経営幹部を集めて半円形に座らせ、2～3時間ほとんど一方的に話をした。あらゆる問題について3つの答えを示し、検討していった。意見を聞いたり、質問させたりすることはほとんどなかった。話を聞いてくれる者を必要としていただけだった。それが彼の学び方だった。たしかにこのケースは極端である。だが例外ともいえない。事実、成功している法廷弁護士の中には、このタイプが多い。診断を専門とする医師にも多い。私自身もそうである。

自己の学び方がどのようなものであるかは、容易にわかる。得意な学び方はどのようなものかと聞けば、ほとんどの人が答えられる。しかし、それでは実際にそうしているのかと尋ねれば、そうしている人はほとんどいない。自己の学び方についての知識に基づいて行動することこそ、成果を上げるためのカギである。あるいは、その知識に基づいて行動しないことこそが、失敗を運命付けるものである。

理解の仕方と学び方こそ、仕事の仕方に関して最初に考えるべき最も重要な問題である。しかし、それだけでは十分ではない。誰かと組んだほうがよいか、一人のほうがよいかも知らなければならない。もし組んだほうがよいのであれば、どのように組んだ時によい仕事ができるのかを知らなければならない。

一部門の責任者として最高の人たちがいる。そのよい例が、第2次世界大戦中の米国の英雄、ジョージ・パットン将軍だった。彼は最高の部隊司令官だった。ところが、連合軍の欧州総司令官に任命するかどうかが検討された時、米国史上最高の人事の名人ともいうべき参謀総長ジョージ・マーシャル将軍が、パットンは最高の部門責任者ではあっても、地域軍の総司令官としては適切ではないと言ったという。

チームの一員として、最高の人たちがいる。一匹狼として、最高の人たちがいる。教師や相談役として最高の人たちがいる。もちろん、相談役としてはまったく価値のない人たちもいる。

さらに重要な問題として、意思決定者と補佐役のいずれとしてのほうが成果を上げられるか、という問題がある。補佐役としては最高でありながら、意思決定を下す重責には耐えられない人たちが大勢いる。また逆に、補佐役を必要とはするが、自信を持って勇気ある意思決定を迅速に下すことのできる人たちがいる。

ナンバーツーとして活躍していても、トップになったとたんに挫折する人がいるのは、このためである。トップの座には、意思決定を下す能力が不可欠である。

強力なトップは、信頼できる補佐役としてナンバーツーを必要とする。ナンバーツーは、ナンバーツーとして最高の仕事をする。ところが、トップに起用されたとたん、仕事ができなくなる。意思決定すべきことは理解している。しかし、意思決定の重責を担えない。

仕事の仕方については、さらに知っておくべきことがある。緊張や不安があったほうが仕事ができるか、安定した環境のほうが仕事ができるか、である。さらには、大きな組織のほうが仕事ができるか、小さな組織のほうが仕事ができるか、である。どちらでもよいという人はほとんどいない。大きな組織で成功しながら、小さな組織に移ったとたん無惨に失敗するという例を、私自身たくさん目にしてきた。逆のケースについても同じことがいえる。

これらのことから導き出される結論は、極めて重要である。いまさら自己を変えようとしてはならない。うまくいくわけがない。それよりも、自己の仕事の仕方をさらに磨いていくことである。得意でないことや、できないことにあえて挑んだりしてはならない。

自己にとって価値あることは何か

自己をマネジメントするためには、自己にとって価値あるものが何であるかについても知らなければならない。これは、いわゆる倫理とは別の問題である。倫理については、原則は一つである。しかも、判断の方法は簡単である。ミラーテストを用いればよい。

20世紀初め欧州で最も尊敬されていた外交官は、当時の駐英ドイツ大使だった。やがては母国の首相、少なくとも外務大臣と目されていた。ところが、1906年、在ロンドンの外交団がエドワード7世を迎えて大晩餐会を開くことになった時、突然辞任した。好色家として有名だったエドワード7世からは、晩餐会の趣向について明確な意向が伝えられていた。この大使は、「晩餐会の翌朝に髭を剃ろうとしたら、そこに映るのは客引きの顔だろう。私はそんな顔など見たくない」と言ったという。

これがミラーテストである。倫理の問題とは、朝、鏡でどのような人間の顔を見たいのかというだけの問題である。このように倫理の問題は、組織や状況で変わるものではない。ところが、倫理が価値観のすべてではない。

組織の価値観との共存

組織の価値観が自分のそれと違うならば、欲求不満に陥り、ろくな仕事ができなくなる。

ここに際立った例がある。ある有能な人事担当役員が買収によって移籍した。彼女は実績もあり、移籍先の会社で主要ポストの人事についても責任を負わされていた。彼女は、主要ポストは、内部に人材がいない時にのみ、外から招くべきものだと固く信じていた。ところが、移籍先の会社では、主要なポストが空いた時には、新しい風を入れるために、外部に人材を求めることを原則としていた。

どちらにも理由はあった。私に言わせれば、両方とも必要である。だが、この2つの考え方には、単なる制度の違いではなく、価値観に関わる根本的な違いがある。働く者と組織との関係、働く者のキャリアに対する組織の責任、働く者の組織への貢献のあり方について、価値観が異なっているのだ。こうした状況が何年か続いた後、この女性役員は、収入面では大きな痛手だったが、会社を辞めた。価値観の違いが原因だった。

医薬品メーカーの場合、地道に小さな改善を積み重ねるか、革新的な製品を手掛けるかは、単に収益上の問題ではない。業績としては同じようなものかもしれない。だがそれは、医薬品メーカーは、医師が効率的に仕事ができるようにするために貢献すべきか、医療上の革新をもたらすために貢献すべきか、という価値観に関わる問題である。

短期的な利益のために経営するか、長期的な成長のために経営するかという問題もまた、価値観に関わる問題である。アナリストたちは、同時に追求できると言う。問題がそれほど単純でないことは、経営者ならば誰でも知っている。短期的な利益も長期的な成長も必要である。しかしこの2つが対立する時、それぞれの企業が、それぞれの価値観に従って意思決定を下さなければならない。問題は経済性ではない。企業の機能と経営の責任に関わる価値観の違いである。

価値観の対立は、企業だけに見られるものではない。

米国のある大教会では、教会に新しく礼拝に訪れる人たちの数を重視している。より多くの人たちが毎週礼拝に参加することが大切であると言う。後は神の御手が彼ら、彼女らを救う。あるいはそのうちの何人かを救う。

これに対して、別のある大教会では、大切なことは一人ひとりの信仰であると言う。ただ訪れるだけの人には関心がない。ここでの問題は信者の数ではない。一見したところでは、後者の信者はあまり増えそうにない。ところが実際には、後者のほうが、初めて教会を訪れた人たちを確保している。確実に信者を増やしている。これは、神学の問題ではない。組織としての価値観の問題である。

ある時、両方の教会の牧師が、公開の場で討論した。一方は、教会へ足を運んでもらわなければ天国の門は見つからないと言い、他方は、天国の門を見つけようとしなければ、教会に来たことにはならないと言っていた。

組織にも、それぞれ価値観がある。人間と同じである。組織において成果を上げるためには、働く者の価値観と、組織の価値観が矛盾してはならない。同じである必要はない。だが、共存できなければならない。さもなければ、心楽しからず、成果も上がらない。

強みと仕事の仕方が合わないことはあまりない。両者は補完的である。ところが、強みと価値観が相容れないことは珍しくない。得意なこと、最も得意なことが、自己の価値観とずれていることがある。人生のすべて、あるいはその一部を割くに値しないと思える。

私自身の例を紹介したい。若い頃、現実に成功していることと価値観が違うことに悩んだ経験がある。１９３

0年代の半ば、ロンドンでインベストメントバンカーとして働き、順風満帆だった。強みを存分に発揮していた。しかし、資金のマネジメントという仕事では、世の中に貢献しているという実感が持てなかった。私にとって、価値あるものは、金ではなく人だった。人生を終えた時金持ちになっていることに価値を見出せなかった。

特に貯えがあるわけでも、就職の当てがあるわけでもなかった。当時は大恐慌の最中だった。しかし私は辞めた。正しい行動だった。つまるところ、優先するもの、優先すべきものとは価値観である。

所を得る

自己の適所を子どもの頃から知ることのできる者はわずかである。数学者、音楽家、料理人などは、4～5歳の頃に決まってしまう場合がある。医師も10代で決まっていることがある。

しかしその他の仕事では、かなり特別な能力を持っている者でさえ、自己の適所を知るのは、20代半ばをかなり過ぎてからである。やがて自己の強みがわかってくる。自己の仕事の仕方もわかってくる。自己の価値観もわかってくる。したがって、得るべき所も明らかとなる。

逆に、自己にふさわしくない場所も明らかとなる。大組織では成果を上げられないことがわかったならば、よい地位を与えられても断らなければならない。意思決定を下すことが苦手であるとわかったならば、意思決定の必要な仕事は断らなければならない。（おそらくパットン将軍は自覚していなかったであろうが）パットン将軍のような人たちは、独立した組織のトップの座を打診されても断らなければならない。

もちろん、自己の強み、仕事の仕方、価値観がわかっていれば、チャンス、職場、仕事について、「私がやりましょう、私のやり方はこうです、こういうものにすべきです、他の組織や人との関係はこうなります、これこれの期間内にこれこれのことを仕上げられます、私こそうってつけですから」と言えるようになる。

最高のキャリアは、あらかじめ計画して手に入れられるものではない。自己の強み、仕事の仕方、価値観を知ることによって、チャンスをつかむ用意のある者だけが手にできる。なぜならば、得るべき所を知ることによってのみ、普通の人、単に有能なだけの働き者が、卓越した人物となるからである。

なすべき貢献は何か

人類史上、ほとんどの人間が、自己のなすべき貢献を考える必要がなかった。貢献すべきことは決まっていた。農民や職人のように、仕事で決まっていた。家事使用人のように、主人の意向で決まっていた。しかもごく最近まで、ほとんどの人が、言われたことを処理するだけの従者であることが当然とされていた。

1950年代、1960年代、新しく現れた知識労働者は、(組織人として) 自己のキャリア形成を人事部に期待した。しかし60年代が終わらないうちに、知識労働者は自分が何をしたいのかを自分で考えなければならなくなった。そして自分のしたいことをすることが貢献であるとされた。だが、この答えもまた、間違いであることが明らかになった。したいことをするのが、貢献、自己実現、成功につながると考えた人たちのうち、実際にそれらを得た者はあまりいなかった。

もはや、かつての答え、すなわち、決まったことや言われたことをする時代に戻るわけにはいかない。特に知識労働者たる者は、なすべき貢献は何でなければならないのか、という新しい問題を自問自答しなければならない。なすべき貢献は何であるかという問いに答えを出すには、３つの要素を考える必要がある。

第1は、状況が何を求めているのかである。第2は、自己の強み、仕事の仕方、価値観からして、いかにして最大の貢献をなしうるかである。そして第3は、世の中を変えるためには、いかなる成果を具体的に上げるべきかである。

ここに、ある病院の新任の院長の例がある。由緒ある大病院だが、すでに30年の長きにわたって、名前にあぐらをかいていた。その新任の院長は、2年間で、何か一つ重要な部門を超一流にすることが、自分にできる最大の貢献であると考えた。そこで、規模が大きく、注目を集めやすいにもかかわらず、ずさんな状態になっていた救急治療室に目をつけた。彼は、運び込まれた救急患者は必ず1分以内に、資格のある看護師に診させることにした。1年後、この救急治療室は、全米のモデルとされるまでに改善された。2年後には、病院全体が一変した。

この例に明らかなように、あまり高い目標を立てても、実現できなければ意味がない。期限はせいぜい1年半とし、具体的なものとしなければならない。したがって、考えるべき問題は、1年半のうちに自分が変えられるものは何であり、それをいかにして行うかである。

答えは、いくつかの要因をバランスさせたものでなければならない。

第1に、目標は、難しいものにしなければならない。流行りの言葉で言えば、「ストレッチ」できるものでなければならない。とは言うものの、実現可能でなければならない。不可能なことを目指したり、不可能なことを前提としたりすることは、野心的と呼ぶに値しない。単なる無謀である。第2に、意味のあるものでなければならない。世の中を変えるものでなければならない。第3に、目に見えるものであって、できるだけ数字で表せるものであることが望ましい。そこから具体的な行動が明らかとなる。行うべきこと、始めるべきこと、目標、期限が明らかとなる。

互いの関係に責任を負う

一人で働き、一人で成果を生み出す人はわずかである。一握りの偉大な芸術家、一握りの偉大な科学者、一握りの偉大なスポーツ選手だけである。ほとんどの人が、他の人々とともに働き、他の人々の力を借りることで成果を上げる。特定の組織に属していようが、独立していようが関係ない。したがって成果を上げるには、第三者との関係について責任を負わなければならない。そこには2つの課題がある。

他の人々を受容する

1つ目の課題は、他の人々もまた自分と同じように人間である、という事実を受け入れることである。誰もが人として行動する。すなわち、それぞれが、それぞれの強みを持ち、それぞれの仕事の仕方を持ち、それぞれの価値観を持つ。したがって成果を上げるためには、ともに働く人の強み、仕事の仕方、価値観を知らなければならない。

これは当然のことのように思われる。しかし、このことを肝に銘じている者はほとんどいない。その典型が、最初の上司が読み手だったために書くことに慣れてしまった者である。次の上司が聞き手であっても、彼は報告書を書き続け、何の役にも立てないことになる。無能、怠惰と見なされ、落後していく。しかしこれは、新しい上司を観察し、どう仕事を進めているのかを知れば避けられることである。

上司とは、肩書きでもポストでもない。ましてや単なる機能でもない。自分なりの仕方で仕事を処理する一人の人間である。その上司を観察し、仕事の仕方を理解し、彼らが成果を上げられるようにすることは、部下たる者の責任である。これが上司をマネジメントするコツである。

同じことは、ともに働く人全員についていえる。それぞれが、それぞれ違う仕方で仕事をする。それぞれの仕方で仕事をして当然である。加えて、それぞれに強みと価値観がある。これらのすべては、人によって違う。

したがって、成果を上げる秘訣の第一は、ともに働く人たち、自分の仕事に不可欠な人たちを理解し、その強み、仕事の仕方、価値観を活かすことである。仕事は、仕事の論理だけでなく、ともに働く人たちの仕事ぶりに依存している。

コミュニケーションについて責任を負う

2つ目の課題は、コミュニケーションについて責任を負うことである。私に限らず、コンサルタントの仕事をすると、必ず、組織内の軋轢を耳にする。しかし摩擦のほとんどは、相手の仕事、仕事の仕方、重視していること、目指していることを知らないことに起因している。そしてその原因は、互いに聞きもせず、知らされてもいないことにある。

これは人間の愚かさというよりも、人間の歴史のほうに原因がある。ついこの間まで、これらのことは、誰かに話す必要がなかった。中世の都市では、同じ地区の者は同じ仕事をしていた。農村では、谷間の誰もが霜が解ければ同じ穀物を植えていた。他方、他の人とは違う仕事をしていたごくわずかの人たちは、一人で働いていた。そのため、自分のしていることを説明する必要がなかった。

ところが今日では、違う責任を負い、違う仕事をする人たちが、一緒に働く。販売部門出身のマーケティング担当役員は、販売のことなら何でも知っているが、価格、広告、包装については何も知らないし、経験がない。

とするならば、それらの担当者にとっては、自分の仕事、その必要性、方法、目標について、それぞれが役員に伝えることが責務となる。

販売部門出身の役員が、そうしたスペシャリストの仕事と行動を理解できないとすれば、責任はその役員にではなく、スペシャリストのほうにある。教えていないことが悪い。もちろん役員のほうも、自分がマーケティングについてどう考えているのかを、みんなに知らせる責任がある。自己の目標、仕事の仕方、行おうとしていること、期待していることを知らせなければならない。

しかし、他の人々との関係について責任を持つことの重要性をかなり認識している人でさえ、実際には十分なコミュニケーションを行っていない。押し付けがましい、詮索好き、何も知らない、などと思われたくないと考えている。

これは完全な間違いである。ともに働く人たちの所に行って、自己の強み、仕事の仕方、価値観、目指す貢献、目標としている成果を話してみれば、反応は必ず、「聞いてよかった。どうしてもっと早く言ってくれなかったか」である。しかも、「それでは、あなたの強み、仕事の仕方、価値観、目指したい貢献について知っておくべきことはないか」と聞くならば、ここでも「どうして早く聞いてくれなかったか」である。知識労働者たる者はすべて、部下、同僚、チームのメンバーにこれらのことを聞かなければならない。常に反応は、「よくぞ聞いてくれた」である。

もはや組織は、権力によっては成立しない。信頼によって成立する。信頼とは好き嫌いではない。相互理解である。したがって互いの関係について互いに責任を負うことが不可欠である。それは責務である。組織の一員であろうと、組織へのコンサルタントであろうと、取引先であろうと、流通業者であろうと、誰もが、ともに働く者、依存する者、依存される者すべてに対して、この責務を果たさなければならない。

第二の人生

ほとんどの人間にとって、労働が肉体労働を意味していた時代には、第二の人生を考える必要はなかった。それまでやってきたことを続けていればよかった。製鉄所や鉄道会社で40年も働けば、後は何もしないでいても幸せだった。

ところが今日、労働とは知識労働を意味するようになった。知識労働者は、40年働いても終わりにはならない。単に退屈しているだけである。

今日、経営幹部クラスの中高年層の危機がよく話題になる。原因は主として倦怠である。45歳ともなれば、仕事上のピークに達する。そう自覚もする。20年も同じことを続けていれば、仕事はお手のものである。ただし、もはや学ぶことも、貢献することも、心躍ることも、満足することもない。だが、あと20年、25年は働ける。したがって、第二の人生を設計することが必要となる。

第二の人生の問題は、3つの方法によって解決できる。

第1の方法は、文字通り第二の人生を始めることである。単に組織を替わることであってもよい。大企業の事業部の経理責任者が、病院の経理部長になっていく。一方、まったく職業を変えてしまう人たちも増えている。企業や官庁で立派な仕事をしていながら、45歳で聖職に入る人がいる。企業で20年働いた後、ロースクールに入り、やがて小さな町で法律事務所を開業する人がいる。

こうして、仕事がうまくいっているにもかかわらず、第二の人生を始める人が増えていく。能力は十分にあり、自己の仕事の仕方も心得ている。子どもは独立して出て行った。地元のコミュニティで仕事をしたい。もちろん何がしかの収入はほしい。そして何よりも、新しいことにチャレンジしたい。

第2の方法は、パラレルキャリア（第二の仕事）を持つことである。うまくいっている第一の仕事は正社員として、あるいは非常勤やコンサルタント的な契約社員として続ける。しかし、もう一つの世界をパラレルキャリアとして持つ。多くの場合、非営利組織で働く。週10時間といったところであろう。

たとえば、教会の運営を引き受ける、地元のガールスカウトの会長を務める、夫の暴力から逃れてきた女性のための保護施設をサポートする。地元の図書館で、パートの司書として子どもたちを担当する。同じく、地元で教育委員会の委員になる。

第3の方法は、ソーシャルアントレプレナーになることである。これは最初の仕事で大きな成功を収めてきた人たちである。仕事は好きだが、もはや心躍るものではなくなった。そこで仕事は続けるが、それに割く時間は減らしていく。そして新しい仕事、特に非営利の仕事を始める。

たとえば私の友人ボブ・バフォードは、テレビ会社をつくって成功し、現在も経営している。ところが彼は、非営利組織をつくって、各地のプロテスタントの教会に手を貸している。最近はこれに加えて、彼のように本業を別に持ちながら、非営利組織をつくっているソーシャルアントレプレナーを助けている。

もちろん、誰もが第二の人生を持てるわけではない。これまでしてきたことをそのまま続け、定年の日を指折り待つ人たちのほうが多い。しかし、労働寿命が延びたことを、みずからと社会にとってのよい機会としてとらえることによって、模範となるべきは、数の少ないほうの人たちである。

ただし、第二の人生を持つには、一つだけ条件がある。本格的に踏み出すはるか前から、助走していなければならない。労働寿命の伸長が明らかになった30年前、私を含め多くの者は、ますます多くの定年退職者が、非営利組織でボランティアとして働くようになると予測した。だが、そうはならなかった。40歳、あるいはそれ以前にボランティアを経験したことがなければ、60歳になってボランティアになることは難しかった。

同じように、のちにソーシャルアントレプレナーとなった私の知人たちも、本業で成功するはるか前から、それらの事業に取り組んでいた。

ある大企業の顧問弁護士は、モデル校の設立に手を貸している。その彼も、35歳頃にはすでに、いくつかの学校に法律上のことで助言を行っていた。40歳で教育委員になっていた。そのため50歳になって生活に余裕ができた時、モデル校の設立に取り組むことができた。彼は、いまでも大企業の主任法律顧問として、ほとんどフルタイムで働いている。実はその大企業も、彼が若い頃、弁護士として設立に手を貸したベンチャーが育ったものだった。

知識労働者にとって、第二の人生を持つこと、しかも若いうちから持つことが重要なのには、もう一つ理由がある。誰でも、仕事や人生で挫折することがあるからである。昇進し損ねた45歳の有能なエンジニアがいる。十分な資格がありながら、有名大学の教授になることが絶望的になった42歳の立派な教授がいる。離婚や子どもに死なれるなどの不幸もある。

そのような逆境が訪れた時、趣味を超えた第二の関心事が大きな意味を持つ。そのエンジニアは、現在の仕事ではうまくいかないことを知る。しかしもう一つの仕事、たとえば教会の会計責任者としては立派な仕事をしている。あるいは、家庭は壊れたかもしれないが、もう一つのコミュニティが残されている。

これらの機会を持つことは、成功が極端に大きな意味を持つ社会では、極めて重要である。そもそも人間社会には、成功なる概念はなかった。これまで人間は、祈りの言葉にもあるように、「みずからに備わった身分」にいられることが最高だった。そこから動くとすれば、身分が下がるしかなかった。

しかし、これからの知識社会では、成功が当然のこととされる。だが、全員が成功するなどということはありえない。ほとんどの者にとっては、失敗しないことがせいぜいである。成功する者がいれば失敗する者がいる。

したがって、一人ひとりの人間およびその家族にとっては、何かに貢献し、意味あることを行い、ひとかどであることが、決定的に重要な意味を持つ。ということは、リーダー的な役割を果たし、敬意を払われ、ひとかどとなる機会としての第二の人生、パラレルキャリア、ソーシャルアントレプレナーとしての仕事が重要だということである。

＊　＊　＊

自己をマネジメントすることは、やさしいことではなくとも、少なくとも当然のことのように思われる。そのための方法も、当然のことに思われるはずである。しかしそのためには、一人ひとりの人間、特に知識労働者たる者には、まったく新しい種類のことが要求される。

決められたことを処理するだけだった肉体労働者に代わり、自己をマネジメントする者としての知識労働者へと労働力の重心が移行したことが、社会の構造そのものを大きく変えつつある。これまでの社会は、たとえ意識することはなかったとしても、またいかに個を尊重していたにせよ、あくまでも、次の2つのことを前提としていた。

すなわち、第1に、組織は、そこに働く者よりも長命であって、したがって第2に、そこに働く者は組織に固定された存在である、ということを当然としていた。

ところが今日、その逆が現実となった。知識労働者は組織よりも長命であって、しかも移動自由な存在である。そしてその結果、彼ら働く者が自己をマネジメントしなければならなくなったということは、人間社会において一つの革命がもたらされることを意味している。

第2章

What Makes a Leader?

EQが高業績リーダーをつくる

自己認識、自己統制、モチベーション、共感、ソーシャルスキル——5つの因子を理解し、ビジネスの場で活用する

心理学者
ダニエル・ゴールマン

"What Makes a Leader?"
Harvard Business Review, November-December 1998, January 2004 (product #R0401H).
邦訳初出：「EQが高業績リーダーをつくる」『DIAMONDハーバード・ビジネス』2000年8-9月号

ダニエル・ゴールマン（Daniel Goleman）
心理学者。CASEL共同創設者。ラトガース大学応用心理学大学院に拠点を置くThe Consortium for Research on Emotional Intelligence in Organizationsの共同会長を務める。主な著書に『EQ こころの知能指数』（講談社）、『ビジネスEQ 感情コンピテンスを仕事に生かす』（東洋経済新報社）、『フォーカス』『SQ生きかたの知能指数』（以上、日本経済新聞出版）などがある。

EQはリーダーの必須条件

企業人ならば誰でも、次のような話を一度は聞いたことがあるのではないだろうか。

- 大変知的で熟練した人物が部下を統率すべきポジションに昇進したが、リーダーとしては機能しなかった。
- 知的能力も技術的熟練度もそれほどずば抜けているわけではない人物が、同様の地位についたら、とんとん拍子に出世した。

このようなエピソードを聞くと、リーダーとして「適切な資質」を持つ人材を発見することは科学より芸術の域に近い、といわれるのもよくわかる。つまるところ優れたリーダーのスタイルがバラエティに富んでいるのだ。控えめで分析好きなリーダーがいるかと思うと、上から自分の主義を無理やり押し付けるリーダーもいる。また重要なこととして、状況が違えば、用いるべきリーダーシップの種類も違ってくる。合併話を進める企業には神経の細やかな交渉役を務める幹部が必要であり、方向転換を図る企業にはもっと権威主義的なタイプが必要だろう。

しかし、大変優れたリーダーには、ある決定的な点で似ているところがあるとわかった。すなわち彼らは、揃って「心の知能指数」（Emotional Intelligence=EI、日本ではEQというキーワードで話題となった）と呼ばれる能力が非常に高いのである。

かと言って、IQ（知能指数）と技術的熟練度がリーダーシップに無関係というわけではない。これらは重要だが、主に「最低限の能力」として重要であって、経営幹部の道の入り口に立つ時の必要条件なのだ。

これに対して、EQはリーダーシップの必須条件であることが、私の調査や最近のいくつかの研究から、明らかになった。たとえEQを持ち合わせていなくても、最高水準の教育を受け、鋭敏で分析力のある頭脳を持ち、気のきいたアイデアを次々と出すことはできる。しかしそれだけでは偉大なリーダーにはなれないのだ。

私は同僚とともに、過去1年にわたって、企業現場におけるEQの機能を中心に調査してきた。特にEQとリーダーの高業績との関係に注目した。そしてEQが、仕事にどういう形で表れるかも目撃した。

それでは、ある人物のEQが高いかどうかは、どうすればわかるだろうか。あるいは自分のEQの水準はどうすればわかるのだろうか。本稿では、こうした疑問の答えを、自己認識（セルフアウェアネス）、自己統制、モチベーション（動機付け）、共感、ソーシャルスキルといったEQの因子を順に取り上げながら探っていく（図表2-1「職場におけるEQの5つの因子」を参照）。

コンピテンシーモデルの分析からEQの有効性を評価する

今日、大企業の多くが、心理学者を雇って「コンピテンシーモデル」（能力モデル）を開発している。このモデルを使って、リーダーシップのスター候補者を発見し、研修を施し、昇進させるのである。心理学者たちは、トップ層だけでなく、もっと下層のモデル開発にも手を貸している。

私は、過去数年間にわたって、ルーセント・テクノロジーズ、ブリティッシュ・エアウェイズ、クレディ・スイスなど、グローバル企業188社のコンピテンシーモデルを分析した。

分析の狙いは、企業の中で、どのような個人的能力が飛び抜けた業績につながったのか、また、そこに個人的

図表2-1｜職場におけるEQの5つの因子

	定義	特性
自己認識	●自分の気分、感情、欲動と、これらが他者に与える影響を認識し、理解する能力	●自信がある。 ●現実的な自己評価ができる。 ●自分を笑い飛ばすことのできるユーモアがある。
自己統制	●破壊的な衝動や気分をコントロールする、あるいは方向転換する能力 ●行動する前に考えるため、慎重に判断をする性向	●信頼できる、一貫性がある。 ●不確実なことにも対応できる。 ●変化に対して柔軟である。
モチベーション（動機付け）	●金銭や地位以上の何かを目的に、仕事をしようとする情熱 ●精力的に粘り強く目標に到達しようとする性向	●強い達成意欲がある。 ●失敗に直面した時にも楽観的でいられる。 ●組織にコミットする。
共感	●他者の感情の構造を理解する能力 ●他者の感情的な反応を受けて他者に対処する技能	●優れた人材を育て、つなぎとめておける。 ●異文化に対して配慮がある。 ●顧客へのサービス精神がある。
ソーシャルスキル	●人間関係のマネジメントとネットワーク構築に長けていること ●合意点を見出し、調和を築く能力	●変化をリードできる。 ●説得力がある。 ●チームを構築し、引っ張っていける。

能力がどの程度の貢献を果たしたのかを突き止めることにあった。私は、個人的能力を、会計やビジネスプランニングといった純粋な技術的熟練度、分析的推論のような知的能力（ＩＱといってもよいだろう）、共同作業への適応性や変化をリードするといったＥＱに相当する能力の、３種類に分類した。

心理学者たちは、コンピテンシーモデルの開発に当たって、社内で最も優れたリーダーが備えている能力とは何かと、シニアマネジャーに尋ねたこともあった。また、トップクラスの業績と平均的な業績の経営幹部を区別するため、事業部門別収益性のような客観基準を用いたこともあった。さらにリーダーたちに徹底的な面接と試験を実施し、その能力を比較していた。

その後で、非常に優れたリーダーの資質がリストにまとめられたのだが、リストアップされた資質の数は7～15に及んでいて、そこにはイニシアティブや戦略的ビジョンといった資質が含まれていた。

私は、このデータを分析し、驚くべきことに気づいた。たしかに、知性は際立った業績の原動力になっていた。大局的な物の見方や長期的なビジョンといった認知能力は、とりわけ重要な役割を果たしていた。しかし、高業績を生む資質として、技術的熟練度、ＩＱ、ＥＱが及ぼす影響を比率にしてみると、企業のどの階層においても、ＥＱが他の資質の2倍もの影響を及ぼしていたのである。

さらに、私の分析によれば、企業での階層が高いほどＥＱが重要な役割を果たしていたのに、技術的熟練度の高低はさほど重要ではなかった。言い換えると、優れた経営幹部の場合、地位が高くなるほど、ＥＱがリーダーシップの有効性の原因になっていたのである。優れた幹部と平均的幹部のリーダー能力を比較してみると、能力の差の90％近くは、知的能力によるものではなくＥＱによるものだった。

他の研究でも、ＥＱの高さは、優れたリーダーに特徴的であるだけでなく、並外れた業績の要因にもなっていることが確認されている。

心理学・組織行動学の権威として名高いハーバード大学教授デイビッド・マクレランドの研究は、その好例である。

ある世界的な食品・飲料メーカーに関する1986年の調査で、マクレランドは、同社の経営陣の中でEQがある一定の水準に達している経営幹部の場合、担当する事業部門の年間利益が目標を20%も上回っていることを発見した。

一方、クリティカルマスに達していないリーダーの率いる事業部門の利益は、目標をほぼ20%下回っていた。興味深いことに、マクレランドの発見は、この会社の米国の事業部門だけでなく、アジアや欧州の事業部門にも共通していた。

すなわち、マクレランドの発見は、企業の成功とリーダーのEQとが連動している事実を証明している。また重要なことに、正しいやり方をすればEQが開発できることも、研究によって明らかになりつつある(囲み「EQは学習できるのか」を参照)。

EQの第1の因子「自己認識」

何千年も前にギリシャのデルフィで「汝(なんじ)自身を知れ」という神託が告げられたという。もっともなことと思われる。EQの因子で第1に重要なものも、自己認識なのである。

自己認識とは、自分の感情、長所、短所、欲求、衝動を深く理解することである。自己認識の能力が高い人は、必要以上に深刻になることもなければ、楽観的になりすぎることもない。彼らは自分自身に対しても他者に対しても正直である。

自己認識に優れた人は、自分の感情が自分自身、他者、自分の仕事の結果にどう影響するかを認識している。たとえば、自己認識に優れた人物は、厳しい日程で仕事をすると自分が最低の業績しか出せないことを知っているから、入念な計画を立て、期日以前に十分な余裕を持って仕事を完了することができる。

あるいは、要求の厳しい顧客とも上手に付き合うことができる。それは、顧客が自分の気分に与える影響も、自分がイライラを感じる根本的な原因も理解できるからだろう。

「お客が取るに足らない要求をしてくるので、本来やらなければならない作業に手が回らなくなってしまった」と分析し、一歩先に進んで、自分の憤懣(ふんまん)を建設的な事柄に転換していくのである。

自己認識ができれば、自分自身の価値観や目標が理解できる。自己認識に非常に優れた人は、自分が何を目標にしているのか、なぜ目標にしているのかを理解していて、たとえば、報酬面では魅力的だが自分の主義や長期目標には合わない職につかないかと誘われても、迷わずに断られるだろう。

ところが、自己認識に欠ける人は、自分の本当の価値観に目をつぶり、心の動揺に引きずられた決定を下しがちである。

「報酬がよさそうだから、やってみようか」と判断するのだが、2年後には、「こんな仕事をやっていても自分には意味がない、退屈で仕方がない」と思うはめに陥るだろう。自己認識のできる人の意思決定は、その人の価値観と噛み合っている。そのため、このタイプの人は、仕事を活力源と考えることができる。

自己認識能力を判別する

では、自己認識ができるかどうかは、どうすれば見分けられるだろう。

第一に、自己認識は、正直さと自分を現実的に評価する能力に表れる。自己認識に優れた人は、感情をむき出しにしたり、洗いざらいぶちまけたりしないでも、自分の感情やそれが仕事に与える影響を正確に率直に口にすることができる。

たとえば、私の知るある女性マネジャーは、自分が勤める大手デパートチェーンが導入しようとしていた買い物相談サービスに引っかかりを感じていた。彼女は、所属するチームや上司から促されたわけではないが、すすんで自分の気持ちを次のように打ち明けた。

「私は、新サービスの導入を応援できそうにありません。このプロジェクトを担当したかったのに、私は選ばれませんでした。気持ちの整理がつくまで、少し時間をください」

彼女は自分の感情にじっくりと向き合った結果、1週間後にはプロジェクトを全面的に応援する気持ちになっていた。

彼女のような自己認識は、採用面接の場でも目にすることができる。応募者に対して、感情に流されたために後悔したことがあるかと、尋ねてみるといい。自己認識のできている人は、率直に失敗を認め、失敗談を笑顔で披露しさえする。自己認識の特徴の一つは、自分を笑い飛ばせるユーモアのセンスである。

自己認識ができているかどうかは、勤務評定の時にも見分けられる。自己認識のできている人は、自分の限界や長所を理解したり、気軽に話したりできるうえ、自分のことをもっと建設的に批判してほしいと願い出さえする。反対に、自己認識に欠ける人は、改善を求められても、それを脅しと勘違いしたり、失敗者の烙印を押されたと思い込んだりしてしまう。

自己認識ができるかどうかは、その人の自信からも判断できる。自分の能力を正確に把握している人は、期限がとうに過ぎても仕事を終えられないという類の失敗はあまり犯さない。また、人に助けを求めるべき時も知っているし、自分が冒すべきリスクも計算できる。自分一人で処理できない難題は求めることはないし、長所を活かして仕事をする。

あるミドル層の社員が、上層部の戦略会議に同席するように求められた時に取った行動を見てみよう。彼女は、この会議の出席者の中では最下級の職にあったが、そのことに気圧されたり、恐れを感じたりせず、ただ黙って話を聞いているだけではなかった。彼女は、自分に、明快な論理を組み立てる頭脳も賛同を得られるだけのアイデアを提案する能力もあることがわかっていたので、的を射た戦略を提案した。同時に、自分が不慣れな領域には足を踏み込まない自己認識もできていた。

組織で評価されにくい自己認識の能力

自己認識に優れた人材を登用することが有益であるにもかかわらず、私の調査では、企業トップは、リーダー候補生を探す時に、自己認識に十分な価値を認めていないようだ。多くのトップが、感情を正直に表すことを「軟弱さ」と取り違え、自分の欠点を率直に認める社員を正当に評価していない。そのようなタイプの人材を、人の上に立つのに必要な「強さがない」と、簡単に決め付けてしまうのだ。

ところが、実際はその逆である。まず社員や部下は、一般に正直さに感銘や尊敬を感じる。さらに、リーダーは、自分自身と他人の能力を公正に評価する判定能力がたえず求められている。たとえば、自社は競合会社の買収に必要な経営ノウハウを持っているだろうか、6カ月以内に新製品を発売することは可能だろうか、といった判断が求められる。自分を正直に評価できる人、つまり自己認識のできる人こそ、組織を正しく評価するのにふさわしいのである。

EQの第2の因子「自己統制」

私たちを感情的にするのは生物学的な衝動である。この衝動は排除できないが、かなりの部分のコントロールは可能だ。

心のうちの会話ともいうべき自己統制もEQの因子の一つで、私たちを感情の虜になることから救ってくれる。自分の心と対話ができる人も、他の人と同じように不機嫌になったり、情緒的な衝動に駆られたりするが、それをコントロールする方法や、うまく利用する方法まで見つけるのである。

ある企業の取締役会で、ある経営幹部の部下がお粗末な分析結果を発表したとしよう。重苦しい雰囲気の中、この経営幹部は怒ってテーブルを叩くか、椅子を蹴ってひっくり返したくなるかもしれない。あるいは、一言も発しないまま出席者全員をにらみつけて、部屋から立ち去るかもしれない。

しかし、このトップに自己統制の能力があれば、別の行動を取ることも可能である。たとえば、軽率に結論を出すようなことはせず、注意深く言葉を選びながら、部下のお粗末な分析結果を認める発言をするのではないだろうか。

そして気分が落ち着いてから、原因について考える。自分への不満の表れなのか、努力が足りなかったのか、何か打つ手はあるか、自分にも責任の一端があるのか、と。こう自問した後、部下たちを呼び、事態がどういう影響を及ぼすかを説明し、自分の感じたことを話し、さらに、自分が原因をどう分析したかを示し、熟考したうえの解決策を提案するのではないだろうか。

信頼し合える環境をつくり、競争力にも好影響を与える

なぜ自己統制はリーダーにとってそれほど重要なのか。

第1に、自分の感情や衝動がコントロールできる人、すなわち分別のある人は、他者と信頼し合える公正な環境をつくり出すことができる。そのような環境では、政略や内紛が大幅に減り、生産性が高まる。そういう組織には有能な人材が集まり、簡単には辞めていかない。自己統制には周囲に浸透する作用もある。上司がいつも冷静な態度を保っていると、部下も感情に流される人間だと思われるのを嫌う。トップが不機嫌になることが少ないほど、組織全体も不機嫌な気分に支配されなくなる。

第2に、自己統制は競争力にとっても重要である。誰もが知っている通り、今日の企業の現場は先行き不透明で、変化が激しい。企業は合併と分裂を繰り返している。テクノロジーは、仕事の内容や働き方をめまぐるしいスピードで変化させている。自分の感情をコントロールする術を持った人は、急激な変化についていくことができる。新しい改革案が発表されてもパニックに陥ることなく、結論に飛び付く前に、情報を集め、幹部が改革案を説明するのに耳を傾けることができる。そして、改革の進展とともに、自分自身も前進していける。

自己統制のできる人は、新しい道を切り開くことさえ可能だ。

ある大手メーカーのマネジャーの例を取り上げてみよう。この女性マネジャーとその同僚は、あるコンピュータソフトを5年間も使用していた。データ収集、データに基づく報告、会社の戦略に対する提案には、このソフトを利用していた。

ある日、上層部から、新しいソフトを導入するため、情報の収集・分析方法が大幅に変わるという発表があった。多くの社員はソフトの変更が大混乱を招くという理由で反対したが、上層部はソフト変更の数々の利点を説明するだけで、業績改善に必ず役立つと信じているようだった。

なかには新しいソフトのトレーニングへの参加を拒否する同僚もいたが、この女性マネジャーは熱心にトレーニングを受け、やがて、複数の部門の責任者に昇進した。それは、彼女が新しいテクノロジーを効果的に活用したおかげもあった。

企業の不正を防止する

ここで、リーダーシップにとって自己統制がどれほど重要であるかをさらに強調するとともに、自己統制によって、個人の美徳であるばかりか、組織の長所ともなる清廉潔白さが高まることを明らかにしよう。企業内の不正の多くは、衝動的な行動によって発生している。利益の水増し、経費の不正穴埋め、横領、利己的な権力の悪用が、最初から計画的に行われるケースは稀である。偶然の機会が訪れた時に、衝動のコントロールができない人が、それに乗ってしまうのだ。

ある大手食品会社の経営幹部の行動は、これと対照的だ。この経営幹部は、几帳面なほどの正直さで地域代理店との交渉に当たっていた。彼が自社のコスト構造を詳細に公表していたため、代理店側はその価格設定が現実的であることをよくわかっていた。こうした方法を取れば、この経営幹部が代理店に法外な卸値を吹っかけることはできなくなる。

だがこの経営幹部にも、自社の製造コストを伏せておき、利ざやを増やしたい誘惑に駆られる時はあった。しかし、彼はその衝動を抑えた。衝動を自制することが、長い目で見ればより意味があると考えたからだ。彼が感情を自己統制することによって、会社は代理店との強固で永続的な関係という利益を得ていた。これは短期的な収益拡大よりも、大きな意味がある。

ただし、感情の自己統制、すなわち熟慮や思慮深さといった資質、曖昧な事柄や変化への適応性、衝動に「ノー」と答える清廉潔白さは、見落とされやすい。

そして、自己統制も自己認識のように正当に評価されにくい。自分の感情を自制できる人は、煮え切らない性格だと思われがちである。また、考え抜いたうえで答えたことを情熱の欠如と受け取られてしまう。

その半面、激しい気性の人はリーダーの「典型」だと思われがちで、感情を爆発させることがカリスマ性や力強さの表れと取られるのである。しかし、このタイプの人がトップの座に就くと、自分の衝動的な行動に足元をすくわれやすい。

私の調査では、マイナスの感情を極端にさらけ出すことが優れたリーダーシップの要因となったケースは一例も見当たらなかった。

EQの第3の因子「モチベーション」

優れたリーダーに共通の特徴が一つあるとしたら、それはモチベーション（動機付け）である。彼らの行動は、自分自身と周囲のあらゆる人の期待以上の成果を上げることを動機にしている。

ここでのキーワードは「達成感」である。多くの人が、巨額の報酬や、立派な役職や一流企業の名前が与えてくれる名声など、外的要因を動機にしている。ところが、リーダーシップ能力を持つ人は、達成感を得るために何かを達成したいという欲求が強い動機になっているのだ。

リーダー候補生を探す時、表面的な見返りではなく達成感を動機にしている人を、どうやって見分ければよいのだろうか。第一の手掛かりは、仕事そのものへの情熱である。

達成感を動機にする人は、創造力を必要とする課題を求める。また学ぶことが好きで、仕事をうまくやり遂げることに大きな誇りを感じる。さらに仕事をもっとうまくやり遂げることに、限りないエネルギーを注ぐ。そのようなエネルギーを持つ人は、現状に甘んじることをよしとしない。彼らは、最良の仕事の方法をとことん突き詰め、仕事への新しい取り組み方を探ることに熱心である。

ある化粧品会社のマネジャーは、販売現場から報告が届くまでに2週間も待たされることに、いら立ちを感じていた。このマネジャーは、自動電話システムを使って毎日午後5時に販売員一人ひとりを呼び出せることを知った。このシステムを使って自動的にメッセージを送り、販売員にその日の営業件数と実際の販売件数を入力させることにした。その結果、販売報告が届くまでにかかる時間は週単位から時間単位に短縮された。

より高い基準を求める

このエピソードからは、達成感を動機にする人に共通の、別の2つの特性も見えてくる。それは、業績基準をたえず引き上げていること、そして結果を記録するのが好きなことである。

まず、業績基準について考えてみよう。勤務評定の時、やる気のある社員は上司に「もっと高い基準」を与えてほしいと言うのではないだろうか。もちろん、自己認識のできる、自己達成を動機にしている人は、自分の限界を認識できるだろうが、かと言って簡単に達成できる目標では満足しない。

より高い業績を上げることに意欲を感じる人が、次に、自分自身、チーム、会社の進歩の度合いを知りたいと考えるのは自然である。達成感への意欲が低い人が結果をなおざりにしがちなのに対して、そうでない人は、たいていい収益性や市場シェアのような現実的な測定値を追跡し、記録に残している。

私の知るあるファンドマネジャーは、一日の仕事の始まりと終わりにインターネットに接続し、業界で使用されている4種類の基準と比べて自分が運用するファンドがどのような実績を上げているかを測定している。

面白いことに、意欲の高い人は記録が思わしくない時も楽観的な態度を保っている。そのような場合、達成意欲のほかに自己統制が働いて、挫折や失敗によって感じる欲求不満や気分の落ち込みを克服している。

ある大手投資会社のポートフォリオマネジャーの例を見てみよう。この女性マネジャーが担当するファンドは、数年続けて好業績を収めたあと、3四半期連続して運用業績が急落したため、顧客の大手機関投資家3社が資金を別のファンドに移した。

社内には、成績の急落はどうしようもない経済情勢が原因だと考える幹部も、彼女個人の失敗だと考える幹部もいただろう。しかし、彼女自身は、自分には業績を好転させる能力があることを証明する絶好の機会だと考えた。彼女は、その2年後に会社の最高幹部に昇進し、当時の経験を振り返ってこう語った。

「私にとって最高の出来事でした。そこから多くのことを学んだのですから」

組織へのコミットメントがある

社員の達成意欲の強さを見極めようとする時、経営幹部に役立つもう一つの因子は、組織へのコミットメントである。仕事そのものに愛着を感じる社員は、仕事を与えてくれる組織にコミットする傾向がある。そして、そういう社員は、札束をちらつかせるヘッドハンターが近寄って来ても、組織に留まることが多いようだ。

なぜ、どのようにして、達成意欲が強力なリーダーシップに変わるかは、容易に理解できる。自分に高い業績基準を設定する人は、リーダーになった時、組織に対しても同じことをするからだ。目標を超えようとする意欲も進歩を記録することへの関心も、周囲に伝染していく。そのため、このタイプのリーダーは、同じような特性を持つマネジャーを集めてチームを構築することができる。

もちろん、楽観的態度と組織へのコミットメントはリーダーシップに欠かせない因子だ。このことは、これらの特性を持たない人が会社を経営することを想像してみれば、すぐにわかる。

EQの第4の因子「共感」

EQの因子の中でも、共感は最も簡単に認識できるものだ。誰でも、神経細やかな教師や友人に共感を示してもらったり、冷酷なコーチや上司に共感のなさを感じ取ったりした経験があるはずだ。

しかし、ビジネスの世界では、共感は、報われるどころか、称賛されることさえ珍しい。共感という言葉そのものにビジネスライクな感じがしないうえ、熾烈（しれつ）な市場という現実があっては場違いにさえ響く。

だが共感は、「自分も人もいまのままでいいのだ」というような感傷とは違う。共感とはリーダーにとって、他人の感情を黙って受け入れることでも、あらゆる人を喜ばせようとすることでもない。そんなことをしてもひどい結果、つまり身動きが取れなくなるだけである。共感とは、合理的な決定を下す際に、他のさまざまな要因と一緒に部下や社員の感情を思いやることである。

共感はどう機能するのだろうか。大手証券会社2社が合併することになり、両社の全部門で人員が余剰になったケースを例に見てみよう。

ある部門のマネジャーは部下を集め、近く解雇される人数ばかり強調しながら、陰気に人員整理について説明した。しかし別の部門のマネジャーのやり方は違っていた。このマネジャーは、自分自身も不安や混乱を感じていることを率直に認め、部下たちにどんな情報も隠さず伝えること、全員を公平に扱うことを約束した。

2人のマネジャーの違いは共感だった。前者は、自分の将来にばかり気を取られ、不安におののく仲間の感情に思い至らなかった。後者は、部下の感情を直感的に汲み取り、言葉に出して部下の不安に理解を示した。前者の場合、多くの部下が士気を喪失し、なかでも最も有能な人材が会社を辞めていったのも当然だろう。ところが、後者のマネジャーはその後も強力なリーダーであり続け、彼の部門は、有能な部下が辞めなかったために合併後も以前通りの生産性を維持した。

チームの仕事が増え、共感の重要性が増した

共感は今日、少なくとも次の3つの理由から、リーダーシップの因子として非常に重要である。

❶チーム活用の拡大
❷グローバル化の加速
❸有能な人材を確保し続ける必要性の拡大

ここで、チームをリードする難しさについて考えてみよう。チームの一員になったことのある人なら、チームとは、その中でさまざまな感情が煮え立つ大鍋に似ていることを知っているはずだ。チームにおいては、2人でも困難な、それ以上の人数になればなおさら困難な、総意の確立が必要とされることが多い。4～5人のチームであっても、派閥や意見の対立がすぐに生じる。チームリーダーには、メンバー全員の考えを察し、理解する能力が必要とされる。

ある大手情報技術会社のマーケティングマネジャーが、多くの問題を抱えるチームのリーダーに就任した。そ

の際、この女性マネジャーがどう行動したか、見てみよう。

このチームは過剰な量の作業を抱えていたため、たびたび期日に遅れ、混乱状態にあった。チームの人間関係はピリピリしていた。作業手順を見直すくらいでは、チームをまとめ、会社に貢献することは無理だった。

そこで、このマネジャーは、いくつかの方策を段階的に用いた。最初に、チームのメンバーと一対一で対話を行い、一人ひとりが何に不満を感じているのか、仲間をどう評価しているのか、自分は無視されていると感じるか、時間をかけて聞き出した。

次に、彼女はチームをまとめるため、メンバーに不満を率直に述べることを奨励し、会議の場でチームのまとまりに役立つような不満は、どんどん発言させた。彼女は共感によって、メンバー全員の感情を理解したのである。その結果、チーム内での協力が増しただけでなく、業績も伸び、社内の他部署から協力を求められるまでになった。

グローバル化も、企業のリーダーにとって共感が重要性を増している理由の一つである。異文化間のコミュニケーションは間違いや誤解を生みやすいが、共感はその予防策になる。他人に共感を持てる人は、ちょっとした仕草に表れる機微を敏感に感じ取り、言葉の裏にあるメッセージを聞き取る。それ以上に、文化や民族の相違や、その相違の重要性を深く理解している。

日本企業にプロジェクトを売り込もうとしていた、ある米国のコンサルティングファームのチームを例に取ってみよう。このチームは、米国企業を相手にプレゼンテーションを行うと、きまって矢のように質問を浴びせられるのに慣れていたが、今回の相手、日本人顧客は延々と沈黙するだけだった。

チームの他のメンバーは沈黙を不承知と解釈し、帰り支度をしようとしたが、チームリーダーはそれを制止した。彼は日本の文化に精通しているわけではなかったが、顧客の表情や仕草から、拒絶ではなく関心を感じ取り、熟考中なのではないかとさえ感じたからだ。チームリーダーの感覚は正しかった。日本人顧客がやっと口を開いたかと思うと、それはコンサルティング契約に合意するとの返事だった。

特に今日のような情報化経済においては、共感は才能の確保に有効である。優れた人材を開発し、維持するには、リーダーは常に共感の能力が求められるが、いまその重要性がいっそう高まっている。優れた人材が退社すると、会社に蓄積された知識もその人材とともに失われてしまうからである。

優秀なコーチやメンターには共感が必要不可欠

ここに関係してくるのが、コーチングとメンタリングである。コーチングとメンタリングが、業績の向上だけでなく仕事への満足度や退職率の低下にも影響することは、繰り返し証明されてきた。

しかし、コーチングやメンタリングを最も効果的に機能させるものは、人間関係の質である。優秀なコーチやメンターは、指導する相手の思考まで理解する。彼らは、感覚的に効果が上がるフィードバックの与え方がわかる。また、業績を改善するよう発破をかけたほうがよい時と、逆に控えたほうがよい時を知っている。相手を動機付けるようなやり方で、共感を行動で示すのだ。

すでに述べたことだが、ここでもう一度、企業社会では共感があまり尊重されていないことについて触れておきたい。

リーダーがその影響を受けるすべての人間の「気持ちを察して」いたら、難しい決断など下せないではないかと、危惧する人もいるだろう。しかし、共感を抱けるリーダーは、周囲の人間に同情するだけではない。間接的だが重要なやり方で、周囲の人間の気持ちを会社の進歩に活用しているのだ。

EQの第5の因子「ソーシャルスキル」

ここで取り上げたEQの因子のうち、最初の3つはいずれも自己管理の能力である。最後の2つ、共感とソーシャルスキルは、他者との人間的関係を管理する能力である。

EQの因子としてのソーシャルスキルは、聞くほど簡単なものではない。ソーシャルスキルに優れた人が不人情であることはめったにないが、ソーシャルスキルとは単に人当たりのよさの問題ではない。むしろ、意図のある人当たりのよさであって、新しいマーケティング戦略への同意や新製品への後押しを得るといった、自分の望む方向に人を動かすことなのである。

ソーシャルスキルの優れた人には知人が多い傾向があり、あらゆるタイプの人と見解の一致を見出すコツ、つまり調和した関係を築くコツを知っている。いつでも社交的な催しに参加しているという意味ではなく、重要な事柄は一人では達成できないという前提で仕事をしているのだ。このような人は、必要になった時に活用すべきネットワークを持っている。

ソーシャルスキルは、EQの他の因子の頂点ともいえる。自分の感情を理解し、コントロールして、他者の感情に共感できれば、非常に効果的に人間関係もマネジメントできるだろう。モチベーションによってもソーシャルスキルは高まる。思い出していただきたいのだが、達成感を動機にしている人は、挫折や失敗に直面しても楽観的な態度はそのままであることが多い。人が明るい気分でいる時、その人の「輝き」は会話や他者との付き合いに光を投げかける。当然ながら、そういう人は好かれる。

人とのつながりが仕事を円滑にする

ソーシャルスキルはEQの他の因子がもたらす結果なので、企業のさまざまな場面で見受けられるのも当然だろう。

たとえば、ソーシャルスキルに優れた人はチーム運営の名人なのだが、そこに機能しているのは共感である。同じように、ソーシャルスキルに長けた人は、説得――これは自己認識、自己統制、共感の総合的な発現である――の名人でもある。説得の名人は、これらの能力を備えているからこそ、たとえば、どんな場合に情に訴えるべきか、あるいは理性に訴えるべきかがわかるのだ。やる気を表面に出すことによって、優秀な共同作業者にもなれる。それは、仕事への情熱が他者に伝染し、他者を解決策に向かって突き動かすからである。

しかし時に、ソーシャルスキルはEQの他の因子とは違った形で表れる。たとえば、ソーシャルスキルに優れた人は仕事中でも仕事をしていないように見えることがある。廊下で同僚とおしゃべりをしたり、「本当の」仕事に関係ない人とふざけたり、怠けているように見られる。

しかし彼らは、自分から人間関係の枠を狭めても意味がないことを知っている。いまのような変化の激しい時代には、今日知り合った人の助けがいつ必要になるとも限らないことを知っているから、幅広い人間関係を築いているのだ。

ある国際的コンピュータメーカーの戦略部門の経営幹部を例に挙げよう。この経営幹部は、1993年の段階で、インターネットが同社の将来を左右すると確信していた。その翌年、社内で同じ考えを持つ人を探し出し、持ち前のソーシャルスキルを使って、同社の階層、部門、国の枠を超えたバーチャルコミュニティを構築した。

次に、事実上のチームとなったこのコミュニティを使って、大手企業としてはいち早くインターネット上にウェブサイトを開設した。予算や正式な立場は得られないまま、彼の発案で年1回開かれるインターネット事業者のイベントに会社を参加させた。チームに呼びかけ、社内各部署から寄付金を募り、10を超える部署から50人を超える人間を集めてこのイベントに送り込んだのである。

これには同社の上層部も注目した。イベント参加から1年もしないうちに、このチームをもとに同社初のインターネット事業部門が創設され、この幹部が正式に責任者に任命された。ここに至るまでに、彼は旧来の部門の枠を無視し、会社のあらゆる部門の人材とつながりをつくり、それを維持していたのである。

ソーシャルスキルは、多くの企業でリーダーシップの重要能力と見なされているだろうか。ＥＱの他の因子と比較すれば、その答えは「イエス」である。リーダーは人間関係を効果的にマネジメントできなくてはならない、リーダーは孤立した島であってはならないことは、直感的に理解されているようだ。

要するに、リーダーの仕事とは他の人間を通じて仕事を完了させることであり、ソーシャルスキルがこれを可能にするのだ。共感を示せないリーダーには、ソーシャルスキルが皆無なのかもしれない。自分の熱意を組織に伝えられなければ、リーダーのモチベーションがいかに高くても無駄になる。ソーシャルスキルによって、リーダーはそのＥＱを発揮するようになる。

＊　＊　＊

従来のＩＱと技術的熟練度が強力なリーダーシップに無用だと考えるのは馬鹿げている。しかし、ＥＱがなくては、リーダーシップは完成しない。以前は、企業のリーダーがＥＱも「備えていることは悪くない」と考えられていた。だがいまや、業績のことを考えれば、ＥＱはリーダーが「必ず備えるべき」ものであるのは明らかだ。

幸いなことに、ＥＱは学習できる。それは簡単ではない。時間と、そして何よりコミットメントを必要とする。しかし、個人であろうが組織であろうが、ＥＱを十分に開発すれば、その努力に値する恩恵を手に入れられる。

EQは学習できるのか

長年にわたって、リーダーは生まれ付いてのものか、つくられるものかが議論されてきた。心の知能指数（EQ）についても同じ議論が当てはまる。

たとえば、共感する能力はある程度生まれ付き備わっているのだろうか、あるいは人生経験を積むうちに身につくのだろうか。どちらも正しいといえる。

科学的調査では、EQにはかなり遺伝的要因があるとされる。心理学や発達科学の研究では、成長の過程に関係があるとされる。どちらがどの程度の割合で関係するかはおそらくわからないだろうが、研究や訓練結果を見ると、EQが学習できることは間違いなさそうだ。

一つ確かなことがある。EQは年齢とともに高まる、ということだ。これをまさに言い表しているのが、昔から使われている「成熟」という言葉である。しかし成熟した大人の中にも、EQを高めるトレーニングが必要な人もいる。残念ながら、EQも含めたリーダーシップ育成トレーニングのあまりに多くが、時間とカネの浪費に終わっている。問題は単純である。脳の正しい部分に的を絞ったトレーニングを行っていないからである。

EQの正しいトレーニング法

EQの大部分は、脳内で感情、衝動、情動を司る大脳辺縁系の神経伝達物質によって生まれる。研究によると、大脳辺縁系は、モチベーション、長期にわたる練習、フィードバックを通じて最も効果的に学習するという。

これを分析や技術の能力を司る新皮質での学習と比較してみよう。新皮質は概念や論理を理解する部位である。手引書を読んでコンピュータの使い方や訪問販売の方法を理解するのは、脳のこの部分だ。驚くには当たらないが、EQを高めるトレーニングの大半が新皮質を対象にしており、実はこれは間違っている。

The Consortium for Research on Emotional Intelligence in Organizations（組織におけるEQについての研究コンソーシアム）の研究では、新皮質を対象にしたEQ改善トレーニングは、仕事の業績に「マイナス」の影響さえ与えることがわかった。

EQを高めるには、企業はトレーニング内容を改め、大脳辺縁系も対象に含めなければならない。社員が古い行動習慣を壊し、新しい習慣をつくるのを助けてやらなければならない。だが、これには従来より時間がかかるだけでなく、社員一人ひとりに合わせたトレーニングプログラムも必要になる。

ある企業に、同僚から他者への共感が低いと思われている経営幹部がいるとしよう。彼女の欠点は、他人の話を聞けないことに表れていた。すぐに他人の話をさえぎり、他人が言おうとしていることに注意を払わないのだ。

これを直すには、まず変わろうとする意欲が彼女になくてはならない。そして次に訓練と社内でのフィードバックが必要である。彼女が人の話を聞いていないとわかったら、同僚かコーチがそっと合図を送るのだ。そうすると、彼女は相手の話を最初から聞き直して、適切に反応しなければならない。つまり人の話を理解する能力を発揮させるようにするのだ。また、人の話によく耳を傾ける幹部を観察し、その行動を真似るよう、指導することも可能だ。このような習慣は、粘り強い練習によって身につく。

訓練とフィードバックがEQを高める

金融サービス業の経営幹部で、もっと他人に共感を持ちたい、特に相手の反応を読み取り、その考えを理解したいと願う人物がいた。彼がその努力を始めるまでは、彼の部下は彼と一緒に仕事をすることに恐怖を感じていた。悪いニュースを彼の耳に入れないようにさえしていた。

この幹部はこの事実を知ってショックを受けた。仕事から帰った彼が家族にその話をすると、家族からも部下と同じことを言われた。家族も、彼と意見が食い違うことに恐怖を感じていたのだ。

この経営幹部は、コーチの助けを得て、練習とフィードバックによるEQ改善トレーニングを開始した。その第一歩は言葉の通じない外国で休暇を取ることだった。その間、馴染みのないことにどう反応するか、自分と違う人に寛大に接することができるか、自分自身を観察した。休暇中の体験は彼を謙虚にさせた。

休暇から戻った経営幹部は、コーチに1週間に数日、1日に数回、自分に付き添って、自分が新しい考え方や異なる考え方を持つ部下にどう対処しているかを見て、批判してほしいと頼んだ。その一方、意識的に、職場での人間関係を自分とは異なる意見に「耳を傾ける」練習に利用した。最後に、会議中の自分の姿をビデオに録画させ、同僚や部下に、自分が他者の感情を認め、理解できているかどうかを批判してもらった。数カ月を要したものの、この経営幹部のEQは高まり、それが彼の業績にも反映された。

EQの改善は、自身が真剣にそれを望まなければならないし、同時に周囲の協力を得なければならない。そうでなければ実現できないことを強調しておきたい。短期間のセミナーもハウツー本も役には立たない。共感の学習――他者への自然な反応である共感の習得――は、回帰分析の名人になるよりはるかに難しい。ラルフ・ウォルドー・エマソンは、「熱意がなければ、偉大なことなど何も成し遂げられない」と言う。真のリーダーになることが目標なら、この言葉はEQを高める努力の道しるべになるだろう。

自分の感情を正しく理解する3つの方法

スーザン・デイビッド (Susan David)
心理学者。ハーバード・メディカル・スクール マクリーン病院のコーチング研究所を創設。著書に『EAハーバード流こころのマネジメント』(ダイヤモンド社)がある。

"Three Ways to Better Understand Your Emotions," HBR.org, November 10, 2016.(Reprint #H038KF)

自分の感情をコントロールすることは、リーダーに求められる重要なスキルである。感情に名前をつけてその内容を把握すること――心理学者はこれをラベリングと呼ぶ――は、感情とうまく付き合うための重要な第一歩となる。だが、これが意外と難しく、自分の気持ちを正確に把握することに苦労している人が多い。最も自然で当然と思えるラベルが、実はまったく的外れであることも少なくない。

難しいのには理由がある。まず、私たちは強い感情は抑制すべきだと教えられて育ったし、あからさまに表現してはいけないという社会的・組織的なルールに縛られている(それが暗黙の了解になっている場面や状況もある)。また、自分の感情を正確に表現するための言葉を知らないというのも理由の一つだ。

次の2人の例を考えてみよう。

ニーナは会議に出ている。ジャレドが腹立たしい発言を繰り返している。ニーナの発言を何度もさえぎるだけでなく、彼女が担当したプロジェクトの失敗をほかの参加者の前であげつらう。本当に頭に来る。

ミハイルは長い一日を終えて帰宅した。コートを脱ぎ、ため息をつく。妻が「何かあったの」と尋ねる。「仕事に追われてストレスがたまっている」と答え、ラップトップを取り出して報告書の仕上げにかかった。

「怒り」と「ストレス」は、職場ではお馴染みの感情だ。少なくとも、ラベリングにおいて最も頻繁に使われる言葉だ。しかし、どちらも深いところにある本当の感情を覆い隠していることが多い。自分の中にあるもっと微妙な感情に気づくことは可能だし、それを表すラベルを見つけて使うべきだ。そうすれば、自分自身や周囲の状況とうまく付き合うための能力を身につけることができる。

私はその能力を「エモーショナル・アジリティ」(感情の敏捷性)と呼んでいる。感情の敏捷性については、拙著『EA ハーバード流こころのマネジメント』(ダイヤモンド社)をお読みいただきたい。

感情の名付け方を間違えたら対処も間違う

たしかに、ニーナは怒っているのだろう。しかし同時に、自分のプロジェクトが失敗したことで悲しい思いをしているかもしれない。その失敗で自分自身もキャリアも傷付くのではないかと、不安になっているかもしれない。ジャレドに頻繁に話をさえぎられて、その不安が増殖しているのかもしれない。

なぜプロジェクトはうまくいかなかったのか。今後自分の仕事はどうなるのだろう。ニーナの感情には、怒りだけでなく、そうしたさまざまな感情が混ざっているのではないだろうか。それらは「怒り」の一言で片付けるべきではなく、別のものとして識別し、対処すべき感情なのである。

ミハイルの場合は、ストレスの背景に、自分はこのままいまのキャリアを追求することが正しいのかという疑念があるのかもしれない。かつては長時間労働も楽しかったのに、なぜいまはそうでないのか。ストレスがたまっているのは確かだが、その根底には何があるのだろう。

このように自分の感情を探り、ふさわしいラベルを見つけようとすることは、感情とうまく付き合うことにつながる。そのためには、感情の微妙な違いを識別するボキャブラリーが必要だ。感情に不正確な名前をつけてしまうと、対応を間違ってしまう。実際は落胆や不安なのに、怒りだと思ってしまうと、効果のない方法や逆効果になりかねない方法で対処してしまうかもしれない。

あるいは、何もせず放置してしまうかもしれない。やり過ごせるならそれでもいいと思うかもしれないが、自分の感情に向き合わずに放置していると、ウェルビーイングが低下して、頭痛などのストレス反応が体に表れることがわかっている。自分の感情を避けることには代償が伴うのだ。逆に、感情を表現する適切なボキャブラリーがあれば、目の前にある本当の問題を見極めることができる。

以下に、感情を正確に把握して、対処に役立てるための3つの方法を紹介しよう。

❶感情を表現するボキャブラリーを増やす

言葉は重要だ。強い感情が湧いたら、それを何と呼ぶか考えてみよう。一つだけで満足せず、別の言葉をあと2つ探してみよう。そうすることで、自分の感情の幅広さに気づいて驚くかもしれないし、最初に思い付いたわかりやすいラベルの下から、埋もれていた深い感情が顔をのぞかせるかもしれない。

図表2-2「感情を表現する言葉のリスト」は感情を形容するラベルを挙げたものだ。どれか一つ選んでネット検索でもすれば、そこからさらに多くの語彙を見つけることができるだろう。

ネガティブな感情だけでなく、ポジティブな感情も重要だ。たとえば、新しい仕事にわくわくしている(「緊張している」ではなく)、同僚を信頼している(「いい人だ」ではなく)と言えるようになれば、与えられた仕事に向き合う姿勢や、同僚との関係を健全なものにすることができ、成功への可能性を高めることができる。

図表**2-2**｜**感情を表現する言葉のリスト**

意識の表面に浮上した感情を手がかりに、自分の気持ちをより正確に特定する言葉を見つけよう。

❷どれぐらい強い感情なのかを考える

「怒り」や「ストレス」は、どんな感情にも幅広く当てはまる面があって、それほど強く感じていなくてもラベルに選びがちだ。私のクライアントに、結婚生活に悩むエド（仮名）という男性がいた。彼によれば、妻はいつでも「怒っている」。相手が怒っていると感じると、そのことに対して自分も「怒り」を感じるという。つまり、妻も自分も「怒り」という感情をぶつけ合ってしまうというわけだ。だが、本当にそうだろうか。感情を表す言葉のリストからもわかるように、怒りにもさまざまな色や味がある。

私と話していた時、エドは、「いらいら」とか「心配」という言葉のほうが、妻の感情によく当てはまる場合があることに気づいた。妻は四六時中怒っているわけではないと理解した時から、2人の関係が変わり始めた。エドは怒りに怒りを返すのではなく、彼女の「いらいら」や「心配」に適切に対応できるようになったのである。

自分の感情についても、怒っているのか不機嫌なのか、悲しんでいるのかあきれているのか、幸せなのか嬉しいのか、正確に探ることには大きな意味がある。

感情に名前をつけるのと同時に、その強さを1～10の尺度で評価しよう。その感情をどの程度深く感じているか。緊急度はどれぐらいか。強さはどれぐらいか。そうしたことを考えているうちに、もっとぴったりくる別の言葉が思い浮かぶかもしれない。

❸感情の名前を書き出す

ジェームズ・ペネベーカーは40年にわたり、書くことと感情を扱うことの関連性について研究している。彼の実験によると、感情が刺激される体験をした時、そのことを書き記すと心身に好ましい影響があるという結果が出ている。

解雇されて間もない労働者を対象として行った実験では、自分の内面を見つめて、屈辱、怒り、不安、人間関係の難しさなど、感情にラベルを貼る作業をした人は、それをしなかった対照群の人に比べ、のちに再雇用された率が3倍も高かった。

その実験で、自分の感情を書き留めた人は、時間の経過とともに、その感情が本当は何だったのか（あるいは何でなかったのか）を深く理解できたことがわかっている。実験に参加した人々からは、「……を学んだ」「……がわかって驚いた」「理由は……だった」「……を実感した」「……が理解できた」といったコメントが聞かれた。書くという作業を通して、自分の感情を新たな視点でとらえることができ、その意味を明確に理解することができたのである。

簡単なエクササイズを紹介しよう。タイマーを20分にセットし、過去1週間、1カ月、1年間の自分の感情を書き出す。完璧な語句や文章を意識する必要はない。思い浮かんだ言葉を書き出す。書き終えた文書を保存する必要はない。その感情が自分の中から外に出て、ページの上に記されたということが重要なのだ。

このエクササイズは毎日行うこともできるが、つらい時期や大きな転換点に差しかかった時、心が揺れ動いている時、あるいは心の整理がつかないほどの体験をした時などに行うとよい。気持ちが整理でき、望ましい対処方法を考えるうえで効果がある。

自分が何を感じているのかがわかれば、感情を正確に記述でき、よりよく対処することができる。

第3章

Lead with Authenticity: An Interview with Tina Opie

オーセンティックなリーダーになる

性別や人種によって自分らしさを発揮する難しさは異なる

オピー・コンサルティング・グループ 創業者
ティナ・オピー

聞き手＝
『ハーバード・ビジネス・レビュー』エディター
エイミー・バーンスタイン

『ハーバード・ビジネス・レビュー』エグゼクティブエディター
サラ・グリーン・カーマイケル

『ハーバード・ビジネス・レビュー』アシスタントエディター
ニコル・トーレス

"Lead with Authenticity: An Interview with Tina Opie"
Women at Work (podcast): Season 1, Episode 3, February 9, 2018.

ティナ・オピー（Tina Opie）
オピー・コンサルティング・グループの創業者。バブソン大学准教授。経営学を担当。

エイミー・バーンスタイン（Amy Bernstein）
『ハーバード・ビジネス・レビュー』のエディター。

サラ・グリーン・カーマイケル（Sarah Green Carmichael）
『ハーバード・ビジネス・レビュー』のエグゼクティブエディター（当時）。現在は『ブルームバーグ・オピニオン』のエディター。

ニコル・トーレス（Nicole Torres）
『ハーバード・ビジネス・レビュー』のアシスタントエディター（当時）。現在は『ブルームバーグ・オピニオン』のエディター。

オーセンティシティ（authenticity：自分らしさ）とは、意図と行動の間に矛盾がなく、自分のすべてを仕事に投入できているという感覚のことだ。しかし、仕事の場面でオーセンティックでありたいと願う女性は必ず障害にぶつかる。働く女性は、誰かの娘であり、母であり、姉妹であり、同僚であり、部下であり、上司である。これらすべての役割を調和させるのは容易なことではない。

オーセンティックなリーダーシップについては、確立した明確な規範があるかのように論じられることが多いが、一人の生身の女性はさまざまな場所に身を置き、さまざまな役割を担っている。並列する複数の自己が存在する中で、どうすればオーセンティックであることができるのだろう。

バブソン大学准教授のティナ・オピーが、働く女性にとってのオーセンティシティについて、『ハーバード・ビジネス・レビュー』のポッドキャスト番組『ウイメン・アット・ワーク』のホストであるエイミー・バーンスタイン、サラ・グリーン・カーマイケル、そしてニコル・トーレスと語り合った。

働く女性にとっての「自分らしさ」とは

サラ・グリーン・カーマイケル（以下サラ）：以前、女性の同僚が自分の体験を話してくれました。上司から、「あなたには可能性がある。きっとマネジメント層にまで上っていけるでしょう。でも、そのためにはいまと違う服を着て、お化粧もしたほうがいいと思う」と言われたというのです。女性の上司だったそうですが、そんなことを言われて、すごく腹が立ったとのこと。このアドバイスは性差別的だと思いますか。

ティナ・オピー（以下ティナ）：こうであってほしいと願う世界と実際の世界とを区別する必要があります。私はそんなアドバイスは聞きたくないし、口にしたくもありません。しっかり仕事さえしていれば、どんな服を着ても文句を言われない職場で働きたいと思います。私はそういう世界に住みたいし、そういう世界を実現するために研究し、学生を指導しています。しかし残念ながら、私たちが生きている現実の世界はそうではありません。

私たちは、第一印象が物を言う世界、外見が人物評価と強く結び付いている世界に生きています。私たちは一目見た瞬間に相手をカテゴリーに押し込んで、無意識のうちに、「この人はプロフェッショナルな仕事ができそうだ」とか、「この人はできなさそうだ」といった判断を下しています。いったん後者に振り分けられてしまったら、自分は勤勉なプロフェッショナルで、しっかり結果を出せると認めてもらうために、他の人よりも努力する必要が生じます。とはいえ、どう頑張っても最初の印象を完全に打ち消すことはできません。

エイミー・バーンスタイン（以下エイミー）：私は大学を卒業した時、ジーンズ2本、ボタンダウンシャツ3着しか服を持っていませんでした。その頃、母は広告会社の要職に就いてバリバリと仕事をしており、そんな私を見かねてか、ショッピングに連れ出してスカートとジャケットとブラウスを買わせました。スーパーマンの衣装を着せられていたとしても、あれほど居心地悪く、こんなのは私ではないと思わなかったかもしれません。

母は、「バイスプレジデントになりたければ、そのような服を着なさい」とアドバイスしてくれました。新しい環境でオーセンティックであることの意味を理解していなかった娘に、ひとこと言わずにいられなかったのでしょう。私の母の言葉をどう思いますか。

ティナ：あなたのお母さんは、あなたに「制服」を着させたということです。制服を着たがる人はそう多くありません。そうしなくても自分はプロフェッショナルとしての仕事ができると、心の中で思っていますからね。

ビジネススーツは制服にほかなりません。スーツの起源について研究したことがあるのですが、欧州の宮廷で始まった服装で、男らしさを強調するためにデザインされたものです。身分や階級を区別し、ある種の慎ましさを示すべくデザインされています。当初は赤や紫など鮮やかな色でしたが、やがて現在のネイビー、黒、グレーといった落ち着いた色にトーンダウンしました。

あなたのお母さんのアドバイスもその延長線上にあります。制服を着るように勧めることで新しい世界を紹介し、折り合いをつけてほしいと願ったのです。会社や職場という新しい世界で、もしジーンズとボタンダウンのシャツで出勤していたら、そんな格好をしているのは自分だけだと気づいて恥ずかしい思いをしたことでしょう。

いま私は、見ての通り、ジェギンス（ジーンズ風のレギンス）をはき、素敵な花柄のトップスを着て、お気に入りのイヤリングをつけて、髪はパフでまとめています。私の目標の一つは、この格好でCEOになれるような会社を経営することです。社員がこんな格好をしていても、プロらしくないなどと誰も言わないような会社です。もちろんビジネススーツが好きな人がいれば、スーツでも快適に過ごせるような会社にしたいとも思います。

エイミー：学生はよく服装のことで相談に来ますよね。採用面接に何を着て行くべきかという相談を受けたら、どんなアドバイスをしますか。

ティナ：もう卒業したのですが、かつてナディアという学生がいました。バブソン大学で職場でのオーセンティシティについてワークショップを行った時、「先生は髪をナチュラルにしているようですけど、私もナチュラルなヘアスタイルで職場に行ってもいいと思いますか」と聞いてきたんです。私は、ナディアが自分で決めるべきだと思ったので、考え方を導くような対応をしました。

「あなたは自分の自然な髪が好きなの？」

「はい、快適です。アフリカ系、ラテン系の女性として、気持ちがいいですね。職場でもこのスタイルのまま通せればいいんですけど」

素敵だと思いませんか。彼女のナチュラルヘアは彼女のオーセンティシティやアイデンティティと結び付いているんです。

私は続けて、「仕事はどういう方面に進みたい？」と尋ねました。

「法律の分野です」

「法曹関係の職場では、みんなどんな服を着ていると思う？　どんな場面に遭遇することになりそう？　あなたの考えを教えて」

「だいたい服装は保守的で、オーダーメイドのスーツを着ていると思います」

男性の服装のことを話していると感じたので、すぐに女性の話に切り替えましたが、答えは同じでした。女性のビジネスウェアも、男性のビジネスウェアを模倣しているという現実から逃れることはできません。職場で女性が着る制服は、女性らしさや個性を隠すためにデザインされているということです。

ここまでのやり取りで、私はまず、ナディアのオーセンティシティを支えているアイデンティティを確認しました。次に、法曹界のコンテクストを確認しました。ここからが難しいところです。明確な唯一の正解があるわけではありません。

私は彼女に、異なる選択がもたらす異なる結果を予想して、比較する必要があると言いました。もし、オーセンティックな自分であるためには髪型が重要で、それを変えるのは自分の一部を捨てることであり、自分でも許せないほどの妥協だと感じるなら、ヘアスタイルを法曹バージョンに変えるのは賢い選択ではないでしょう。でも、法曹界の明確なコンテクストを考えると、髪型を変えずに面接に臨めば不採用になることも覚悟しなくてはなりません。

もちろん、髪をストレートに変えて面接に臨むこともできます。アフリカ系の人々にとって、ヘアスタイルを周囲に「合わせる」というのは、髪をまっすぐにして、アフリカ性や黒人性の目に見える証拠を取り除くことを意味します。そうすれば採用してもらえるかもしれませんが、それで自分が嫌いになるようなら、そこは当人にとってベストな職場ではないということですね。

２つの結果を比べて選択できるというのは、ある意味、特権的なことです。食べていくのに必要なお金がなければ、そんな選択をする余地はありませんから。髪をストレートにして、タトゥーを隠して、ピアスを外すしかありません。

「もう少し肌が白かったらいいんだけど」と言われることもありますが、肌の色はどうしようもありません。仮に何かできるとしても、費用が恐ろしく高くつくので、ほとんどの人はしようとは思わないでしょう。

その一方で、名前をそれらしく変えることに抵抗のない人もいます。特にアジア系のコミュニティに多いようですね。「エイミーと呼んでください」などと言う生徒がたくさんいます。私は出生証明書に書かれている名前、親御さんから呼ばれる名前で話しかけたいのですが、本人にとって、それはアジア人であることの表明になって不快なのでしょう。

職場や教室は、オーセンティックな自分を保つことができ、それを表現することが許される場であってほしいですね。同僚やクラスメートには、人を何かの型に押し込もうとせず、その人のオーセンティシティを支持してもらいたいものです。

ニコル・トーレス（以下ニコル）：服装や外見のほかに、職場でのオーセンティシティと関係があることは何でしょう。

ティナ：コミュニケーションの取り方でしょうね。私は手をよく動かしながら話すので、エスニックすぎる、と苦言を呈されることがあります。好意的に受け止めてくれるクライアントからは、「なかなかのストーリーテラーですね」と言われたこともありますが……。要は、コミュニケーションのスタイル、話し方、アクセント、怒り方、見解の相違や対立点を明確化する方法など、すべてがオーセンティシティの重要な要素だということです。怒りを隠そうとする人もいれば、すぐに態度に出して噛み付く人もいます。私にとっては、怒りを表明することはオーセンティックな行為ですが、場面によっては、プロらしくないと見なされることがあります。

上司や部下、あるいは同僚に向かって、自分がこんなふうに言っている場面を想像してくれますか。「ちょっと待ってよ、それは私が会議で発言したことじゃないですか。どうして自分のアイデアのような言い方をするんですか。理由を説明してください」

ニコル：私にはそんな言い方はできそうにありません。

ティナ：どうしてかしら。それを自分自身に尋ねてみてください。性格の問題もあるかもしれませんが、ことに仕事の場面では、自分を擁護するような言動、特にグループの前で自分を擁護するようなことは、好ましくないと判定されがちだからではないでしょうか。

サラ：オーセンティックなリーダーシップについては、誰もが幸せで気持ちよく働けるようなリーダーシップという文脈で語られることが多いように思います。部下に対して、自分の気持ちを隠さず遠慮なく話してほしいと言うリーダーは多いですが、それはあくまで、ハッピーな気分や元気で明るい振る舞いは遠慮なく持ち込んでちょうだい、という意味です。怒りや落胆を持ち込んでもいいという意味で語られていることは、まずありません。特に女性に対してはその傾向が明らかです。

ティナ：本当にその通りだと思います。女性が職場で怒りを表すと激しい逆襲を受けることがありますよね。その点について、イェール大学経営大学院のトリ・ブレスコールが、いくつか研究を行っています。

その後、デューク大学フュークアスクール・オブ・ビジネスのアシュリー・シェルビー・ロゼットやハーバード大学ケネディスクールのロバート・リビングストンなどが、それには交差性（人種、エスニシティ、ジェンダーなど複数の差別の軸が組み合わさった抑圧状況）が関係している可能性があることを示す研究を行いました。たとえば、白人女性に比べると、黒人女性は職場で怒りを表現しても、あまり反発を受けないことが明らかにされています。

私には、職場で怒りを表明すると即座に否定的な反応があることがまったく理解できません。私が言っている怒りとは、すれ違いざまに人を怒鳴り付けたり、罵ったり、物に八つ当たりするような怒りのことではなく、理由のある怒りのことですよ。怒りとは、不快感やいら立ちです。何かが間違っている、不当だという信号なのです。なぜそれを表現することが悪いのか、全然わかりません。

もちろん、感情の表し方や、仕事の場にふさわしいマナーは重要です。特に現状では、女性はその点に気をつける必要があるでしょう。怒りを生産的に扱うことができる女性は、それだけで有利な立場に立てるかもしれません。

皆さんは職場で怒ったことがある？　その時、どう行動しましたか？　自分の席や部屋に戻って深呼吸した？　友だちに電話した？　トイレに駆け込んで泣いたとか？

自分のことでなくてもいいので、怒りをうまく利用した例を見たことがあったら教えてくれますか。

エイミー：怒りが込み上げて泣いてしまったことが何度かあります。そんな場面を振り返ると、私の怒りには2種類あるような気がします。一つは、傷付けられたことで生じる怒り。「ひどい、あなたがそんなことをするなんて思ってもいなかった」というような怒りですね。私はこの種の怒りを扱うのが苦手です。「これは正当な怒り？　悪いのは自分のほうじゃない？」と考えてしまうのです。そんなふうに、ついつい怒りをやり過ごす理由を考えてしまうのですが、やり過ごさず怒りに対処すると、少し自分が成長したように感じられることがあります。

それよりもっと頻繁に経験するもう一つの怒りは、チームメンバーが、私が頼んだ通りに仕事をしていなかった時に感じる怒りです。私はチームリーダーとしてオペレーションを任されているので、自分の指示が無視されたら怒ります。特定の誰かを叱ることもあります。もちろん、ほかの人がいない場所を選びますが。また、チーム全体の足を引っ張っているような怠慢に対しては、具体的に何が悪いかを指摘して強く怒ることもあります。時には、何も言えなくなるほど怒りが湧くこともあります。

ティナ：その話で興味深かったのは、何か理由をつけて、怒ることを自分に許しているという点です。仕事上のことだから怒ってもいい、言うべきことを言わなかったら会社にとってよくないから怒ってもいい、と自分に許可を出している点です。組織を救いたいという願いが女性にはある。そのためなら、怒りを表明して人と衝突することもいとわないという面が女性にはありますね。

誰かが人を不当に扱うのを見た時や、自分の部下が不公平な扱いをされているのを見た時、女性はもっと明確に怒りを表現することができます。こっちを見なさい、私は怒ってるのよ、と言える。両手を腰に当て、相手をにらみ付けて、そんなことは許さないと言えるのです。

ですが、自分自身が不当な扱いを受けた場合、怒りを表明する許可を自分に与えることはありません。個人的な問題として、怒りを自分の中に閉じ込めてしまうのです。

サラ：私はこれまで、キャリアのほとんどを『ハーバード・ビジネス・レビュー』（ＨＢＲ）の編集部で過ごしてきましたが、ＨＢＲの文化は、怒りを表に出すことを歓迎しない文化でした。私は争いを避けるタイプなので、その文化は総じて苦痛ではありませんでした。とはいえ、仕事中に怒りを感じることはあります。年齢を重ねるにつれて、自分の怒りを素直に認められるようになってきて、ただ怒りが鎮まるのを待つだけでなく、どう対処すべきかを考えられるようになりました。

ニコル：女性は職場で感情を表に出しすぎないよう期待されていることと関係がありそうですね。何かに熱中しているということさえ、感情的だと受け止められることがあります。そんなふうに思われることは、男性よりも女性のほうが多いのです。

エイミー：率直さを恐れる傾向とも関係があると思います。私は時々、率直すぎると指摘されることがあります。礼儀正しさが重視される文化では、何かをはっきり言おうとすると怒っていると誤解されたり、無作法だと思われたりすることがあります。私にはニューヨーカーのDNAがありますしね。ティナ、あなたはどう思いますか。

ティナ：まったく同感です。組織は文化の影響を受けているので、組織が違えば、何がプロフェッショナルで何がプロフェッショナルでないかという考えも変わるでしょう。そのことは理解しておく必要があります。職場で自分をどう表現するかは、自分のオーセンティシティと深く関わっています。

私は何事も包み隠さず率直に表明する家庭で育ちました。南部出身ですが、黒人家庭なので、南部特有の上品ぶった雰囲気とは無縁です。誰かが失礼なことをしたら、その場で面と向かって言わなくても、何日もそのことを話題にし続けたものです。自分でも面白いと思うのは、年齢とともに、歯に衣着せぬ率直な物言いをする女の子という評判が定着していったことです。母はそんな私に、「ティナ、ガツンと言ってやりなさい」などと言うようになりました。それが私の性格です。

職場では、その率直さのせいで何度も痛い目に遭いました。なので、それを回避する方法を考え続けたものです。人から何か相談されたら、まずこう問い返すようになりました。

「本当のことを聞きたい？　私の本当の考えを知りたい？　それとも、問題を穏便に収める方法を知りたい？」

本当の考えを知りたいと言われたら、きちんと本当の考えを話します。職場のみんなはそんな私の性格を知っていて、そこを気に入ってくれているみたいです。

私は、親切そうに見えるだけの事なかれ的な態度より、相手のためを思う率直な態度が高く評価されるような文化や職場は可能だと考えています。相手を傷付けたくないから本当のことを言わないというのは、相手が成長するために必要な、クリティカルなフィードバックを行わないということでもあると思います。

サラ：私はニューイングランド出身で、いわゆるWASP、白人でアングロサクソン系プロテスタントです。家族は考えや感情をありのまま表に出すほうではありませんでした。職場では、婉曲で当たりの柔らかい表現と、率直で明確だけど意地悪く感じられる表現を天秤にかけて、ああでもないこうでもないと考えることが多いです。ニコル、あなたはどうですか。

ニコル：とても婉曲な表現をする家庭でした。いつも感情を押し殺しているようなところがあり、悲しい時や怒った時は、心の中がぐちゃぐちゃになりました。感情を表に出す家庭ではなかったし、私も感情をあまり表に出さないほうです。

働くようになって、多少は自分を表現するようになりましたが、メールなどではていねいな言葉使いを選んでしまいます。私にとって、人に何かを頼むのはけっこう勇気がいるんです。「あなたの考えを聞かせてくれますか」とか、「そうしてもらえると嬉しい」とか、儀礼的な書き方をするほうですね。

サラ：あなたはうちの会社で一番礼儀正しいわ。

ニコル：自分でもそう思います。感嘆符を使うのが好きなのも根っこは同じで、自分のポジティブなエネルギーを相手に伝えたいと思うからなんです。怒ったり、誰かに怒りをぶつけたりせず、人に何かを頼むことさえ遠慮しながら大人になる中で、私の性格が形成されていったんだと思います。

ティナ：ニコル、いきなりだけど、あなたは自分がアジア系だと感じていますか。

ニコル：ええ、感じています。

ティナ：ご出身は。

ニコル：フィリピンです。

ティナ：こんなことを尋ねたのは、アジア系に対して世間にステレオタイプがあるからなんです。職場では、アジア人は模範的なマイノリティとされていますよね。礼儀正しく、仕事をきちんとこなし、集中力もあるけれど、リーダー向きではないとも思われている。あなた自身はそんなステレオタイプを聞いたことがありますか。

ニコル：もちろん。それに関する研究結果を発表したこともありますよ。

ティナ：私もあなたのその研究は読みました。アジア系の学生が必ず遭遇する問題なので、それを踏まえて、何人かの学生にカウンセリングも行いました。

そこで尋ねたいのですが、あなたは「自分はあまり感情的な人間ではない」と言ったけれど、それは感情があまり動かないということですか。それとも、感情を表に出したくないということですか。

ニコル：感情がないわけではありません。いろいろ感じることはあるけど、それをどう表現したらいいのか、何を表現するのが適切なのかがわからないという意味です。無意識のうちに、その疑問に囚われているのだと思います。

文化や家庭の規範が私に指し示した方向性は、いまの私の期待や将来の見通しとはまったく違います。職場で昇進を目指したり、人の上に立ったり、主張を通そうとしたりすることなど、子どもの頃の私はこれっぽっちも期待されたことがありません。しっかり勉強して、口答えせず、よい成績を取って、よい会社に就職して、騒ぎを起こすなと教え込まれて育ちました。

ティナ：私たちはみんな文化の中で育ち、文化を背負っています。職場に入れば、オーセンティシティを保ちながらそこに居場所を見つけ、キャリアを切り拓いていかなくてはなりません。感情を表現したいけれど方法がわからないということなら、方法を見つける努力をする必要がありますが、強制されて感情を表現しなくてはならないと感じるなら、それもオーセンティックとはいえません。

エイミー：ロンドン・ビジネススクールのハーミニア・イバーラが、HBRに「『自分らしさ』が仇になる時」という素晴らしい論文を寄稿しています。(注1) その中で特に共感したのは、自分のオーセンティシティを考える時は、さまざまなペルソナを試して、自分にとってどのペルソナがしっくり感じられるかを確認すべきだという指摘でした。

特にキャリアの初期段階にある人は、その必要があると彼女は述べています。大学を出て数年しか経っていないような若い人は、どんな職場でも成功することが約束されているわけではありませんからね。学び、成長し、いろいろなことにぶつかりながら、自分にとって正しい道を見つけなくてはならないというわけです。ニコルはこの考えに共感できますか。

ニコル：同感です。彼女はその論文の中で、オーセンティシティをあまり厳密に定義しないほうがいいと書いていましたね。それに関連すると、私が知りたいのは、オーセンティックではないという状態と、自分にとっての安全地帯から押し出された状態の違いは何か、ということです。職場で成長してリーダーになるためには、安全地帯から一歩踏み出す必要がありますから。

ティナ：私にとってオーセンティシティとは、「一番自分らしい自分を生きる」ということです。ところが、本当の自分は家に置いておけ、誰もあなたの本当の姿なんか見たくない、不快になるに決まっているから、というような結論を述べている研究報告もあるわけです。まあ言いたいことはわかるけれど、それは私の言うオーセンティシティではない。

私だって、運転している時、乱暴な運転をする車にヒヤリとさせられたら腹を立てるし、呪いの言葉を叫ぶことだってある。それが真の私だという考え方もあるけれど、私はそうは思いません。単に、ストレスやプレッシャーにさらされた時の私にすぎないのです。自分を振り返る時間があり、落ち着きを保てている時は、そんな反応はしませんよ。それは私が大切にしている生き方ではないし、私の価値観とも一致していない。

サラ：仕事の場面に当てはめると、たとえば、女性が会議で自分の意見を通すために使うとよいとされるコミュニケーションスタイルがありますよね。「絶対にこれがいい」などと言うのではなく、「こういう方法もありますが、どう思いますか」と言え、というような類いです。自分の意見を採用してもらうために、意識的に話し方を変えるというのはオーセンティックではないですよね。

ティナ：職業カウンセリングやアドバイスの中には、女性だけではなく、男性も含めてすべての人にとっての効果を期待しているものもあるので、その種のアドバイスをどう評価するかは判断が難しいかもしれません。

しかしたしかに、そうしたアドバイスの中には、暗黙のうちに支配的な文化への同化を迫るものがありますね。大きな声で話せ、断定的に言い切れ、強い口調で話せ、立ち上がれ、腕を広げて体を大きく見せろ、話の流れを仕切れ、堂々と振る舞え、といった類いですね。こういうものは、ロッカールームで檄を飛ばすフットボールのコーチのためのアドバイスであって、職場の会議室で発言する時のアドバイスではありません。

柔らかい口調で話す人の考えを無視するような会社は大丈夫なんでしょうか。賛否の両側に存在する重要な論点を整理できる能力は不要なのでしょうか。大きな声で断定的に話す人だらけの職場なんて、こちらから願い下げです。

私たちは女性に対して、つい「もっと低い声で話したほうがいいわよ」などとアドバイスしがちですが、それは事実やアイデアを伝えるうえで本当に必要なことでしょうか。自分の考えを伝えるのに特定の発声方法が必要なのでしょうか。

エイミー：話し方と服装には、オーセンティシティとの関係において何か違いがありますか。

ティナ：大事なポイントですね。直接の答えにはならないかもしれませんが、自分にとって譲れないオーセンティシティの一線がどこにあるかを見極める必要があると思います。どうすればオーセンティシティを失うことなく立派な仕事ができるか、です。

私は、怒っている時や疲れ切っている時以外は、言葉にそれほど南部訛りは出ていないと思います。南部訛りは学業や職業での成功を妨げると考えた両親が、訛りを出さないように子どもを育てたからです。では、南部訛りで話せば、私はもっとオーセンティックだということになるでしょうか。それはわかりません。私は自分からすすんで南部訛りを消そうとしたので。でも、髪をほぐすのは絶対に嫌です。つまり、私にとって譲れない境界線はそこかもしれません。

サラ：オーセンティックであれという期待や、そのオーセンティシティの中身は、同じ女性でも人種によって違うのでしょうか。

ティナ：私は女性のヘアスタイルについて、キャスリーン・フィリップスと共同研究を行ったことがあります。特に、職場のドレスコードに反するヘアスタイルの女性が被る不利益について調べました。

なぜヘアスタイルを研究したかというと、その気になれば比較的簡単に変えられる特徴である一方で、アイデンティティと深く関わっているからです。私自身、企業社会の米国で働くアフリカ系女性として、クライアントが嫌うかもしれないからそのヘアスタイルは避けるべきだという助言や指導を、これまで何度となく受けたことがあります。

私たちが行った実験は、同一人物に異なるヘアスタイルをしてもらい、その写真を見た人がどんな印象を持つかを調べるというものでした。アフロやドレッドヘアなどアフリカ系のヘアスタイルにすると、自然なストレートのヘアスタイルの時より、プロフェッショナルらしくないと判定される傾向が明らかでした。そう判定される傾向は、黒人女性でも白人女性でも同じように存在することが確認できました。

しかも、写真を見て判定する側の人も、人種に関係なく、アフリカ系のヘアスタイルを否定的に評価する傾向がありました。それどころか、アフリカ系の人々のほうが、アフロやドレッドヘアを否定的に見る傾向が強かったほどです。内集団バイアス（自分が所属する集団のメンバーを肯定的に評価する心理的傾向）が逆の方向に働いているのかもしれません。

この結果を見て、「黒人は自分自身を嫌っている」という結論に飛び付く人がいましたが、その点はさらに掘り下げた研究が必要です。現時点ではもちろん、そんな断定はできません。たしかに、黒人の中に、ある種の内向する人種差別があるのかもしれませんが、黒人は職場でうまくやっていくための印象マネジメントのテクニックを常に考えているから生じた差異かもしれません。

実際、黒人の実験協力者に、「写真の女性がこれから採用面接に臨むとしたら、どんなアドバイスをしますか」と尋ねると、ストレートヘアの女性に対しては髪型について何か言う人はいませんでしたが、アフロやドレッドヘアの黒人の写真に対しては、「ヘアスタイルを変えたほうがいい」「髪をまっすぐにしたほうがいい」「自然な髪にしたほうがいい」という回答が返ってきたことからも、その可能性はあると思います。

そういう回答をした人は、たぶん自分も職場でそんな忠告をされたことがあるのでしょう。そんな忠告をする人は、髪を自然に見せかけるためのストレートパーマにどれほど時間がかかるか知りません。それは勤務時間外にする無報酬のシャドーワークのようなもので、多くの問題が隠されています。社員がそんなことに感情や時間を使う必要がなく、仕事に集中してくれるなら、会社も上司もそのほうがいいのではないでしょうか。

アフリカ系の人間は仕事への集中力に欠けるわけではない。同じ仕事をするのに余計な労力を使っているのです。だいたい、ヘアスタイルと仕事に何の関係があるのでしょう。雇用と関係がありますか。

ここで問われているのは、何がプロフェッショナルで何がプロフェッショナルでないかという文化的な理解です。組織は真剣にみずからの姿勢を反省しなければなりません。採用され、配属される仕事も内示されていたのに、ドレッドヘアをやめないという理由で採用を取り消された人が訴訟を起こしたケースがあります。ヘアスタイルを顧客が嫌うかもしれないという当て推量で、いったんは適任だと判断して採用した人を解雇するなどということが許されていいわけがないでしょう。

「清潔さを保たなければならない」という文句のつけようがなさそうなルールでさえ、議論の余地があります。週に一度しかシャワーを浴びない文化で暮らしている人が、1日に最低1回、何なら2回浴びることもある文化の職場で働けば、周囲の人はもしかしたら体臭が気になるかもしれません。週に1回のシャワーで暮らす人は不潔なのでしょうか。彼らの文化の中では彼らは清潔です。しかし、私たちの文化では清潔とはいえません。私たちはその人にどんな行動を期待すればいいのでしょう。何をどう伝えればよいのでしょうか。

私にはその答えはわかりませんが、私たちは、プロフェッショナルとは何かという文化的な問いと誠実に向き合う必要があります。それを無視して、仕事と関係のない規則を、それが社員に与える影響を考えることもなく就業規則に載せ続けることは許されません。もはやそんなことが通用する時代ではないのです。

ニコル：私が鼻にピアスをした時、母は気絶しそうになりました。「そんなので仕事に就けるわけがないでしょう」と母は叫びました。鼻ピアスを禁止するようなところでは働きたくないと思っていたので、私はそれでもかまわないと思いました。これはミレニアル世代に特有の態度なんでしょうか。働く場所の選り好みができるのは特権的な境遇だと言われればその通りでしょうけれど、私は若い世代に共通するメンタリティなのかなと思います。

ティナ：どの世代にも反抗心はあります。たとえば、ピンストライプのスーツなのに黄色のソックスを履くとか、テーラードスーツを着ているのに腕の見えない場所にタトゥーを入れているとか。あるいは、髪を束ねて目立たなくしているけれど、本当はドレッドヘアだとか。誰もが何かしらやっていることがあるんじゃないかしら。型にはめられることに反抗するのは、人間の本性だと思います。どの世代も、自分たちの世代が一番反抗的だと思っているのではないでしょうか。

ただ、もしあなたが黒人で、女性で、ドレッドヘアで、鼻にピアスをして、髪をピンクに染めていたらどうでしょう。職場は受け入れてくれるでしょうか。1つや2つなら反抗心を貫けても、すべて自分流を通して周囲にまったく合わせないというのは通用しないでしょう。

サラ：女性が本当にオーセンティックなリーダーになることは可能だと思いますか。

ティナ：可能だと思います。自分を正直に表現し、職場に浸透させたい価値観をみずからが体現し、良いことも悪いことも仲間と共有できる女性であれば、オーセンティックなリーダーになることは可能です。

問題はオーセンティック・リーダーシップの定義です。何をもって「オーセンティック」とするかは、論点や論者の価値観によってさまざまです。オーセンティックとは、正直で隠し立てがないという意味でしょうか。妥協せずに最高の自分を追求するということでしょうか。あるいは、部下が正しく意思決定できるように、部下の考えを理解しようと努めることなのでしょうか。いずれであれ、女性がオーセンティックであること、そしてオーセンティックなリーダーになることは可能だと思います。

女性がオーセンティックなリーダーになるのに、何か特別な資質がなければならないと言うつもりはありません。ただし、簡単ではない。オーセンティックであること自体、権力がなければ難しいからです。時給で働いている人は、ドレッドヘアをやめてエプロンを着なさいという上司の命令に逆らうのは厳しいですよね。

女性に限った話ではありませんが、誰もが簡単にオーセンティックでいられるわけではないことや、オーセンティシティを保つうえで権力の有無が影響することに、私たちはもっと敏感になる必要があります。

【注】

（1）Herminia Ibarra, "The Authenticity Paradox," *Harvard Business Review*, January-February 2015.（邦訳『自分らしさ』が仇になる時」『DIAMONDハーバード・ビジネス・レビュー』2016年2月号）

第4章

How Competitive Forces Shape Strategy

競争の戦略：5つの要因が競争を支配する

最も有利なポジショニングに向けて

ハーバード・ビジネス・スクール 教授
マイケル E. ポーター

"How Competitive Forces Shape Strategy"
Harvard Business Review, March-April 1979 (product #79208).
1979年度マッキンゼー賞受賞論文
邦訳初出：「5つの環境要因を競争戦略にどう取り込むか」『DIAMONDハーバード・ビジネス』1979年9-10月号、最新訳は『DIAMONDハーバード・ビジネス・レビュー』2007年2月号

マイケル E. ポーター（Michael E. Porter）

ハーバード・ビジネス・スクール（HBS）教授。ハーバード大学ユニバーシティプロフェッサー。1969年にプリンストン大学航空宇宙機械工学科卒業。1971年HBSで経営学修士号、1973年に経済学博士号を取得。1982年には同学史上最年少の正教授就任。『競争の戦略』『競争優位の戦略』『国の競争優位』（以上、ダイヤモンド社）など19冊の著書、125を超える論文を発表。2000年にはハーバード大学ユニバーシティプロフェッサーとして、同大学教員において最高位の表彰を受ける。

競争は産業構造に支配される

戦略プランニングの本質とは、競争に対処することにほかならない。しかし、往々にして競争をあまりに狭義に、しかも悲観的に考えがちである。経営陣の口から時々漏れる嘆きとは裏腹に、ある産業内の競争とは、偶然の産物でもなければ、また不幸な出来事でもない。

さらに、市場シェア競争は、競合企業との競争だけとは限らない。むしろ、産業内の競争はその産業構造に左右されるのであり、競争の要因は既存の競合企業以外にも存在する。「顧客」「サプライヤー」「新規参入のチャンスをうかがう企業」「代替製品」など、その姿はどれくらいはっきりしているか、その影響力はどれくらいかは産業によって異なるが、これらすべてが競争の参加者である。

図表4-1「産業内の競争を支配する5要因」に示したように、産業内の競争は5つの基本要因に左右される。またその産業の収益性は、これらの要因の相互作用によって決定される。

タイヤ、金属缶、鉄鋼など、競争が激しく、どの企業のROI（投資利益率）も似たり寄ったりという厳しい産業もあれば、油田開発とその掘削装置、ソフトドリンク、サニタリー用品などのように、利益にあずかれる余地がまだ大きい産業もある。

経済学で言う「完全競争」下にある産業では、自由競争が保証されており、したがって新規参入も（退出も）極めて容易である。ただし、長期的な収益性はというと、この類いの産業構造は目も当てられない。それでも、産業全体における競争要因の影響力が小さければ小さいほど、高業績を上げるチャンスは高くなる。

図表4-1｜産業内の競争を支配する5要因

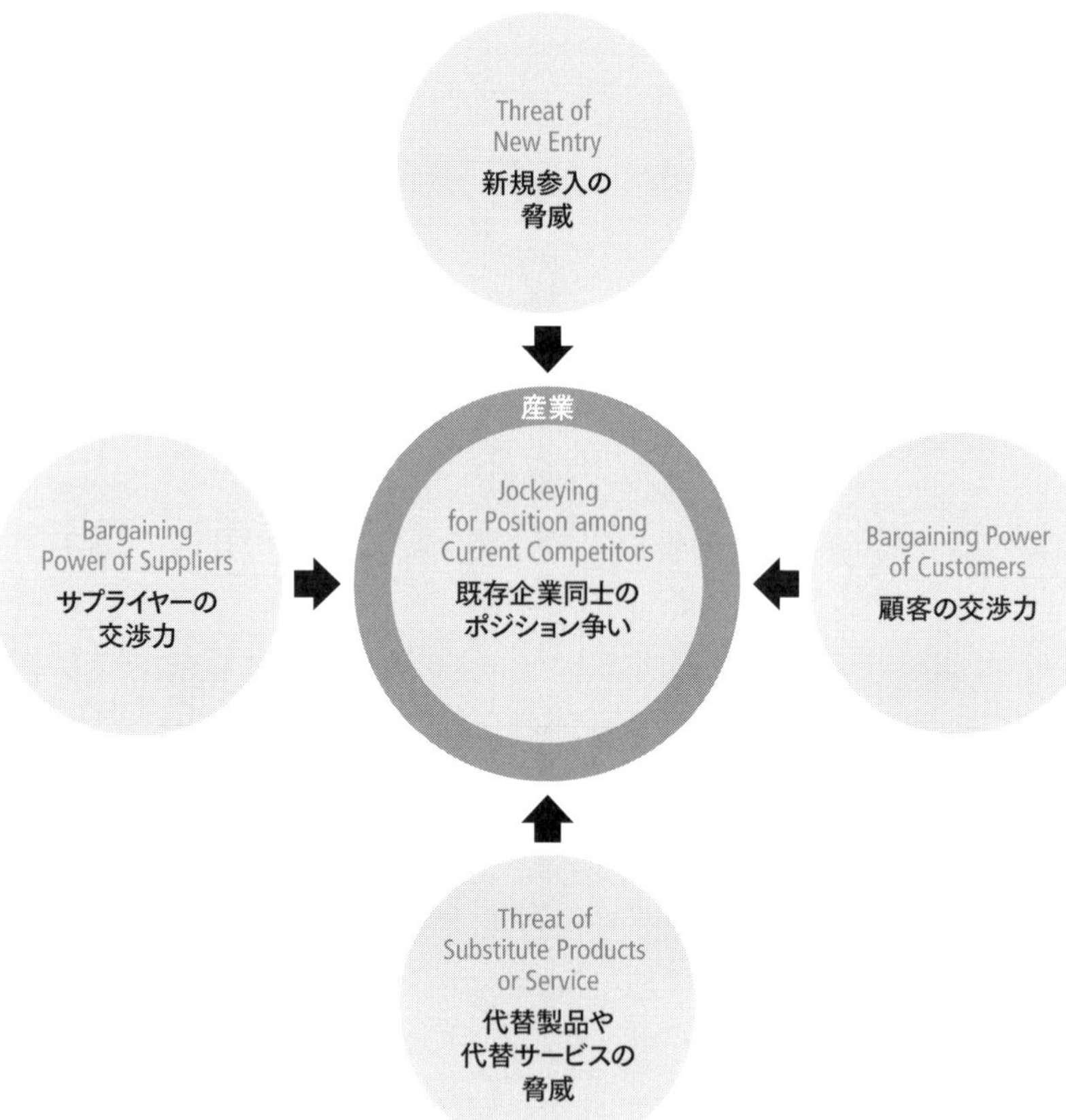

競争要因の影響力がどうであれ、戦略立案者の目標はこれらの要因から身を守るために最適なポジション、逆にみずからに有利に働くように各要因をコントロールできるポジションをその産業内に見出すことである。

その産業内で競争する企業すべてにとって、競争要因の影響力が大きい場合もある。このような場合、競争要因とうまく折り合っていくには、各要因の表層的な部分に惑わされることなく、その深層まで掘り下げなければならない。たとえば、この産業は新規参入が簡単なのはなぜか。サプライヤーの交渉力は何に左右されるのかなどである。

競争を促す圧力の本質を理解することで、戦略のアクションプランを立案するうえでの出発点が明らかになる。すなわち、その知見から自社の決定的な長所や短所が浮かび上がり、その産業内における自社のポジションが明らかになる。

そして、戦略のどこを変更すれば、業績を最大化できるのか、産業動向の影響によってチャンスあるいは脅威をもたらすものは何かがはっきりする。また、多角化するに当たって、どの産業に参入すればよいかを検討する際にも役に立つ。

5つの競争要因

競争要因のうち最も影響力が大きいものが、産業の収益性を決定する。競争戦略を立案する際、この点が最も重要である。たとえば、新規参入の脅威がそれほど大きくない産業において確固たるポジションを獲得している企業でも、同じ価格で高品質あるいは低価格の代替製品が登場すれば、その売上げが低下するだろう。真空管やコーヒー用パーコレーター（濾過器）の一流メーカーがなめた辛酸はよく知られているところだ。このような状況下では、いかに代替製品に対処するかが競争戦略上の最優先課題となる。

もちろん、最も重要視すべき競争要因は、産業内の競争がどのような方向に向かうかによって変わってくる。大型タンカー産業のそれは、オイルメジャーという顧客であり、タイヤ産業のそれは、ＯＥＭ（相手先ブランド生産）供給を受けるメーカーであり、また強力な競合他社である。また鉄鋼産業では、外国の競合他社と代替素材がカギとなる。

どの産業にも構造というものがある。言い換えれば、最も基本的な経済特性あるいは技術特性であり、これが競争要因を規定する。産業内の競争環境に適応する、あるいは自社に有利に働くように、その競争環境に影響を及ぼすには、その環境を支配しているものは何かを把握しなければならない。

これらのことは、サービス業や小売業といった産業でも同じである。そして、本稿で述べる一般原則は、あらゆる種類の事業に通用する。各競争要因の影響力は、いくつかの重要な特性によって左右される。

第1の競争要因　新規参入の脅威

ニューカマー（新規参入者）は、新たな生産能力、市場シェアを奪取する意欲、そして多くの場合、かなりの経営資源を携えて参入してくる。

買収によって参入する企業は、産業構造を改革するために自社の経営資源を利用する場合が多い。フィリップ・モリスがミラー・ビールを買収し、ビール産業に参入を果たしたのはその一例である。

新規参入の脅威度は、現在の参入障壁はどれくらい高いのか（また低いのか）、また既存のライバルがどれくらい反撃するかによって変わってくる。参入障壁が高く、盤石なポジションを築いている既存企業から手厳しい報復が予想される場合には、当然ながら新規参入はそれほど深刻な脅威とはならない。参入障壁には、次の6種類が考えられる。

❶規模の経済

規模の経済が働きやすい産業では、新規参入が難しい。最初から大がかりに参入するか、コスト面での不利を我慢するか、どちらかを選ばなければならないからである。

たとえば、メインフレームコンピュータ分野では、製造、R&D、マーケティング、サービスなどにおける規模の経済が最大の参入障壁となっており、ゼロックスやゼネラル・エレクトリック（GE）は煮え湯を飲まされた。また、流通ネットワークや営業部門の活用、資金調達など、事業活動のほとんどにおいて、規模の経済が参入障壁となって立ちはだかる。

❷ブランドによる差別化

ブランドによる差別化も新規参入を阻む。顧客ロイヤルティを獲得するために多大な投資が必要になるからである。広告宣伝や顧客サービス、業界ナンバーワンのポジション、製品の差別化などによって、ブランド認知は高まる。

ソフトドリンク、市販薬、化粧品、投資銀行、会計事務所といった産業では、ブランド認知がおそらく最も決定的な参入障壁だろう。またビール産業では、高い参入障壁を築くために、メーカーが製造、流通、マーケティングの面での規模の経済をブランド認知と組み合わせている。

❸資金ニーズ

競争するうえで巨額の投資が必要になる場合、それが参入障壁となる。特に、先行キャンペーンやR&Dなど、回収できるかどうかはっきりしない活動に支出しなければならない場合などが典型である。

そのほか、設備投資をはじめ、顧客への信用供与、在庫の維持、「ホッケースティック」（新規事業を立ち上げた当初は損失が続くこと）の状態を我慢するための資金といった支出も同様である。

大企業ほどの資金力があれば、どのような産業にも参入できるだろうが、コンピュータの製造や鉱工業といった分野では巨額の資金が必要になるため、参入できる企業は限られる。

❹規模に関係のないコスト面の不利

産業内の既存企業の中には、企業規模や規模の経済とは無関係に、ニューカマーがとうてい太刀打ちできないコスト優位を持ち合わせているところがある。

その理由としては、学習曲線や経験曲線の上昇、独占的な技術、最高品質の原材料へのアクセス、値上がりする前に取得した資産、政府からの補助金、地の利などが考えられる。また、特許など法的強制力のあるコスト優位もある（囲み「経験曲線は参入障壁たりうるか」を参照）。

❺流通チャネルへのアクセス

ニューカマーは言うまでもなく、製品やサービスの流通チャネルを確保しなければならない。たとえば、新しい飲食品を発売するには、値引きや販促、懸命な営業努力といった方法によって、スーパーマーケットの棚から競合製品を押しのけ、陳列場所を確保する必要がある。

卸売チャネルや小売チャネルが限られていればいるほど、また既存の競合他社による流通チャネルの締め付けが厳しければ厳しいほど、当然ながら新規参入は困難になる。時には、この障壁が極端に高くなってしまい、これを乗り越えるためにニューカマーが独自の流通チャネルを開拓しなければならない場合もある。たとえば、1950年代に時計産業に参入したタイメックスが好例だろう。

❻政府の政策

政府が特定産業への新規参入を制限したり、もしくは完全に禁止したりする場合もある。その手段は、許認可制や原材料の使用制限などだ。

卑近な例に、トラック輸送、酒類販売、貨物運送などがある。これらよりもう少し緩やかとはいえ、スキー場の開発や炭鉱といった分野にも規制が存在する。また、大気汚染や水質汚濁の基準、安全基準なども、新規参入に影響を及ぼす。以上のように、間接的とはいえ、政府が決定的な役割を果たす場合がある。

新規参入を検討している企業が、既存企業の反応をどのように予測するかも、参入するか否かの意思決定を左右する。

参入を試みた企業に既存企業が猛烈な反撃に出たという前例がある、あるいは次のような予測が成り立つ場合には、新規参入に躊躇することだろう。

- 既存企業に、たとえば余剰資金、信用余力、生産能力、流通チャネルや顧客への影響力など、反撃するための資源が豊富な場合。

- 既存企業が市場シェアを守るために、あるいは産業全体が過剰生産のために価格の切り下げに踏み切りそうな場合。
- 産業の成長スピードが遅く、ニューカマーを受け入れる余力に乏しく、産業内の関係者すべての業績に悪影響が及びそうな場合。

競争戦略上、新規参入の脅威については、あと2つ大切な点を指摘しておかなければなるまい。

第1に、言うまでもないことだが、以上述べてきた条件が変われば、新規参入の脅威も大きく変わってしまう点である。

たとえば、インスタント写真に関するポラロイドの基本特許が切れたことで、独占技術による参入障壁はほとんど取り除かれた。イーストマン・コダックがいっきにこの市場に進出したのも当然である。

また、印刷産業における製品の差別化もほとんど消滅した。逆に自動車産業では、第2次世界大戦後のオートメーション化と垂直統合によって規模の経済が強く働くようになり、ニューカマーの成功例はほぼなくなった。

第2に、産業内の大きなセグメントにおいて戦略的な意思決定が下されることで、新規参入の脅威を左右する条件に大きな影響が生じる場合がある。

たとえば1960年代、米国のワイナリーは販売力を強化し、宣伝を増し、また全国規模の流通ネットワークを確立した。この結果、規模の経済が高まり、また流通チャネルは排他的となったため、参入障壁が明らかに高まった。

また、RV（レクリエーショナル・ビークル）産業がコスト削減のための垂直統合を決断したことで、規模の経済が大幅に強まり、資本コストの面で参入障壁が高まった。

第2、第3の競争要因　サプライヤーの交渉力、顧客の交渉力

サプライヤーは、納入する製品やサービスの値上げ、あるいはその質を落とすといった手段を通じて、産業内の企業に交渉力を発揮できる。サプライヤーの交渉力が強い場合、コストの上昇分を価格に転嫁できず、産業全体の収益性が低下してしまうこともある。

ソフトドリンクの原液メーカーが価格を引き上げたために、顧客であるボトリング企業の収益性が落ちてしまった。というのは、ボトリング企業は、粉末飲料や果汁飲料、その他の飲料品と激しい競争を展開しているため、原価の上昇に合わせて価格を引き上げる余地が限られているのだ。そこで顧客も、価格の引き下げを要求する、品質の向上やサービスの充実を求める、あるいは競合サプライヤー同士を対抗させて漁夫の利を得るといった行動に訴えるかもしれない。これもまた、産業の収益性を低下させる。

主要なサプライヤーや主要顧客の影響力は、市況をはじめ、営業や購買が他の事業活動と比べてどれくらい重要かによって決まってくる。サプライヤーの交渉力が強くなるのは、たとえば次のような場合である。

- サプライヤーが絞り込まれており、これら少数のサプライヤーがその産業への供給を支配している場合。
- 供給する製品の独自性が高く、あるいは少なくとも競合製品と明確に差別化されている場合、あるいは「スイッチングコスト」が高い場合。スイッチングコストとは、顧客がサプライヤーを変更する場合、新たに負担しなければならない固定費のことである。たとえば、特定のサプライヤーでなければ製品仕様を満たせない場合、補助的な設備やサプライヤーが提供する設備（コンピュータソフトなど）の運用方法の学習に投資し

ている場合、あるいは顧客の生産ラインにサプライヤーの生産施設（たとえば一部の飲料容器などの製造）が組み込まれている場合に、新しいサプライヤーに乗り換えると、そのスイッチングコストは高くなる。

- 納入先の産業に営業する際、他社製品と競争する必要がない場合。反対に、たとえば製鉄会社とアルミニウムメーカーは、製缶産業への売り込みで競合するため、サプライヤーの影響力はあまり大きくない。
- サプライヤーが、納入先の産業を吸収統合（川下統合）できる可能性がある場合。こうなると、産業内の顧客が調達条件を変更することは難しくなる。
- サプライヤーにとって、納入先の産業があまり重要ではない場合。逆に重要であれば、サプライヤーはその産業と運命をともにすることとなり、価格を抑える、あるいはR＆Dやロビー活動を支援するといった方法で、その産業を守るインセンティブが働く。

顧客の交渉力が強くなるのは、たとえば次のような場合である。

- 顧客の数が少なかったり、大量に購入していたりする場合。巨額の固定費を特徴とする産業の場合、大量発注する顧客の交渉力はとりわけ強大である。たとえば、金属容器、トウモロコシ精製、汎用化学薬品などの産業では、設備稼働率を高水準に維持する必要があるため、大口顧客の影響力が強い。
- 顧客が調達する製品が、標準的もしくは差別化されていない場合。顧客はいつでも別のサプライヤーから調達できるため、アルミニウムの成型加工といった産業のように、サプライヤーは競争入札によって納入価格の引き下げを強いられる場合がある。
- 顧客が調達する製品が、顧客の製品の一部であり、顧客の製品コストにおいて大きな部分を占める場合。顧客はより有利な価格を求めてサプライヤーを選別する。逆に、サプライヤーが提供する製品が、顧客のコストに大して影響しない場合、一般的に顧客の価格感度は低くなる。

- 利益が薄く、そのために調達コストを引き下げたいというインセンティブが顧客に強く働いている場合。逆に、利益率の高い顧客は、一般に価格感度が低い。ただし、当該製品が顧客の製品コストにおいて大きな部分を占める場合は別である。
- 顧客が調達する製品が、顧客の製品やサービスの質にあまり関係しない場合。反対に、調達する製品次第で品質に大きな影響を生じる場合、顧客はあまり価格にこだわらない。このような状況が顕著に見られる分野の一つに、油田関連装置がある。この産業の場合、製品の機能に問題があると、大きな損失につながりかねない。また、電子医療や電子検査機器の分野では、製品の外観によって患者の印象が大きく左右されるため、同様の状況が見られる。
- 顧客が調達する製品が、顧客にとってコスト削減につながらない場合。反対に、調達する製品が、そのコストの何倍もの見返りをもたらす場合には、顧客が価格にこだわることはめったにない。むしろ、顧客の関心は品質にある。たとえば、判断ミスが大きな損害やトラブルにつながりかねない投資銀行や会計事務所、調査の精度が高いと巨額の掘削コストを節約できる油田探査事業などでは、この傾向が強い。
- 顧客が川下統合することで、サプライヤーの製品を内製できる可能性が高い場合。自動車製造のビッグスリーなどは、内製をちらつかせるという交渉戦術をよく用いる。しかし逆に、サプライヤーが川下統合の脅威となる場合もある。

以上のように顧客の交渉力を強化する要因は、法人顧客のみならず、消費者にも当てはまる。その評価基準を若干修正すればよいだけの話だ。つまり消費者の場合、差別化されていない製品、自分の所得に照らして高価な製品、品質があまり重要でない製品を購入する場合には、価格感度が高いと考えればよい。

小売業の交渉力も同じ原理によって決定されるが、一つだけ付け加えるべき点がある。それは、小売業がメーカーに大きな交渉力を発揮できるのは、小売業自体が消費者の購買意思決定に影響を及ぼせる場合である。たとえば、音響機器、宝石、家電製品、スポーツ用品などがこれに該当する。

戦略的に行動する

顧客がどのサプライヤーから調達するか、またサプライヤーがどの顧客に販売するかという選択は、戦略上の重要な意思決定として扱わなければならない。マイナスの影響を及ぼす力が最も弱そうな顧客またはサプライヤーを見つければ、自社の戦略体制を改善できる。

最も多いのが、製品を誰に売るかを選べる、つまり顧客を選択できる状況である。それぞれの顧客が同じ交渉力を備えているという状況はめったにない。特定産業のみを相手にしている場合でも、その中には価格感度の低いセグメントがあるはずだ。たとえば、たいていの製品についていえることだが、買い替えの場合、価格にうるさい顧客はあまり多くない。

あるサプライヤーが強力な顧客に製品を販売して、なお平均以上の収益性を維持できているとすれば、極めて低コストか、その製品そのものが――オンリーワンとまで言わなくとも――極めて優れた特性を備えているかのどちらかである。

エマソン・エレクトリックは、大口顧客に電気モーターを供給して大きな利益を得ている。それは、コスト構造が優れており、競合他社が値下げで対抗しても、それに対応できるだけの余裕があるからだ。

低コスト構造でもなければ、独自性に秀でた製品も持っていない企業の場合でも、誰かれかまわず販売するという戦術は自殺行為といえる。というのも、一時的に売上げは伸びるかもしれないが、長期的には保証されていないからである。そのような企業は、勇気を出して事業方針を変更し、交渉力の弱い顧客を探して、そこに営業をかけるべきである。

顧客の選択がKFS（重要成功要因）となったのが、ナショナル・カンとクラウン・コーク・アンド・シールである。これらの企業は、製缶産業全体を見回して、製品の差別化が可能で、かつ川下統合の可能性が最も低いセグメント、あるいはそれ以外の手段で顧客の交渉力を抑え込めるセグメントを選択した。ただし、優良顧客を選ぶという贅沢は許されない。

サプライヤーまたは顧客の交渉力の背景となっている要因が、時間の経過につれて、あるいは一企業が下した戦略上の意思決定の結果として変化すれば、必然的にその交渉力も変わる。

既製服市場では、百貨店やアパレル小売業の淘汰が加速し、大規模チェーンが支配権を握るようになった。その結果、サプライヤーは顧客からのプレッシャーに押され、利益率の低下に苦しむようになってしまった。いまのところ、製品を差別化したり、スイッチングコストを上昇させたりすることで顧客を囲い込み、川下優位のトレンドを緩和しようという試みはうまくいっていない。

第4の競争要因　代替製品や代替サービスの脅威

代替製品や代替サービスが現れると、価格に上限が生じ、産業の収益ポテンシャルは抑え込まれてしまう。その質を向上させるか、マーケティングなどによって差別化を図らない限り、その産業は利益の面でも、おそらく成長の面でも伸び悩んでしまうだろう。

明らかに、代替製品のコスト優位が高まれば高まるほど、その産業の収益性は圧迫されていく。砂糖メーカーは、砂糖の代替製品である高糖度コーンシロップが大量生産できるようになったため、まさにこの教訓を噛み締めているところである。

代替製品は、通常時における収益性を損なわせるだけではない。好況時には大儲けを味わえるはずなのに、その魅力すら奪ってしまう。

1978年、ファイバーグラス断熱材のメーカーは、エネルギー価格の高騰と厳しい寒さのおかげで空前の需要に沸いていた。ところが、セルロース、ロックウール(岩綿)、スタイロフォーム(発泡ポリスチレン)など、次々に登場した代替製品のおかげで、せっかくの値上げのチャンスにもかかわらず、それが難しくなってしまった。現在、ファイバーグラス断熱素材メーカーは工場を増設し、需要に応えられる水準にまで生産能力を高めているが、これが実現した頃には、代替製品の勢力が増大していることだろう。競争戦略上、最も注意すべき代替製品は2種類ある。

- 自社が属する産業の製品をコストパフォーマンスで上回る傾向にあるもの。
- 収益性の高い産業が生産しているもの。

何らかの事情で代替製品との競争が激化し、価格の引き下げや性能の向上が強いられる場合、代替製品が急速に勢力を伸ばすことが多い。

第5の競争要因　産業内のポジション争い

既存の競合企業同士による競争は、価格競争や新製品の上市、宣伝合戦といったお馴染みの戦術でポジションを争う。競争の激化は、次のようなさまざまな要因と絡み合っている。

- ライバルが無数に存在する。あるいは、規模や影響力の面でほぼ同等である。言うまでもなく、昨今、米国産業の大半において、外国企業が大きな地位を占めるようになっている。
- 産業の成長率が低く、拡大志向の強い企業を巻き込んでの市場シェア争いが起きる。
- 製品やサービスに独自性が乏しく、スイッチングコストを上昇させることができない。しかしこのような要素がなければ、顧客を囲い込み、顧客を奪われにくくすることは難しい。
- 固定費が高いか、製品が陳腐化しやすく、価格引き下げのインセンティブが生じやすい。製紙、アルミニウムといった素材産業の多くは、需要が低迷すると、この種の問題に悩まされる。
- 生産能力が大規模に増強される。このような傾向は塩素・塩化ビニール産業などでよく見られるが、産業内の需給バランスを崩し、過剰生産と価格の引き下げが招かれやすい。
- 撤退障壁が高い。撤退障壁には、極めて専門的な資産、特定事業への思い入れなどがある。このような要素があると、たとえ収益性に乏しくとも、時にはＲＯＩがマイナスであろうと、競争を続けてしまう。こうした経営不振の企業が頑張り続けるせいで、生産設備が適正水準以上に稼働を続け、この結果、健全な競合他社の収益性も落ちてしまう。(注1) 産業全体が過剰生産に悩んでいる場合、しかも外国企業と競争している場合には、産業として政府に支援を求めることもある。

● 競合他社が、その競争戦略、成り立ちや企業特性の点で多様である。競争のやり方について異なる考え方を持っているため、真正面から激突する。

産業が成熟するにつれて、その成長率にも変化が生じ、収益性は低下する。そして多くの場合、これが産業再編へと発展していく。

1970年代前半に急成長を遂げたRV産業では、ほとんどのメーカーが好業績を上げていた。しかしその後、低成長の時期が続くと、最大手は別として、弱小メーカーのほとんどが高収益を望めなくなった。これと同じ展開をたどった産業は、スノーモービル、エアゾール、スポーツ用品など枚挙に暇がない。

企業買収が起きると、産業内の既存企業とはまったく異なる特性を持ち合わせたライバルが登場する場合がある。チェーンソーを製造していたマッカローをブラック・アンド・デッカーが買収したのが典型である。また、技術革新によって製造プロセスにおける固定費の水準が上昇する場合もある。1960年代、写真の現像がバッチ処理から連続処理に移行した事例がこれに当たる。

これらは必然的なものであり、やはり対処しなければならない。状況を好転させるためには戦略を変更しなければならないが、この方法にもいろいろある。顧客のスイッチングコストを高めるというアプローチもあれば、製品の差別化を図るという場合もあるだろう。

最も成長率の高いセグメントや固定費が最も低いセグメントに集中すれば、産業内の競争の影響を受けにくくなる。採算的に成立するならば、高い撤退障壁を抱えた競合他社との対立は避け、苦しい価格競争に巻き込まれる事態を回避できるだろう。

競争戦略を形成するもの

産業内の競争を左右する要因、これを生み出す原因を把握できれば、自社の長所と短所がはっきりするだろう。戦略に照らして浮かび上がった長所や短所こそ、各競争要因を生み出す原因と向き合う際のスタンスを決める。つまり、代替製品や参入障壁について、どのような立場を取るべきかである。これらをすべて踏まえたうえでアクションプランが立案される。そこには、次の要素が含まれることになろう。

❶各競争要因から身を守るうえで、自社の能力を最大限活かせるポジショニング。
❷各競争要因のバランスに影響を及ぼし、それによって自社のポジションを改善するような戦略行動。
❸競合他社に先行して、各競争要因の新しいバランスに見合った戦略を選択することで、自社に有利に働くような変化を起こすために、各競争要因を生み出す原因の変化の予測とそこへの対応。

では、これらのアプローチについて検討してみたい。

❶ポジショニング

最初のアプローチでは、産業構造を所与のものと考え、自社の長所と短所をそれに対応させる作業である。ここでの戦略は、各競争要因に備えること、これらの競争要因による影響を最も被りにくいポジションを見つけることである。

自社の能力と、各競争要因を生み出す原因をきっちり把握すれば、どの分野では競争に参加し、どの分野では競争を回避すべきかがはっきりするだろう。自社の強みが低コストならば、自社製品が代替製品に対抗しうることを確認したうえで、有力な顧客との取引に臨むというのもよいだろう。

ソフトドリンク産業におけるドクターペッパーの成功は、自社の体力に対する客観的な知識と正しい産業分析を組み合わせ、優れた戦略を生み出した好例である。

ドクターペッパーが参入した市場は、コカ・コーラとペプシコーラに支配されており、その他の弱小メーカーが残された小さなパイを取り合っているという状態だった。

そこで、ドクターペッパーの戦略は、最大の売上げを誇るセグメント（コーラ系飲料）は避ける、独自の味を開発する、自前によるボトラーネットワークの構築は考えない、そしてマーケティングに力を入れるというものだった。すなわち、小規模ゆえの身軽さを利用しつつ、競争要因から受ける影響を最低限に抑えるポジショニングを採用したのである。

115億ドル規模を誇るソフトドリンク産業では、ブランド認知、大規模なマーケティング、ボトラーネットワークへのアクセスなど、その参入障壁は極めて高い。独自のボトラーネットワークを抱えるには、すなわち、コカ・コーラとペプシコという2大企業やセブンアップと同じ路線を歩むには、膨大なコストがかかってしまう。そして規模の経済が十分働かなければならない。

そこでドクターペッパーは、自社ならではの味を生み出し、コカ・コーラとペプシコ傘下のボトラーが生産ラインをフル稼働させたがっているところに付け込んだ。顧客の交渉力については、極めて優れたサービスなど、コカ・コーラやペプシコとの差別化を図ることで対処した。

ソフトドリンク産業内の中小企業の多くがコーラ系飲料を提供していたが、そのせいで大手メーカーと直接対決しなければならなかった。しかし、ドクターペッパーは独自の味と製品ラインを絞り込んだことで、最大限の製品差別化を成し遂げたのである。

最後に、ドクターペッパーは、味の独自性を強調する広告宣伝を展開し、コカ・コーラとペプシコに勝負を挑んだ。このキャンペーンによって、ブランド認知と顧客ロイヤルティは大きく向上した。

ドクターペッパーの場合、その成分構成ゆえに原材料費を低く抑えることができたため、いかに相手が大手であろうと、コスト優位に立つことができた。また、ソフトドリンク原液の生産に規模の経済は働かない。このような理由から、市場シェアは6％足らずにもかかわらず、ドクターペッパーは利益を確保することができた。

以上のように、ドクターペッパーはマーケティングの面では果敢に競争し、一方、製品ラインと流通の面では競争を避けたのである。この絶妙なポジショニングと優れたマネジメントがあいまって、他社もうらやむ記録的な利益と株高につながった。

❷競争要因のバランスを変える

産業内の競争を左右する競争要因に対処する際、ここにみずから働きかけることも可能である。このアプローチには、各競争要因だけでなく、これらを生み出している原因そのものにも影響を及ぼそうという狙いがある。

マーケティングイノベーションによって、ブランド認知の向上のみならず、製品の差別化も実現できる。また、大規模な施設に投資したり、垂直統合を進めたりすれば、参入障壁にも変化が生じる。つまり、どうにもならない外部要因の影響を被る部分もあるとはいえ、企業みずから競争要因のバランスを変えることは可能なのだ。

❸産業を変化させる

産業の発展は、競争戦略に大きな影響を及ぼす。というのも、産業が発展すれば、先に明示した競争要因にも当然のごとく変化が表れるからだ。

たとえば、一般的な製品ライフサイクルに従えば、事業が成熟化するにつれて、成長率が鈍化し、製品の差別化は難しくなる。そこで企業は垂直統合に向かう。

このような傾向そのものは、それほど重要ではない。むしろ、その影響が各競争要因に及ぶのかどうかが問題なのだ。たとえば垂直統合の場合、どうだろうか。

成熟化が進んだミニコンピュータ産業では、製造部門でもソフトウェア開発部門でも、本格的な垂直統合が進んでいる。この結果、規模の経済が強く働くようになり、競争に必要な資金が膨れ上がっている。こうして参入障壁が高くなり、また産業の成長率が下がれば弱小企業は撤退を余儀なくされるだろう。

戦略という点から見た場合、どのようなトレンドを最も重視すべきだろうか。それは、その産業内で最も重要な競争要因に影響を及ぼすようなトレンドであり、また新たな競争要因を表面化させるようなトレンドである。エアゾール産業では、製品のコモディティ化が進みつつある。これによって顧客の交渉力が高まり、参入障壁が低くなり、競争が激化している。

以上述べてきた競争分析のフレームワークは、産業の最終的な収益力を予測する際にも活用できる。長期的な戦略プランニングという意味では、各競争要因を検証し、これらを生み出す原因の影響力を予測したうえで、産業の収益性はどれくらいなのか、総合的な地図を描く必要がある。

このような分析から導かれる結果は、現時点における産業構造とは大きく異なる場合もある。たとえば、現在ソーラー暖房分野には、数十社あるいは数百社の企業が参入しているが、どの企業も強力な市場ポジションを確保できずにいる。参入は簡単であり、各社とも、ソーラー暖房を従来の暖房方法に勝る代替技術として確立しようとしのぎを削っている。

この産業の将来性を大きく左右すると思われるのは、今後の参入障壁、代替製品への優位性（もしくは劣位性）、最終的な競争の激しさ、顧客やサプライヤーの交渉力といった点だろう。

さらにこれらの競争要因は、ブランド認知の確立や、技術の変化がもたらす規模の経済と経験曲線、また競争するために必要な資金量、製造設備における間接費の多寡といった要素の影響を被る。

産業内の競争を分析するフレームワークがまさしく役立つのは、多角化戦略を立案する場面である。多角化を判断する際、「この事業に見込みはあるのか」という、見極めが難しい問題がつきまとうが、競争分析のフレームワークを用いれば、その解答へと至る道が見えてこよう。このフレームワークとその分析による判断を組み合わせれば、企業買収の相場が上がる前に、将来性が高い産業を見つけられるかもしれない。

敵は目の前のライバル以外にも存在する

自社事業をいかに定義するか。これが戦略プランニングにおける重要なステップであると注目されてきた。ハーバード・ビジネス・スクール教授のセオドア・レビットは、1960年に『ハーバード・ビジネス・レビュー』誌上で発表した「マーケティング近視眼」の中で、「製品中心の産業分類」という狭い視野の危険性を訴えた。(注2)

彼以外にも、多くのマネジメント研究家が、事業を定義する際、製品にこだわらずに機能に注目すること、国際競争を検討するうえで国境にこだわらないこと、既存のライバルだけでなく将来競合するかもしれない相手に注目することを強調してきた。このような主張を受けて、どのように産業分類はあるべきか、終わることのない議論が交わされてきた。

このような議論の裏には、「新しい市場を開拓したい」という動機がある。もう一つ、おそらくはより大きな動機は、将来この産業にとって脅威となりかねない潜在的な競争要因を見逃してしまうと、どうなるのかという恐怖感である。

市場シェアをめぐって目の前のライバルに集中しているあまり、交渉力という点で顧客やサプライヤーとも競争していることをつい見失いがちである。しかも、新規参入への警戒も怠っているばかりか、代替製品の脅威も忘れてしまう。

企業成長、さらには生き残りのカギとは、ポジショニングにほかならない。既存のライバルであれ、将来のライバルであれ、その攻撃に備えつつ、顧客、サプライヤー、代替製品による侵略にも耐えうる強力なポジションを獲得しなければならない。幸いにして、技術優位を築くポジションを確保するには、さまざまな方法が考えられる。望ましい顧客との関係を強化する、マーケティングを通じて本質的かつ心理的な製品差別化を図る、川上統合や川下統合に踏み切る、などである。

【注】

（1）撤退障壁とその戦略上の意味についての詳細は Michael E. Porter, "Please Note Location of Nearest Exit," *California Management Review*, Winter 1976, p.21.を参照。

（2）Theodore Levitt, "Marketing Myopia," *Harvard Business Review*, November-December 1975, p.26.（邦訳「マーケティング近視眼」『ＤＩＡＭＯＮＤハーバード・ビジネス』１９８２年３-４月号。また本書第26章に収録）

経験曲線は参入障壁たりうるか

ここ数年、産業構造に影響を及ぼす要素として、広く論じられるようになったのが「経験曲線」である。このコンセプトに従えば、多くの製造業のみならず（全製造業であると主張する強硬な説もあるが）、一部のサービス産業では、経験を重ねるにつれて、つまり各企業の累積生産量が増大すればするほど、限界コスト（単位当たりコスト）は低減していくという。

経験曲線はさまざまな要因が関係しており、よく知られている学習曲線よりも幅広いコンセプトである。ちなみに学習曲線は、同じ作業を何度も繰り返すことで、その作業に従事する者が一定期間内に達成できる効率性について説明したものである。

限界コストを低減させる原因は、規模の経済、労働者の学習曲線、資本と労働との間における代替弾力性など、さまざまな要素が絡み合っている。

産業における限界コストが下がると、参入障壁は高くなる。というのは、その産業での経験に乏しいニューカマーは、既存企業、とりわけ最大の市場シェアを誇る企業に比べてコスト高となり、しかるべき体制が整っている競合企業に太刀打ちするには、明らかに不利だからである。

経験曲線の支持者たちは、経験値を高めて参入障壁を極大化するには「何より市場リーダーシップを握る」ことが重要であると強調する。また、コストの低下を見越して価格を引き下げ、売上量を稼ぐといった攻撃的な行動を推奨する。実際、必要な市場シェアを獲得できなかった企業には、「撤退」の2文字しか許されない。

では、経験曲線を上昇させて参入障壁を高めるという考え方は、競争戦略のコンセプトたりうるのだろうか。私の答えは「必ずしもすべての産業で成り立つとは限らない」である。事実、産業によっては、経験曲線に立脚した競争戦略が危険な場合もありうる。

経験に伴うコストの低下は当たり前とされている産業もある。経験曲線に基づく競争戦略は、どのような競争要因がコストを低下させるかによって、その効力が決まる。

成長を続ける企業が、オートメーション化による効率改善、垂直統合による規模の経済といったメリットを享受し、その結果、コストが低下するとしよう。

このような場合、他社と比較したコスト水準に、累積生産量（経験値の高さ）はさして影響しない。なぜなら、最も低いコスト水準を実現できるのは、最も大規模で最も効率のよい生産設備を備えている企業だからである。

効率性において、ニューカマーが経験値の高いライバルを上回ることは可能である。最新設備の工場を建ててしまえば、後発の不利を被ることはない。「最大規模かつ最大効率の工場をつくれ」というアプローチは、「低コスト化には累積生産量を増やせ」というアプローチとはずいぶん違う。

ある時点での生産量ではなく、累積生産量によるコストダウンが参入障壁になるかどうかは、コストダウンをもたらした原因に左右される。たとえば、コストダウンの原因が、その産業内で普及している技術のイノベーション、購入もしくは模倣可能な最新設備だったとしよう。

この場合も、経験曲線はまったく参入障壁として機能しない。実際、ニューカマーや経験の乏しい企業でも、コスト優位を獲得できる可能性があるからだ。過去の投資に縛られない分だけ、ニューカマーや後発グループのほうが、最新設備や最新技術を最低コストで購入できる、あるいは模倣できるともいえる。もっとも、独占できる経験であれば、業界リーダーはコスト優位を維持できる。しかしそれでも、業界リーダーよりも少ない経験で、ニューカマーがコストを削減できる可能性はある。

以上の点をすべて考え合わせると、経験曲線を上昇させて参入障壁を高くすることは競争戦略のコンセプトたりえない。紙幅の都合で十分説明できないが、この戦略の妥当性を判断するうえで重要と思われる点を、さらにいくつか指摘しておきたい。

- 経験曲線によって参入障壁を高くするために投じるコストを、他の活動、たとえばマーケティング、営業、技術革新などに投じるコストと比較したうえで、どちらがより効果的かを見極める。
- 経験曲線による参入障壁は、製品やプロセス技術のイノベーションによって効力が失われる場合がある。斬新な技術が登場すると、まったく新しい経験曲線が描かれるからだ。(注1) また、ニューカマーが業界リーダーを追い越し、新しい経験曲線を描き、業界リーダーがこれに追随する態勢にないという場合も考えられる。
- 経験曲線による参入障壁という競争戦略を、複数の有力企業が選択してしまうと、その産業の未来は暗い。この戦略を追求した各社の間で淘汰が起こり、最終的に一社に絞られる頃には、とうに産業の成長は頭打ちになっており、その勝利の果実も極めて小さい可能性がある。

【注】

（1）この点について自動車産業の歴史から事例を紹介している論文として、William J. Abernathy and Kenneth Wayne, "The Limits of Learning Curve," *Harvard Business Review*, November-December 1974, p.109.（未訳）を参照。

「戦略の本質」を問い直す

アンドレア・オバンズ（Andrea Ovans）
『ハーバード・ビジネス・レビュー』シニアエディター。本コラムは"What Is Strategy, Again?" HBR.org, May 12, 2015（product #H0224M）.からの抜粋である。

競争＝価格競争だったポーター以前

１９５０年代後半から60年代前半にかけて、ピーター・Ｆ・ドラッカーが「競争」について述べた内容を読むと、実は一つのことしか述べていなかった。価格競争についてである。これは、ドラッカーだけに限ったことではない。ほとんどの経済学者は、競争について明らかに同様のとらえ方をしていた。

マイケル・Ｅ・ポーターは１９７９年、そのような一般的な考え方に疑問を投げかけた。ポーターはこの年の論文「競争の戦略」で、価格競争のほかに４つの競争要因があることを示した。２００８年に、この論文の改訂作業を行った際、どのように５つの要因という枠組みを思い付いたのかと私が尋ねると、こんな言葉が返ってきた。「価格競争がすべてのはずがない」

このような考え方の下、ポーターはよく知られているように、次のように論じた。ある業界における競争の激しさ（言い換えれば、企業が価格を自由に決定できる度合い）は、同業他社との価格競争の激しさに加えて、顧客とサプライヤーが持っている交渉力、代替品と新規参入者が及ぼす脅威の大きさによって決まる、と。ソフトウェア業界やソフトドリンク業界のように、競争が激しくなければ、多くの企業が利益を上げることができる。それに対し、航空業界やホテル業界のように、競争が激しい場合、魅力的なROI（投資利益率）を上げられる企業はほとんどない。

したがって、ポーターに言わせれば、戦略とは、同業他社からの価格圧力だけでなく、自社の競争環境における5つの要因すべてに対して、最良のポジショニングを見出すことである。

このポーターの主張を戦略理論の決定版と位置付ける人も多かったようだ。たとえば、新しいところでは、レベッカ・ホムク、ドナルド・サル、チャールズ・サルが『ハーバード・ビジネス・レビュー』（HBR）2015年3月号に寄せた論文"Why Strategy Execution Unravels—and What to Do About It"（未訳）でこう述べている。「マイケル・ポーターの1980年代の先駆的な著作により、戦略とは何かということについて、明確で広く支持される定義が確立された」

しかし、この見方は正確とはいえない。

興味深いのは、ポーターが論文「戦略の本質」[注1]を発表し、戦略の定義を示したのが1996年11月になってからだったということだ。つまり、5つの要因に関する鮮烈な論文を発表して17年経った時点でもまだ、「戦略とは何か」という問いに直接解答する必要性を感じていたのだ。

この論文でポーターは、その17年間に登場した新旧のさまざまな戦略理論に批判を加えている。特に、以下の戦略理論の問題点を指摘した。

- 戦略とは、業界における唯一の理想的な競争上のポジショニングを見出すことであるという考え方（この論文が執筆された当時、ドットコム業界に乗り出そうとする企業がそれを目指していたように見えた)。

- 戦略とは、ベンチマーキング、もしくはベストプラクティスを採用することであるという考え方(当時、多くの論者が批判を浴びせていた著作『エクセレント・カンパニー』〈英治出版〉を暗に批判したものといえるだろう)。
- 戦略とは、精力的にアウトソーシングと提携を行い、効率を高めることであるという考え方(これはもしかすると、戦略コンサルティングの始祖とも呼ぶべきボストン コンサルティング グループの創業者ブルース・ヘンダーソンがHBR1989年11-12月号に寄せた論文"The Origin of Strategy"〈未訳〉を念頭に置いていたのかもしれない)。
- 戦略とは、いくつかの重要なファクター、重要なリソース、コアコンピタンスに集中することであるという考え方(これはもしかすると、C・K・プラハラッドとゲイリー・ハメルがHBR1990年5-6月号に発表した論文「コア・コンピタンス経営(注2)」を念頭に置いていたのかもしれない)。
- 戦略とは、たえず変化する競争環境と市場に素早く対応することであるという考え方(これはもしかすると、イノベーション戦略をテーマにしたリタ・マグレイスとイアン・マクミランのHBR1995年7-8月号の論文「未知の分野を制覇する仮説のマネジメント(注3)」を念頭に置いていたのかもしれない)。

ポーターに言わせれば、戦略はすべて、煎じ詰めれば2つの基本的な選択肢に集約できる。一つは、ほかのみんながやっていることを行う(ただし、そのために費やす予算をほかのみんなより少なく抑える)こと。もう一つは、ほかの誰もやっていないことを行うことである。

いずれの選択肢も成功につながる可能性を持っているが、ポーターは両者に同等の経済的な価値を、そしておそらく道徳的な価値も、認めていない。ポーターいわく、ほかのみんなと同じことをする場合、価格競争をしなくてはならない。言い換えれば、同業他社よりも効率性を高める方法を見出す必要がある。しかし、このアプローチでは、業界全体のパイを縮小させてしまう。言わば底辺への競争に血道を上げることにより、業界全体の収益性が低下することになるからだ。

それに対し、相互依存的ないくつかの活動、すなわち賢明で、できれば複雑な活動の組み合わせを通じて、自社独自の強みを生み出すことにより、持続可能なポジショニングを確立できれば、パイを拡大させることが可能になる（こうしたことをバリューチェーンやビジネスモデルといった言葉を使って説明する論者もいる）。

そのわかりやすい例が航空業界にある。ポーターの表現を借りれば、大半の航空会社が『ベストを目指して競争』し、非常に小さなパイを奪い合っているのに対し、サウスウエスト航空など、いくつかの航空会社は、まったく異なるアプローチにより、はるかに収益性の高いビジネスを築いている。そのアプローチは、賢明で効率性が高い相互依存的な活動の組み合わせを実行することにより、異なる顧客層（たとえば、これまで航空便ではなく、自動車で移動していた人たち）を獲得しようとするものだ。そうした方向性を追求することにより、航空業界の市場全体を拡大することができた。

ポーターの論文「戦略の本質」は、すべての戦略家が読むべき力作だ。ただし、この論文で戦略に関する議論に終止符が打たれたと考えるべきではない。

【注】

（1）Michael E. Porter, "What Is Strategy?" *Harvard Business Review*, November-December 1996.（邦訳「[新訳]戦略の本質」『DIAMONDハーバード・ビジネス・レビュー』2011年6月号）

（2）C.K. Prahalad and Gary Hamel, "The Core Competence of the Corporation," *Harvard Business Review*, May-June

1990.（邦訳「コア・コンピタンス経営」『ＤＩＡＭＯＮＤハーバード・ビジネス・レビュー』２００７年2月号）

（3）Rita Gunther McGrath and Ian MacMillan, "Discovery-Driven Planning," *Harvard Business Review*, July-August 1995.（邦訳「未知の分野を制覇する仮説のマネジメント」『ＤＩＡＭＯＮＤハーバード・ビジネス』１９９５年10-11月号）

第5章

Blue Ocean Strategy

ブルー・オーシャン戦略

30業種100年の歴史が教える

INSEAD 教授
W. チャン・キム
INSEAD 教授
レネ・モボルニュ

"Blue Ocean Strategy"
Harvard Business Review, October 2004 (product #R0410D).
邦訳初出：「ブルー・オーシャン戦略」『DIAMONDハーバード・ビジネス・レビュー』2005年1月号

W. チャン・キム（W. Chan Kim）
INSEADの教授であり、同校ブルー・オーシャン戦略研究所の共同ディレクターを兼ねる。
最も影響力のある経営思想家「Thinkers50」トップ3に名前を連ねる。

レネ・モボルニュ（Renée Mauborgne）
INSEADの教授であり、同校ブルー・オーシャン戦略研究所の共同ディレクターを兼ねる。
最も影響力のある経営思想家「Thinkers50」トップ3に名前を連ねる。

2人の共著『ブルー・オーシャン戦略』は44カ国語に翻訳され、世界的なベストセラーとなった。主な共著に『[新版]ブルー・オーシャン戦略』『ブルー・オーシャン戦略論文集』『ブルー・オーシャン・シフト』（いずれもダイヤモンド社）がある。

売上げを22倍にしたサーカス団

ギー・ラリベルテはかつてアコーディオンを演奏し、竹馬に乗り、火を食べてみせる軽業師だった。しかし、いまやカナダを代表するサーカス団「シルク・ドゥ・ソレイユ」（以下シルク）のCEOだ。この大道芸人集団シルクは、１９８４年に結成されて以来、世界中の90都市で４０００万人もの観客を魅了し続けてきた。

シルクは「リングリング・ブラザーズ」や「バーナム＆ベイリー」など世界的トップクラスのサーカス団が1世紀以上かけてたどりついた売上げに、20年であっさりと追い付いた。しかもこの急成長は、大変な逆境の中で成し遂げられたものだった。

スポーツイベント、テレビ、テレビゲームなどの煽りを受けて、サーカス業界は当時もいまも長期的低迷の傾向にある。本来上得意であるはずの子どもたちはプレイステーションのほうを好んでいる。サーカスには動物使いが付き物だが、動物愛護運動の余波を受けて世論の風当たりは強い。

また、リングリングなど、客を呼べるサーカス団のスターたちの人件費は高騰し続けている。観客数は減る一方で、コストはかさむばかりだ。さらには、前世紀を通じて業界を築き上げてきた有名サーカス団が立ちはだかっている。

このような環境下、シルクはこの20年間で、いったいどのようにして22倍も売上げを伸ばしてきたのか。初期の興行の謳い文句に、その片鱗がうかがえる。「まったく新しいサーカスを」――。

シルクは業界の既存の枠組みに従って競争したわけでも、リングリングなど先行者たちの客を奪って成長したわけでもない。むしろ競争とは無縁の市場空間を創造し、大人や法人顧客など、これまでは客層と見なされていなかった、まったく新しい顧客を掘り起こしたのである。

演劇、オペラ、バレエなどに慣れ親しんでいた顧客は、新しい切り口のサーカスという娯楽に、いままでより数倍も高い料金をためらうことなく支払った。

レッド・オーシャンとブルー・オーシャンの存在

シルクの偉業を理解するには、ビジネス界にはレッド・オーシャン（赤い海）とブルー・オーシャン（青い海）が存在することをまず知らなければならない。

レッド・オーシャンとは、あらゆる既存市場のことを指す。いま、そこにあると認識できる市場である。そこでは、誰もが市場の枠組みに関する理解を共有しており、競争の勘どころも承知している。

したがって、プレーヤー全員がライバルを出し抜き、既存の需要の中でより大きなシェアを獲得しようと努める。それゆえ、競争相手が増えるにつれて、収益性や成長性は減少していく。製品は何ら特徴のないコモディティ品と化し、競争が激化し、やがて市場は血の海と化す。

一方、ブルー・オーシャンとは、まだ存在しない市場を象徴している。知られざるマーケットスペースであり、手垢のついていない市場である。このブルー・オーシャンでは、需要は勝ち取るものではなく、みずからつくり出さなければならない。ただし、成長の機会には事欠かず、収益性も成長性も多く望める。

ブルー・オーシャンを生み出す方法は2通りある。まず、事例こそ少ないが、まったく新しい事業領域を立ち上げる方法である。イーベイがオンラインオークションをつくったのが好例だろう。

ただしブルー・オーシャンの多くは、既存市場の境界線を押し広げることでつくり出される。本稿を読み進めてもらえばはっきりすることだが、これこそシルクの方法だった。それまでサーカスと劇場を隔てていた境界を消滅させることで、シルクはサーカス業界というレッド・オーシャンの中に、収益性の高いブルー・オーシャンをつくり出すことに成功したのである。

筆者たちは過去100年間、30種類の市場について調べ、150以上のブルー・オーシャンの実例を見出した。シルクはそのほんの一例にすぎない。

分析対象となったのは、ブルー・オーシャンを見つけ出した企業と、レッド・オーシャンで血を流した企業の競争相手である。この分析を通じて、新しい市場や業界が生まれる際には、一貫した戦略的発想が存在していることが浮き彫りになった。それが「ブルー・オーシャン戦略」である。

その背景にある論理は、「既存市場内で競争するという古い考え方を捨てる」ことである。実際、ブルー・オーシャンとレッド・オーシャンの違いを理解していないからこそ、多くの企業はいたずらな市場競争に足をすくわれてしまうのだ。

本稿では、ブルー・オーシャン戦略の概略と、その特徴について述べる。ブルー・オーシャン戦略の収益性と成長性を分析し、ブルー・オーシャンを創出することが、なぜこれからの企業にとって不可欠なのかについて論じる。この戦略を理解すれば、進化のスピードが増すビジネス界で成功を手中にすることができるだろう。

ブルー・オーシャンという表現は目新しいかもしれないが、別の名称が存在していた。今日広く知られている産業のうち、100年前には存在していなかった産業を思い起こしてほしい。自動車、音楽ソフト、航空、石油化学、製薬、そして経営コンサルティングなどは、当時まだ生まれていなかったか、あるいは生まれたての産業だった。

ならば、30年前はどうだったであろうか。またしても、多くの産業を数え上げることができる。投資信託、携帯電話、バイオテクノロジー、ディスカウント小売り、宅配便、スノーボード、コーヒーバー、ホームビデオなどである。わずか30年前には、これらの市場は存在していないも同然だった。

逆に、20年後はどうだろうか。自問自答してみてほしい。今日知られていないが、その頃には大きく成長している市場がどれくらいあるだろうか。未来は過去を繰り返すならば、もっとたくさんあることだろう。

企業には、新しい産業をつくり出したり、既存の産業を改革したりする大きな力が備わっている。だからこそ米国政府は、産業分類法を一新する必要に迫られたといえる。

１９７７年、米国政府は半世紀も使い続けてきた「標準産業分類」（ＳＩＣ）を、「北米産業分類」（ＮＡＩＣＳ）に変更した。ＳＩＣではこれまで10に分類していたが、新しい産業を反映して20になった。つまり、これらがブルー・オーシャンにほかならない。

たとえば、ＳＩＣでは「サービス業」と一くくりにしていたが、今日では「情報」「医療」「社会扶助」など、7分野に細分化されている。このような産業分類はもともと標準化や継続性を考えて設計されていることを考え合わせれば、ブルー・オーシャンがいかに大変な経済成長の源であるかがわかる。

先行きを予測すれば、これからもブルー・オーシャンが成長の牽引力であり続けることは明らかだ。一方、たいていの既存産業、すなわちレッド・オーシャンは、確実に縮小していくだろう。

技術の進歩によって産業界の生産性は大幅に向上し、サプライヤーはかつてないほどの製品やサービスを提供する力を身につけた。そして国家間や地域間の障壁が崩れ、製品情報や価格情報がグローバル規模で、かつ一瞬にして手に入るようになったため、独占市場やニッチ市場はどんどん消滅している。

その一方、需要が増える兆しはほとんど見えない。先進国ではとりわけ顕著であり、最近の国連統計によれば、人口の減少すら指摘されている。このため、供給が需要を上回る産業が増えるばかりである。

こうなれば、否が応でも製品やサービスのコモディティ化が進み、価格戦争は激化し、収益性は低下する。事実、相次ぐ調査によって、主な米国製ブランド――製品であれ、サービスであれ――の独自性はどんどん薄れていることが証明されている。

ブランドの特徴が薄れてくれば、消費者の購買行動は価格志向を強める。これまでのように、洗剤ならばやはりタイドとは、もう誰も考えたりしない。プロクター・アンド・ギャンブル（P&G）のホワイトニング用練り歯磨きのホワイトストリップスが特売に出ていれば、コルゲートの愛用者も浮気をする。その逆もまたしかりである。

競争が過熱した市場では、景気が上向こうが下向こうが、ブランドの差別化はより難しくなっていく。

レッド・オーシャンの戦略とブルー・オーシャンの戦略の違い

残念ながら、たいていの企業はレッド・オーシャンにどっぷり浸かっているようだ。

１０８社を対象に新しい製品やサービスの内容を調べた調査では、その86％は製品ラインの拡大化であり、つまるところ既存の改良策だった。新しい市場や産業をつくり出そうとするものは、わずか14％にすぎなかった。

製品ラインの拡大は売上げの62％を担っていたが、利益の39％しか占めていなかった。これとは対照的に、14％足らずの新しい市場や産業を創出する計画は、売上げの38％、利益では驚くなかれ、61％を占めていた。

では、なぜレッド・オーシャンに泳ぐ企業のほうが多いのだろうか。理由の一つは、企業戦略の起源が戦争戦略にあることだ。事実、多くの経営用語にその関係が見られる。たとえば、最高経営「責任者（将校）」「本社（本部）」「コマンド（部隊）」「フロントライン（前線）」「ロジスティックス（兵站）」などである。

これらの言葉で表される戦略は、敵と真正面から向き合い、限られた戦場で相手を打ち負かすなど、戦争の論理を色濃く受け継いでいる。しかし、ブルー・オーシャン戦略はまったくその逆で、競争相手のいないところでビジネスを展開する。既存の陣地を取り合うのではなく、未開の土地を切り開くのだ。

したがって、レッド・オーシャンで競争するとは、戦争の最大の拘束要因、すなわち、領土は限られており、前進するには敵を打ち負かさなければならないことが前提条件となる。これは、競争相手が存在しない新しいマーケットスペースを創出する力という、実業界ならではの長所を否定することでもある。

こと戦略において、ライバルを打ち負かすことに拘泥する傾向は、1970年代から1980年代、日系企業の急成長により、いっそう強まった。産業史上、初めて顧客は欧米企業から束になって離反した。

グローバル競争の激化に伴い、さまざまな市場がレッド・オーシャンと化し、どこにおいても「競争こそが盛衰を決する」という考えに基づいていた。いまでは、競争にまつわる言葉を避けて戦略は語れない。

このことを何より象徴している言葉こそ「競争優位」であろう。競争優位の世界観において、企業はたいてい、競争相手を出し抜き、既存市場でより大きなシェアを獲得することに駆り立てられている。

もちろん、競争は大切である。しかし、経営学者も企業も、またコンサルタントも、そればかりに気を取られて、戦略に関する極めて重要であり、かつ高収益を生み出すポイントを2つ見逃している。

一つは、競争がほとんどないブルー・オーシャンを発見することであり、もう一つは、その市場を開拓し守っていくことである。しかし、これまで多くの戦略家たちは、このような課題にほとんど注意を払ってこなかった。

ブルー・オーシャン戦略の特徴

では、ブルー・オーシャンを生み出すには、どのような論理が必要になるのだろうか。それを知るために、筆者たちは100年間に及ぶ先行事例に共通するパターンを探した。日常生活と深く関連している3つの産業において、その一部をまとめたのが、**図表5-1**「ブルー・オーシャンの先行事例」である。

通勤に欠かせない自動車、仕事に不可欠なコンピュータ、そして仕事の後や休日に一息つくための映画館である。その結果、次のような特徴が明らかになった。

❶ブルー・オーシャンは技術革新の産物ではない

たしかに、最新技術がブルー・オーシャンの創出に関わっているケースはあるが、しかしそれが決め手となったわけではない。これは、技術集約的な産業においてさえ、しばしば当てはまる。

図表5-1からもわかるように、ブルー・オーシャンは3つの産業のいずれにおいても、技術革新そのものによって生み出されたとはいいがたい。その基盤となる技術は、すでに存在していたからである。

フォード・モーターの組立ラインでさえ、米国では精肉工場に先例があった。同じくコンピュータ産業でも、ブルー・オーシャンは、けっして技術革新ではなく、それを顧客に高い価値をもたらすことへと結実することで創出された。ＩＢＭの650とコンパックのＰＣサーバーの例が示すように、技術の簡素化がカギになることが多い。

❷ブルー・オーシャンは既存のコア事業から生まれやすい

ゼネラルモーターズ（GM）も日本の自動車メーカーも、そしてクライスラーも、ブルー・オーシャンをつくり出した時、すでに自動車業界に根付いた存在だった。はてはIBM、その前身であるCTR、またコンパックもしかりである。映画業界では、パレス・シアターズとAMCも同様である。

ここに挙げた企業の中で、新規参入組は、フォード、アップルコンピュータ、デル、ニッケルオデオンの4社だけである。ただし、ニッケルオデオンは既存企業として新分野を切り開いた例ではある。残りの3社はまさしく新興企業だった。このことからもわかるように、先行企業だからといって、ブルー・オーシャンを創出するうえで不利だとは限らない。

さらに図表5-1が示すように、既存企業が創出したブルー・オーシャンは、たいていコア事業の中から生まれている。これは、新規市場ははるか彼方のどこかにあるという先入観を揺さぶる事実ではないか。どんな産業でも、ブルー・オーシャンは身近にあるものなのだ。

当時、その市場は魅力的だったか、そうではなかったか
魅力的ではない
魅力的
魅力的ではない
魅力的ではない

（p.122〜123に続く）

❸企業や業界を単位に分析してはいけない

戦略を考える際、これまでは企業や産業ごとに調査や分析が実施されてきたが、それではブルー・オーシャンがなぜ、どのように生み

図表5-1|ブルー・オーシャンの先行事例

本図は、時代も業種も違う3つのブルー・オーシャンに共通する戦略上の要素についてまとめたものである。もとより網羅的なものではなく、一例にすぎない。米国の産業を例に挙げているが、それは調査期間を通じて市場として最も規制が少なく、規模が大きかったからである。これらに共通する内容は、調査した他の市場にも見受けられた。

	事例	創造者は新規参入者だったか、既存プレーヤーだったか	技術開発型か、価値創造型か
自動車	**フォード・モーターのT型フォード** 1908年に発売されたT型フォードは、多くの大衆が購入できた初の大量生産車。	新規参入	価値創造型(注) (おおむね既存技術の組み合わせ)
自動車	**GMの「あらゆる所得階層と用途に向けた多品種自動車開発」** GMは1924年、自動車産業に楽しさとファッション性を吹き込んでブルー・オーシャンを創出。	既存プレーヤー	価値創造型 (いくつかの新技術)
自動車	**燃費のよい日本車** 1970年代半ば、日本の自動車メーカーは信頼性の高い小型車でブルー・オーシャンを創出。	既存プレーヤー	価値創造型 (いくつかの新技術)
自動車	**クライスラーのミニバン** クライスラーは1984年のミニバン発売によって、乗用車の使い勝手のよさと、バンの余裕のある車内スペースを併せ持った新ジャンルを開拓。	既存プレーヤー	価値創造型 (おおむね既存技術の組み合わせ)

(注) ここでいう「価値創造型」とは、技術の利用を伴わなかったということではない。それを生み出すうえで決定的に重要な技術は、業界内にであれ、業界外にであれ、以前から存在していたことを意味する。

出されたのかを知ることはできない。

永遠のエクセレントカンパニーなど存在しない。一企業が、ある時は輝き、またある時は道を誤る。いかなる企業にも浮き沈みがあるものだ。

同様に、永遠にエクセレントであり続ける産業もない。産業が相対的に魅力を発揮していられるとしたら、それはおおむね内なるブルー・オーシャンを実現した結果である。

では、ブルー・オーシャンを分析するうえで、最も適した単位とは何か。それは、市場を創出するような大胆な戦略行動ごとに分析を試みることである。

たとえばコンパックは、2001年にヒューレット・パッカードに買収されたため、多くの人から敗者の烙印を押された。だからといって、PCサーバーという数十億ドル規模の産業をつくり出した賢い戦略行動の価値は揺るがない。このような行動こそ、同社が1990年代に力強い回復を果たした原動力だったのだ。

❹ブルー・オーシャンはブランドを育てる

ブルー・オーシャンは大きな力を秘めているため、数十年にわたって輝き続けるブランド・エクイティを築き上げられる。図表5-1に挙げた企業群がその名を残しえたのは、ほぼいずれの場合も、はるか昔に生み出したブルー・オーシャンによるところが大きい。

1908年、ヘンリー・フォードが組立ラインでT型フォードを生産したところを目撃した人は、もうほとんど生きていないだろう。しかしそれでも、このことはいまも同社のブランド価値を支えている。IBMも米国産業界の代表的存在だが、このような評価も同社におけるT型フォードと称すべき360シリーズによるところが大きい。

大企業はこれまで、新規市場で足下をすくわれることが多いと見なされがちだった。しかし筆者たちの研究成果は、彼ら

当時、その市場は魅力的だったか、そうではなかったか
魅力的ではない
存在しなかった
魅力的ではない
存在しなかった
魅力的ではない

（p.124～125に続く）

（p.120〜121から続く）

	事例	創造者は新規参入者だったか、既存プレーヤーだったか	技術開発型か、価値創造型か
コンピュータ	**CTRのタブレター計算機** 1914年、CTRは計算機を簡素化・モジュール化し、リースすることで事務機市場を創出（CTRは後にIBMと改称）。	既存プレーヤー	価値創造型 （いくつかの新技術）
	IBMの650と360 1952年、IBMはそれまでの大型コンピュータの性能を応用した低価格の簡素版を開発することで、ビジネスコンピュータ業界を創出。さらにこうしてつくり出したブルー・オーシャンを、1964年に発売した360で、より掘り下げた。これは初めてのモジュール化コンピュータだった。	既存プレーヤー	価値創造・技術開発両用型 （IBM650はおおむね既存技術の組み合わせであり、システム360は新旧技術の組み合わせ）
	アップルコンピュータのPC 初めての家庭用コンピュータではなかったが、使いやすく、機器を一体化したアップルIIは、1978年にデビューするやいなや、ブルー・オーシャンを創出。	新規参入	価値創造型 （おおむね既存技術の組み合わせ）
	コンパックのPCサーバー コンパックは1992年、情報容量や印刷容量は既存のミニコンピュータの2倍だが、価格は3分の1のプロ・シグニアシリーズで、ブルー・オーシャンを創出。	既存プレーヤー	価値創造型 （おおむね既存技術の組み合わせ）
	デルの受注生産コンピュータ 1990年代半ば、デルは競争の激しいPC業界で、購買方法とデリバリーシステムを一新することでブルー・オーシャンを創出。	新規参入	価値創造型 （おおむね既存技術の組み合わせ）

を勇気付けるものだ。新しいマーケットスペースをつくり出すに当たっては、必ずしも巨額のR&D予算が重要とは限らず、むしろ戦略行動が正しければ、大企業でも成功できることを示しているからだ。

そのような行動が身についている企業は、いくつものブルー・オーシャンをつくり出し、長期にわたって高い収益性と成長性を実現しやすい。ブルー・オーシャンの創出は、言い換えれば、戦略の産物であり、ひいては経営陣の戦略行動の賜物にほかならない。

ブルー・オーシャン戦略が成り立つ条件

調査の結果、ブルー・オーシャンを見つけ出した戦略行動に、いくつかの共通した特徴を見出した。

まず、ブルー・オーシャンを創造する企業は、レッド・オーシャンで競争する企業とは対照的に、自社の競争力についてベンチマーキングなどしない。むしろ自社と顧客双方の価値を飛躍的に高めることで、競争とは無縁の存在になっている（図表5-2「レッド・オーシャン戦略、ブルー・オーシャン戦略」を参照）。

おそらくブルー・オーシャン戦略の最も重要な特徴は、従来の戦略の根本である買い手にとっての価値（価値提案）とコストのトレードオフを否定していることだろう。従来の戦略では、大きな価値を提供するには、おのずとコストは高くなる、逆にコストを下げれば、価値は低くなる。

つまるところ、戦略とは、差別化と低コスト化のどちらを選択するかの問題ともいえる。しかし、ブルー・オーシャン戦略ではこれら2つは両立する。

このことを、先述したシルクの例で見てみよう。

シルクが結成された頃、多くのサー

当時、その市場は魅力的だったか、そうではなかったか
存在しなかった
魅力的
魅力的ではない
魅力的ではない

（p.122〜123から続く）

	事例	創造者は新規参入者だったか、既存プレーヤーだったか	技術開発型か、価値創造型か
映画館	**ニッケルオデオン** 初めてのニッケルオデオン（「5セント劇場」。入場料にちなんでそう呼ばれた）は1995年にオープン。労働者階級の観客向けに、24時間、短編映画を上映。	新規参入	価値創造型 （いくつかの新技術）
映画館	**パレス・シアターズ** 1914年にロキシー・ロザフェルがつくった。オペラ劇場に似た環境を整え、手頃な価格で映画を上映。	既存プレーヤー	価値創造型 （おおむね既存技術の組み合わせ）
映画館	**AMCのシネマコンプレックス** 1960年代、米国の郊外には、シネマコンプレックスが雨後の筍のように登場した。運営コストを抑えながら、観客の選択肢を増やす試み。	既存プレーヤー	価値創造型 （おおむね既存技術の組み合わせ）
映画館	**AMCのメガプレックス** 1995年に登場したメガプレックスは、野球場のような広い劇場で、あらゆるヒット作を上映するという、まったく新しい娯楽体験を提供。同時に、事業コストの抑制に成功。	既存プレーヤー	価値創造型 （おおむね既存技術の組み合わせ）

カス団は互いをベンチマークし、需要が縮小する中で、伝統的なサーカスの出し物にささやかな工夫を凝らして、市場シェアを競っていた。

たとえば、人気者のピエロやライオン使いの争奪戦が始まり、似たり寄ったりの出し物に莫大なコストをかけた。そのため、売上げは伸びず、コストはかさみ、サーカス業界全体の人気の低落に歯止めがかからないという悪循環に陥った。

そこでシルクは、まったく新しいやり方でこの状況を解決した。すなわち、サーカスならではのスリルと楽しさに加えて、知的な奥行きと演劇の芸術性を提供したのである。

まず、演目の見直しから着手した。その結果、これまでスリルや楽しさを演出する際、欠かせないと思われてい

図表5-2｜**レッド・オーシャン戦略、ブルー・オーシャン戦略**

これら2つの戦略原則はまったく異なる。

レッド・オーシャン戦略	ブルー・オーシャン戦略
既存市場内で競争する。	競争相手のいない市場空間をつくり出す。
競争相手を打ち負かす。	競争と無縁になる。
既存需要を取り込む。	新規需要を創出し、これを物にする。
買い手にとっての価値とコストは相反する関係である。	買い手にとっての価値とコスト削減は両立できる。
差別化か低コスト化のいずれかを選び、最適な形で事業活動に結び付ける。	差別化と低コスト化の両方を、最適な形で事業活動に結び付ける。

たことの多くが不必要であり、えてしてコストがかさむことが判明した。

たとえば、たいていのサーカスでは動物を使うが、これは高くつく。動物を買わなければならないばかりか、その訓練、飼育、医療、保険、輸送などのコストを伴うからだ。しかも、動物愛護の風潮が強まるにつれて、ショーの人気に陰りが見え始めた。

また、伝統的なサーカス団では芸人をスター扱いしていたが、観客はもはやサーカスの芸人を、少なくとも映画スターと同じようには見ていないこともわかった。おなじみのスリーリング（隣接する3つのリングで同時にショーを見せる形式）もやめた。観客の注意力が散漫になる一方、芸人も多く必要になり、コストがかさむからだ。

売店の売上げも、一見すると売上増の妙手だったが、サーカスの売店の値段は高く、顧客をうんざりさせてもいた。

シルクは、伝統的なサーカスの持ち味は3つに絞り込まれることに気づいた。「ピエロ」と「テント」、そして昔ながらの「アクロバット演技」である。

ピエロはどたばた劇ではなく、もっと魅力的で洗練された笑いを提供することにした。サーカス団の多くは安価なレンタルのテントでお茶を濁していたが、シルクはテントこそほかの何にも勝るサーカスの魅力を象徴するものだと見抜き、デザインに凝った。内部も、おが屑の入った硬いベンチを取り外して、よりくつろげるようにした。アクロバット芸人にも他の芸人にも、たくさんのことを演じさせるのではなく、役割を絞り込んでより芸術的な演技に集中させた。

伝統的なサーカスの要素を捨て去る一方で、演劇界からいくつか新しい要素を取り入れた。たとえば、それまで脈絡のない芸を連続して提供していたが、テーマを設け、ストーリー性を強調した。あえて曖昧なテーマを選んで、調和や知性を醸し出した。

ブロードウェーのミュージカルにも学んだ。ショーの内容も、一般的なサーカスのように単発で総花的なものではなく、テーマとストーリー性を持たせた。多くの演目にオリジナルの音楽をつくり、その音楽に合わせて、演技、照明、動作のタイミングを図ることも覚えた。また、バレエのように抽象的で精神的な踊りも取り入れた。

要するに、普通のサーカスの逆を行ったのである。こうしてシルクは、非常に洗練されたエンタテインメントを創造した。そして、さまざまな出し物を用意することで、リピート客が増え、売上げは増加した。シルクが提供したのは、サーカスと芝居のおいしい部分だった。コスト要因を取り除いたおかげでコストは大幅に減り、それでいて差別化を図ることにも成功した（図表5-3「差別化とコスト削減を両立する」を参照）。

このようにコストを下げ、価値提案を高めることで、自社にとっても顧客にとっても、飛躍的に大きな価値を生み出すことは十分可能なのだ。

顧客にもたらされる価値は、製品やサービスの効用と価格から生まれる。一方、企業にもたらされる価値は、コスト構造と適正価格から生まれる。したがって、ブルー・オーシャン戦略が成り立つのは、効用、価格、コスト構造が適切な関連性を保っている場合に限られる。

図表5-3｜差別化とコスト削減を両立する

ブルー・オーシャン戦略は、コスト構造と買い手にとっての価値が好循環を形成する時にのみ成立する。コスト削減は、競合他社が競争している要素を自社の事業活動から取り除くことで実現される。買い手にとっての価値は、これまで誰も提供していなかったものを提供することによって生まれる。そのような特徴を備えた製品やサービスのおかげで、売上げが伸びるに従ってスケールメリットが生まれ、コストはさらに下がるという好循環が生まれる。

このように事業全体を見直すことで、ブルー・オーシャン戦略の持続性はさらに高まる。すなわちこの戦略は、企業の使命と採算性を結び付けるものといえる。コスト削減と差別化が両立できるならば、戦略の考え方は抜本的に変わる。その違いは実に大きい。

レッド・オーシャンにおける戦略の基本的な考え方は、産業構造は与件であり、企業はその中で競争するということだ。まさしく構造主義的であり、環境決定論的である。その背景にあるのは、「企業経営は自社ではどうしようもない経済環境に翻弄されるもの」という意識である。

対照的にブルー・オーシャン戦略は、市場の境界線はみずから広げることができるものであり、信念や行動によって業界を再構築することも同じく可能であるという考えに基づいている。言わば再構築主義である。

シルクの創立者たちは、業界の枠組みに従う必要性をまったく感じていなかった。ならばシルクとは、従来のサーカスに大幅に手を加えたものなのか、それとも芸術なのか。芸術であるとすれば、いったいどのようなジャンルの芸術なのか。ミュージカルなのか、オペラなのか、それともバレエか。

シルクの魅力は、これら他のジャンルから取り込んだ要素を再構成して生まれたものだ。つまるところ、シルクはそれらのいずれでもないし、それらの総合体ともいえる。劇場とサーカスというレッド・オーシャンの中から、シルクはいまだ名付けられていないブルー・オーシャンを創出したのである。

ブルー・オーシャンは模倣者を寄せ付けない

ブルー・オーシャン戦略を採用した企業は、たいていこれというほどの競争相手もないまま、10～15年の間、その果実を刈り取ることができる。それは、ブルー・オーシャン戦略が、心理的かつ経済的なバリアとして働くからだ。シルク、ホーム・デポ、フェデラル・エクスプレス、サウスウエスト航空、CNNなどは、そのごく一例である。

ブルー・オーシャンのビジネスモデルを模倣するのは、思いのほか難しい。なぜなら、ブルー・オーシャン戦略は一瞬にして大勢の顧客を引き寄せるため、かなりの短期間でスケールメリットを生み出し、模倣者を不利な立場に追いやってしまうからだ。たとえば、ウォルマート・ストアーズのスケールメリットは、そのビジネスモデルの模倣者を長らく寄せ付けなかった。

また、顧客があっという間に大勢集まれば、ネットワーク効果（ネットワーク外部性）も生み出される。たとえばイーベイの場合、はやればはやるほど、出品者にとっても買い手にとっても魅力は高まる結果、他のオークションサイトに移る理由がなくなってしまう。

ただし、ブルー・オーシャン戦略を模倣するには、たいてい事業構造を大改革しなければならないため、概して社内政治に足をすくわれやすい。

たとえば、サウスウエスト航空のスピーディで割安な旅行体験の提供を真似しようと思ったら、企業文化はもちろんのこと、路線の設定、教育研修、マーケティング、価格設定などを大幅に変更しなければならない。こんな大改革をすぐさま成し遂げられる大手航空会社など、どこにあるだろう。システム全体を模倣するのはけっして容易ではない。

同様に、心理的な障壁も大きく立ちはだかる。優れた価値提案を構築したブランドは、あっという間に知れわたり、ロイヤルティの高い顧客を生み出していく。経験則になるが、どんなに金をかけたマーケティングキャンペーンでこれに対抗しても、おいそれと効果は上がらない。

たとえばマイクロソフトは、財務ソフトのクイッケンの製造販売元のインテュイットが創出したブルー・オーシャンに、10年以上も膨大な軍資金を投じて戦っている。だが、いまだに市場リーダーの座を奪えずにいる。

また、他社のブルー・オーシャン戦略を模倣しようとしても、自社のブランドイメージに合わない場合もある。ザ・ボディショップは、トップモデルを起用した広告を打つこともなければ、永遠の若さと美しさを約束するようなアプローチも取らない。エスティローダーやロレアルのような大手ブランドにすれば、同社を模倣するのはかなり難しい。それまで永遠の若さや美しさを約束して築き上げてきたイメージを、真っ向から否定することになるからだ。

強者の共通点

体系的に説明するのは目新しい試みかもしれないが、ブルー・オーシャン戦略は、当の企業が意識していたかどうかは別にして、古くから存在していた。シルクとT型フォードの共通点を考えてみてほしい。

19世紀の後半、自動車産業は規模も小さく、さえない産業の一つだった。米国には500社以上もの小規模自動車メーカーが点在しており、1500ドル程度の手づくりの高級車を売り出していたが、大金持ち以外には不人気だった。

しかも、反自動車活動家たちは道路に穴をうがったり、駐車中の車を有刺鉄線で囲ったり、自動車に乗るビジネスマンや政治家にボイコット運動を仕掛けていた。

1906年、そんな時代の風潮を受けてウッドロー・ウィルソン大統領は、「自動車以上に社会主義的感情を広めているものはない。自動車は金持ちたちの傲慢の縮図である」とまで言い放った。

そのような中、フォードは競争相手を出し抜いてゼロサムゲームに参加するのではなく、自動車と馬車の市場を押し広げて、ブルー・オーシャンに抜け出た。

当時の米国では、言うまでもなく、馬車が主要な交通手段だった。馬車は自動車に比べて、明らかに2つの強みを備えていた。

一つは、自動車の大敵である悪路やぬかるみに強かったこと。当時は未舗装の道は珍しくなく、雨や雪の時には特にそうだった。もう一つは、馬や馬車は当時の高級車よりもずっと手入れが楽だったことである。当時の自動車は頻繁に故障し、腕の立つ修理工でなければ修理できず、そのような人材は払底していた。

ヘンリー・フォードはこのような状況下にありながら、競争相手に打ち勝ち、膨大な需要を解き放つ方法を見出したのだ。

T型フォードは「最高の資材を使った大衆車」と称された。シルク同様、フォードも競争など無意味な新しい市場を創出した。数少ない大金持ちだけに手の届く、週末の田園旅行用のおしゃれで豪華な自動車ではなく、馬車のような「日常の足」を生み出したのである。

実際、T型フォードには黒一色しかなく、オプションもほとんどなかった。丈夫で信頼性が高く、どんな天候でも当時の悪路を走ることができた。運転は一日で覚えられ、修理も簡単だった。

そしてシルクと同じく、フォードは価格を設定する際、他社の自動車の値段ではなく、馬車の値段（約400ドル）を参考にした。1908年製のT型フォードは850ドルだった。翌年には609ドルに値下げされ、1924年には290ドルまで下がった。

こうしてフォードは、馬車のユーザーを自動車の買い手に変えていった。ちょうど、シルクが劇場の客層をサーカスに引き寄せたのと同じである。T型フォードは爆発的に売れた。1908年に9％だった市場シェアは、1921年には61％に拡大していた。そして1923年には、米国の全世帯の半分以上が自動車を所有するようになった。

フォードは顧客に桁違いの価値をもたらしたが、同時に業界最低水準のコスト構造を実現した。この点でもシルクと同じである。

オプションを限り、部品はできるだけ共用し、各種モデルを標準化することで、それまで熟練工が寄り集まって最初から最後まで手づくりしていた方式を廃した。フォードの革新的な組立ラインでは、未熟練工が熟練工の代わりに、細分化された工程を素早くこなしていった。

こうしてフォードは、自動車一台をわずか4日で完成できるようになった。業界の標準が21日だったから、大幅なコスト削減である。

＊　＊　＊

これまでもブルー・オーシャンとレッド・オーシャンはたえず並存してきた。そして、今後もそうだろう。したがって、これら２つの論理的違いについて理解しておかなければならない。現状では、ブルー・オーシャンを創出する必要性が高まっているにもかかわらず、レッド・オーシャンの競争戦略が、理論的にも実際にも幅を利かせている。そろそろ、この両者のバランスを図るべきだろう。

ブルー・オーシャン戦略はこれまでも存在していたが、あまり意識されることはなかった。しかし、両戦略の基底にある論理の違いを知れば、ブルー・オーシャンを見つけ出すのもかなり容易になるはずである。

第6章

Disruptive Technologies: Catching the Wave

イノベーションのジレンマ

大企業が陥る「破壊的技術」の罠

ハーバード・ビジネス・スクール 教授
ジョセフ L. バウアー
ハーバード・ビジネス・スクール 教授
クレイトン M. クリステンセン

"Disruptive Technologies: Catching the Wave"
Harvard Business Review, January-February 1995 (product #95103).
邦訳初出:「イノベーションのジレンマ」『DIAMONDハーバード・ビジネス』1995年6-7月号。新訳は『DIAMONDハーバード・ビジネス・レビュー』2009年4月号および2020年4月号

ジョセフ L. バウアー（Joseph L. Bower）
ハーバード・ビジネス・スクールのベーカー財団記念講座教授。経営管理論を担当。本稿執筆当時はドナルド・カーク・デイビッド記念講座教授。

クレイトン M. クリステンセン（Clayton M. Christensen）
ハーバード・ビジネス・スクールのキム B. クラーク記念講座教授（本稿執筆当時は助教授）。イノベーションに特化した経営コンサルタント会社イノサイトを含む、4つの会社の共同創業者。マッキンゼー賞を5回受賞、2011年と2013年には最も影響力のある経営思想家「Thinkers50」1位に選出。
主な著書・共著に『イノベーションのジレンマ 増補改訂版』『イノベーションへの解』『イノベーション・オブ・ライフ』『イノベーションのDNA［新版］』（いずれも翔泳社）、『ジョブ理論』（ハーパーコリンズ・ジャパン）などがある。

顧客の声に耳を傾けることの限界

ビジネス界で必ずと言っていいほど繰り返されるパターンといえば、業界大手が技術や市場の変化に素早く対応することができずに失敗するというものである。

グッドイヤー・タイヤ・アンド・ラバーとブリヂストン・ファイアストン・ノースアメリカン・タイヤは、ラジアルタイヤ市場への参入が大幅に遅れた。ゼロックスは、キヤノンが小型コピー機市場を開拓するのを許してしまった。ビュサイラス・エリーは、キャタピラーとジョン・ディアに掘削機市場を奪われてしまった。シアーズ・ローバックはウォルマート・ストアーズに駆逐された。

とりわけコンピュータ業界では、この失敗パターンが頻繁に見られる。IBMはメインフレーム市場を独占していたにもかかわらず、メインフレームよりも技術的には格段に単純なミニコンピュータ（ミニコン）の出現により、何年もの間、ライバルに水をあけられることになった。

ディジタル・イクイップメント（DEC）は、VAXアーキテクチャーといったイノベーションを生み出し、ミニコン市場を独占したが、PC市場では完全に取り残された。

アップルコンピュータはパーソナルコンピューティングの世界を切り開き、ユーザーフレンドリーなコンピューティングの基準を構築したにもかかわらず、ラップトップ市場への参入は、先行者に5年も遅れてしまった。

これらハイテク企業は、既存顧客を維持するには投資をいとわず、またこのような投資で成功してきたにもかかわらず、なぜ将来の顧客が求める技術に投資できないのか。官僚主義、傲慢さ、無気力な経営陣、ずさんな計画、近視眼的な投資など、これらすべてに原因があることは間違いない。

とはいえ、このパラドックスの根底には、もっと根本的な理由がある。業界リーダーたちは、マネジメントにおいて有名かつ重要とされている、ある一つの教義をやみくもに信奉している。すなわち、顧客の意見に耳を傾けるというものだ。

ほとんどの経営者が、手綱は自分が握っていると思いがちだが、実際には顧客が企業の投資判断に並々ならぬ影響を及ぼしている。新技術を世に送り出したり、製品を開発したり、工場を建てたり、新しい流通チャネルを確立するという判断に先立って、まず顧客に目を向ける。

自分たちの顧客はそれを求めているのか。市場はどれくらい大きいのか。その投資は利益を生むのか。経営者たちは、これらについて自問自答し、顧客ニーズによりふさわしい投資を決断する。このように経営されてこそ優良企業といえる。それが当たり前ではなかろうか。

では、新しい技術や製品コンセプト、また事業のやり方が、これまでと比べて顧客ニーズに合致していないために、顧客が受け入れないとしたら、何が起こるだろうか。

ゼロックスのコア顧客であるコピーサービス会社は当初、低スピードの小型卓上コピー機を必要としていなかった。ビュサイラスが製造するバケット容量の大きい蒸気エンジンのケーブル式ショベルあるいはディーゼルエンジンのそれに頼り切っていた掘削業者たちも、容量も馬力も小さい油圧式ショベルに目を向けようともしなかった。大企業や政府組織といったＩＢＭの主力顧客は、すぐにはミニコンを必要とはしていなかった。いずれのケースも、顧客の意見に耳を傾け、彼らが要求する性能を備えた製品を提供したが、これら顧客が無視した技術によって、手痛いダメージを被ることになった。

これは、我々がさまざまな業界で技術の変化に直面した大企業を調査する中で、繰り返し見られたパターンである。我々の研究によれば、経営に優れているといわれる企業は、自社の顧客が次世代技術を必要としていれば、それが漸進的改善であれ革新的な新手法であれ、他社に先駆けて新技術の開発と製品化に取り組む。

ところが、当初は大口顧客のニーズに合致しない技術、あるいはニッチ市場や新市場だけを狙った新技術を製品化する際、これら大企業が先頭に立つことはほとんどない。

優良企業には、合理的かつ分析的な投資の意思決定プロセスが整っている。これに従えば、既存市場の顧客ニーズに注ぎ込んでいた経営資源を、あまり重要とは思えない、ましてやよくわからない市場や顧客に振り向けることは、およそ正当化できない。

結局、既存顧客のニーズに対応し、ライバル企業を蹴落とすことに、持てる資源のすべて、あるいはそれ以上を投入することになる。

すなわち、優良企業では正当な理由の下、既存市場と既存顧客のために、顧客ニーズを特定し、技術トレンドを予測し、収益性を評価し、方向性の異なる投資提案に限られた資源を配分し、新製品を上市することに注力する。したがって、このプロセスでは、顧客ニーズからずれた製品や技術が提案されると、おのずと排除される。

実際、各種プロセスやインセンティブは、主要顧客を大切に扱うように設計され、またこれがうまく機能している。このため、新たに萌芽した市場に現れた有望な新技術に目が向かない。

多くの企業が、初めのうちは主要顧客のニーズに合致しない新技術をなおざりにすると大きなダメージを被ることを、高い代償を支払って学習してきた。

たとえばＰＣは、１９８０年代初め、当時の主流だったミニコンのユーザーニーズを満たすものではなかったが、デスクトップＰＣの性能は、これらメインユーザーが求める性能をはるかに超える速さで進化した。

そしてついに、ワング・ラボラトリーズ、プライムコンピュータ、ニックスドルフ・コンピュータ、データ・

ジェネラル、DECといったミニコンメーカーの顧客たちが求める性能に追い付いた。PCは今日、ほとんどのアプリケーションにおいてミニコンに勝るとも劣らない。

これらミニコンメーカーが、主要顧客の意見だけを尊重し、市場規模が小さく、取るに足らないユーザーしか使わない性能の低いデスクトップ技術に目もくれなかったのは、合理的な判断といえる。しかしこの判断が、取り返しのつかない過ちであったことも事実である。

優良企業に破壊的なダメージを与える技術変化は、ほとんどの場合、それほど新しいものでも、技術的に難解なものでもない。しかしこのような技術変化には、けっして無視できない特徴が2つある。

一つは、このような技術変化ゆえに製品性能が異なっており、少なくとも当初は、既存顧客がこの性能の違いに価値を認めないことである。

もう一つは、この新技術によって、既存顧客が価値を認める製品性能はいっきに改善されるため、既存市場が侵食されていくことである。この時点になって、主要顧客はこの新技術を求め始める。残念ながら、有力メーカーにとっては後の祭りである。新技術の開拓者によって市場は独占されているからだ。

したがって、まずこのようなカテゴリーに当てはまる技術を見極めなければならない。次に、新技術を開発し製品化するには、既存顧客のためにつくられたプロセスやインセンティブから解放されなければならない。その唯一の方法は、主力事業から完全に独立した組織をつくることである。

HDD業界における破壊的技術の歴史

ハードディスクドライブ（ＨＤＤ）業界ほど、顧客が求めるものに耳を傾けすぎることの危険性を如実に表している例はないだろう。

１９７６年から92年の間、ＨＤＤの性能は驚くべきスピードで改善した。１００メガバイトの記憶容量があるシステムは５４００立方インチから8立方インチにまで縮小し、１メガバイト当たりコストも５６０ドルから５ドルに低下した。

このような驚くべき進歩は、技術変化によるものだった。その半分は、抜本的な技術進歩によるものであり、ＨＤＤの性能を持続的に向上させるうえで決定的な役割を果たした。また残りの半分は、漸進的な技術進歩がもたらしたものである。

ＨＤＤ業界におけるこのパターンは、他の業界でも繰り返し起こっている。リーダー企業は、他社の技術的優位性や製造能力を借りてでも、顧客が求める新技術を開発したり、あるいは導入したりすることで、業界をリードしてきた。

しかし、このように積極的な技術開発を続けても、何年にもわたってＨＤＤ業界を支配したメーカーは一社もない。多くの企業が次々とこの事業に参入し、時にはトップに上り詰めるが、やがて新規参入者に取って代わられた。これら新規参入者たちは、初めは主要顧客のニーズを満たさない技術であっても、これを開発してきた。その結果、１９７６年に存在したＨＤＤメーカーの中で、95年時点で生き残っている企業はない。

業界が違うと、技術イノベーションの影響はどのように異なるのだろうか。これを知るには、これまで製品性能はどれくらいのスピードで向上し、また今後はどうなるのかを経時的に表した「性能曲線」というコンセプトを用いるとよい。

ほとんどすべての業界に、重要な性能曲線が存在する。掘削機械業界において最も重要な性能曲線は、立方ヤード（約０・765立方メートル）で見た1分間当たりの掘削量の年間改善度である。またコピー機業界であれば、1分間当たりのコピー枚数を増やすことが成功を左右する性能曲線である。ＨＤＤ業界のそれは記憶容量であり、これは同じインチ数のものを比べた場合、年間5割増しで拡大してきた。

技術イノベーションの種類が違えば、性能の向上に及ぼす影響が違ってくる。既存技術は、ある一定の速度で向上していく。つまり、顧客が価値を認める性能に、何らかの手を加えたり、これを改良したりするからである。たとえば、１９８2年から90年までに、ＨＤＤ用磁気ヘッドは、それまでのＭＩＧヘッド（フェライト磁心に機械加工でギャップを設け、そこに磁気特性に優れた金属膜を貼り付けたもの）と酸化物ディスクが使われていたが、これが薄膜ヘッドに代わり、ディスクの記録密度が大幅に増加した。

エンジニアたちはＭＩＧヘッドと酸化物ディスクの性能を限界まで引き出そうと、ぎりぎりまで努力したが、これらによる記憶容量はついにS字曲線の頂点に達したと思われた。しかし、薄膜という新技術が出現したおかげで、性能曲線は下がることはなかった。

破壊的技術は、これまで主要顧客が価値を認めてきた特性とはまったく異なる特性を示しており、これらの顧客が性能面でとりわけ重視している部分が劣っていることが少なくない。

主要顧客はたいてい、自分たちが熟知している用途に破壊的製品を使ったりしない。そのため、破壊的技術は当初、新しい市場や用途だけに利用され、やがてその価値が認められる。事実、破壊的技術はそれまでにない市場を登場させる。

たとえばソニーが発売した初期のトランジスタラジオは、音質こそ劣っていたものの、革新的で差別化された製品特性、すなわち小型軽量で持ち運び可能という価値を提供することで、携帯ラジオ市場を創造した。

ＨＤＤ業界の歴史をひも解いてみると、業界リーダーたちは破壊的技術への転換点で必ずつまずいていることがわかる。HDDの直径は、一番最初の14インチから8インチへと縮小し、さらに5・25インチ、最終的に3・5インチになった。これらの新しいアーキテクチャーはどれも、既存市場の一般的ユーザーが必要とする記憶容量よりも格段に小さかった。

たとえば8インチHDDは、発売された時の記憶容量は20メガバイトだったが、当時のHDDの主力市場だったメインフレームでは、平均200メガバイトの記憶容量が必要だった。当然のことながら、大手コンピュータメーカーは当初、8インチ・アーキテクチャーには目もくれなかった。したがってHDDメーカーも、記憶容量が200メガバイトを超える14インチHDDが主力製品だったため、破壊的製品をすすんで開発することはなかった。

このパターンは、5・25インチと3・5インチのHDDが現れた時にも繰り返された。大手コンピュータメーカーは、この記憶容量では役に立たないとして興味を示さなかったため、HDDメーカーも同じく黙殺した。

しかし、記憶容量こそ小さかったものの、この破壊的アーキテクチャーには別の重要な特徴があった。すなわち、8インチでは電源の内部化と小型化、5・25インチではさらなる小型化とステッパーモーターの低コスト化、3・5インチでは耐久性の向上、軽量化と省電力化である。

1970年代後半から80年代半ばにHDDがこのように3段階で小型化したからこそ、ミニコン、デスクトップPC、ポータブルPCなどの市場がそれぞれ発展したのである。

HDDの小型化は破壊的技術の変遷を表しているが、個々の技術そのものはそれほど複雑ではない。実際、新技術で先頭に立った業界リーダーも、経営陣が正式にゴーサインを出す前から、エンジニアたちが資源を密かに使いながら試作品を作成していた。にもかかわらず、この製品をタイミングよく市場に投入できなかった。

破壊的技術が現れるたびに、有力HDDメーカーの半分から3分の2が、新しいアーキテクチャーを使ったモデルを上市できなかった。これは、重要な既存技術をタイミングよく投入していたのを考えれば、まったく好対照である。

製品ライフサイクルが2年といわれるＨＤＤ業界にあって、業界リーダーが新しいモデルを発売するのに、たいてい新規参入企業から2年ほど遅れていた。新規参入者は、革命を3度も起こした。そして、新規市場を開拓し、かつ、既存市場から業界リーダーを駆逐した。

最初は既存製品に劣り、新市場でしか通用しない技術が、やがて既存市場で業界リーダーを脅かすようになるのはなぜだろうか。

破壊的アーキテクチャーがひとたび新市場で普及すると、イノベーションが次々に起こり、各世代のアーキテクチャーの性能曲線も急上昇していく。つまり、そのスピードがあまりに速いため、既存市場の顧客ニーズをすぐさま満たすレベルへと、各世代のアーキテクチャーの性能が向上するわけだ。

１９８０年当初、5・25インチＨＤＤの記憶容量は5メガバイトで、ミニコン市場で必要される記憶容量のほんの数分の一しかなかった。しかし86年には、ミニコン用と比べても遜色のない性能となり、91年にはメインフレームと肩を並べるまでになった（図表6-1「ＨＤＤの需要と記憶容量の軌跡」を参照）。

目の前にある技術イノベーションを評価するに当たっては、その企業の収益構造とコスト構造が大きく影響する。一般的に優良企業にとって、破壊的技術は経済的魅力に乏しい。その時点で認識される市場から推測される売上げは小さく、その破壊的技術の市場が将来どれくらい発展するのかを予測することは難しいからである。

そのため、その新技術は企業成長には貢献しないと決め付けがちで、わざわざ経営資源を傾けて開発するには値しないという結論を下す。しかも、既存企業の場合、破壊的技術に求められる以上のコストで既存技術を開発している。

図表6-1｜HDDの需要と記憶容量の軌跡

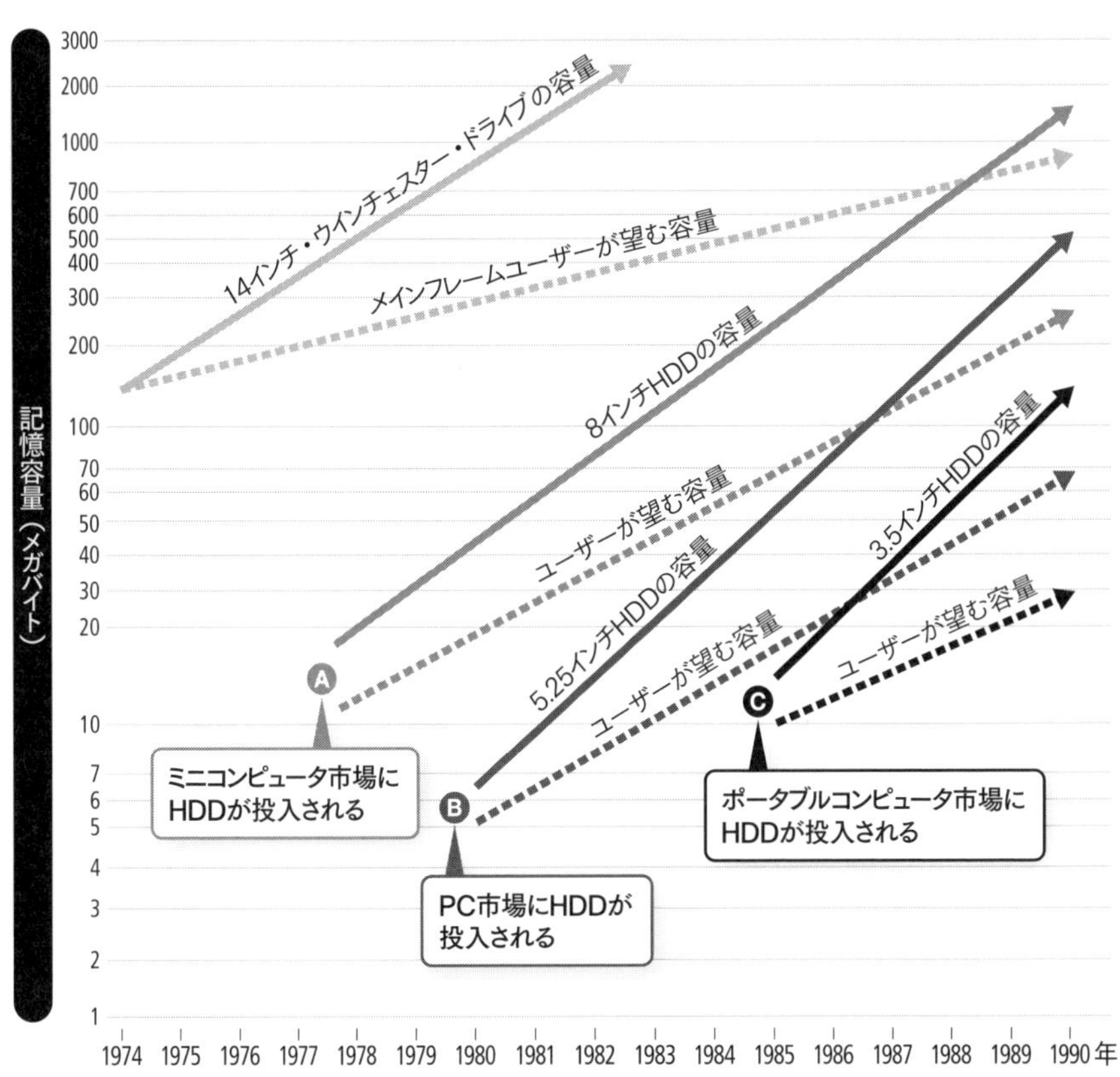

したがって、破壊的技術を追求するかどうかを判断するに当たっては、2つの選択肢がある。一つは、まず破壊的技術によって下位市場に参入し、初めのうちは新市場の低い利益率に甘んじるという選択である。もう一つは、既存技術によって上位市場に移行し、すでに利益率の高い市場セグメントに参入するというものだ。

たとえば、IBM製メインフレームの利益率は、いまだPCのそれよりも高い。合理的な資源配分プロセスに従う限り、既存市場の優良企業が、上位市場よりも下位市場を選択するのは言うまでもない。

一方、破壊的技術によって新

市場のリーダーになった企業の経営者たちは、世界観がまったく異なる。新規参入者は、既存企業のような高コスト構造ではないため、新市場は十分魅力的である。市場に足がかりを築き、その技術の性能が向上すれば、高コスト構造の大手メーカーの縄張りである上位市場も視野に入ってくる。

新規参入者がこうして上位市場に参入する場合、大手メーカーは与(くみ)しやすく、無防備な相手といえる。大手メーカーは上位市場にしか目が向いていないため、下位市場からの脅威を甘く見ているからである。

ここで話を打ち切り、これこそ重要な教訓であると結論することもできなくはない。すなわち、既存顧客のニーズには合致しない破壊的技術の将来性に注意することで、次の波に乗ることができるというものだ。

しかし、パターンを認識することと、このパターンを打破する方法を見つけることは別物である。

新技術を引っ提げた新規参入者が3度も立て続けに既存市場を侵略したという事実があるにもかかわらず、HDD業界のリーダー企業は目の前で繰り広げられた経験から、何も学んでいないようである。経営陣の近視眼や見通しの甘さだけでは、一連の失敗を説明できない。

問題は、急速に拡大していく顧客ニーズに努めて対応するという、過去の成功体験をそのまま繰り返していることにある。

成功を収めた優良企業には、投資案件に資源配分するためのプロセスがあるが、このプロセスに従う限り、既存顧客が明らかに望んでいない技術や、利益率の低い案件に資源を傾けることは不可能だ。

技術開発のマネジメントと投資プロセスは切っても切れない関係にある。生産能力の増強、新しい製品やプロセスの開発といった戦略を左右する提案のほとんどが、組織の下部、すなわちエンジニアリング部門やプロジェクトチームでまず検討される。その後、経営計画や予算編成といった分析作業によって、限られた資金の中で、どの案件に投資するかが判断される。

新たに台頭した市場で新規事業を立ち上げる場合は、市場規模の予測が当てにならないため、とりわけ評価が難しい。

しかも、正しいところにチップを置けるかどうかで自分の評価が決まるため、優良企業のミドルおよびシニアマネジャーが、市場規模の大きな案件を支持するのは当然である。

彼ら彼女らは、教えられてきたことを忠実に守って、大口顧客の意見に耳を傾け、利益が見込める「安定顧客」の要求に応えることに経営資源を集中させる。既存顧客が何を欲しているのかを知ることで、リスクは減り、そして自身のキャリアは安泰になる。

シーゲイトが落ちた罠

シーゲイト・テクノロジーは、このような資源配分プロセスに従って破壊的技術を評価するとどうなるのかを示す格好の例である。

カリフォルニア州スコッツバレーに本社があるシーゲイトは、どこから見ても、マイクロエレクトロニクス業界史上、大成功を収め、かつ攻めの経営を実践してきた企業の一社だった。

１９７９年に創業されたシーゲイトは、86年度には売上高が7億ドルに達した。同社は５・25インチＨＤＤ市場を他社に先駆けて開拓し、ＩＢＭおよび同社が84年に開発したＰＣ／ＡＴの互換機メーカーの主要サプライヤーとなった。

シーゲイトが５・25インチＨＤＤの最大手だった１９８０年代半ば、破壊的技術である３・５インチＨＤＤが開発された。

同社のエンジニアは、業界で2番目に3・5インチHDDの試作品を開発し、1985年初頭までには、予算をオーバーすることなく約80種類に及ぶモデルを揃えた。彼ら彼女らは新しいモデルを、社内のキーパーソンであるマーケティング担当役員に見せ、また業界紙はシーゲイトが3・5インチHDDの開発に積極的であることを報じた。

しかし、IBMやその他の互換機メーカーといったシーゲイトの主要顧客は、この新しいHDDにまったく興味を示さなかった。彼らは次世代機に、40～60メガバイトのHDDを搭載しようと考えていたが、シーゲイトが開発した3・5インチHDDの初期モデルは10メガバイトの容量しかなかった。これら顧客の意向を受けて、シーゲイトのマーケティング担当者は3・5インチHDDの売上予測を下方修正せざるをえなかった。

また、製造担当役員とCFOから、3・5インチHDDの別の欠点が指摘された。彼らの分析によると、新製品の1メガバイト当たりコストが5・25インチ・アーキテクチャーより低くなることはまずないという。

シーゲイトの顧客がHDDを評価する際、これは重要な基準であった。それに、同社のコスト構造を考えれば、容量も大きい5・25インチHDDの利益率が小型HDDのそれよりも大幅に高いことは間違いなかった。

シーゲイト経営陣は、3・5インチHDDは売上げでも利益率でも必要な基準に達しないという、極めて合理的な判断を下した。

同社の元マーケティング担当役員は、「第二のST412（5・25インチHDDとして年間3億ドル以上を売り上げたが、その当時はすでに製品ライフサイクルの末期にあった）となりうるモデルが必要でしたが、当時、3・5インチHDDの市場規模はわずか5000万ドル足らずだったのです。売上げと利益のどちらも採算に合わないと言わざるをえませんでした」と語っている。

3・5インチHDDの開発を棚上げしたからといって、シーゲイトがイノベーションに消極的だったというわけではない。同社は、製造能力の大部分が陳腐化するのを覚悟で、次から次へと5・25インチの新モデルを発売し、さまざまな既存技術を改良していった。

シーゲイトはPC市場に照準を定めていたが、3・5インチHDDの導入を延期したことに不満を抱き、同社や他の5・25インチHDDメーカーを辞めていった社員たちが、コナーペリフェラルズという新会社を興した。

コナーは、これまで取引がないポータブルコンピュータメーカーや、小型のデスクトップPCを開発するメーカーに絞って、3・5インチHDDを売り込んだ。そして、ここの主要顧客になったのは、シーゲイトとはまったく取引がなかったコンパック・コンピュータだった。

シーゲイト自体がうまくいっていただけでなく、またコナーが耐久性、小型かつ軽量化といった異なる特性を重視するユーザーに的を絞っていたため、シーゲイトはコナーにも、また3・5インチHDDにもほとんど脅威を感じていなかった。

しかしコナーは、ポータブルコンピュータ市場の黎明期に、毎年5割ずつ記憶容量を増やしていった。こうして3・5インチHDDの記憶容量は、1987年の終わり頃にはPC市場の要求に追い付いた。

シーゲイト経営陣はこの時点で、コナーや同じく3・5インチHDDのパイオニアであるクアンタムからの攻撃に防戦するために、棚上げしていた3・5インチHDDに着手し、市場に導入したが、時すでに遅かった。

シーゲイトは熾烈な競争に直面した。同社は、既存顧客に3・5インチHDDを販売することで、大手PCメーカーや再販業者といった顧客基盤を一時的に守ることができた。シーゲイトの3・5インチHDDは、顧客が5・25インチHDD対応のコンピュータにみずから組み込めるようにフレームにはめ込まれて出荷されていた。

しかし最終的に、シーゲイトは、このポータブルコンピュータ市場では大手にはなれなかった。

かたやコナーとクアンタムは、ポータブルコンピュータ市場で支配的な立場を築き、3・5インチHDDの設計と製造における規模と経験をてこにして、シーゲイトをPC市場から追い出した。1994年には、コナーとクアンタムの売上げを合わせると50億ドルを超えた。

シーゲイトが開発のタイミングを逸したように、破壊的技術が現れた時、たいていの有力企業が同じように反応する。シーゲイトは十分な売上げが見込める規模に成長してから、3・5インチHDD市場に参入しようと考えていた。つまり、既存顧客が新しい技術をほしがれば、これを提供するつもりだったのである。

シーゲイトは1990年、コントロール・データ・コーポレーション（CDC）のHDD事業を首尾よく買収し、何とか生き延びることができた。CDCの技術基盤とシーゲイトの大量生産能力が相まって、上位機種コンピュータ向けの大容量HDD事業では強力なプレーヤーとなっている。しかしPC市場では、かつての失敗の痛手からまだ完全に立ち直れていない。

破壊的技術を見極め、育てる

破壊的技術が登場した時、事業規模や過去の成功というハンデを克服できる企業はほとんどないが、これは無理からぬことでもある。とはいえ、けっして不可能ではない。破壊的技術を見極め、これを育てる方法は存在するからだ。

❶破壊的技術と既存技術の延長を見分ける

最初のステップは、現在視野に入っている技術の中で、どれが破壊的技術で、その中のどれが真の脅威となるのかを見極めることである。

既存顧客の要求に応え、これを維持しなければならないため、ほとんどの企業で、これらの技術がどのように進歩していくのかを特定し、追跡するプロセスができ上がっている。しかし、潜在的な破壊的技術を特定し、追跡するための体系的なプロセスがある企業はほとんどない。

破壊的技術を見極める方法の一つは、社内で賛否両論のある新製品や新技術を検証してみることである。すなわち、そのプロジェクトを、誰が支持し、誰が異議を唱えているのかを確かめるのだ。

マーケティングや財務のマネジャーは、管理の面でも金銭の面でもインセンティブがないため、破壊的技術を支持することはまずない。一方、優れた実績のある技術者は、たとえ、主要顧客やマーケティング、財務部門が異議を唱えようとも、新しい技術の市場が必ず存在すると言い張ることが少なくない。双方が対立する場合、破壊的技術の可能性が高く、これを追求すべきだろう。

❷破壊的技術の戦略上の重要性を明らかにする

次のステップは、その破壊的技術は、戦略上、どのような重要性があるのかを知るために、しかるべき質問を、しかるべき人物に尋ねることである。戦略を検討する初期段階において、破壊的技術が棚上げにされがちなのは、質問が的外れか、または質問は適切でも尋ねるべき人物を間違えているからである。

たとえば優良企業では、主要顧客の意見を定期的に吸い上げている。新しいアイデアを検証する際には、特に重要顧客の意見に耳を傾けて、革新的製品の価値を評価する。一般的に、重要顧客に意見を求めるのは、彼ら自身もライバルに先んじるために、自社製品の性能を向上させようと日夜努力を重ねているからにほかならない。

図表6-2｜破壊的技術を見分ける方法

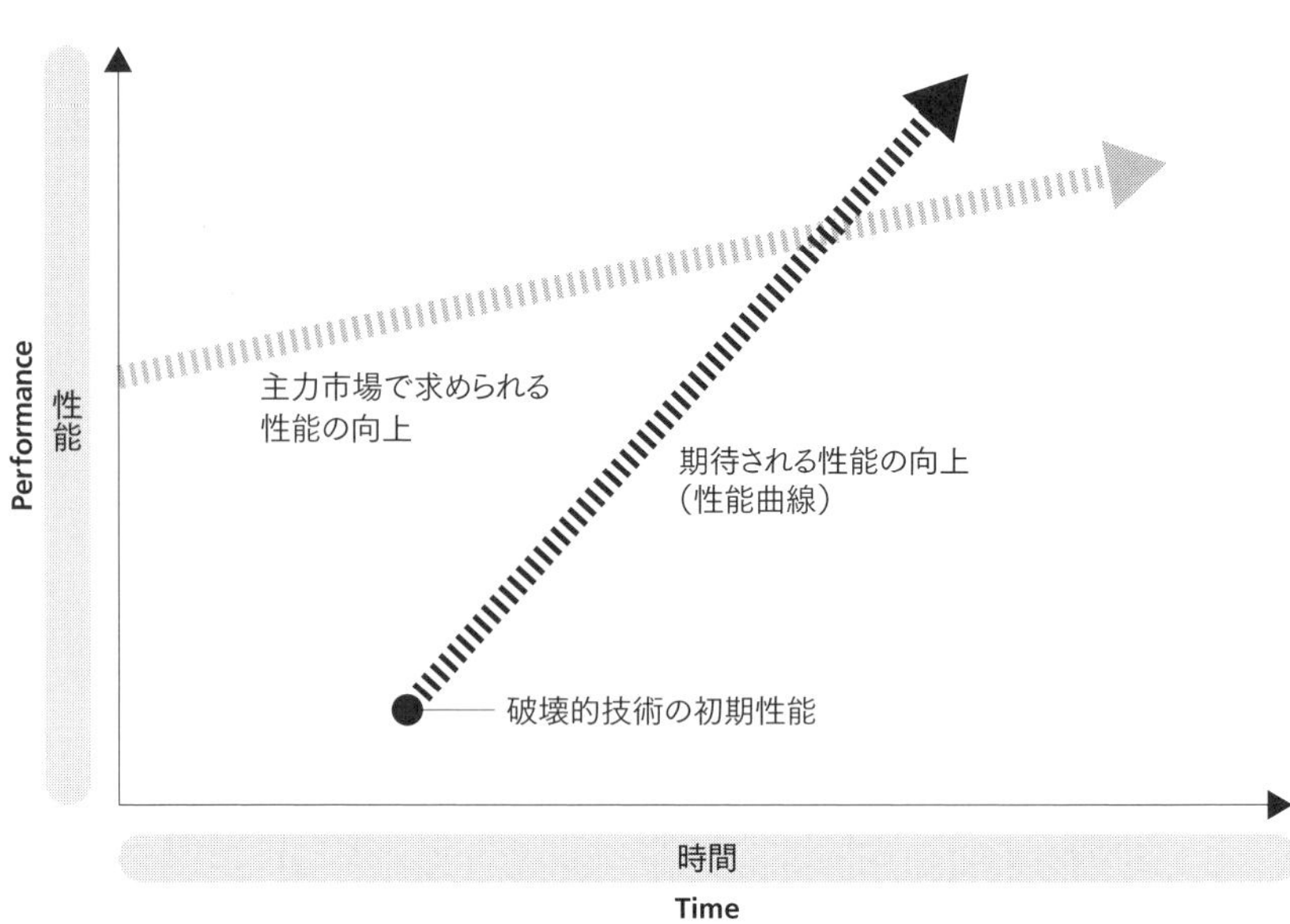

これら重要顧客はたいてい、サプライヤーに最高の性能を要求する。それゆえ、既存技術の可能性については評価できるが、破壊的技術の可能性についてはまったく当てにならない。つまり、質問する相手が間違っているのだ。

縦軸に主力市場で求められる「性能」を、横軸に「時間」を設定した単純なチャートがあれば、何が適切な質問で、それを誰に尋ねるべきかを見極める一助となろう（図表6-2「破壊的技術を見分ける方法」を参照）。

最初に、性能の水準を示す線と、顧客を満足させた実績と顧客が期待している水準の予測を表す性能曲線を描く。次に、新技術の性能の初期レベルはどれくらいかを推測する。それが破壊的技術ならば、既存顧客が要求する性能よりもはるか下のレベルにあるはずである。

既存市場の性能曲線の傾きと比べて、破壊的技術の性能曲線はどのような傾きを示すだろうか。知識豊富な技術者が、新技術の性能は市場が要求する以上に速く向上するかもしれないと思っているならば、いまは顧客ニーズを満たすには至っていないものの、明日には十分対応しうる可能性がある。このような新技術は、戦略上、決定的な意味を持つ。

ほとんどのマネジャーが、このように考えることなく、的外れな質問を発する。彼ら彼女らはまず、既存技術の性能と新技術の性能はどちらが速く向上するかを比較する。そして、新技術が既存技術を追い越す可能性があるならば、急いで開発しなければならないと考える。

何とも単純である。このように比較した場合、既存技術は問題ないが、破壊的技術の可能性を評価するうえで、戦略上の最重要課題が見落とされる。我々が調査した破壊的技術の多くは、既存技術の能力を超えることはけっしてなかった。

重要なのは、破壊的技術の性能曲線を市場が求める性能曲線と比べることである。

一例を挙げると、メインフレーム市場が縮小しているのは、PCがメインフレームより性能が高いからではなく、PCがネットワークによってサーバーとつながることで、多くの企業のコンピューティングやデータストレージのニーズに効果的に応えているからである。つまり、メインフレーム企業の足下がぐらついているのは、PCの性能がメインフレームを技術的に上回っているからではなく、既存市場の要求を満たしているからなのだ。

いま一度、図表6-2について考えてみよう。技術者が、新技術の性能は、市場が求める性能の向上スピードと同じ速さで向上していくと思っているならば、破壊的技術はゆっくりと既存市場を侵食していくと考えられる。シーゲイトがPC市場に狙いを定めた時のことを思い出してみると、コンピュータ1台当たりのハードディスク容量の需要は年30%伸びていた。3・5インチHDDの容量がそれ以上のスピードで改良されたため、3・5インチHDDメーカーはシーゲイトを市場から締め出した。

その一方、5・25インチHDDメーカー2社、すなわちマックストアとマイクロポリスは、エンジニアリング用ワークステーション市場に的を絞っており、この分野におけるＨＤＤ容量への需要はまだ拡大の一途をたどっていた。

つまりこの市場では、容量需要曲線（市場が求める性能曲線）の傾きが、技術者たちが3・5インチ・アーキテクチャーによって生み出した容量拡大曲線（破壊的技術の性能曲線）のそれと同じだったのである。

したがって、これら2社にすれば、３・５インチＨＤＤ事業への参入は、シーゲイト以上に戦略上の重要性が低かったといえる。

❸破壊的技術の初期市場を探り当てる

ある新技術は破壊的技術で、戦略上決定的であると判断されれば、次のステップはその技術の初期市場がどこなのかを明らかにすることである。ただし、これまで頼りにされてきた市場調査が役に立つことはめったにない。戦略上、破壊的技術に力を入れるタイミングでは、まだ具体的な市場は存在していない。

エドウィン・Ｈ・ランドがポラロイドの市場調査担当者に、彼の開発した新型カメラの売上予測を尋ねたところ、製品寿命が尽きるまでに10万台も売れれば御の字であるという答えが返ってきた。彼らがインタビューした人たちの中に、どのようにインスタント写真を利用すればよいのかを想像できた人は、ほとんどいなかったのである。

破壊的技術は、新しい市場や顧客セグメントの登場を予告していることが多い。そのため、このような市場に関する情報を想像してみる必要がある。顧客は誰か、どのような顧客がどのような製品性能を重視するのか、どの価格帯が適切なのか等々。製品と市場の両方において、迅速かつ双方向の、そしてあまりコストのかからない実験を実施することで、この種の情報は生まれてくる。

優良企業が、このような実験を試みるのは難しい。収益力や競争優位を維持するための資源配分プロセスがある限り、売上規模が比較的小さい市場に資源を振り向けることはないだろうし、またそうすべきでもない。

では、優良企業が破壊的技術の市場を探り当てるには、どうすればよいのか。資本関係の有無はどうあれ、自社から独立したスタートアップ企業に実験させるとよい。ハングリー精神旺盛な小組織であれば、経済的な賭けに出ることもいとわず、また失敗してもへこたれず、市場に一番乗りしたことで得られるフィードバックに応じて製品やマーケティングを機敏に変更できる。

アップルの創業時を思い出してほしい。1977年に発売された第1号の製品アップルⅠは大失敗だった。しかし、アップルはこの製品にすべてを賭けていたわけではなく、少なくとも初期ユーザーに「何か」を残した。同社はアップルⅠの経験から、新技術について、また顧客が何を欲しており、また何がいらないのかについて、多くを学んだ。同じく重要なことに、初期ユーザーも自分たちがPCに何を求め、何を求めていないのかを知ることになった。この情報に意を強くしたアップルは、その後アップルⅡの発売によって、みごと成功を収めた。

アップルをよく観察していれば、多くの企業がここから重要な教訓を学習できたに違いない。新製品開発において、あからさまに二番手戦略を打ってくる企業がある。小規模のパイオニアに未開拓市場を切り開かせるのだ。たとえばＩＢＭは、アップルやコモドール・インターナショナル、タンディにPC市場を開拓させた。その後、PC市場に本格参入し、これを巨大事業に育て上げた。

しかし、ＩＢＭが新市場に後発で参入し、そこそこの成功を収めたことは例外であり、よくあることではない。成功を収めた既存企業は、ほとんどの場合、自分たちの業績を測る物差しを、小規模市場のパイアニアたちの業績に当てはめがちである。自分たちの経営資源を上手に活用しようとするあまり、具体的な数字にするか否かにかかわらず、参入すべき市場の規模を比較的高い水準に設定してしまう。このために、どうしても後発となり、参入した時にはすでに強力なライバルがひしめいている。

たとえば、3・5インチHDDが登場した時、シーゲイトの看板商品である5・25インチモデルST412の売上げは年3億ドル以上で、3・5インチHDDの市場規模はこの事業に取って代わるには小さすぎた。

業界紙が、いつ3・5インチHDDを発売するのか、シーゲイトに2年にわたって尋ねていたが、必ず「まだ市場性に乏しい」と答えていた。しかし実際には、市場は存在し、しかも急速に拡大していたのだった。

シーゲイトは、3・5インチHDDを必要としない顧客の声に耳を傾けることで市場の情報を得ていたため、間違った方向へと導かれてしまった。1987年になって、シーゲイトがやっと3・5インチHDDを発売した頃には、この製品はすでに7億5000万ドルを売り上げていた。

3・5インチHDD市場の規模がこれほど大きいことは、業界では周知のことだった。それでもシーゲイト経営陣の腰は重かった。彼らは、既存顧客の立場や自分たちの収益構造を前提に新市場を見るという習慣と決別できなかったのである。

大手HDDメーカーが現在最新の破壊的技術である1・8インチHDDに取っている態度は、これまで見てきた例と不思議なほど一致する。業界リーダーたちは皆、極小型HDDを1つ以上は設計しているものの、これらの新モデルは棚上げされている。ノートPCに搭載するには容量が小さすぎるため、1・8インチHDDの初期市場がどこにあるのか、誰もわからないからだ。しかし、ファックス、プリンター、カーナビなど、候補となる市場はいろいろある。

業界内には、「市場が存在しません。すでに製品はありますし、営業も注文を取る準備ができています。需要がないので、注文がありません。ですから、売上げが立ちません」とこぼす企業幹部もいる。

困ったことに、この企業幹部は、営業部門には、大口顧客に売っている利益率の高い既存製品に代わって、この1・8インチHDDを売り込むインセンティブがない、という事実を忘れている。

1・8インチHDDが彼の会社のみならず他社で棚上げされている間にも、この製品の1994年の総売上げは5000万ドルに上り、そのほとんどが新興企業によって独占されている。1995年には、この市場規模が1億5000万ドルに拡大すると見られている。

小規模の新規参入企業に新市場を独占させないためには、経営陣みずから、技術者や学者、ベンチャーキャピタリストなど、いままでとは異なる情報源と定期的にミーティングを持ち、各人の人脈を通じて新規参入企業の動向をできる限り監視することが不可欠である。また新市場を評価する際、社内の伝統的なチャネルに頼ってはならない。これら既存チャネルは、新市場の評価には向いていないからだ。

❹担当組織をスピンオフさせて破壊的技術に取り組む

小ぶりのチームを立ち上げ、特命プロジェクトを与え、社内の主流派からの高圧的な要求から隔離するという戦略は、よく知られてはいるものの、正しく理解されてはいない。

たとえば、従来とはまったく異なる技術が必要であるという理由だけで、エンジニアたちを隔離し、既存技術の延長から革新的な成果を開発させるというスカンクワークスなどは根本的に間違っている。

稀有なケースだが、破壊的技術が既存製品よりも収益性が高い場合には、このようなアプローチは必要ない。インテルがDRAM（記憶保持動作が必要な随時書き込み読み出しメモリー）からマイクロプロセッサーに移行した例を見てみよう。

インテルの初期のマイクロプロセッサー事業は、DRAM事業よりも粗利益率が高かった。言い換えれば、インテル内部の資源配分プロセスによって、新規事業に必要な資源が必然的に割り当てられたのである。

独立組織を設置するのは、破壊的技術の利益率が主力事業よりも低く、新規顧客固有のニーズに応える必要がある場合に限られる。たとえばＣＤＣは、独立組織をつくって５・25インチＨＤＤの製品化に成功している。

１９８０年代を通じ、ＣＤＣはメインフレームメーカー向けに14インチＨＤＤを製造・販売し、業界では専業メーカーとして支配的地位にあった。８インチＨＤＤが出現した時、ＣＤＣはライバルよりも遅れて開発を始めたが、技術者たちは自社の最重要顧客を対象とした、利益率も優先順位も高い14インチＨＤＤに関するプロジェクトの問題解決に何度も引っ張られた。その結果、ライバルに３年も遅れて８インチ製品を発売するはめになり、市場シェアは５％を超えられなかった。

５・25インチの世代が訪れた時、ＣＤＣはこの新たな挑戦に、より戦略的に取り組むことを決意した。ライバルに負けない５・25インチＨＤＤの開発と商品化に向けて、技術者とマーケターから成る小規模チームを結成し、これを主力部門の大口顧客から遠く離れたオクラホマ州オクラホマシティに置いた。

「我々には、わずか5万ドルの注文でも、みんなが飛び上がって喜ぶような環境の中で、この技術を開発する必要があったのです。本社のあるミネアポリスで誰かを振り向かせたいと思えば、１００万ドルの注文が必要でした」と、ある執行役員は回顧する。

ＣＤＣがメインフレーム用ＨＤＤ市場で獲得していた7割の市場シェアには届かなかったものの、オクラホマシティの事業部は、高性能5・25インチＨＤＤ市場において、利益を確保し、かつ2割の市場シェアを獲得した。

もしアップルがＰＤＡ（携帯情報端末）のニュートンを開発する際、同じような組織をつくっていたなら、大失敗とされたこのプロジェクトも成功と思われていたかもしれない。この製品を上市するに当たり、アップルは既存市場を相手にしているかのごとく振る舞うという間違いを犯した。

マネジャーたちは、自社の成長に何としてでも貢献しなければならないと考え、ＰＤＡプロジェクトをスタートさせてしまった。そこで、顧客が何を望んでいるのかを調査し、ニュートンの開発に巨費を投じた。技術的にも財務的にも、ほどほどの賭けで満足し、創業時にアップルⅠを開発した時と同規模の組織に任せていたならば、結果は違っていたかもしれない。また、顧客が本当に望んでいるものは何かをさらに理解するための地歩として、より広い視野からニュートンを位置付けられたかもしれない。実際、発売から1年以内に売れたニュートンの台数は、アップルⅠよりもずっと多かったのだから。

❺破壊的技術を任せる組織の独立性を担保する

優良企業には、CDCがオクラホマシティに新設した小規模組織をつくる以外に、新市場を独占する術はない。とはいえ、新市場が大規模化し、既存市場と呼ばれるようになった時には、どうすべきだろうか。

子会社として分離し、みごと新市場で商業的な成功を収めたら、主力事業に統合すべきであると考えるマネジャーが多い。エンジニアリング、製造、営業、流通にまつわる固定費を、より多くの顧客と製品で共有できるというのがその理由である。

既存技術の延長ならば、これでよい。しかし、破壊的技術の場合、主力事業に吸収させることがかえって命取りになることもある。

破壊的技術を開発した子会社と主力部門を統合し、資源を共有する場合、どのグループがどの資源を利用するのか、既存製品とカニバリゼーションを起こすのか、それはいつなのかなど、双方を消耗させる論争が必ず起こる。HDD業界の歴史をひも解くと、一組織の中で主力事業と破壊的技術を両立させようとして、もれなく失敗している。

業種を問わず、企業は、寿命のある事業部門が集まってできている。事業というものが技術と市場を前提としている限り、いずれ消えゆく運命にある。破壊的技術は、このような循環の一部なのだ。

このサイクルをちゃんと理解していれば、いずれ終焉を迎える既存事業と交替させることを踏まえたうえで、新規事業を創造できる。そのためには、たとえそれが主力事業を葬ることになろうとも、破壊的イノベーションを担当するマネジャーに自由裁量を与え、その技術の可能性を最大限に引き出さなければならない。

企業の存続には、いくつかの事業部門が消滅するのを見届けられる覚悟が要求される。みずから決着をつけなくとも、ライバルがやるだろう。

破壊的な転換点で成功するには、大きなリスクを覚悟し、長期に投資し、官僚主義と闘うだけでは十分ではない。そのカギは、小規模の注文でもやる気になり、その存在すら定かでない市場にコストをかけずに参入し、未開拓市場でも利益が出る程度に固定費が低い組織によって、戦略的に重要な破壊的技術を管理することである。

優良企業には、破壊的技術を習得し、大成功を収めるチャンスがある。ただし、主力事業と同じような財務業績を期待して、重要顧客が背を向けた破壊的技術を開発・発売すると、失敗に終わる。それはけっして判断ミスではなく、正しい判断であっても、いまの状況がすぐさま過去のものとなってしまうためである。

リバースイノベーションは破壊的イノベーションと何が違うのか

ビジャイ・ゴビンダラジャン（Vijay Govindarajan）
ダートマス大学タックスクール・オブ・ビジネス特別教授。ハーバード・ビジネス・スクールのエグゼクティブフェロー、またシリコンバレーのインキュベーター、マッハ49のファカルティパートナーも務める。『ハーバード・ビジネス・レビュー』掲載の「【実践】リバース・イノベーション」および「イノベーションをめぐる対立を解消する」はマッキンゼー賞を受賞。

クリス・トリンブル（Chris Trimble）
ダートマス大学タックスクール・オブ・ビジネス教授。同大学医療政策・臨床実践研究所の教授も務める。

"Is Reverse Innovation Like Disruptive Innovation?" HBR.org, September 30, 2009 (product #H003V5).

筆者らは『ハーバード・ビジネス・レビュー』（HBR）2009年10月号に、ゼネラル・エレクトリック（GE）のジェフ・イメルト会長兼CEO（当時）との共著論文「GE リバース・イノベーション戦略」(注1)を発表した。その中で「リバースイノベーション」という現象を紹介すると、クレイトン・クリステンセンが定義した「破壊的イノベーション」との関係について、複数の方から質問をいただいた。

リバースイノベーションと破壊的イノベーションの間には重なる部分があるが、一対一の関係ではない。言い換えれば、リバースイノベーションの例の中には破壊的イノベーションの例もあるが、すべてがそうではない。

リバースイノベーションとは、ごく簡単に言えば、発展途上国で最初に導入される可能性のあるイノベーションのことだ。歴史的に見ると、ほぼすべてのイノベーションは富裕国で最初に導入されてきたため、こう呼ばれる。筆者らは、リバースイノベーションが今後ますます一般的になり、富裕国に本社を置く既存の多国籍企業にとってやっかいな組織的課題になると主張した。また、その課題を克服するための組織モデルについても解説した。

破壊的イノベーションには、既存企業を危険にさらす特別な力がある。既存企業の製品には主要なメリットが2つあり、これをAとBとする（たとえば、Aは品質、Bは納品速度）。多数派の顧客は主にAに関心があるが、AよりもBを重視する少数派の顧客がいる。破壊的イノベーションは、その発生時、Aには弱いが、Bには強い。そのため、惹き付けるのは少数派の顧客だけだ。

多数派の顧客はそれを望まないため、既存企業は新規参入企業と新技術を無視する傾向がある。しかし、時間の経過とともに技術が向上し、イノベーションはAの部分でも優れていく。最終的には、Aの面で多数派の顧客ニーズを満たし、Bの面にも少なくとも一定の価値を置くため、顧客は新製品を選ぶようになる。既存企業は突然、破壊される。ずっとその新技術を無視してきたからだ。

クリステンセンの有名なディスクドライブ業界の研究では、Aはディスクドライブの記憶容量、Bはディスクドライブのサイズだった。クリステンセンは、新規参入企業がより容量が小さく、サイズも小さいディスクドライブを導入することで、既存企業を繰り返し破壊することを示した。

多数派の顧客は当初、関心を示さなかった。彼らは小さな容量ではなく、より多くの容量を必要としていた。しかし、時間が経つにつれて小型ドライブの容量は増え続け、やがて多数派の顧客も関心を持つようになった。

では、リバースイノベーションと破壊的イノベーションには、どのような関係があるのか。リバースイノベーションの可能性を生み出す状況は、主に3つあると見ている。破壊的イノベーションにも当てはまるのは、そのうち1つ目のみだ。

1つ目は、富裕国と途上国の所得格差である。途上国では1人当たりの所得が非常に低いため、それなりの品質を超低価格で提供する、つまり富裕国の5%の価格で50%のソリューションを提供するイノベーションが生まれる条件が整っている。この50%のソリューションは、初めは富裕国では魅力的ではないが、やがて、富裕国で魅力的になるまで性能が向上する。これは明らかに破壊的イノベーションの例でもあり、Aは性能または品質、Bは価格である。

2つ目は、富裕国と途上国のインフラ格差が生み出すものだ。途上国のインフラ（エネルギー、交通、通信など）は、そのほとんどが未整備である。そのため、新しいインフラ技術に対する需要は、既存のインフラを交換する必要性から需要が生まれる富裕国よりも、途上国のほうがはるかに高い。これは破壊的イノベーションとはいえない。

3つ目は、富裕国と途上国の持続可能性の格差が生み出すものだ。多くの途上国は、経済発展の過程において、富裕国よりもはるかに早く環境的制約に直面する。たとえば、海水淡水化技術は、米国の南西部の砂漠地帯で必要とされる前に、北アフリカなどで導入される可能性が高い。これも破壊的イノベーションではない。

リバースイノベーションであれ破壊的イノベーションであれ、あるいはその両方であれ、既存の組織がイノベーションを実行するのは難しい。リバースイノベーションの場合、企業は本社から権力や支配を移すことに対する抵抗を克服しなければならないし、国内チームの組織モデルや期待を積極的に見直さなければばならない。

破壊的イノベーションの場合、企業は多数派の顧客が関心を示さない投資を優先することに対する最初の抵抗を乗り越えなければならない。また、投資するとしても、その新製品が最終的に既存ビジネスとカニバリゼーションを起こすという懸念を克服する必要がある。

【注】

（1）"How GE Is Disrupting Itself," *Harvard Business Review*, October 2009.（邦訳「GE リバース・イノベーション戦略」『DIAMONDハーバード・ビジネス・レビュー』2010年1月号）

第7章

Leading Change: Why Transformation Efforts Fail

企業変革の落とし穴

チェンジリーダーの8つの心得

ハーバード・ビジネス・スクール 教授
ジョン P. コッター

"Leading Change: Why Transformation Efforts Fail"
Harvard Business Review, March-April 1995 (product #95204).
邦訳初出:「企業変革八つの落とし穴」『DIAMONDハーバード・ビジネス』1995年6-7月号。最新訳は『DIAMONDハーバード・ビジネス・レビュー』2002年10月号

ジョン P. コッター（John P. Kotter）
ハーバード・ビジネス・スクール松下幸之助記念講座名誉教授。リーダーシップ論を担当。ベストセラー作家。受賞歴を持つビジネスおよびマネジメントのソートリーダー。マサチューセッツ工科大学、ハーバード大学卒業後、1972年からハーバード・ビジネス・スクールで教鞭を執る。1981年、当時としては史上最年少の34歳で正教授に就任。
主な著書に『企業変革力』『ジョン・コッターの企業変革ノート』（以上、日経BP社）、『リーダーシップ論[第2版]』『幸之助論』『カモメになったペンギン』『ジョン・P・コッター 実行する組織』『CHANGE 組織はなぜ変われないのか』（以上、ダイヤモンド社）などがある。

100を超える変革事例からの教訓

私はここ10年間、より競争力の強い企業に生まれ変わろうとする100以上の企業を注目し続けてきた。大企業（フォード・モーター）もあれば、中小企業（ランドマーク・コミュニケーションズ）もあり、米国企業（ゼネラルモーターズ）もあれば、他国の企業（ブリティッシュ・エアウェイズ）もある。また、倒産寸前の企業（イースタン航空）がある一方、高収益を上げている企業（ブリストル・マイヤーズ・スクイブ）もあった。

変革の呼び名も企業によってまちまちであった。「TQM」（トータルクオリティマネジメント）、「リエンジニアリング」「リストラクチャリング」「組織再編」「組織風土改革」「企業再建」などである。ただし、その基本目標はほとんどにおいて共通している。すなわち「厳しさを増しつつある新しい競争環境に対応するために、ビジネスのやり方を抜本的に改革する」ことにほかならない。

このような企業変革を見事成功させた企業はごくわずかしかない。とはいえ、何の前進もなくまったくの失敗に終わってしまったという企業も少ない。つまり、ほとんどのケースが成功と失敗の中間にあるのだが、どれくらいの成功を収めたかと問えば、失敗に近い企業がほとんどである。これらの事例から得られた2つの教訓はまことに興味深い。今後10年間、ますます競争の激化が予想されるビジネス環境において、多くの企業の参考となるだろう。

まず、変革プロセスはいくつかの段階を踏まなければならない（図表7-1「企業変革の8段階」を参照）。そして通常、最後までたどり着くには相当の時間がかかる。とはいえ、途中一部を省略してしまうと、「スピードア

図表7-1 | 企業変革の8段階

1　緊急課題であるという認識の徹底

- 市場分析を実施し、競合状態を把握する。
- 現在の危機的状況、今後表面化しうる問題、大きなチャンスを認識し、議論する。

2　強力な推進チームの結成

- 変革プログラムを率いる力のあるグループを結成する。
- 一つのチームとして活動するように促す。

3　ビジョンの策定

- 変革プログラムの方向性を示すビジョンや戦略を策定する。
- 策定したビジョン実現のための戦略を立てる。

4　ビジョンの伝達

- あらゆる手段を利用し、新しいビジョンや戦略を伝達する。
- 推進チームが手本となり新しい行動様式を伝授する。

5　社員のビジョン実現へのサポート

- 変革に立ちはだかる障害物を排除する。
- ビジョンの根本を揺るがすような制度や組織を変更する。
- リスクを恐れず、伝統に囚われない考え方や行動を奨励する。

6　短期的成果を上げるための計画策定・実行

- 目に見える業績改善計画を策定する。
- 改善を実現する。
- 改善に貢献した社員を表彰し、褒賞を支給する。

7　改善成果の定着とさらなる変革の実現

- 勝ち得た信頼を利用し、ビジョンに沿わない制度、組織、政策を改める。
- ビジョンを実現できる社員を採用し、昇進させ、育成する。
- 新しいプロジェクト、テーマやメンバーにより改革プロセスを再活性化する。

8　新しいアプローチを根付かせる

- 新しい行動様式と企業全体の成功の因果関係を明確にする。
- 新しいリーダーシップの育成と引き継ぎの方法を確立する。

ップできた」と錯覚することがあるが、けっして満足のいく成果を上げることはできない。

次に、どの段階であれ、致命的なミスを犯してしまうと、変革運動はその勢いが削がれる。これまでの成果は台無しとなり、決定的なダメージを被りかねない。ビジネス史において企業変革の経験は十分に蓄積されていないためか、非常に有能な人物であっても少なくとも一度は大きなミスを犯してしまう。

第1段階の落とし穴
「変革は緊急課題である」ことが全社に徹底されない

変革を成功させるには、まず個人、あるいは社内グループが自社の競合状態、市場シェア、技術トレンド、財務状態などを徹底的に検討することから始めなければならない。

たとえば、自社の屋台骨を支える特許が期限切れとなった場合に予想される売上げの落ち込みはどれくらいか、コア事業の最近5年間の利益は減少傾向にないか、あるいは、まだ誰も目をつけていない新市場は存在するのかなどである。

次に、これらの情報、特に直面している危機、潜在的な危機、あるいは、タイムリーで大規模なビジネスチャンスなどについて、広範かつ効果的に社内に浸透させる方法を考える。

この最初のステップは必要不可欠である。というのも、変革プログラムを立ち上げるだけでも、多くの社員の積極的な協力を必要とするからである。モチベーションのないところに協力は生まれてこない。これではせっかくの努力も水の泡になってしまう。

第2段階以降のステップと比較すると、第1段階は案外簡単にできそうに思えるかもしれない。しかし、けっしてそうではない。私がこれまで見てきた企業だけでも、この段階でつまずいてしまうケースが過半数を占める。その失敗の原因は何だろう。

従来の幸せな職場環境から社員たちを引きずり出すのはいかに骨が折れるものか、経営陣が十分に認識していなかったケースもあれば、「変革は喫緊の経営課題である」という認識はすでに社員の間に十分浸透していると高をくくっていたケースもある。あるいは「いい加減、もう準備はいいだろう。さっさと先へ進もう」といった具合に、辛抱に欠ける企業もあった。

こんなケースも多い。経営陣がこのステップのマイナス要素ばかりに目が行ってしまい、尻込みし始めたのである。たとえば「中高年の社員は受け入れてくれないだろう」「士気が下がるのではないか」「収拾のつかない事態に陥るかもしれない」「短期的には業績が落ち込む」「株価が下がってしまうかもしれない」「危機をもたらした張本人として自分たちがやり玉に挙げられるに違いない」といった具合なのだ。

経営陣がすくみ上がってしまうのは、たいていの場合、その多くはマネジャー（管理者）であり、リーダー（指導者）と呼べる人材ではないことに起因している。

管理者の使命は、リスクを最小化し、既存制度をうまく機能させながら維持することである。一方、変革を推し進めるには、新たな制度をつくり出さなければならず、当然強力なリーダーシップは必須である。真のリーダー人材を社内登用するか、もしくは外部から連れてこない限り、変革の第1段階はうまくいかない。

リーダーシップに長け、大規模な変革の必要性を認識している人物を新しいトップに迎えることができれば、変革プログラムは始動し、しかもうまく立ち上がる場合が多い。したがって、全社改革を成し遂げるにはCEOがカギとなる。また、特定部門を変革するには、その長が要となる。このキーパーソンが、新しいリーダーでもなく、優秀なリーダーでもなく、あるいは過去に変革を成功させた者でもないという場合、第1段階は非常に困難なものとなろう。

第1段階において「業績が悪い」という事実は、良し悪しといえる。良い面としては、赤字であれば社員の注意を変革に向けさせやすいという点が挙げられる。ただしその際、選択できる戦略の範囲は狭められる。その一方で、業績が好調であれば、変革の必要性を社員に納得させるのに苦労するが、変革に注ぎ込める資金は潤沢である。

変革のキックオフが、好業績の時にせよ、業績不振の時にせよ、成功事例には共通点がある。それは変革推進チームのメンバーたちが、不愉快な事実、すなわち、新たなライバルの登場、利益率の悪化、市場シェアの縮小、売上げの伸び悩み、売上成長率の鈍化など、競争力の低下といったさまざまな業績指標について、いつでも忌憚なく議論できるよう配慮していたということである。

にもかかわらず、悪いニュースを持ってくる人物を目の敵にするというのは人類共通の性癖なのだろうか。経営陣、ことに部門の長が過去に変革を指揮した経験がない場合、歓迎できない情報の伝達は社外の人間に任せていることが多い。ウォールストリートのアナリスト、顧客、あるいはコンサルタントなどは、いずれもこのような役割にはもってこいである。

欧州の某大企業で以前ＣＥＯを務めていた人物の言葉を借りれば、とにかく肝心なのは「未開拓の領域に踏み込むよりも、現状を維持することのほうが危険は多い」と認識させることに尽きる。

変革の成功例の一つに、社内グループが危機を意図的に演出していたケースがあった。たとえば、あるＣＥＯは創業以来の大赤字を計画的に計上した。これによって、ウォールストリートに「変革は避けられない」という圧力をかけさせたのである。

また、ある部門長の場合、惨憺たる結果は承知の上で、初の顧客満足度調査を実施し、その結果を公表した。表面的には、このような戦術は危険極まりないものと映るだろう。しかし、安全策を講じたところで依然危機は存在している。危機意識が十分に浸透しなければ、変革の成功は望むべくもなく、企業の将来は長期的にも危険なままである。

では、危機意識がどのくらい浸透していれば十分といえるのだろうか。私の経験では、経営幹部の75%程度が「従来のままビジネスを進めていては絶対にだめである」と本気で考えている必要があるだろう。この数字が75%以下では、変革プロセスの後半において、非常に深刻な問題が起きる可能性が高い。

第2段階の落とし穴
変革推進チームのリーダーシップが不十分である

大がかりな変革プログラムでも、当初は1人ないし2人の体制でスタートすることが多い。成功例を見ると、その体制は時間が経つにつれて徐々に大規模な変革推進チームへと発展していく。ただし、変革の初期段階で最低限の人数が揃わない場合だと、その後に見るべき進展はない。

経営トップが積極的にサポートしない限り、大規模な変革はけっして実現しえないとよくいわれるが、ここで私が言わんとしているのは、そんな程度の話ではない。変革が成功する時は、会長に社長、あるいは本部長に加え、5人、15人、あるいは、50人の社員が団結し、改革を通じて最高の業績を実現することを誓い合っているものだ。

ところで私の経験では、この変革推進チームに執行役員全員が参加していた例を知らない。というのは、少なくとも初めのうちは、彼らの中に変革に賛同しない者が何人かいるからである。ただし、ほとんどの成功例において、その変革推進チームは相当強力なメンバーで構成されており、メンバーの職位、情報量、専門知識、評判や人間関係などは申し分ない。

組織の大小を問わず、変革プログラムが1年目くらいでは、変革推進チームの陣容はせいぜい3～5人足らずである。ただし、第3段階以降で長足の進歩を遂げるには、大企業の場合、20～50人程度に増員されている必要がある。グループの中心人物はだいたいシニアマネジャーであるが、取締役、主要取引先の代表者、または影響力のある労働組合の執行委員まで加わっているケースもある。

変革推進チームには執行役員ではないメンバーもいるため、当然、通常の組織階層や命令系統を超えて活動することになる。ぎこちなく感じるかもしれないが、これが欠かせない。もし既存の組織階層でうまく機能しているならば、そもそも大規模な変革など必要ない。現行システムに問題があるからこそ、組織内の境界線、常識、慣習といったものを無視した活動が要求されているのである。

経営陣が変革の緊急性を十分認識していれば、変革推進チームの結成はたやすい。もちろんそれだけでは不十分である。誰かが音頭を取ってチームメンバーをまとめ、自社の問題点やビジネスチャンスに関する認識を共有させ、必要最低限の信頼関係とコミュニケーションを築き上げなければならない。その際の常套手段は、会社から離れた場所で2～3日、合宿形式のミーティングを開くことである。5～35人までの幹部たちを、数カ月に何度かこのような合宿に参加させている例は数多い。

第2段階で失敗する企業の場合、変化を生み出す難しさをあなどっているため、強力な変革推進チームの重要性を見くびっていることが多い。また、経営陣にチームワークの経験が乏しいため、チームの重要性が軽視されていることもある。

あるいは、要となる当該事業部門の長ではなく、人事部や品質管理部、経営企画部などのスタッフ部門の幹部がチームを率いてしまっている場合もある。その人がどれほどの逸材であり、いかに献身的であっても、当該部門からリーダーが出ない限り、グループが十二分の力を発揮することはありえない。

変革推進チームにリーダーシップが欠けていても、当座のところ、変革プログラムは進展を見せるものだ。しかし遅かれ早かれ、変革プログラムに抵抗する機運が高まり、頓挫してしまうことだろう。

第3段階の落とし穴 ビジョンが見えない

これまで私が見てきた変革に成功した企業では、例外なく変革推進チームが、顧客や株主、社員に説明しやすく、かつアピールしやすい未来図を描いていた。

ビジョンとは、5カ年計画のような数字が羅列したものではなく、自社が進むべき方向性を明確に指し示したものである。その草案は、一人の社員が書く場合もあり、少なくとも初めはやや漠然とした内容であるのが普通である。とはいえ、3カ月、5カ月、1年と作業を進めるうちに、変革推進チームによる熟考に熟考を重ねた分析と理想が反映され、やがて素晴らしい出来栄えのものになる。最終的には、そのビジョンを実現する戦略も策定される。

欧州のある中規模企業では、最終的にでき上がったビジョンに提示されたコンセプトのうち、その3分の2が草案に盛り込まれていたものだった。この草案には、まず「国際化」というコンセプトが描かれており、また「特定分野でトップになる」という方向性も含まれていた。しかし「低付加価値事業からは撤退する」という方針については、数カ月にわたって議論を重ねて初めて打ち出されたものだった。そして、それが最終案の中核の一部を成すものとなった。

当意即妙なビジョンに欠けた変革プログラムは、紛らわしく、矛盾するプロジェクトが乱立しがちであり、その結果、誤った方向へ組織を導いたり、やみくもに直進させたりといったはめになりかねない。確固たるビジョンが描かれていないと、経理部のリエンジニアリングプロジェクトも、人事部の新しい多面評価システムも、工場の品質管理プログラムも、営業部門の組織風土改革プロジェクトも、全社的な結果に結実することはないのである。

変革の失敗例を見ると、たいてい計画や方針、プログラムといった類が羅列されており、肝心のビジョンが欠けている。

ある企業では、厚さ10センチにも及ぶ変革プログラムのマニュアルを社員に配布していた。気が遠くなるようなこの分厚い冊子のページをめくると、今後の手順、目標、方法、最終期限などについて事細かく記載してあったものの、このプログラムが導く先が何であるかについて、明確かつ説得力あふれる記述はいっさい見当たらなかった。

当然のことながら、私が話を聞いた社員のほとんどが戸惑い、もしくは冷ややかな目で静観していた。この大仰なマニュアルは、彼らを結束させることも、変革を成し遂げようというやる気を引き出すこともなかった。それどころか、まったく逆の効果をもたらしてしまったのである。

また、経営陣がどの方向に進むべきか感覚的にわかっていても、それが錯綜していたり、あまりに曖昧だったりする場合もある。私が見てきた限り、そのようなケースでもさしたる成功は望めなかった。

先日、ある中堅企業のある役員に「あなたはどのようなビジョンを持っているのか」と尋ねたところ、要領を得ない講義を30分も拝聴することになった。そこには、たしかに立派なビジョンの基本要素がないわけではなかったが、奥深く埋もれてしまっていた。

一つの目安を示したい。5分以内でビジョンを他の人に説明できない、あるいは相手から理解と関心を示す反応が得られないのであれば、変革プロセスの第3段階を完了したとはいえないのである。

第4段階の落とし穴

社内コミュニケーションが絶対的に不足している

社内コミュニケーションの落とし穴については、次の3パターンがよく散見される。どれもありふれたものばかりである。

❶変革推進チームが優れた変革ビジョンを作成したものの、たった一度説明会を開いただけ、あるいはたった一通の文書を配布しただけで、その内容を社員に伝え終えたとしてしまう。年間の社内コミュニケーション量から見れば、ほんの0・0001%だけしか時間を費やしていない。にもかかわらず、新しい方針を理解している社員がほとんどいないことを知って変革推進チームは愕然としてしまう。

❷トップがそれ相応の時間を割いて社員に説明したつもりだったが、ほとんどが理解できていない。この場合

も、ビジョンの説明に年間の社内コミュニケーション量のせいぜい0・0005％しか費やしていないのだから、当然といえば当然である。

❸社内報や説明会といった形でも、①や②以上の努力を傾けているが、有力役員の何人かが新しいビジョンと正反対の態度を取り続けている。その結果、社員たちの気持ちは次第に冷め始め、伝えられた内容にも疑心暗鬼が強まっていく。

何百、何千という人々が――多くの場合、短期間な犠牲を払ってでも――すすんで協力してくれない限り、変革は不可能である。仮に社員が現状に満足していなくとも、変革は成功すると確信できない限り、みずから犠牲を払おうとはしない。信頼に足る十分なコミュニケーションなくして、彼ら彼女らの心や関心を集めることなどけっしてできない。

短期的な犠牲の中身が「人員削減」となると、第4段階は困難を極めることだろう。リストラがビジョンに含まれている場合、ビジョンへの理解や支持を得るのは難しい。それゆえ、ビジョンを実現させるには、新たな成長の可能性を示唆すると同時に、解雇される社員全員にしかるべき待遇を確約することを謳うべきである。

コミュニケーション力に長けた執行役員の場合、日常業務のあらゆる面でビジョンに関するメッセージを巧みに織り込む。

たとえば、業務上の問題に関する解決策が定例会議に諮られた際などは、全社のビジネスシステムに適合するのか否かについて話す。また通常の人事考課の場面でも、その社員の行動がビジョンに貢献するのか、逆に不適当なのかについて説明する。ある部門の四半期の業績を検討する際も、ただ数字を追うだけでなく、その部門のマネジャーたちがいかに変革に貢献しているかに触れる。さらに、社内説明会などの質疑応答の場にでも、変革の目標に関連付けながら、社員からの質問に答える。

成功した変革運動を見てみると、ビジョンを広く知らしめるため、執行役員はありとあらゆるコミュニケーション手段を活用していた。たとえば、退屈で誰も読まなかった社内報をビジョンに関する記事だらけにしてリニューアルする。あるいは、形式的で時間ばかりかかっていた役員会議を、変革について意見を交わす議論の場へ改める。従来の管理者研修を思い切って廃止し、その代わりに業務上の課題や新しいビジョンを主眼にした研修に変更する。

この場合における基本原則は至ってシンプルである。つまり、思い付く限りのコミュニケーション手段を利用すること、それもさして重要視されていなかった情報メディアを活性化させることである。

さらに重要なことは、大規模な変革を成功させた企業の場合、執行役員たちが「歩く広告塔」となっていたことである。彼らは新しい企業文化のシンボルになろうと意識的に努めていた。これは生やさしいことではない。60歳を迎えるある工場長について考えてみよう。それまでの40年間、顧客のことなど脳裏をかすめた経験など微塵もないのに、突然「顧客重視で行動せよ」と求めても土台無理な話である。しかし、そのような人が変わるさまを私はこの目で見た。それも劇的な変わり方であった。

この場合、事態が切迫していたことが好都合となった。加えて、彼も変革推進チームの一員であり、またビジョン作成チームの一員であったことも幸いした。望ましい行動が何であるのか、あらゆるコミュニケーション手段を用いて伝えられたこともプラスに作用した。同僚や部下からのフィードバックのおかげで、みずからの行動がビジョンにふさわしくない場合などは、そのことに気づくこともできた。

コミュニケーションは言葉と行動の両方が必要であり、特に行動は最も説得力あふれる手段となる。要するに、自分の言葉とは裏腹な行動を取る経営幹部こそ、変革を潰してしまう元凶なのである。

第5段階の落とし穴

ビジョンの障害を放置してしまう

変革プログラムが成功に向かいつつある場合、段階が進むにつれて社員たちを巻き込み始める。社員たちはプログラムに勇気付けられ、みずから新しいアイデアを思い付いたり、リーダーシップを発揮したりするようになる。このような行動は、ビジョンが指し示す方針から大きく外れてさえいなければ問題はない。それに、大勢の人が参加すればするほど成果は大きくなる。

変革推進チームが新たな方針を効果的に伝えられれば、ある程度は社員たちに新しい行動を起こさせることが可能である。しかし、コミュニケーションだけで事足りるわけではない。イノベーションを現実化させるには、障害を取り除くことも不可欠なのだ。

これはよくあることだが、ある社員が新しいビジョンを理解し、その実現に協力しようと思い立ったとしよう。しかし、その行く手には巨象が立ちはだかる。その象は、その当人の頭の中にしか存在しないこともあり、この場合、障害と思えるものが実は幻であることを当人に納得させることが課題となる。

最も多いのは、障害物が現実に存在しているケースである。たとえば、組織構造が障害となる場合もある。職務規定が細分化されているため、生産性を向上させようという意欲が湧かなかったり、顧客について考えることすら難しかったりする時がある。また、成功報酬制度や勤務査定制度があるために、新しいビジョンよりも個人の利益を優先してしまうケースもある。

ただ最もやっかいなのは、変革を拒み、全社の動きとはそぐわない要求を突き付けてくる管理職である。

ある企業では、社内広報を十分に展開したうえで変革プロセスを開始し、第4段階までは順調に進めてきた。ところが、同社最大の事業部を統括する執行役員がすべてを振り出しに戻すような行動を取ったために、変革は見事に覆されてしまった。彼は口では変革に賛成していたが、みずからの行動を改めたり、部下の意識を変えようとしたりはしなかった。また、ビジョンが求めるような斬新なアイデアが提示されても、その発案者に報いることもなかった。明らかに人事制度が新ビジョンと齟齬を来しているにもかかわらず、改定することはなかった。

彼の心境は複雑なものだったことは想像にかたくない。自社がこれほどまで大規模な変革を必要としているとは思っていなかったばかりか、変革一つひとつがみずからを脅かしていると感じていたことだろう。また、変革を推し進める一方、予算上の営業利益を達成するなど土台無理な話だとも思っていたはずである。

他の執行役員たちは改革推進派であったにもかかわらず、彼がボトルネックとなっていることに、何ら手立てを講じようとはしなかった。この原因もやはり複雑だった。この企業は過去このような難題に直面したことがなかったばかりか、なかには当の執行役員を恐れている者もいた。CEO自身も優秀な役員を失うことになるのではないかと危惧していた。

結末は悲惨であった。現場のマネジャーたちは、経営陣たちの意気込みは偽物だったと結論付け、冷ややかな見方が社内に蔓延し、変革プログラムのすべては崩壊してしまった。

どんな組織でも、変革プロセスの前半では、すべての障害を排除するだけの勢いもエネルギーもなく、そして時間すら持ち合わせていない。それでも、重大な障害と対峙し、これを取り除かなければならない。それが人間の場合でも、泣いて馬謖(ばしょく)を切らなければならないこともある。

ただし、その処分についても新しいビジョンに沿って公明正大に実施することが肝要である。いずれにせよ、処分という行動をためらってはいけない。社員のやる気を引き起こし、変革プログラムへの信頼を維持するためには是が非でも必要だからである。

第6段階の落とし穴
計画的な短期的成果の欠如

変革が本物になるには時間がかかる。したがって、達成可能な短期目標を設定しておかないと、変革の勢いを失速させかねない。このまま行けば期待通りの成果が得られると確信できる証拠を、1~2年の間に確認できなければ、ほとんどの人が遠い道程を歩き続けようとはしない。短期間で何らかの成果を上げられない場合、多くの人は投げ出したり、抵抗勢力についてしまったりする。

変革が順調に進んでいる場合、1年もしくは2年で品質に関する指標が向上し始め、最終利益の減少にも歯止めがかかる。新製品が成功することもあれば、市場シェアが拡大することもある。あるいは、生産性が格段に向上したり、顧客満足度が上昇したりするかもしれない。どのようなケースであれ、成果は目に見えて明らかなものであり、変革の反対派にあざけられるような主観的なものでもない。

短期的に成果を上げることと、短期間で成果を上げたいと願うことは別物である。後者は受動的であり、前者は能動的である。順調に進んだ変革を見ると、経営陣は業績が明らかに改善しうる手段を積極的に模索し、年度計画に目標をきちんと設定し、その目標の達成に貢献した社員を表彰したり、昇格させたり、また褒賞を与えたりしている。

一例を紹介しよう。米国の某メーカーでは、変革プログラムを開始した20カ月ほどで、変革推進チームの発表した新製品が大成功を収めた。この新製品は、プログラムのスタートから6カ月経った時点で、複数の基準をクリアしていたため発売が決まったのである。その基準とは、比較的短期間に設計可能であり、市場に投入できること、新しいビジョンの信奉者である少数の面々で担当できること、売上げの伸びが期待できること、製品開発チームが組織を超えて作業しても実務上の問題を生じないことなどであった。つまり、これは計算ずくの計画だったのである。そしてこの成果によって変革プログラムの信頼性はいっきに高まった。

短期的な成果を求められ、不平を漏らすマネジャーも多い。とはいえ、変革を推進するうえでは、このようなプレッシャーがプラスに働くことがある。というのも、「大規模な変革は時間がかかる」ことが社員の間に広がると、変革が喫緊の課題であるという事実がなおざりにされやすい。そこで、短期的な成果を出すという責務を課すことで、緊急性を常に意識しつつも、ビジョンに磨きをかける努力が後押しされるのである。

第7段階の落とし穴
早すぎる勝利宣言

経営者とすれば、数年にわたって懸命に努力した末、業績が改善したと誰もが認める段階が訪れれば、勝利宣言を発したいという衝動に駆られるのも無理からぬことである。

個々の成果を祝うのは結構だが、この段階で勝利を宣言してしまうと、いままでの努力が台無しになりかねない。さまざまな変化が企業文化に定着するには、少なくとも5〜10年は必要であり、そこに至るまでは新しいアプローチというものはもろく、後退の可能性をはらんでいる。

つい最近、私は「リエンジニアリング」というテーマの下に実行された12社の変革プロセスについて観察してみた。このうち実に10社で、開始して2～3年後、最初の大プロジェクトが完了した時点で勝利宣言が出されていた。コンサルタントたちには、ねぎらいの言葉とともに高額な報酬が支払われた。しかし、変革プロジェクトの効果は、その後2年足らずで次第に影が薄くなっていった。10社のうちの2社に至っては、現在リエンジニアリングの痕跡すら見当たらないという有り様であった。

この20年間、大きなTQMプロジェクトや組織再編などでも同様のことが繰り返されてきた。まず、変革の初期段階から何らかの問題をはらんでいるというのが典型である。つまり、緊急性への認識不足、変革推進チームの力量不足、ぼやけたビジョンなどである。そして、せっかくの変革の勢いに水を差すのが、先走った勝利宣言である。その結果、保守勢力が主導権を奪い返してしまうのである。

皮肉なことに、変革推進派と反対派が時期尚早の勝利を一緒に祝う場面も珍しくない。推進派は進歩の兆しが目に見えたことにすっかり舞い上がってしまう。一方の反対派は、これを変革を阻止するチャンスと見抜き、喜ぶのである。

祝勝会が終わると、反対者は「戦いは勝利のうちに終わったのだから、戦士諸君は自分の家に帰りなさい」と声をかける。すると、疲れ切った彼らは「自分たちは勝ったのだ」と思い込んでしまう。一度自分の家へ戻ってしまうと、彼らは再び戦艦へ乗り込もうとはなかなか思わない。ほどなく変革は座礁し、過去が再び忍び寄ってくるのである。

優れたチェンジリーダーは、勝利宣言の代わりに、短期間で結果を出したことによる信頼感を追い風に、より大きな問題へと立ち向かっていく。具体的には、ビジョンから逸脱しており、これまで放置されていた制度や組織に次の狙いを定める。誰が昇進し、どんな人材が登用され、社員がどのような教育を受けているかにも着目する。また、当初のプログラムよりも範囲を広げたプロジェクトにも取り組む。彼らは、変革プロジェクトに年単位の時間が必要であることを承知しているのである。

ここで、7年間にわたったある変革の成功例について触れてみたい。変化の度合いを年度ごとに点数化し、最低は「1」、最高は「10」とした。初年度は「2」、2年目は「4」、3年目は「3」、4年目は「7」、5年目は「8」、6年目は「4」、7年目は「2」という結果となった。ピークは5年目で、それは成果が目に見える形で表れてから3年が経過した時点でもあった。

第8段階の落とし穴
変革の成果が浸透不足である

会社を人間の体に例えるならば、変革という血液が体の隅々まで行き渡るようになって、初めて変革の成果が「我々の生きざま」として定着したといえる。新しい行動様式が社内の規範や価値観として根を下ろさない限り、変革の圧力が弱まるや否や、廃れてしまう。

変革を企業風土として制度的に根付かせるには、次の2つの要素が特に重要である。

第1に、新しいアプローチや行動様式、考え方などが業績改善にどれくらい貢献しえたのか、社員に意図的にアピールしていくことである。業績改善との関連性の是非を社員任せにしてしまうと、とんでもない勘違いが起こってくることがある。

たとえば、ハリーというカリスマ的な上司の下で業績が改善した例では、社員はハリー流のやり方が功を奏したと考え、自分たちの顧客サービスの質や生産性が向上したことが成功要因だとは考えない。

変革の因果関係を正しく理解させるには、やはり社内コミュニケーションが不可欠である。この点において、ある企業は驚くほど徹底していた。実際、その成果はてきめんだった。同社では、経営会議で毎回時間を割いて、なぜ業績が向上したのかを話し合った。そして社内報で、変革によってどのように売上げが向上したのか、何度も何度も報じたのである。

第2に、次世代の経営陣に新しい考え方がしっかり身につくよう、十分な時間をかけることである。また、昇格の基準が変わらないままでは、変革の効力は長続きしない。実際、トップの交代人事で、誤った後継者を選んだがために、10年にわたる変革の努力が水の泡になってしまうことは珍しくない。

取締役会が変革プロセスに参画していない場合、誤った選択に向かってしまう可能性は大きくなる。私が見た中では、少なくとも3つの企業でそのような事態が起こった。

変革の立役者が退任するに当たって、その後任として選ばれた人物は変革の反対者ではなかったが、変革の貢献者と呼べるほどでもなかった。取締役会は変革プロセスの細部まで理解していなかったため、自分たちの選択が正しくなかったことに気づかなかったのである。

また、退職する執行役員が変革を熟知している人物を後継者に推したという例もあれば、経験が浅いという理由で他の役員を説得し切れなかったという例もあった。

さらに別の2社では、よもや変革を中止するとは思わずに、取締役会が推す人物を後継者として考えもなく受け入れたCEOもいた。しかし、彼らの判断は間違っていた。2年も経たないうちに、どちらの企業でも変革の兆候は消え始めていた。

失敗を最小化することが成功のカギ

変革における落とし穴は、これら以外にもたくさんあるが、ここで挙げた8つはとりわけ無視できないものである。このような限られた紙幅では、すべて単純すぎる印象が残るかもしれない。事実、成功例にしてもその変革プロセスとは混乱極まる、驚きの連続である。

しかし、変革を成功させるべく人々を駆り立てるには単純明快なビジョンが必要であり、そのようなビジョンを掲げることができれば、その過程でミスを犯す確率を減らせるはずだ。どれだけミスを減らすことができるか、これが変革の成否を分けるカギにほかならない。

第8章

One More Time: How Do You Motivate Your Employees?

モチベーションとは何か

二要因理論：人間には2種類の欲求がある

ユタ大学 特別教授
フレデリック・ハーズバーグ

"One More Time: How Do You Motivate Your Employees?"
Harvard Business Review, January-February 1968, January 2003 (product #R0301F).
邦訳初出：「モチベーションとは何か」『DIAMONDハーバード・ビジネス・レビュー』 2003年4月号

フレデリック・ハーズバーグ（Frederick Herzberg）
ユタ大学特別教授。ケース・ウェスタン・リザーブ大学の心理学部長を務めた時に記したのが、名著として名高い『仕事と人間性』（東洋経済新報社）である。そのほか共著書に*The Motivation to Work*, Willy, 1959.がある。

KITAによるモチベーション

実に多くの論文、書物、講演、研究会で「どうすれば思う通りに社員を働かせることができるか」という泣き言めいた問題提起がなされる。

モチベーションの問題を扱う心理学は極めて複雑であり、実際いままでにある程度の確度をもって解明された事実もごくわずかである。「机上の空論が知識を凌駕する」という何とも情けない状況であり、そこで次々に新しい万能薬が売り出されて評判を博するようになる。しかもその多くがアカデミズムのお墨付きである。

本稿がこの万能薬市場に水を差すことはなかろう。ここで説明されている考え方は、企業をはじめ、その他多数の組織で試されてきたものであり、先ほど述べた状況を正すうえでも有効と考える。

マネジャーたちを相手にこの問題について講演すると、聴衆は必ず、即座に役立つ実践的な解を求めてくる。そこでまず、人間を動かす簡単で実践的な方法から話を始めたい。

誰かに何かをさせる、最も簡単かつ確実で、直接的な方法とは何だろうか。それは一言「やってくれたまえ」と言えばよい。しかし「嫌です」と返事をされたら、心理学者に頼んで、なぜ抵抗を示すのか、その理由を探らなければならない。

次は、命令すればよい。しかし「意味がよくわかりません」という返事であれば、コミュニケーション技術の専門家に頼んで、あなたの真意を伝える方法を学ばなければならない。割増金を出してはどうか。しかし、ことさら断るまでもなく、割増金制度の設定と運営が面倒でやっかいなことは、よく知られている。では、手取り足取り教えてはどうか。しかし研修にはコストがかかる。もっと簡単な方法はないものだろうか。

どこで講演しても聴衆の中に「直接行動派」のマネジャーが混じっていて、このような人たちは「蹴飛ばすぞ」とどやし付ける。この種のマネジャーは間違っていない。誰かに何かをさせる、一番確実で、一番回りくどくない方法は、尻を蹴飛ばすことである。これを「ＫＩＴＡ」（kick in the pants：「尻を蹴飛ばせ」という言葉の頭文字）と名付ける。ＫＩＴＡにはさまざまな形がある。そのいくつかを紹介しよう。

消極的かつ肉体的ＫＩＴＡ

これは言葉が示す通りのものであり、過去にはよく用いられた。しかし、次のような3つの欠点がある。

❶野暮である。
❷多くの組織が大事にしている温情主義の看板を傷付ける。
❸肉体的な制裁は自律神経を直接刺激し、しばしば消極的反応を招く（社員も仕返しに尻を蹴飛ばす）。

これらの点から、消極的・肉体的ＫＩＴＡはタブー視されるようになった。そしてこれが使えなくなると、心理学者が応援に駆け付けた。人間の精神的な弱点を数限りなく探り当て、それらを利用する方法を考え出したのである。

「上役に足をすくわれた」「何か下心がありそうだ」「いつも見張られている」等々。このような発言は、まさしくエゴの傷口を他人にこすられた証拠であり、次に紹介する手段が用いられたことを物語っている。

消極的・心理的ＫＩＴＡ

この方法には消極的・肉体的ＫＩＴＡに比べていくつかの利点がある。

第1に、残酷さが目につかない。出血は内部で起き、しかもずっと時間を置いてから起きる。

第2に、脳内の制止力を持った高次元の皮質に影響するから、肉体的反発を招くおそれが少ない。

第3に、個人が感じうる精神的苦痛の数は無限に近いから、ＫＩＴＡが作用しうる方向と場所が何倍も増える。

第4に、蹴飛ばす側の人物は「高みの見物」を決め込み、組織的に「汚れ仕事」に従事させることができる。

第5に、実施者がある程度の自己満足（優越感）を味わえ、しかも血を見ずに済む。

最後に、もし社員が文句を言っても、制裁を加えた具体的証拠がないため、変わり者と片付けることができる。

さて、消極的ＫＩＴＡによって何が得られるか。私があなたの尻を蹴飛ばしたとして――肉体的または精神的に――誰が動機付けられたのか。私が動機付けられ、あなたが動く。消極的ＫＩＴＡはモチベーションではなく、行動を招くのである。

積極的ＫＩＴＡ

モチベーションについて、いま一度考えてみよう。

あなたに「これを、私のため、あるいは会社のためにやってくれれば、ボーナスや手当、身分や昇進、そのほか会社としてやれることは何でもしてやろう」と言ったとしたら、あなたをモチベーションすることになるであろうか。マネジャーたちの私への回答は、きまって「そうだ、その通り、それこそモチベーションだ」である。

私は1歳のテリア犬を飼っている。まだ子犬だった頃、こちらの思い通りに動かすために尻を蹴飛ばしていた。それで動いていた。しかし、服従訓練を受けさせてからはテリアを動かしたい時、ビスケットを差し出すようになった。

この例の場合、誰が動機付けられるのか。私か、それとも犬か。犬はビスケットをほしがるが、犬に動いてほしいのは私である。ここでもまた、動機付けられるのは私であり、動くのは犬である。この場合、私がやったことといえば、ＫＩＴＡを真正面から適用したにすぎず、押す代わりに引っ張ったわけである。

このような積極的ＫＩＴＡを用いようとするならば、社員を飛び跳ねさせるために目の前でちらつかせるビスケット（言わば飴玉）は、信じられないほど多種多様に存在している。

モチベーションにまつわる神話

なぜＫＩＴＡはモチベーションにならないのか。前からであろうと後ろからであろうと、犬を蹴飛ばせば犬は動く。もう一度動かしたければ、どうすればよいか。そう、もう一度蹴飛ばせばよろしい。

人間の場合も同様に、その電池を充電し、再充電しと、充電を繰り返せばよい。しかし、モチベーションは、このようにその人間が発電機を備えている場合に限っていえることである。この場合であれば、あえて外から刺激を加える必要はない。本人みずからが刺激を欲するからだ。

では、この点を念頭に置いたうえで、モチベーションの手段として開発された、積極的ＫＩＴＡに分類される人事慣行について検討してみよう。

❶労働時間の短縮

これは、人々を仕事へと駆り立てる素晴らしい方法である。仕事から離そうとするのだから。過去50～60年にわたって、労働時間は公式にも非公式にも減少しており、「週末は6時間半」の方向にある。

この方法の変形の一つとして、さまざまな余暇計画が発達していることは興味深い。その考え方は、ともに遊ぶ者はともに働くというものである。とはいうものの、モチベーションが高い人間は労働時間を減らすのでなく、増やそうとする現実が一方にはある。

❷賃上げ

これによってモチベーションが生まれたか。たしかに、いまでも「不況こそ社員を動かす絶好のチャンスである」と唱える保守派がいる。そして「賃上げがだめならば、賃下げだ」と言うのである。

❸フリンジベネフィット

揺りかごから墓場まで世話することで、企業はどんな福祉国家にも増して福祉精神に徹している。私が知るところの会社では、かなり前から非公式にフリンジベネフィット（諸手当）を月例化している。米国におけるフリンジベネフィットにかかる費用は、すでに支給賃金総額の25％に達している。それでもなお、モチベーションの必要が叫ばれている。

金銭や保障が増える一方、労働時間はどんどん減っている。この傾向を逆転させることはできない。これらの恩恵はもはや報奨とはいえない。権利である。週6日制は非人間的であり、1日10時間労働は搾取であり、広範囲にわたる医療保険は基本的人権であり、ストックオプションは米国人の行動力を鼓舞する手段である。提供されるものをたえず引き上げていかないことには、社員たちは会社が時計の針を逆転させていると反発することだろう。

社員の金銭欲も怠け心も飽くことがないとわかった時、企業は行動科学者に耳を傾け始めた。彼らは科学的研究よりは、むしろ人道主義的な伝統に基づいて、マネジャーは人間の扱い方を知らないと批判した。そこからおのずと次のＫＩＴＡ（人間関係トレーニング）に帰結した。

❹人間関係トレーニング

過去30年にわたり、人間の扱い方に関する心理学的な見地が教えられ、実践されてきた。その結果、人間関係に費用が投じられ、数々のプランが生まれた。

しかし結局は、どうすれば社員を動機付けられるのかという同じ疑問にぶつかった。この場合もまた、悪循環が起きた。30年前には「どうか床につばを吐かないでください」と言えばよかった。いまでは同じ注意をするのに「どうか」を3回繰り返さないと、社員は上司の態度が心理的に正当であると感じることはない。

人間関係トレーニングによってもモチベーションを生み出すことができなかった結果として、対人関係のけじめを保つうえで欠かせない、自分を直視できる精神をラインマネジャーや経営者が備えていないという結論が出された。そこで、人間関係的ＫＩＴＡを一歩前進させ、次の感受性トレーニングが登場する。

❺感受性トレーニング

あなたは本当に、本当に自分について理解できているか。あなたは本当に、本当に、本当に他人を信用しているのか。あなたは本当に、本当に、本当に協力しているのか。感受性トレーニングの失敗について、流行好きな人々の説明によれば、目下のところ感受性トレーニングのプロセスを本当に（5回念を押して）正しく実施しなかったせいだとされている。

福利厚生的、経済的、対人間的KITAから得られる成果が一時的なものにすぎないと気づいた時、人事担当者たちは、その落ち度は自分たちがやっていることにではなく、自分たちがやっていることを社員たちが評価してくれないことにあると結論した。そこで、科学的に裏付けられたKITAとして、コミュニケーション論という新分野が注目されるようになった。

❻コミュニケーション

コミュニケーション論の教授が管理者研修の講師として招かれ、経営者の気遣いについて社員にわからせてくれるよう助力を求められた。

社内報、説明会をはじめ、コミュニケーションの重要性に関するラインマネジャーの教育、その他さまざまの社内PR活動が展開され、いまでは社内報編集者世界会議すら存在している。しかし、モチベーションは喚起されなかった。そこで今度は、経営者が実は社員の言い分を聞いていないのではないかという疑問が生じた。このようにして、次のKITA（ツーウェイ・コミュニケーション）が生まれた。

❼ツーウェイ・コミュニケーション

経営者がモラールサーベイ、提案制度、それにグループ参加制度の実施を命じた。さらに労使双方がいままで以上に双方向にコミュニケーションを図り、相手の言い分に耳を傾けるようになった。それでもモチベーションはさして改善されなかった。

行動科学者がその理論や資料を再検討し始め、結果として人間関係論を一歩前進させた。いわゆる高次元の欲求を唱える心理学者の著作に真理が散見されるようになった。すなわち、人間は自己実現を欲するというのである。しかし不幸にも、この自己実現を唱える心理学者たちは人間関係論の心理学者と混同されてしまった。そしてまた、新しいKITAが現れた。

❽仕事への参画意識

理論が意図するところとは別に、仕事への参画意識を醸成することは、たいてい「視野を広げてやる」的な方法に帰着する。たとえば、組立工場で1日に1万個のネジを締めている工員がいたとしよう。彼に「シボレーの自動車をつくっているのだ」と教えてやるのだ。

もう一つのやり方では、自分の仕事はある程度まで自分で決めているという意識を社員に植え付けることが目標とされる。仕事の達成ではなくて、達成の感覚を与えるのだ。言うまでもなく、それにはそのための仕事が必要である。それでもなおモチベーションは湧いてこなかった。そこで当然のごとく「社員は何か病気を患っているに違いない」という結論から、次のKITA（カウンセリング）が試みられることになった。

❾カウンセリング

このKITAが初めて体系的に使用されたのは、1930年代初期にウェスタン・エレクトリックで実施されたホーソン実験である。この時、工場の合理的運営を阻害するような非合理的感情を社員が抱いているという事実が発見された。

この実例で紹介されるカウンセリングは、社員に自分の問題を第三者に話せるようにすることで精神的な重荷から解放してやる手段として用いられた。当時のカウンセリングの手法は初歩的であったが、計画は遠大であったといえる。

しかし、カウンセリングは第2次世界大戦中に後退を経験した。計画自体が組織の業務を阻害していると判断されたのである。また、カウンセラーが辛抱強い聞き手という本来の役割を忘れ、聞き知った問題を自分で処理し始めた。

このような後ろ向きの反応が示されたにもかかわらず、心理学的カウンセリングは生き長らえ、いまやはるかに洗練され、繁栄期を迎えようとしている。しかし残念なことに、このようなプログラムの多くは、他のすべてのプログラムと同様に、どうすれば社員を動機付けられるかに関する解答を求める強力な圧力をほとんど軽減できずにいる。

ＫＩＴＡの効果は短期的である。それゆえ、これらのプログラムにかかる費用はいやがうえにも増大し、使い古された積極的ＫＩＴＡが飽きられると、また新種が開発されていくわけである。

衛生要因と動機付け要因

ここで永遠なる疑問を次のように言い直してみよう。「どうすれば、社員に発電機を組み込めるのか」

理論的かつ実践的な提案を示す前に、まず執務態度に関する私の「動機付け・衛生理論」（あるいは二要因理論）について簡単に紹介しておかなければなるまい。

この理論はエンジニアと経理部員の生活事情に関する調査から生まれてきた。その後、ほかに少なくとも16の調査が多様な母集団を用いて実施されている（いくつかは共産主義国におけるものだ）。したがって、執務態度の分野において、最も数多く繰り返されている調査研究の一つだといえる。

これらの研究調査の結果は、異なるアプローチによる他調査の証拠と合わせると、仕事への満足（そしてモチベーション）に関連する諸要因は、仕事への不満足を生み出す諸要因とは別物であることを示唆している。仕事への満足と仕事への不満足の中身を吟味する際、それぞれに別々の要因を検討しなければならない。

したがって、これらの感情は裏表の関係ではないことがいえる。つまり、仕事への満足の反対はそこへの不満足ではなく、むしろ仕事への満足を抱けないことである。同様に、不満足の反対も満足ではなく、不満足が存在しないことである。

このような概念を表現する段になると、論理上の問題が生じる。なぜなら、普通に考えれば、満足と不満はそれぞれの反対概念である。すなわち、満足でなければ不満足であり、またその逆もそうであると考えられているのだ。しかし、仕事における人々の行動を理解するには、このような言葉の遊びには限界がある。

ここには人間の2組の異なる欲求が関連している。その一組は、動物的性質から生じると考えられる。環境からの苦痛を回避しようとする生来の動因に、そのような基本的な生理的欲求によって条件付けられ、習得された動因が加わる。たとえば、飢えという根本的な生理的な動因によって金銭を稼ぐことが必要になると、金銭が一つの特殊な動因になる。

もう一組のそれは、人間ならではの特徴、すなわち達成し、達成を通じて精神的成長を経験できる能力に関係している。成長への欲求は、自身の成長を促すような仕事によって刺激され、企業の場合、それは仕事の内容である。その逆に、苦痛を回避する行動を引き起こす要因は執務環境に見つけられる。

成長ないしは「動機付け要因」は職務に内在する。達成、達成の承認、仕事そのもの、責任、それに成長ないし昇進がそれに当たる。不満足の回避ないしは「衛生要因」、すなわちＫＩＴＡは仕事以外のところに存在する。

企業の施策と管理、監督、対人関係、作業条件、給与、身分、それに福利厚生がこれに相当する。

1685人の社員のサンプルから抽出された、仕事への満足と不満足の原因となっている諸要因の内訳については、**図表8-1**「満足と不満足の要因差」に示されている。この結果を見ればわかるように、動機付け要因が仕事への満足の原因であり、衛生要因が不満足の原因になっている。

12の異なる調査で研究対象となった社員の中には、現場主任、女性の専門職、農業指導員、引退直前の経営者、病院のメンテナンス要員、工場の監督者、看護師、食事運搬人、軍人、エンジニア、科学者、使用人、教師、技術工、女性の組立工、会計士、フィンランドの職長、そしてハンガリーのエンジニアが含まれている。

これらの人たちは仕事中に極度の満足または不満足を覚えた時、その仕事の上でどのようなことが起きたのかについて質問された。回答は図表8-1の中で「プラスの出来事」の総数と「マイナスの出来事」の総数の百分率で分析されている。

なお数字を合計すると、衛生要因においても、動機付け要因においても100％を超えるのは、1つの出来事に少なくとも2つの要因が関連していることが多いためで、たとえば、昇進には責任を引き受ける行為が伴うなどである。

実例を挙げれば、社員にマイナス効果が及んだことがわかる典型的な回答、たとえば達成に関連したものを紹介すれば、「その職務をまっとうできなかったのが残念だった」というものである。一方、会社の政策と管理という領域に属する、プラスの出来事に関わる典型的な回答（ごくわずかである）は、「会社がこの部門を再編してくれたので、ウマの合わない上司に報告しなくてもよくなり、嬉しい」というものである。

実際、図表8-1の下に示されているように、仕事の満足に貢献している要因の81％が動機付け要因であった。また不満足を促している要因の69％が衛生要因に関連していた。

図表8-1 | 満足と不満足の要因差

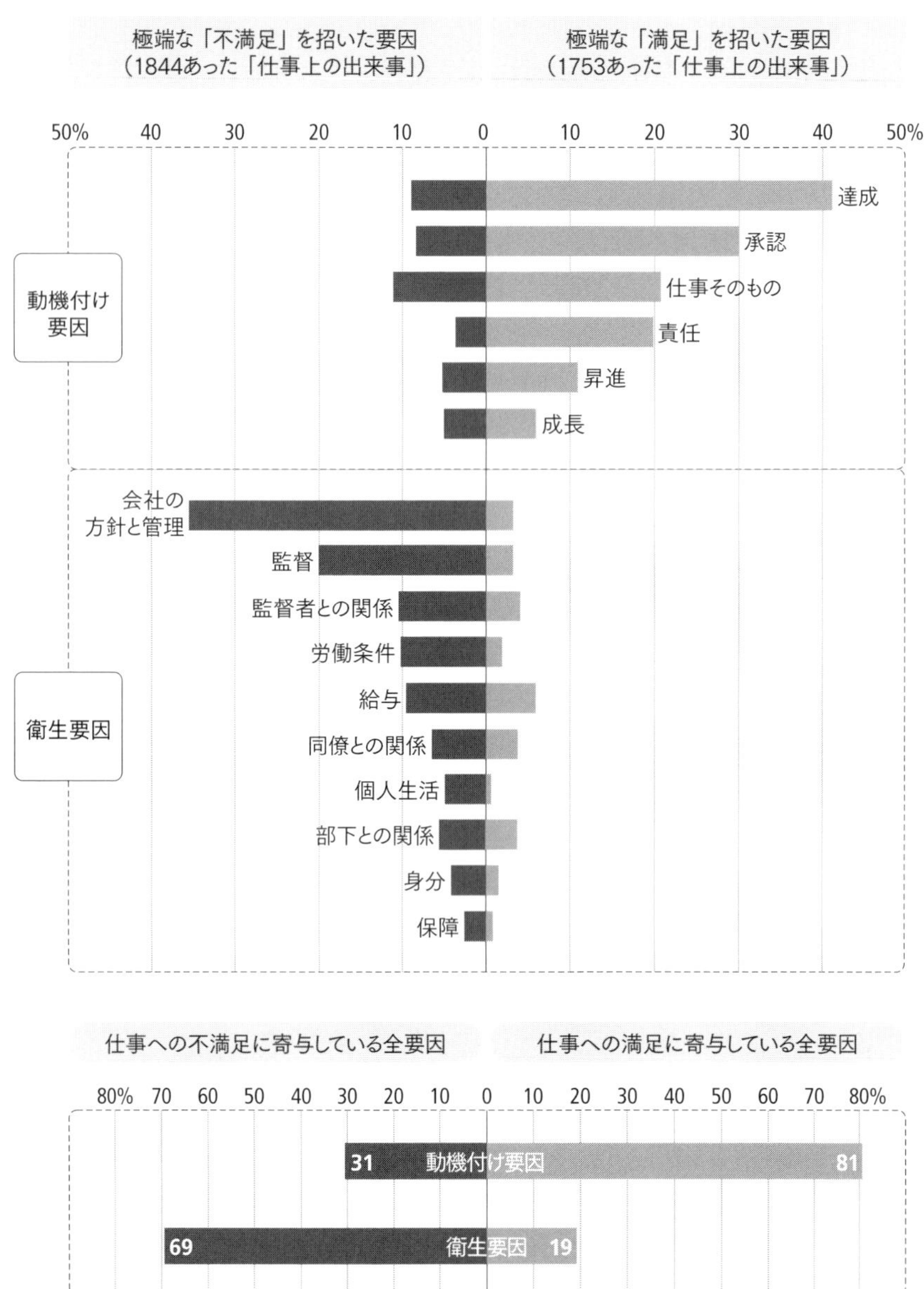

永遠の三角関係：組織論か、産業工学か、行動科学か

一般的に人事管理には3つの考え方が存在する。第1の考え方は組織論に、第2の考え方は産業工学に、第3の考え方は行動科学に根差している。

組織論者たちが信じるところでは、人間の欲求は非合理で、しかも多様であり、さらに状況によって変わるため、人事管理は時と場所に合わせて臨機応変に対応することが第一義となる。このように忖度すれば、仕事を適切な方法で組織化することで、極めて効率的に仕事を構造化できるばかりか、最良の執務態度もおのずと生まれるということになる。

産業工学者たちが主張するところによれば、人間は機械的に反応し、経済的に動機付けられる。それゆえ、欲求を満たしてやる最善の方法は、最も効率的な手順で仕事をさせることとなる。

したがって、この場合における人事管理の目標は、人間という機械の効率性を最大限に促すようなインセンティブシステムを適切に設定し、しかるべき作業条件を設計することである。産業工学者たちが信じるところは、最も効率的に作業できるように仕事をシステム化すれば、仕事を最適に編成し、望ましい執務態度が得られるというわけである。

ところが行動科学者たちの関心は、集団の感情、社員の個人的な態度、加えて組織風土の社会面と心理面に向けられる。また派が異なれば、多くの衛生要因、多くの動機付け要因の中の1つないし2つが強調される。人事管理に関して言えば、何らかの形で人間関係トレーニングが強調される。これによって、社員に健全な態度を植え付け、人間的価値に照らして望ましい組織風土を志向させる。なぜならそこでは、健全な執務態度が効率的な

仕事、効率的な組織構造をつくると信じられているからだ。

組織論と産業工学で唱えられている方法の効果をめぐって、たえず活発な議論が戦わされている。これらが大きな功績を残したことは証明済みである。それでもなお、行動科学者は懐疑の念を抱き続けてきた。それは、人事問題を端に発生する問題は損失となって、かえって組織に出費を強いるのではないかというものだ。たとえば、転職や欠勤、ミス、安全規則違反、ストライキ、生産制限、賃上げ、そして付加給付の増大などに跳ね返ってくるのではないか。とはいうものの、行動科学者は自分たちの方法を用いることによって、人事管理において何を改善すればよいのかについて、あまり具体的に提示できずにおり、窮地に立たされている。

これら3つの考え方は三すくみの関係にある。動機付け・衛生理論は産業工学と同じ頂点に立とうとするが、それぞれの目標は対立している。

同理論によれば、効率を向上させる合理化のためではなく、人員を効率的に活用するために、仕事の充実化を図るべきであるとされる。動機付け要因をうまく操作することで、社員のモチベーションを促そうとする体系的な試みは始まったばかりである。

「仕事の充実化」という用語は、この揺籃期の運動を表現するものである。「仕事の拡大」という、以前から使われている用語は避けるべきである。なぜならこの言葉は、問題を誤って理解したために生じた過去の失敗に関係しているからである。

仕事の充実化は社員に精神的成長の機会を提供するが、仕事の拡大は構造的に広げるにすぎない。仕事の充実化に関する科学の歴史はまだ極めて浅い。したがって、この論考では、企業における実験の成功例から、最近浮かび上がってきた原則と実践のステップを示すに留める。

水平的職務負荷、垂直的職務負荷

経営者たちがある社員の仕事の充実化を図ろうとする時、慣れ親しんだ仕事において個人が成長するチャンスを提供する代わりに、個人が貢献できるチャンスを奪ってしまうことがままある。このような試みを私は「水平的職務負荷」と呼ぶ（「垂直的職務負荷」、すなわち動機付け要因の促進と対照した場合における表現である）。

これは、仕事の拡大プログラムがその初期に直面した問題である。このような行為は仕事における無意味さをいたずらに拡大するだけである。この実例と効果のほどについて、いくつか示してみよう。

- 社員たちをより高い生産量へ挑戦させる。1日に1万個のボルトを締めているのならば、1日2万個にトライさせる。しかし、ゼロにゼロを乗じてもゼロである。
- いまの仕事、それも多くは定型的な事務作業に、もう一つ無意味な仕事を付加する。この場合、ゼロにゼロを加算することになる。
- 充実化を図るべき仕事を順番に割り当てる。たとえば、しばらく皿を洗わせた後に、次にカトラリーを洗わせる。これはゼロをゼロに代えただけである。
- その仕事で最も困難な部分を取り除き、労働者たちを解放し、それほど難しくない仕事を数多くやらせる。この産業工学における伝統的な方法は、足し算をするために引き算をするようなものだ。

これらは水平的職務負荷のごく一般的な形態であり、仕事の充実化に関してブレーンストーミングを実施した場合、必ず提案されるものである。垂直的職務負荷の原則は完全には確立されておらず、いまだ漠然としている。しかし、手始めに考慮すべき7つの要点については**図表8-2「垂直的職務負荷の原則」**にまとめてみた。

図表8-2｜垂直的職務負荷の原則

	原則	関連する動機付け原因
A	責任はそのままにして統制をある程度省く。	責任、および個人的達成
B	自分の仕事に対する個人責任を増す。	責任、および承認
C	個人に完結した自然な仕事単位（モジュール、部門、地域など）を与える。	責任、達成、および承認
D	従業員が行動する際の権限を増す。職務自由。	責任、達成、および承認
E	定期報告を監督者ではなしに従業員本人に直接届ける。	内面的承認
F	いままで扱ったことのない新しい、より困難な仕事を導入する。	成長、および学習
G	個人に特殊な、または特殊化された仕事を割り当て、特殊技能者になることを可能にする。	責任、成長、および昇進

成功事例

仕事の充実化において高いレベルの成功を収めた実験を例に、水平的職務負荷と垂直的職務負荷の違いを説明してみたい。

この研究の対象となったのは、ある大企業に働くＩＲ（インベスターリレーションズ）の担当者たちである。いずれも一見したところ、厳しい選考の過程を経て、高度の訓練を受けた人々であり、彼らに要求される仕事は極めて複雑だが、チャレンジングなものであった。しかし業績指標と執務態度のすべてにおいて低い数値が示され、退職希望者の面接結果から、仕事への挑戦も口だけであった。

そこで仕事の充実化プロジェクトを実験的に導入することとなった。その際、プロジェクト実行班が任命され、図表８-２に示された諸原則によって仕事の充実化に取り組んだ。一方で対照群も設けられ、彼らは従来通りの方法で仕事を続けた。

そのほか、いわゆるホーソン効果を測定するために、このＩＲ部門に本プロジェクトとは無関係のグループを

2つ設けた。従来とは異なる何か、あるいは新しい何かを実施する際、社員たちは会社側が自分たちに注意を払うことを察知する。そこで、生産性や執務態度が人為的に変化したのかどうかを判定するためである。なお、これらの2つのグループに関する調査結果は、対照群のそれと実質的に同じであった。それゆえ、話を単純化するために割愛する。

定期昇給のように黙っていても生じるものは除き、実行班、対照群のどちらの場合も衛生要因を変えることはしなかった。最初の2カ月間、実行班には図表8-2に示された7つの動機付け要因が週に一つずつ導入されていった。6カ月目の終わりには、実行班のメンバーが対照群の同僚をしのぐ成績を上げるようになり、仕事への関心度も著しく高まっていた。そのほか、実行班の欠勤率は相対的に低くなり、このことがやがては、はるかに高い昇進率となって表れた。

図表8-3「動機付け要因の違いによる業績格差」には、研究が始まる直前の2月と3月、および研究期間中の各月末に測定された成績の推移が示されている。株主サービス指標は書類の質を表しており、情報の正確さ、および株主からの問い合わせに対するレスポンスの速さなどが含まれている。その月の値は先行2カ月の平均値と合わせて平均される。それによって、先行2カ月の値が低い場合、改善値が表れにくくなる。

実行班は最初の6カ月間は相対的に成績が悪く、動機付け要因が導入された後も株主サービス指標の値は下がり続けていた。明らかにこれは、新たな責任への不安からだった。しかし3カ月目になって大きく改善され、やがてこのメンバーたちは高い業績水準に到達する。

図表8-4「動機付け要因の違いによる執務態度の変化」は、最初の動機付け要因が導入される直前の3月末に測定され、再び9月末に測定された2つのグループの執務態度を示している。担当者たちに16の質問を投げかけたが、すべて動機付け要因に関するものであった。

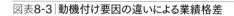

図表8-3｜動機付け要因の違いによる業績格差

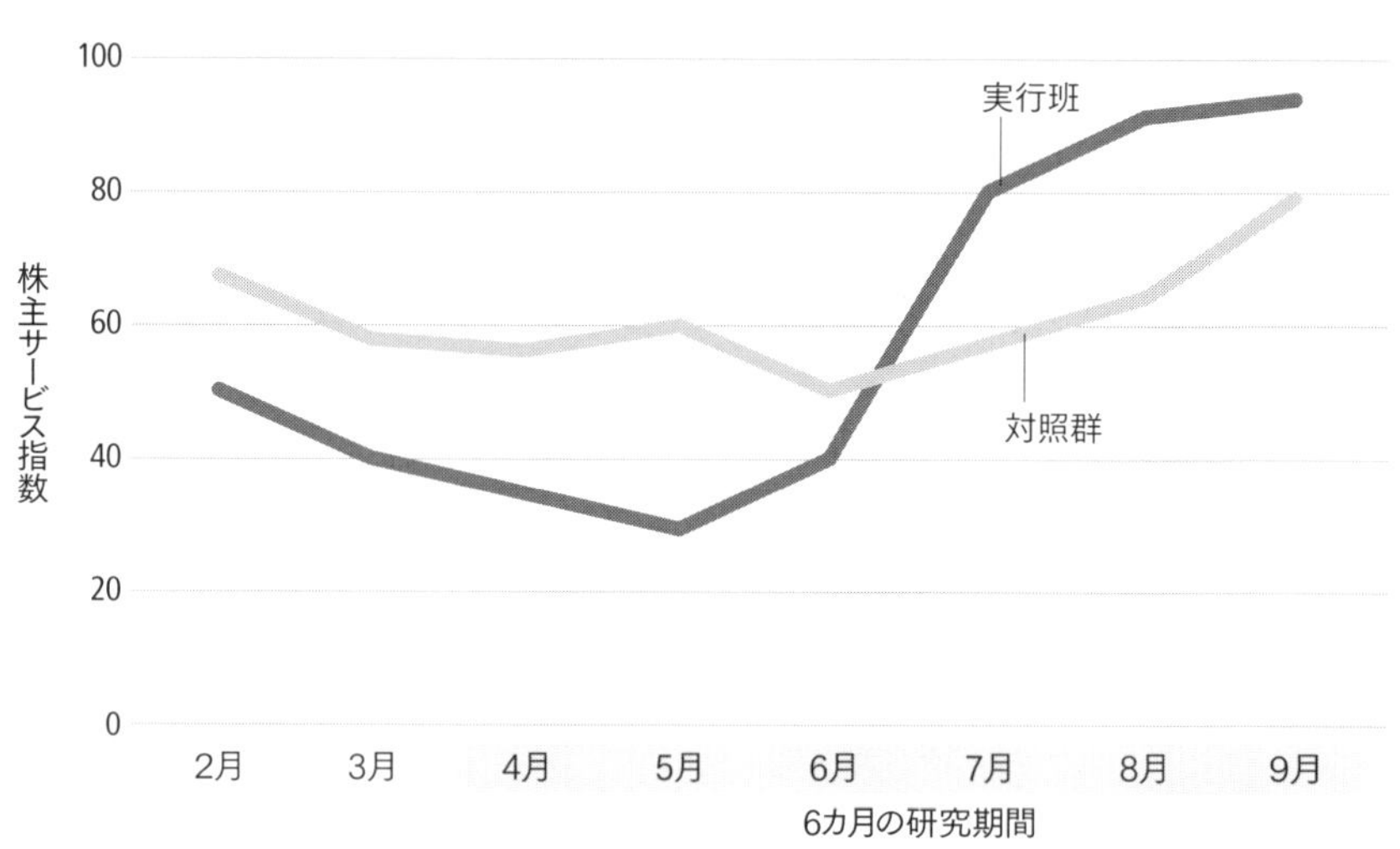

図表8-4｜動機付け要因の違いによる執務態度の変化

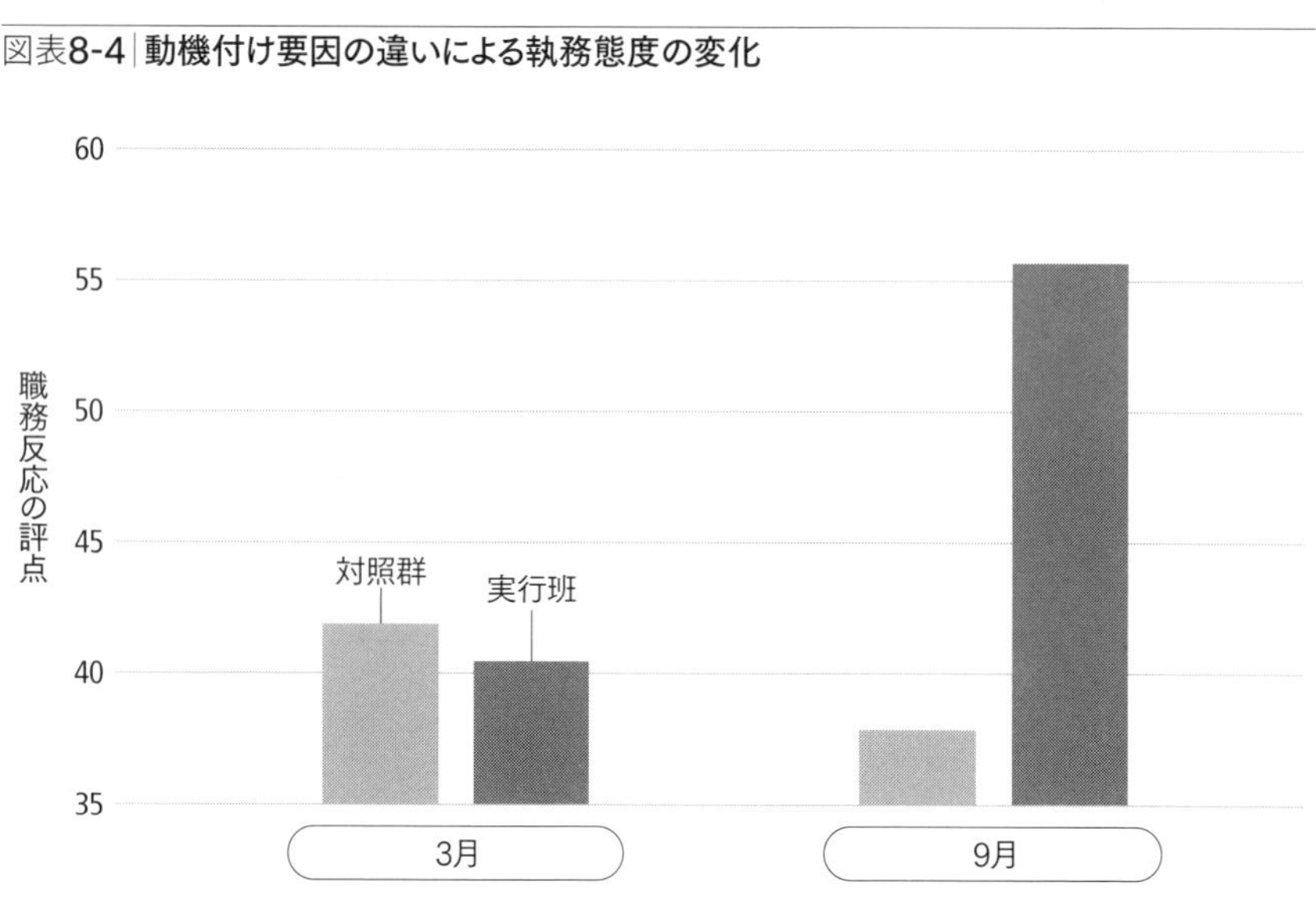

ここで典型的な例を一つ挙げれば、「仕事を通じて貢献できる機会がどのくらいあると思うか」といったものである。回答は5段階で評価されるため、80ポイントが最高点になる。実行班の面々は仕事への積極性が著しく増加した。対照群のほうはほぼ同じ結果であった（統計的に見ると低下は有意とはいえない）。

これらIR担当者の仕事はいったいどのように変わったのか。**図表8-5**「水平的負荷の提案と垂直的負荷の提案」に示されているのは、出された提案の中で水平的職務負荷に相当すると思われるもの、ならびに実行班の仕事に実際に組み込まれた垂直的職務負荷である。同表における「採用された『垂直的負荷の提案』」に記された「原則」という項目のアルファベットは、図表8-2のそれと対応している。「却下された『水平的負荷の提案』」も図表8-2で説明されているもので、よく見受けられる一連の現象が極めて似ている点に気づくはずだ。

仕事の充実化を図る10のステップ

以上、動機付け要因について実例に基づいて説明してきたが、次にその原則を実際に社員に適用しようとする経営者が踏むべきステップについて示したい。

❶次に挙げる4つに当てはまる仕事を選び出す。

- 産業工学のアプローチに投資しても出費がかさむばかりで改革に結び付かないもの。
- 執務態度が水準以下のもの。
- 衛生要因のコストがかさみ始めたもの。

図表8-5｜水平的負荷の提案と垂直的負荷の提案

却下された「水平的負荷の提案」
日々の対応件数について達成困難な厳しい割り当てを課す。
係の女性たちは、文書についてその文章からタイプ、その他の事務作業のいっさいが扱えるようになる。
難解あるいは複雑な問い合わせを一部の女性の係に回し、残りの者は高い生産量を達成できるようにする。これらの仕事は適宜交替する。
係の女性は顧客が異なるグループの間を異動し、一巡させる。

採用された「垂直的負荷の提案」	原則
各グループにおいて問い合わせ内容ごとにの特命担当者を任命し、他のメンバーがマネジャーに助けを求める前に、この者に相談させる（これまではマネジャーが特殊あるいは難しい内容の問い合わせにすべて返答していた）。	G
担当者は文書に自分の氏名をサインする（これまではマネジャーがすべての文書にサインしていた）。	B
ベテラン担当者の仕事については監督者の校正および校閲を減らす。これまでの100％チェックから10％へと減少させる（いままでは全担当者の文書をマネジャーが点検していた）。	A
処理量を問題にする場合には「たくさんの仕事をしてほしい」といった表現とする。時間の経過とともに、誰もこのようなことは口にしなくなった（以前は未回答の文書数を口やかましく知らせていた）。	D
発送される郵便物はマネジャーを経ることなく直接郵便室へ回される（これまですべての文書がマネジャーを経てから次に回されていた）。	A
より個性的な文章で答えることを奨励する（それまでは規定文例集を用いるのが慣行であった）。	C
各担当者は文書の質と正確さについてその責任を負う（このような責任もマネジャーと確認者の領域に属していた）。	B, E

- モチベーションいかんで成績に違いが表れそうなもの。

❷前記①の仕事は改革できるという確信を持つ。

長い年月の末、経営者は従来の仕事について神聖視し、自分たちには社員を刺激することくらいしかできないと信じ込んでいる。

❸ブレーンストーミングによって仕事の充実化が図れそうな改革リストを作成する。なおその際、実行の可能性は無視する。

❹この改革リストを点検し、実際のモチベーションよりも衛生要因に関連する提案であれば却下する。

❺リストを点検し、一般論的な提案は却下する。

たとえば「いま以上に責任を与えよ」と言ったところで、うまくいくことはめったにない。これは自明と思われるかもしれないが、動機付け要因を意味する言葉が社内に氾濫している一方、その実態はというと、もっともらしい理由をつけて締め出している。「責任」「成長」「達成」、それに「挑戦」といった言葉は、あらゆる社歌に盛り込まれている。星条旗への忠誠が国家への貢献よりも重視されることがその典型だが、実質よりも形式に従うのは、古くから存在している問題である。

❻リストを点検し、水平的職務負荷に関する提案は却下する。

❼充実すべき仕事を担当している社員たちの直接参加は避ける。

当の社員たちが以前出したアイデアが、いま提案されている業務改革の貴重な情報源になっていることは間違いない。しかし、彼らの直接参加は人間関係的な衛生要因をそこに持ち込み、しかも彼らに貢献の感覚だけを与える。改革されるべきは仕事である。その内容がモチベーションを生み出すのであって、そこへの没頭やチャレンジではない。そのようなプロセスの息は短い。彼らのモチベーションは、その後で社員が何をするかで決まる。参加の感覚は一過性の行動に終わるだけである。

❽仕事の充実化を初めて試みる際には対照実験を実施する。

同じ条件のグループを少なくとも2つ選び、1つは一定期間にわたって動機付け要因を体系的に導入する実験群とし、もう1つは改革が起こらない対照群とする。両グループとも、衛生要因は実験期間中を通じて自然の成り行きに任せるのがよいだろう。仕事の充実化プロジェクトの効果を測定するには、実施の前後に業績と執務態度をテストする必要がある。担当業務に関する意見と周辺の衛生要因に関する感情とを切り離すためにも、執務態度テストは動機付け要因に限って行われるべきである。

❾実験群の成績が最初の数週間下降することを覚悟する。

新しい仕事に変わったことで、一時的に効率が低下するからである。

❿ラインマネジャーが改革の導入に不安と敬意を示すことをあらかじめ想定しておく。

不安は、改革のせいで自分の班の成績が悪化するのではないかという恐怖から来ている。敵意は、ラインマネジャーがその業績責任を社員に横取りされた時に発生する。業績管理義務を失ったラインマネジャーは手持ち無沙汰になる。

しかし実験が成功した後では、概してラインマネジャーは、いままで見逃してきたか、または部下の仕事を管理することに忙殺されて手つかずにされていた管理機能を発見する。

たとえば、私の知るところの某化学企業において、R＆D部門の研究助手の監督者は、原則としてそのトレーニングと評価に責任を負っていたが、これらの機能は、それまで機械的かつ表面的に遂行されてきたにすぎなかった。仕事の充実化プロジェクトが実施されてからのラインマネジャーは、部下の仕事ぶりを横から観察するだけでなく、業績評価と徹底的なトレーニングに時間を割くようになった。

＊　＊　＊

社員中心型の監督と呼ばれているものは、ラインマネジャーの教育ではなく、社員たちの仕事を改革することで現実のものとなろう。

仕事の充実化は一回限りの提案ではなく、継続的な管理機能となるだろう。とはいえ、最初の改革効果はかなり長期間持続するはずである。その理由はいくつかある。

- 仕事が改革されれば、担当者のスキルに見合ったチャレンジレベルまで引き上げられる。
- それでもなお能力が上回る時には、いずれそのことを実証し、より高い水準の仕事へ昇進する機会を勝ち取ることができる。
- 衛生要因と対照的な動機付け要因の性質として、社員の執務態度に長期的なプラス効果を残すという点がある。仕事が再び充実したものとされる必要が生じるかもしれないが、その必要度は、衛生要因の場合ほどではないだろう。

あらゆる仕事の充実化は不可能であり、また充実化しなければならないわけでもない。しかし、いま衛生要因に割かれている時間と費用をごくわずかでも、仕事の充実化に振り向ければ、そこから得られる人間的満足と経済的成果は、企業や社会がこれまで人事管理の改善から得てきた配当の中でも、とりわけ大きいものの一つとなろう。

仕事の充実化の提唱を極めて簡単に要約すれば、誰かを使うのなら、きっちり使いこなさなければならない、である。もしこれができないのであれば、オートメーション化するか、または能力に劣る人材を特定し、その人物を追い払うべきである。これもできないのであれば、モチベーションの問題に取り組まざるをえないだろう。

第9章

The Power of Small Wins

進捗の法則

知識労働者の生産性を高める

ハーバード・ビジネス・スクール 教授
テレサ M. アマビール
リサーチャー
スティーブン J. クレイマー

"The Power of Small Wins"
Harvard Business Review, May 2011 (product #R1105C).
邦訳初出：「進捗の法則」『DIAMONDハーバード・ビジネス・レビュー』 2012年2月号

テレサ M. アマビール（Teresa M. Amabile）
ハーバード・ビジネス・スクールのエドセル・ブライアント・フォード記念講座教授（現在は名誉教授）。経営管理論を担当。最も影響力のある経営思想家「Thinkers50」に3期連続で選出。TEDや世界経済フォーラムなどにも登壇。心理学博士（スタンフォード大学）。

スティーブン J. クレイマー（Steven J. Kramer）
マサチューセッツ州ウェイランド在住のリサーチャー。ライター兼コンサルタント。心理学博士（バージニア大学）。

2人の共著書に『マネジャーの最も大切な仕事』（英治出版）がある。

知識労働者の生産性は「進捗」で高まる

組織にイノベーションを生み出す仕事を後押しする最善の方法は何か。重要なヒントは、世界的に有名なイノベーターたちの物語に隠されている。

実は、ほとんどのマネジャーが気づいていないが、日々の仕事に高い生産性が要求される知識労働者、すなわち、一般の科学者、マーケター、プログラマーたちは、高名なイノベーターたちと多くの共通点があることが明らかになっている。感情に火をつけ、やる気を促し、知覚を刺激する仕事上の出来事というものは、どちらも基本的に同じである。

DNA構造の発見をめぐるジェームズ・ワトソンの回顧録『二重らせん』（講談社）では、彼とフランシス・クリックがノーベル賞につながる研究の進展と挫折を通じて経験した感情の揺れ動きが描かれている。DNAモデル構築の最初の試みに気持ちを高ぶらせたワトソンとクリックだったが、その後、2人はいくつかの重大な不備に気づいた。ワトソンは、「モデルと格闘した最初の頃は、（中略）楽しい時間ではなかった」と記している。そして、その夜、「あるイメージが浮かんで、我々は元気を取り戻した」というのである。しかし、彼らの「大発見」を同僚たちに示したところ、そのモデルは機能しないことがわかった。そこからは、疑念とやる気の減退にさいなまれる日々が続く。

2人がついに正真正銘の大発見を成し遂げ、同僚がそこに何の欠陥も見出さなかった時のことを、ワトソンは「やっと難問の答えが見つかったと思い、私のやる気は急上昇した」と書いた。この成功に気をよくしたワトソンとクリックは、ほとんど研究室に閉じこもって研究を完成させようとした。

この間、2人の気持ちを常に左右していたのは、研究の進捗（または進捗のなさ）である。企業内での創造的な仕事に関する最近の研究で、我々はこれとそっくりな現象を発見した。知識労働者たちがつけた日誌を詳しく分析することで明らかになったのが、「進捗の法則」である。すなわち、仕事中に「感情」「モチベーション」「認識」を高める可能性があるすべての要素のうち、最も重要なのは「有意義な仕事の進捗を図る」ことである。

そして人々は、そのような進捗を感じる頻度が増えれば増えるほど、創造的な仕事の生産性を長期的に高めやすくなる。科学上の大きな謎を解こうとしているにせよ、ひたすら質の高い製品やサービスを生み出そうとしているにせよ、日々の進捗（小さな成功でもかまわない）は人々の感じ方や行動を大きく変えることができる。

進捗の力は人間の本質に欠かせないものだが、ほとんどのマネジャーはそれを理解しておらず、進捗をてこにしてやる気を高める方法も知らない。

実際、仕事のモチベーションは長い間、議論の的になっている。我々が調査の中で「社員の意欲を高めるカギは何か」について尋ねたところ、「優れた仕事に対する評価」が最も重要であると言うマネジャーもいれば、「目に見えるインセンティブ」を重視するマネジャーもいた。「対人関係の支援」の必要性を重んじる者もいれば、「明確な目標」が重要だと考える者もいた。興味深いことに、調査対象のマネジャーの中で「進捗」を1番目に挙げたのはごくわずかだった（囲み「マネジャーにとっての意外な事実」を参照）。

もしあなたがマネジャーなら、進捗の法則は、どこに労力を集中させればよいかの明確なヒントになる。あなたは自分が認識している以上に、従業員満足、モチベーション、創造的アウトプットに対する影響力を持っているはずである。進捗を促すものは何か、進捗を阻むものは何かについて知ることが、社員やその仕事の効果的なマネジメントに重要であることが明らかになっている。

本稿では、進捗の力と、マネジャーがこれをどう利用すればよいかについて、我々が知りえたことを提案する。そして、進捗を重視するマネジメント行動とは具体的にどのようなものかを説明し、その行動を習慣付けるためのチェックリストを提供する。

なぜそれらの行動が有効なのかを理解するため、まず、我々の研究内容と、知識労働者の日誌が明かす「インナーワークライフ」（個人的職務経験）の実情を紹介する。

インナーワークライフの質を高める

我々は15年近く、組織の中で複雑な仕事をする人たちの心理的経験とパフォーマンスについて調べてきた。早い段階でわかったのは、創造的な仕事の生産性を促すのは、主として職場におけるその人のインナーワークライフ（感情、モチベーション、認識の相互作用）の質だということである。社員が満足を感じているか。仕事への内発的興味（みずからの内に自然と生じる興味）により、やる気になっているか。組織や経営陣、チーム、仕事、自分自身を前向きにとらえているか。これらが組み合わさって、彼らにより高いレベルの成果を出させたり、反対にその足を引っ張ったりする。

そのような内部力学をよりよく理解するため、さまざまなプロジェクトチームのメンバーに、平均4カ月のプロジェクト期間中、一日の終わりにメール調査に回答してもらった。(注1)

調査対象となったプロジェクトはいずれも創造性を必要とするもので、たとえば台所用品の開発、掃除用具の製品ライン管理、ホテルグループの複雑なIT問題の解決などである。毎日のメール調査では、参加者の感情や気分、モチベーションのレベル、その日の職場環境に関する認識のほか、どのような仕事をしたか、どのような出来事が心に残ったかを尋ねた。

7社の26のプロジェクトチームから計238人が参加し、書かれた日誌の数は全部で1万2000近くに上った。当然、各人にとって、よいこともあれば悪いこともあった。我々が目標としたのは、インナーワークライフの状態を知り、最高レベルの創造的アウトプットと相関する仕事上の出来事を見つけることである。

精神的な圧力や恐怖が成果を促すという俗説とは正反対に、少なくとも知識労働の分野では、インナーワークライフがプラス方向の時、つまり満足を覚え、仕事そのものに意欲を持ち、所属する組織や同僚のことを前向きにとらえている時に、創造性と生産性が高まることがわかった。また、そのようなプラスの状態では、人は仕事への責任感が高まり、周囲の人にもっと平等に接するようになる。

インナーワークライフは日々変化するし、時に激変する。そしてパフォーマンスもそれとともに変動する。ある日のインナーワークライフがその日のパフォーマンスを左右し、場合によっては翌日のパフォーマンスにも影響する。

この「インナーワークライフ効果」が明らかになると、次なる問いは、マネジメント行動がこれを機能させることができるのか、できるとすればどうすればよいのかというものであった。どのような出来事がプラスまたはマイナスの感情、モチベーション、認識を生じさせるのか。その答えは、調査に参加してくれた人たちの日誌の中に隠されていた。

インナーワークライフにプラスまたはマイナスに働くと予測できる誘因があり、個人による違いを加味しても、それらの誘因は誰にとってもほぼ同様である。

進捗の持つ力

インナーワークライフの誘因を探ることで、我々は進捗の法則にたどり着くことができた。参加者の全体的な気分、具体的な感情、モチベーションのレベルをもとに、彼らにとって最良の日と最悪の日を比べたところ、「最良の日」をもたらす一番の出来事は、個人やチームの仕事の進捗であることがわかった。「最悪の日」をもたらす一番の出来事は、仕事の挫折や後退だった。

たとえば、インナーワークライフの構成要素の一つである「全体的な気分」と進捗との関係を考えてみよう。最も気分がよい日のうち、仕事の進展があったのは76％。反対に、最も気分がよい日のうち、仕事の挫折があったのは13％にすぎない（**図表9-1**「気分がよい日・悪い日には何が起こったか」を参照）。

最も気分がよい日に起こりやすいインナーワークライフの誘因は、ほかにも2種類ある。「触媒」（他者や職場からの援助など、仕事を直接支援する行為）と、「栄養分」（敬意の表明、激励の言葉などの出来事）である。しかし、それぞれにはその反対の誘因もある。「阻害剤」（仕事を支援しない、あるいは積極的に妨害する行為）と、「毒素」（気持ちをくじく出来事）である。

触媒と阻害剤はプロジェクトが対象であり、栄養分と毒素は人が対象である。仕事の挫折と同じく、阻害剤と毒素はインナーワークライフが順調な日にはめったに生じない。

最も気分が悪い日の出来事は、最も気分がよい日の出来事の裏返しといってよい。気分が悪い日に多いのは仕事の挫折で、67％の割合で起こっている。仕事の進捗があったのは25％にすぎない。気分が悪い日には阻害剤と

図表9-1｜気分がよい日・悪い日には何が起こったか

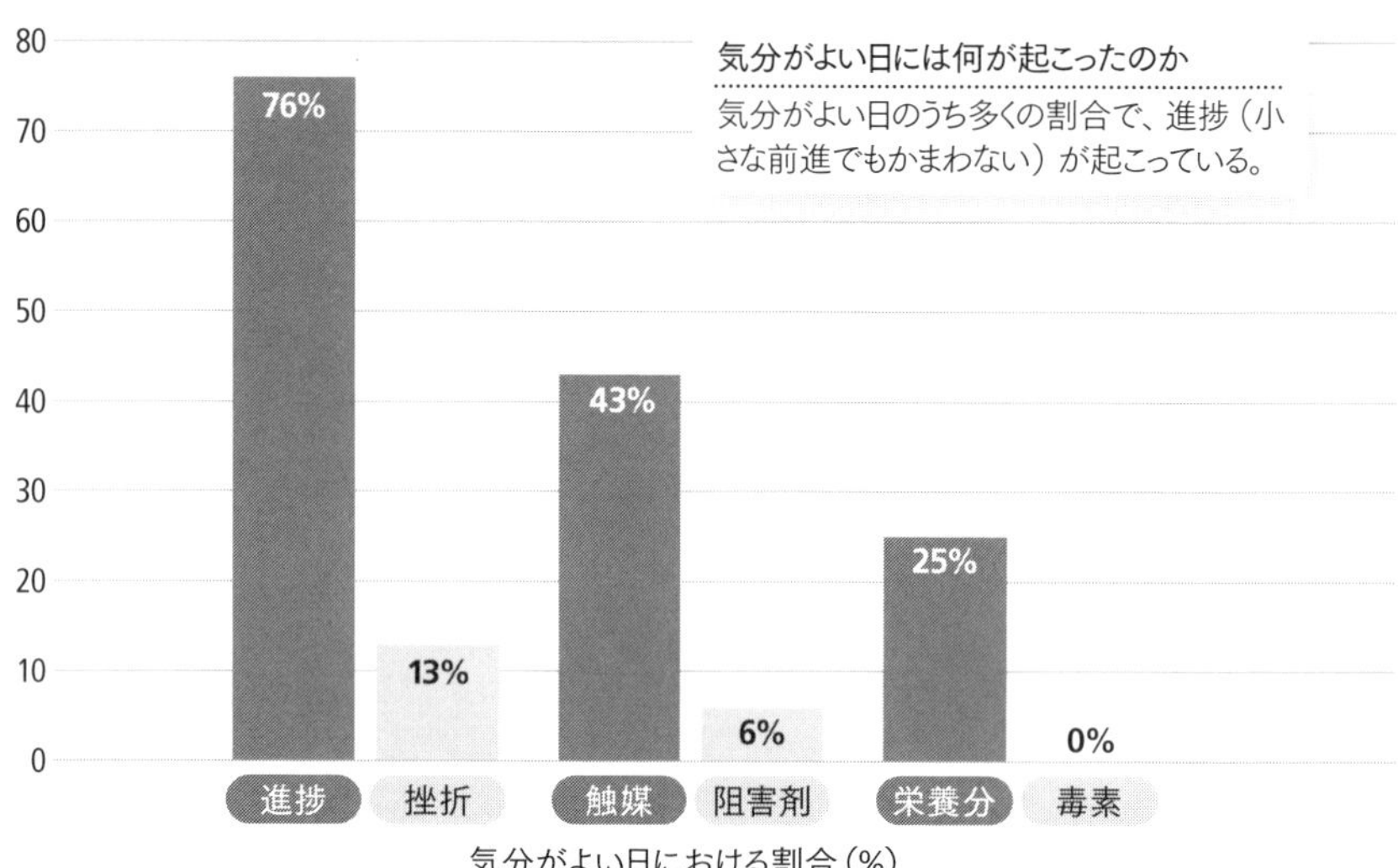
気分がよい日には何が起こったのか
気分がよい日のうち多くの割合で、進捗（小さな前進でもかまわない）が起こっている。
80
70
60
50
40
30
20
10
0
76%
13%
43%
6%
25%
0%
進捗
挫折
触媒
阻害剤
栄養分
毒素
気分がよい日における割合（%）

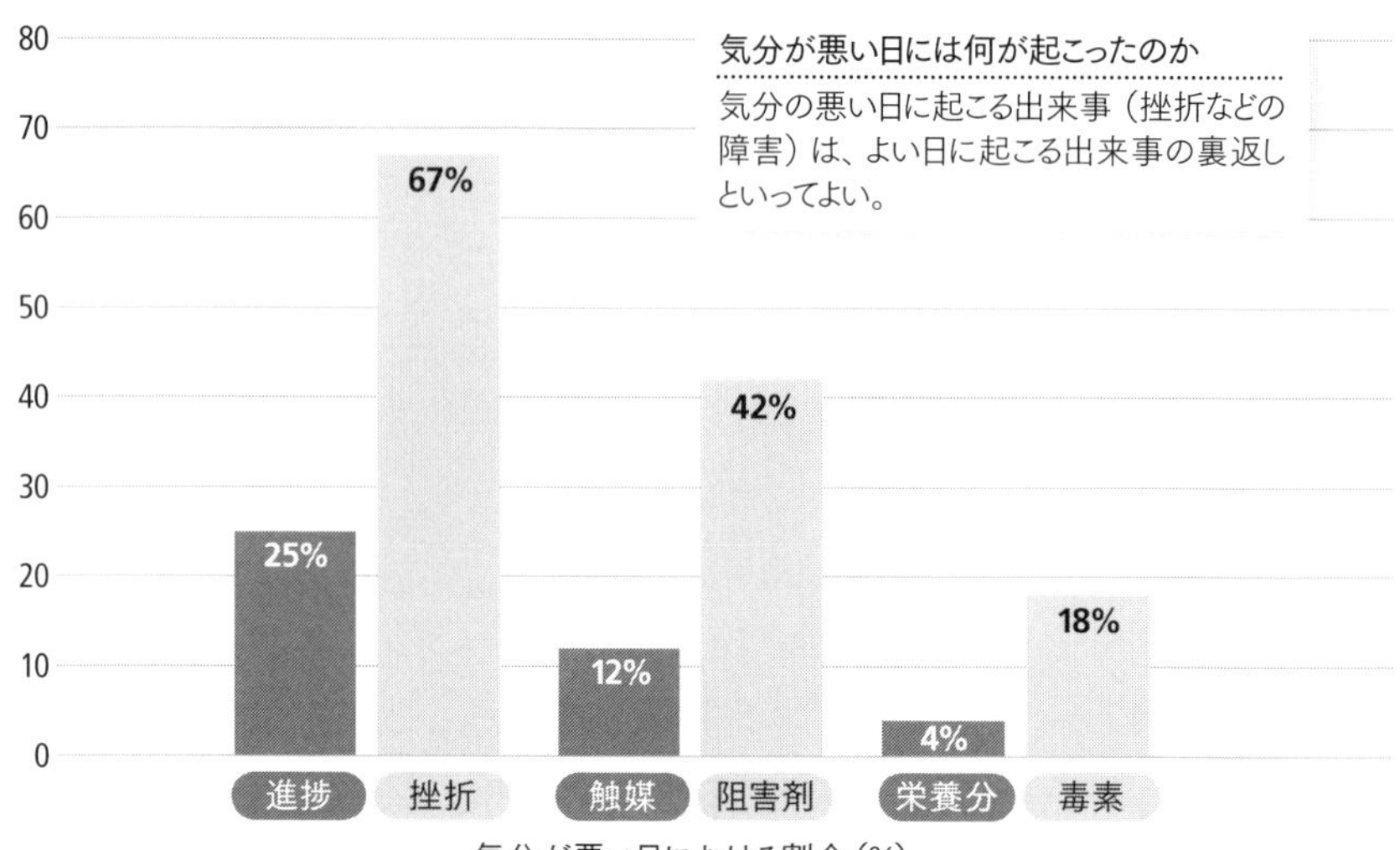
気分が悪い日には何が起こったのか
気分の悪い日に起こる出来事（挫折などの障害）は、よい日に起こる出来事の裏返しといってよい。
80
70
60
50
40
30
20
10
0
25%
67%
12%
42%
4%
18%
進捗
挫折
触媒
阻害剤
栄養分
毒素
気分が悪い日における割合（%）

毒素も多く、逆に触媒と栄養分は少なかった。

進捗の法則をわかりやすく表現すると、次のようになる。ある人が一日の終わりにやる気と満足を感じていたら、きっとその人には何か進捗があったのだ。ぼんやりとつまらなそうに重い足取りで職場から出てきたら、仕事がはかどらなかった可能性が最も高い。

参加者が書いた1万2000の日誌をすべて分析したところ、進捗と挫折はインナーワークライフの3つの側面すべてに影響することがわかった。進捗があった日は、参加者はプラスの「感情」を報告していた。一般的に気持ちが明るくなるだけでなく、喜びや思いやり、誇りも増していた。挫折があった日は、欲求不満が高まり、不安や悲しみが増した。

「モチベーション」も影響を受けた。進捗があった日は、人々は仕事そのものへの関心や喜びを通じて内発的動機（好奇心や関心など、その個人の欲求によって生じる動機）を得ていた。挫折があった日は、内発的動機が弱いだけでなく、他人から認めてもらうという外発的動機(規則、金銭的インセンティブ、指示や命令によって生じる動機)も弱かった。どうやら仕事上で挫折すると、人は無力感を覚え、仕事をする気が失せるようである。

「認識」についても、多くの点で日々異なっていた。進捗があった日には、人々は仕事に前向きなやりがいを感じていた。自分たちのチームは協力的であると考え、チームと上司の関係も良好であると答えた。多くの面で、参加者が挫折に直面すると、認識はよくない傾向を示した。仕事に前向きなやりがいをあまり感じず、仕事をするうえでの自由が少ないと考え、資源が不十分だと答えた。挫折があった日は、チームも上司もあまり協力的ではないと感じられた。

たしかに、我々の分析は相関関係を明らかにするが、因果関係を証明するものではない。前述のインナーワークライフの変化は進捗や挫折の結果だったのか、それとも原因と結果が逆なのか。数字だけではわからない。

だが、1万余りの日誌を読んで明らかになったことがある。それは、前向きの認識、達成感、満足感、幸福感、そして場合によっては高揚感が、進捗の後に生じるということである。

進捗の後に書かれた典型的な文面を紹介しよう。あるプログラマーの記述である。「ほぼ1週間悩まされてきたバグをついに退治しました。ほかの人には他愛もない出来事なのでしょうが、私はとても退屈な生活を送っているので、もう大興奮です」

同様に、認識の悪化、フラストレーション、悲しみ、場合によっては嫌悪感が、挫折の後にたびたび生じることもわかった。

ある製品のマーケティング担当者は次のように書いている。「時間をかけてコスト削減プロジェクトのリストを更新しましたが、すべての数字を集計しても、まだ目標に達していません。あれだけ手間暇をかけたのに目標に到達できないなんて、がっかりです」

因果関係が双方向で成り立つのは、ほぼ間違いない。マネジャーはこの進捗とインナーワークライフとのフィードバックループを利用して、その両者を支援することができる。

小さなマイルストーン

進捗について考える時、我々はしばしば、長期的目標を達成したり、大躍進を遂げたりすると気持ちがよいだろうと想像する。もちろん、このような大きな成功は素晴らしいものだが、比較的稀である。幸い、小さな成功であってもインナーワークライフを大いに高めることができる。実際、調査の参加者が報告した進捗の多くは、ごくわずかな前進にすぎない。しかし、とてつもなく前向きな反応をたびたび引き起こした。

あるハイテク企業のプログラマーの日誌を見てみよう。その日の感情、モチベーション、認識に関する彼女の自己評価は非常に高かった。「なぜそれが正常に機能しないのかがわかりました。ほっとしたと同時に満足です。ちょっとした節目になりましたから」

ごく平凡な少しずつの進捗でも、仕事へのやる気や仕事上の満足感を高めることができる。参加者が報告したさまざまな出来事を見ると、プロジェクトへの影響が小さかった出来事のうちかなりの割合（28％）が、そのプロジェクトに関する人々の感じ方に大きな影響を与えている。

インナーワークライフは創造性や生産性にそれほど強い影響を及ぼす。また、多くの人たちが、少しずつだが着実に前進すると、優れたやり方で仕事を行うようになる。したがって、気づかれずに終わるような進捗が、組織のパフォーマンス全体にとっては極めて重要なのである。

残念ながら、その逆も言える。わずかな損失や挫折がインナーワークライフに大きなマイナスの影響を及ぼすことがある。それどころか、我々の調査を含むさまざまな研究では、マイナスの出来事はプラスの出来事よりも影響力が強いことが示されている。したがってマネジャーは、日々のやっかいな出来事をできるだけ減らすことが特に重要である。

「有意義な仕事」の進捗を促す

目標に少しずつ近づくことができれば社員は満足すると述べた。ただし、その前に申し上げたことを思い出してほしい。モチベーションを高めるためのカギは、「有意義な仕事」の進捗を支援することである。前進はインナーワークライフにとってプラスだが、それはその仕事が自分にとって重要な場合に限られる。

これまでで最も退屈だった仕事を考えてみよう。多くの人は10代の頃に初めての仕事を経験する。レストランでの鍋洗いだったり、美術館でコートを預かる係だったりするだろう。そのような仕事では、進捗の力も当てにならない。どれだけ一生懸命働いても、洗う鍋や預かるコートが尽きることはない。達成感が生まれるのは、一日の終わりにタイムカードを押したり、一週間の終わりに給料をもらったりする時だけである。

我々の調査の参加者が携わっていたような、もっとやりがいや創造性の余地がある仕事においても、単なる遂行、すなわち、業務を完了するだけで、良好なインナーワークライフが保証されるわけではない。あなたも、この残念な事実を仕事の上で経験されたことがあるかもしれない。プロジェクトなどで一生懸命働いて仕事を終えたのに、やる気が出ず、評価されず、欲求不満がたまるという経験である。

考えられる原因は、やり終えたその仕事をあなたが重要視していないことである。進捗の法則が働くには、仕事がそれをする人にとって有意義なものでなければならない。

1983年、スティーブ・ジョブズはジョン・スカリーを、ペプシコでの輝かしいキャリアを捨ててアップルの新しいCEOになるよう、口説いた。ジョブズは「このまま一生、砂糖水を売っていたいですか。それとも世界を変えるチャンスを手にしたいですか」と尋ねたという。

これは非常に強い心理的な力を利用した言葉である。つまり、人間には有意義な仕事をしたいという根深い欲求がある。幸い、有意義な仕事とは、一般大衆に最初のPCを普及させることでなくてもよいし、貧困の軽減や、がんの治療促進でなくてもよい。社会にとっての重要性がそこまで高くない仕事でも、働き手にとって重要な何か、もしくは誰かに価値を提供することができれば、十分意義がある。

それは、顧客のために高品質で役に立つ製品をつくることでもかまわないし、地域社会に真のサービスを提供することでもかまわない。同僚を支援することでもかまわないし、生産プロセスの非効率を減らして会社の利益を増やすことでもかまわない。

目標が高かろうが控えめであろうが、それが仕事をする人にとって有意義である限り、またその人の努力がそれにどう貢献するかがはっきりしている限り、目標へ向けての進捗は、インナーワークライフを活性化できる。

原則として、マネジャーは仕事に意義を持たせるために特別の努力を払う必要はない。近代組織の仕事は、そのほとんどが担当者にとって潜在的に有意義である。しかしマネジャーは、社員に「あなたの仕事は役立っている」と知らせることはできる。そして、これが最も重要なことだが、仕事の価値を否定するような行動を避けることもできる（図表9-2「仕事が意義を失う時」を参照）。

我々の調査の参加者がしていた仕事はどれも有意義なはずだった。鍋を洗ったりコートを預かったりしている者は誰もいなかった。ところが、驚くほど多くの場面で、本来は重要でやりがいのあるはずの仕事が、人の意欲を鼓舞する力を失っていたのである。

触媒と栄養分が進捗を支援する

社員がやる気と責任感を持ち、満足するために、マネジャーは何をすればよいか。どうすれば労働者の日々の進捗を支援できるか。「進捗への支援」以外に、「最良の日」によく見られる誘因である触媒と栄養分を提供すればよい。

3 いまの仕事が日の目を見ることはないだろうというメッセージを発する。

優先順位を変えたり、仕事のやり方を変更したりすると、無意識のうちにこうしたメッセージを伝えてしまうことがある。あるインターネット関連企業では後者のケースがあった。ユーザーインターフェースの開発担当者バートは、それまで何週間もかけて、非英語圏ユーザー向けのシームレス・トランジションを設計していた。当然、突然の変更について記した日のバートの気分は最悪だった。

「チームミーティングで、インターナショナル・インターフェースの別の対応策が提示されました。僕がいまやっている仕事は無駄になるかもしれません」

4 顧客の優先順位の予期せぬ変更を、社員に伝え損なう。

これは顧客管理の不備や社内のコミュニケーション不足に起因することが多い。たとえば、IT企業のデータ変換専門家スチュアートは、チームの何週間にも及ぶ努力が無駄骨だったかもしれないと知った日、多大なフラストレーションとモチベーションの低下を報告している。

「顧客の問題意識が変わったせいで、プロジェクトがこのまま続かない可能性が高いことを知りました。つまり、プロジェクトに注いできた時間や労力がすべて無駄になる可能性が高いということです」

触媒は、仕事を後押しする行動である。たとえば、明確な目標を定める、自主性を認める、十分な資源や時間を提供する、仕事を手伝う、問題や成功から率直に学ぶ、アイデアの自由な交換を認めるなどである。その反対の阻害剤の例は、支援を提供しない、仕事に干渉するなどである。

触媒と阻害剤は進捗に及ぼす影響が大きいため、最終的にはインナーワークライフに影響する。しかし、もっと直接的な影響もある。人は、明確で有意義な目標、十分な資源、助け合う同僚などの存在に気づいた時、たちどころに気持ちが高まり、優れた仕事をしようというモチ

図表9-2｜仕事が意義を失う時

創造的なプロジェクトチームの一員であった238人の知識労働者の日誌から、マネジャーが知らずしらずのうちに仕事の意義を失わせてしまうケースには、次の4種類があることがわかった。

1　社員の仕事やアイデアの重要性を顧みない。

ある化学会社の上級検査技師リチャードのケースを考えてみよう。彼は、新製品開発チームが技術上の複雑な問題を解決するのを手助けすることに、意義を見出していた。ところが、3週間にわたってチームミーティングを重ねるうち、チームリーダーがリチャードやチームメートの提言に取り合わないことがわかった。その結果、リチャードは自分が大した貢献をしていないと思い、気力が削がれた。しかし最終的には、自分はプロジェクトの成功にやはり貢献しているのだと思うことができ、大いに気をよくした。

「今日のチームミーティングでは、ずいぶん気分がよくなりました。私の意見や情報がプロジェクトにとって重要だと感じましたし、我々がある程度進捗したことも感じられました」

2　仕事に対する社員の当事者意識を失わせる。

突然の配置転換を繰り返すと、このようになりやすい。ある大手消費財メーカーの製品開発チームメンバーは何度もこのような目に遭った。メンバーの一人、ブルースは次のように書いている。

「いくつかのプロジェクトを後任に引き継いで思うのは、本当は途中でやめたくないということです。特に、そのプロジェクトに最初から関わって、もうすぐ終わりそうだという場合は——。当事者意識がなくなってしまいます。うちはこういうことが多すぎます」

ベーション、仕事や組織に対する認識が向上する。

栄養分は、敬意と評価、激励、快適感、協力の機会など、対人的な支援行為である。その反対の毒素は、たとえば、相手を軽視する、落胆させる、感情を無視する、対立を煽るなどである。よきにつけ悪しきにつけ、栄養分と毒素はインナーワークライフに直接、かつ素早く影響を与える。

触媒と栄養分、そしてその反対の誘因は、人々の仕事に対する認識、さらには自分自身に対する認識を変化させることで、仕事の意義深さを変えることができる。たとえば、マネジャーが部下に必要な資源を与えるようにすれば、部下は自分の携わった仕事が重要で価値あるものだと感じる。マネジャーが部下の仕事を評価すれば、部下は自分が組織にとって重要だと感じる。このように、触媒と栄養分は仕事の意義を高め、進捗の法則の働きを増幅することができる。

触媒と栄養分を形づくるマネジメント行動は、とりたてて難しいものではない。単なる常識や良識ではないとしても、「マネジメントの基礎」といったところである。ところが、日誌の分析から思い知らされるのは、それがたびたび忘れられたり顧みられなかったりするという事実である。会社の中で比較的気配りがあるマネジャーでさえも、一貫して触媒と栄養分を提供できない場合があった。

たとえば、マイケルという名のサプライチェーンの専門家は、多くの点で、そしてほとんどの日は、優秀なグループマネジャーだった。しかし時々、困惑極まるあまり、部下につらく当たることがあった。

あるサプライヤーが顧客からの「至急」の注文を処理しなかったせいで、マイケルのチームが期日に間に合わせるために空輸で対応せざるをえないことがあった。そのせいで利益が吹っ飛んでしまうことに気づいた彼は、いら立って部下たちを叱り飛ばした。彼ら彼女らの堅実な仕事ぶりをないがしろにし、サプライヤーに対する彼らの不満などおかまいなしだった。マイケル自身、日誌の中でそのことを認めている。

「金曜日の時点で、2番目に大きなお客様に30ドルのジェット噴霧式モップを1500個発送するため、空輸費用を2万8000ドル使いました。この注文はまだ2800個残っており、それも空輸になる可能性がかなりあります。私は優しいサプライチェーンマネジャーから黒い覆面をかぶった死刑執行人に変身しました。丁重な態度など打ち捨てました。もう後がありません。飛行機は禁止。こうなったらケンカです」

マネジャーが行き詰まっていない時であっても、着実に進捗を図るために必要なものを部下たちに与え、人間として尊重されていると彼ら彼女らに感じさせるよりも、長期的な戦略を立てて新しい取り組みを始めるほうが重要である――それにたぶん格好いい――と思うことが多い。だが、我々の調査で繰り返し見られたように、いくら最高の戦略でも、それを現場で実行しようとする人間をマネジャーが無視すれば、必ず失敗する。

手本となるマネジャーの姿

進捗の触媒となり、精神の栄養となる数多くの（そして大部分はごく当たり前の）手法を説明することもできるが、まずはこうした手法を一貫して用いたマネジャーの例を紹介しよう。その後に、どのようなマネジャーでも同様に実践できる簡単な方法を提示するほうが効果的だろう。

我々の手本となるのは、グラハムというマネジャーで、欧州の多国籍企業クルーガー・バーン（仮称）で化学エンジニアの小さなチームを率いていた。このチームのプロジェクトのミッションは明確かつ有意義なものだった。すなわち、化粧品とさまざまな消費財分野で、石油化学製品に代わる安全な生分解性ポリマーを開発することである。

しかし、多くの大企業がそうであるように、このプロジェクトも、経営陣に優先事項の変更を強いたり、利害の対立を招いたり、やる気にムラがあったりと、社内をかき回し、時には危機にさらすこともあった。資源はひっ迫し、プロジェクトの将来、そしてメンバー全員のキャリアがどうなるのかは不透明だった。しかも、プロジェクトの初期に、重要な顧客が試作品に激怒するという出来事が起こり、チームには動揺が走っていた。

しかしグラハムは、障害を何度も目に見える形で取り除き、進捗を大きく後押しし、チームを感情面で支えることにより、チームメンバーのインナーワークライフを維持することに成功した。

グラハムのマネジメント手法は次の4つの点で優れていた。

第1に、前向きな環境を一歩一歩築き、それがチーム全体の行動規範になった。たとえば、顧客の苦情でプロジェクトがストップした時、彼は誰を非難することもなく、ただちにメンバーたちと問題を分析し、関係修復の計画を立案した。

これは仕事上の危機にどう対応するかの見本である。パニックになったり、誰かを責めたりするのではなく、問題とその原因を明らかにし、組織的な行動計画を立てるのである。これは実際的なアプローチであると同時に、複雑なプロジェクトに付き物の落ち度や失敗に直面しても、部下たちが進捗を感じられる、優れた方法である。

第2に、グラハムはチームの日々の活動や進捗をよく把握していた。実際、彼が築いた中立的な環境のおかげで、これは自然と可能になった。チームメンバーは自分たちの挫折、進捗、計画について、求められなくても頻繁に彼に報告した。

ある時、仕事熱心なメンバーの一人であるブレーディが、測定機器のパラメーターを正しく設定できなかったため、新しい素材の試験を中断せざるをえなくなった。チームがその機器を使えるのは週に1日だけだから、厳しい事態である。

しかし、ブレーディはすぐにグラハムに報告した。その日の日誌で、ブレーディはこう書いている。「1週間がふいになってグラハムは不機嫌でしたが、理解はしてくれたようです」。その理解のおかげでグラハムには新しい情報がたえず入り、彼は進捗を促すために必要なものを的確に部下に与えることができた。

第3に、グラハムはチームやプロジェクトの最新の状況に応じて支援を提供した。日々、どのように関与すればメンバーのインナーワークライフや進捗に最大の効果があるかを予測することができた。触媒を提供するのか、それとも阻害剤を取り除くのか。栄養分を与えるのか、それとも解毒剤を注入するのか。判断がつかない時はメンバーに尋ねたが、ほとんどの日は判断に苦労しなかった。

グラハムの上司がプロジェクトに本腰を入れるという嬉しい知らせを聞いた日もそうである。会社の組織再編が噂されており、チームメンバーはそのことに神経質になっていたので、激励することが必要だった。その知らせが明らかになったのはプライベートな休暇中だったが、すぐさま電話を取り、チームに朗報を伝えた。

第4に、グラハムはマイクロマネジャー（口うるさい管理者）ではなく、チームメンバーの支援者に徹した。メンバーの中に交わって様子をうかがいこそすれ、メンバーを外から監視していると思われないように心がけた。

一見どちらも同じようだが、マイクロマネジャーは4つの誤りを犯す。

1つ目に、仕事をする際の自主性を認めない。プロジェクトチームに明確な戦略目標を与えたうえで、それを達成するためのメンバーのアイデアを尊重したグラハムと違って、マイクロマネジャーはメンバーの一挙手一投足に指示を出す。

2つ目に、マイクロマネジャーは部下に仕事のことをよく尋ねるくせに、実際に手助けすることはない。反対に、チームメンバーの一人から問題の報告を受けた時、グラハムはさまざまな解釈の可能性を探りながらその分析を手伝い、最終的には軌道修正に資することもしばしばだった。

3つ目に、マイクロマネジャーは問題が起きるとすぐに人を責めるので、部下は、グラハムとブレーディの場合のように問題の解決法を率直に話し合うよりも、それを隠そうとする。

4つ目に、マイクロマネジャーは情報を秘匿し、これを武器に使おうとする。これがインナーワークライフをどれほど損なうかをわかっている者はほとんどいない。

役立つはずの情報をマネジャーが出し惜しみしていると気づけば、部下は子ども扱いされていると感じ、やる気が萎え、仕事にマイナスの影響が出る。グラハムは、プロジェクトに対する経営幹部の見解、顧客の意見やニーズ、社内外で得られる援助や予想される抵抗などを早々に伝えた。

このようにしてグラハムは、チームの前向きな感情、内発的動機、好ましい認識を支援した。彼の行動は、あらゆる層のマネジャーが進捗を促すべく毎日の仕事にどう臨めばよいかの優れた見本である。

多くのマネジャーは、いくら善意の人であっても、「グラハムのような習慣を身につけるのは難しい。彼にとってはたやすいのかもしれないが」と考えるだろう。

もちろん、知ることは第一歩である。しかし、インナーワークライフの重要性を知っても、それを日常的な行動に落とすには鍛練を要する。そのことを念頭に、我々は、マネジャーが日々参考にできるチェックリストを作成した（図表9-3「日々の進捗チェックリスト」を参照）。狙いは、一日一日の意義ある進捗を促すマネジメントである。

「進捗のループ」を育む

インナーワークライフはパフォーマンスの原動力である。絶えざる進捗があってこそ、優れたパフォーマンスを実現できる。そして、その進捗はインナーワークライフを強化する。我々はこれを「進捗のループ」と呼ぶ。自己増強的なベネフィットの好循環が可能なのである。

したがって、進捗の法則が意味する最も重要なポイントは以下のようになる。すなわち、人々の有意義な仕事の進捗を支援することにより、マネジャーは彼ら彼女らのインナーワークライフだけでなく組織の長期的パフォーマンスを改善することができ、それがインナーワークライフをさらに強化する。

もちろん負の側面もある。マイナスのフィードバックループが働く可能性である。マネジャーが進捗を後押しせず、進捗を求める人々を支援しなければ、インナーワークライフもパフォーマンスも精彩を欠く。そして、それぞれのパフォーマンスが落ちれば、そのインナーワークライフはさらに悪化する。

進捗の法則が意味する第2のポイントは、マネジャーは部下のモチベーションや満足感を保つために、彼らの心理を読もうと焦る必要はないし、複雑なインセンティブに頼る必要もないということである。基本的な敬意や配慮を怠らない限りは、仕事そのものの支援に集中すればよい。

有能なマネジャーになるためには、このプラスのフィードバックループを働かせるようにしなければならない。そのためには大きな意識改革が必要になるだろう。

ビジネススクールやビジネス書、そしてマネジャー自身は、組織や人材のマネジメントを重視する傾向がある。しかし、進捗のマネジメントを重視すれば、人材のマネジメント、さらには組織全体のマネジメントさえも、もっと実現が容易になる。

部下のインナーワークライフを覗き見る術などわからなくてもよい。有意義な仕事における部下たちの着実な進捗を促し、その進捗を可視化し、部下たちに上手に接すれば、彼らは優れたパフォーマンスに必要な感情、モチベーション、認識を経験するだろう。その優れた仕事は組織の成功に貢献するだろう。そして、ここが肝心な点なのであるが、彼ら彼女らは仕事が好きになるに違いない。

【注】

（1）Teresa M. Amabile and Steven J. Kramer, "Inner Work Life: Understanding the Subtext of Business Performance," *Harvard Business Review*, May 2007.（邦訳「知識労働者のモチベーション心理学」『DIAMONDハーバード・ビジネス・レビュー』2008年3月号）

て、さらにどのような情報を提供するかを考えよう。最後に、行動の優先順位をつける。日々の振り返りで最も大事なのは、翌日のアクションプランである。進捗を最大限促すためにできることは何だろう。

挫折

今日のどのような出来事（1つか2つ）が、小さな挫折または危機の可能性を表しているか（簡単に記述せよ）。

阻害剤

- □ 有意義な仕事の短期的・長期的**目標**が不明瞭だったか。
- □ チームメンバーは問題を解決し、プロジェクトに当事者意識を感じるうえで、**制約**を受けすぎていたか。
- □ チームメンバーには、効率的に前進するのに必要な**資源**が足りなかったか。
- □ チームメンバーには、有意義な仕事に集中する**時間**が足りなかったか。
- □ 必要とされた、あるいは要求された**支援**を、誰かが提供しなかったか。
- □ 失敗を罰したか、あるいは成功や失敗に潜む**教訓**あるいはチャンスを探そうとしなかったか。
- □ **アイデア**の発表や議論を、誰かが時期尚早にさえぎったか。

毒素

- □ 進捗に対する貢献を評価せず、アイデアに関心を払わず、信頼できるプロフェッショナルとして扱わないことで、チームメンバーを**軽視**したか。
- □ チームメンバーを、どのような形であれ、**落胆**させたか。
- □ 個人または仕事上の問題を抱えたチームメンバーを**無視**したか。
- □ チームメンバー間またはメンバーと自分の間に、緊張や**対立**があるか。

（p.236に続く）

図表9-3 **日々の進捗チェックリスト**

毎日の終わりに、このチェックリストを使ってその日を振り返り、翌日のマネジメント行動を計画してほしい。数日経てば、太字の言葉をざっと見るだけで判断できるようになる。まず、進捗と挫折に焦点を当て、それに寄与した具体的な出来事（触媒、栄養分、阻害剤、毒素）を考えよう。次に、インナーワークライフに関する明確な手がかりと、それが進捗をはじめとする出来事につい

進捗

今日のどのような出来事（1つか2つ）が、小さな成功または飛躍の可能性を表しているか（簡単に記述せよ）。

触媒

- ☐ チームは、有意義な仕事について明確な短期的・長期的**目標**を持っていたか。
- ☐ チームメンバーは、問題を解決しプロジェクトに当事者意識を感じるだけの**自主性**を与えられていたか。
- ☐ チームメンバーは、効率的に前進するのに必要な**資源**をすべて備えていたか。
- ☐ チームメンバーには、有意義な仕事に集中する**時間**があったか。
- ☐ チームメンバーが**支援**を必要とした、あるいは要求した時、それを提供したか。メンバーがお互い助け合うように促したか。
- ☐ 今日の成功または失敗からの**教訓**をチームメンバーと話し合ったか。
- ☐ グループ内の自由な**アイデア**交換を支援したか。

栄養分

- ☐ 進捗に対する貢献を評価し、アイデアに関心を払い、信頼できるプロフェッショナルとして扱うことで、チームメンバーに**敬意**を表したか。
- ☐ 困難な課題に立ち向かったチームメンバーを**激励**したか。
- ☐ 個人または仕事上の問題を抱えたチームメンバーを**支援**したか。
- ☐ チーム内には、個人または仕事上の**協力関係**や一体感があるか。

（p.234～235から続く）

インナーワークライフ

今日、部下のインナーワークライフの質について何かわかったことがあるか。

仕事、チーム、マネジメント、会社に対する認識：

感情：

モチベーション：

今日のどのような出来事がインナーワークライフに影響を与えたかもしれないか。

アクションプラン

特定された触媒と栄養分を強化し、足りない触媒と栄養分を提供するために、明日何ができるか。

特定された阻害剤と毒素をなくしていくために、明日何ができるか。

マネジャーにとっての意外な事実

1968年発行の『ハーバード・ビジネス・レビュー』に掲載された名著論文「モチベーションとは何か」（本書第8章に収録）の中でフレデリック・ハーズバーグは、人が仕事に最も満足する（すなわち最も意欲が高まる）のは、その仕事から達成感を味わう時であると記している。彼のこのメッセージは、我々の発見と同じである。

本稿で紹介した日誌の調査で、我々は何千日分もの出来事をリアルタイムでつぶさに調べたが、そこで明らかになったのは、達成感の根底を成すのが「絶えざる有意義な進捗」だという事実である。

しかし、世のマネジャーは、ハーズバーグの教えを重く受け止めていない節がある。そこで、日々の仕事の進捗が持つ重要性を現代の人々がどう認識しているのかを調べるため、我々は最近、全世界数十社のさまざまな職位のマネジャー669人にアンケートを実施した。

質問の内容は、社員のモチベーションや感情に影響を与えうるマネジメント手法について、①仕事の進捗に対する支援、②優れた仕事に対する評価、③インセンティブ、④対人関係の支援、⑤明確な目標、の5つを重要だと思う順に、ランク付けしてもらった。

アンケートに回答したマネジャーの95％は、「進捗への支援」がモチベーションを高める主たる方法だと知ったら驚くだろう。というのも、「進捗への支援」を1位にしなかった人がそれだけ多くの割合いるからである。

モチベーションを高める要因の1位に「進捗への支援」を挙げたマネジャーは35人、5%にすぎない。回答者の大多数が、「進捗への支援」をモチベーションの誘因としては最下位、感情への影響要因としては3位に位置付けた。モチベーションと満足感を高める最重要の誘因として選ばれたのは、「優れた仕事に対する評価」(公的な評価、私的な評価を問わない)である。

我々の日誌の調査では、「優れた仕事に対する評価」もたしかにインナーワークライフを高めたが、その効果は「進捗への支援」には遠く及ばなかった。また、仕事上の成果がなければ、そもそも評価すべきものもない。

第10章

Why You Should Have (at Least) Two Careers

2つ以上のキャリアを持つことのメリット

すべての仕事に好影響を与える

作家
カビール・セガール

"Why You Should Have (at Least) Two Careers"
HBR.org, April 25, 2017 (product #H03M9A).
邦訳初出:「2つ以上のキャリアを持つことは、すべての仕事に好影響を与える」DHBRオンライン、2017年7月28日

カビール・セガール（Kabir Sehgal）
『ニューヨーク・タイムズ』および『ウォール・ストリート・ジャーナル』のベストセラー作家。以前にはJ. P. モルガンの副社長を務めた。グラミー賞、ラテン・グラミー賞受賞の音楽プロデューサーでもある。主な著書に『貨幣の「新」世界史』（早川書房）などがある。

多くの仕事をしたほうが、幸福感や満足感が高い

再生可能エネルギー産業での仕事を希望する弁護士、小説を書きたいアプリ開発者、景観デザイナーに憧れる編集者……そんな人に出会うことは珍しくない。もしかするとあなたも、いまの仕事とはまったく異なるキャリアへの転身を夢見ているかもしれない。

しかし、私の経験上、こうした人が実際に思い切って職種を変えることは稀だ。転職に伴うさまざまなコストはあまりにも大きく見え、成功の可能性はあまりにも小さく見える。

だが、いまの仕事に地道に取り組み、満たされないままゆっくりと燃え尽きていくのが正解ではない。正解は、両方をやることだと私は考える。仕事は2つあるほうが1つだけよりいい。そして、2つのキャリアを追求することで、どちらのキャリアにも利益が生まれる。

私自身は4つの仕事を持っている。フォーチュン500のコーポレートストラテジストであり、米国海軍の予備役大尉であり、数冊の本の著者であり、音楽プロデューサーでもある。

よく聞かれる質問は2つ、「睡眠時間はどれくらいですか」と「全部こなす時間をどうやって見つけるのですか」だ（私の答えは「たっぷり眠っている」と「時間はつくります」である）。とはいえ、こうしたプロセスに関する質問は、私の働き方の理由や動機の核心に迫るものではない。より意義深い質問は、「なぜ複数のキャリアを追求するのですか」だろう。簡単に言うと、多くの仕事をしたほうが、幸福感や満足感が高いからだ。しかも、それぞれの仕事のパフォーマンスも高まる。

その理由を説明しよう。

自分のスキル開発に投資する

私が会社から得る給料は、音楽プロデューサーとしてのキャリアを支援してきた。プロデューサーとして実績のない私に、お金を払って音楽制作をやらせようという人はいなかったし、そもそも私がプロデューサーになった動機はお金ではない。ジャズとクラシック音楽への情熱である。

そこで私は、この新たな業界での経験を得るまでの間、無償で活動した。昼間の仕事はアルバムをつくるうえでの資金をもたらしたうえ、プロデューサーとして成功するのに必要な各種スキルを身につけさせてくれた。優れたプロデューサーは、ビジョンを持ち、人を集め、スケジュールを定め、資金を集め、製品という形にする人物である。

そうして10枚ほどのアルバムを制作し、グラミー賞も獲得すると、レコードレーベルやミュージシャンたちから私をプロデューサーに雇いたいという依頼が入るようになった。だが、私はいまでも、お金は受け取らないことにしている。なぜなら、音楽を、永遠に残るものをつくることが、十分な報酬だからだ。

同時に、私はよく本業のクライアントをレコーディングのセッションに招待する。一日中オフィスで働いている人にとって、「舞台裏」でシンガーやミュージシャンなどクリエイティブな職業人と交流するのはエキサイティングなことである。あるアルバム制作でキューバにいた時、私のクライアントの一人はミュージシャンたちが踊っている姿を見て、「職場でこれほど楽しんでいる人たちなんて初めてだ」と言っていた。クライアントが忘れられない体験をすれば私の本業の売上げにもつながるため、会社でのキャリアと音楽業界でのキャリアの両方にとって有益ということになる。

畑違いの友人をつくる

ウォールストリートで働いていた頃、初めのうち、仕事上の付き合いは同じ金融サービス業界の人たちだけだった。バンカー、トレーダー、アナリスト、エコノミストたちである。こういう人たちは一つの集団として、市場の動向についていていわゆる「コンセンサス」を確立する。そして私が資産を管理していたクライアントの多くは、違った何かを求めていた。「別の角度から見ると、どうなるか」。換言すれば、彼らは「集団思考」など聞きたくないのだ。

私はこれを指令と受け止め、名刺入れをひっくり返して、異なる視点をクライアントに提供できる人物を探すことにした。

たとえばあるクライアントは、中国で国民同士が実際にどんな話をしているのかを知りたがった。私は本の著者でもあるため、ライターの知り合いがいる。そこで中国の話題を伝える雑誌の記者である友人に連絡を取った。銀行員のようにコンプライアンス部門の制約を受けない彼は、クライアントに率直な話をしてくれ、非常に感謝された。

クライアントは新しい観点を得た。私は仕事の依頼を得た。そして、友人は新しい定期購読者をつかんだ。畑違いの複数のサークルに所属していれば、通常なら絶対に出会わない人たち同士を選りすぐって紹介し、両者のために新たな価値を引き出すことができる。

本当のイノベーションに気づく

違った仕事をしていると、さまざまなアイデアが相互に影響し合う場面に気づける。さらには、どの場面で複数のアイデアを連動させるべきかがわかる。「テクノロジーがリベラルアーツ、それに人文科学と結び付いた時にこそ、心がときめく成果が得られる」と言ったのは、学際的な思考の権化だったスティーブ・ジョブズである。

ハリケーン・カトリーナの被害を受けて、多くのミュージシャンがニューオーリンズを離れた。同市のミュージシャンたちを援助する資金を集めるために、よくあるタイプの寄付を求めるNGOをつくることもできた。しかし、私はもう少し持続性の高いソリューションを考えた。それはミュージシャンの仲介団体である。私はこれを「ウォールストリートとバーボンストリートの融合」と表現した。

ニューヨークでのパーティのためにミュージシャンを手配したい人は、この団体のウェブサイトでバンドを探す。予約すると、料金に加えてニューオーリンズを本拠とする慈善団体への「チップ」を依頼される。申し込んだ人（場合によっては私の本業のクライアント）は、パーティのための生演奏バンドを簡単に見つけることができ、ニューヨークに住むミュージシャンは演奏の仕事を受けることができ、ニューオーリンズの慈善団体は小口の寄付を手にできる。

私は銀行で働いた経験があったため、通常と違うタイプの組織をつくることができた。なお、この団体はのちに、さらに大きな慈善団体と合併することになった。

自分の好奇心に従えば、情熱の対象を新しいキャリアにすることができ、大きな満足感を得られるはずだ。そして複数の仕事をこなしていけば、最終的にはすべて仕事のパフォーマンスがよくなるだろう。

未来の自分と遊ぶ

アマンサ・インバー（Amantha Imber）
組織心理学者。行動科学をベースにしたコンサルティング会社インベンティウムの創設者。本稿 "Flirt with Your Future Self" は、"Career Advice from Wildly Successful People," Ascend, on HBR.org, June 30, 2021より抜粋。

誰にでも、いまと違う役割やキャリアパスを試したいと思うことはある。そういう衝動に駆られるのは自然なことだ。しかし、いきなり会社を辞めたり、学位取得に2年も3年もかかる学校に飛び込んだりする前に、スコット・D・アンソニーの話を聞いてほしい。アンソニーは、グローバルイノベーションの思想的リーダーであり、イノサイトのシニアパートナー、また*Eat, Sleep, Innovate*の著者だ。そして、ロンドン・ビジネススクール教授のハーミニア・イバーラが提案する「未来の自分と遊ぶ」（flirt with your future self）という考えの信奉者のようでもある。[注1]

アンソニーは、私がやっているポッドキャスト番組*How I Work*で、次のように話してくれた。

「意識的にさまざまな役割やリーダーシップスタイルを試して、何が一番自分に合っているかを確認するといいと思う。たとえば、僕はいつか教師になるのが自然なことだと考えているのだけれど、自分は本当に教えることが好きなのか、いま一つ確信がない。でも、ちょっとした工夫で、いまの仕事を続けながら、それを知ることができる。方法はいろいろあるだろうが、似たような転身をした人から体験談を聞くのがいいと思う。事前の予想と違っていたことは何だったか、とか」

意識を「現在の仕事」モードから「未来の自分と遊ぶ」モードに切り替えよう。アンソニーの勧めに従って、ちょっとした実験のつもりでやってみるとよい。新しいキャリアを歩みたいと感じているなら、その仕事について教えてくれそうな人の名前を5人挙げてみよう。

たとえば、トラベルブロガーの仕事に就きたければ、友人たちに好きな旅行ブロガーは誰かを尋ねるなどして有力なブロガーを探し出し、リンクトインなどのソーシャルメディアで連絡したり、イベントに出かけたりして話を聞かせてもらおう。好奇心を高め、知りたいことや質問したいことを事前にリストアップしておこう。次のような質問は、どんな未来を目指すにしても避けては通れないポイントだ。「どうやってお金を稼いでいますか」「どうやって最初の仕事をつかんだのですか」「何時間ぐらい働いているのですか」

職業やキャリアを変えようとする時、後先を考えずに実行するのはやめたほうがいい。経験者を見つけてアドバイスを聞き、彼らの経験から学ぶことが大いに役立つはずだ。

【注】

（1）Amantha Imber, "Global Innovation Thought Leader Scott D. Anthony on His Daily Creativity Ritual," October 21, 2020, in *How I Work* (podcast), produced by Amantha Imber, https://www.amantha.com/podcasts/global-innovation-thought-leader-scott-d-anthony-on-his-daily-creativity-ritual; and Herminia Ibarra, "The Most Productive Way to Develop as a Leader," hbr.org, March 27, 2015, https://hbr.org/2015/03/the-most-productive-way-to-develop-as-a-leader.

第11章

Becoming the Boss

新任マネジャーはなぜつまずいてしまうのか

幻想と真実のギャップ

ハーバード・ビジネス・スクール 教授
リンダ A. ヒル

“Becoming the Boss”
Harvard Business Review, January 2007 (product #R0701D).
邦訳初出：「新任マネジャーはなぜつまずいてしまうのか」『DIAMONDハーバード・ビジネス・レビュー』2007年3月号

リンダ A. ヒル（Linda A. Hill）
ハーバード・ビジネス・スクールのウォレス・ブレット・ドナム記念講座教授。経営管理論を担当。著書に*Becoming a Manager*, Harvard Business School Press, 1992、共著に『ハーバード流ボス養成講座』『ハーバード流　逆転のリーダーシップ』（ともに日本経済新聞出版）などがある。

管理職になってみて気づくこと

どれほど才能に恵まれていようと、リーダーへの道は学習と研鑽の連続であり、果実は艱難辛苦の末に得られる。その最初のハードルは、初めて部下を持った時に訪れる。当たり前だからであろうか、誰も気に留めない。まったく残念なことだ。なぜなら、通過儀礼の一つとはいえ、ここでの試練が本人と企業、それぞれの行く末に決定的な影響を及ぼすからである。

リーダーへの道を踏み出すうえで最初の体験ゆえ、けっして消えることのない影響が残る。数十年後、彼ら彼女らはこの最初の数カ月間を、自身のリーダーシップ哲学とスタイルを形づくった体験として思い出す。その影は現役最後の日までつきまとい、悪くすれば手かせ足かせになるのではないかとも懸念される。業績と資質を認められて昇格した人物が、管理職という仕事に順応できなければ、企業は人的資本の面でも財務の面でも多大な損失を被るだろう。

管理職の仕事は一筋縄にいくものではなく、失敗が付き物である。新米マネジャーの誰でもかまわない、辞令を受け取った直後の日々について尋ねてみよう。また経営陣に同じ質問をして、新米マネジャーだった頃の自分を思い出してもらおう。

正直に答えてくれる相手ならば、進むべき方向がわからず、途方に暮れていたといった話を語ってくれるかもしれない。あるいは、初めてのことに戸惑い、不安で押し潰されそうになった経験を打ち明けてくれるかもしれない。「自分の想像と大きくかけ離れていた」「手に余る重責だと思った」「職掌範囲がどうこうというよりも、リーダーシップなど関係ないとしか言いようがなかった」等々――。

某証券会社の新任支店長の言葉を借りれば、次のようになる。

「ろくな権限もないまま人の上に立つことが、どれほどやっかいなことか、おわかりになりますか。うまく言い表せませんが、あえて申し上げれば、子どもが生まれる時のような気持ちです。生まれるまでは、まだ親ではありません。しかし生まれてくれれば、母親なり父親になります。しかもその瞬間から、経験がなくても、子育てができて当然と思われるわけです」

このように、リーダーの道における最初のハードルは難しく、だからこそ重要である。しかし意外にも、新米マネジャーたちがその時に直面する課題や経験に、これまでほとんど目が向けられてこなかった。

リーダーシップにまつわる書籍は、どれを選んでよいのかわからないくらいに、書店の棚にあふれている。しかし、マネジャーの心得を身につける難しさを取り上げた本、とりわけ新米マネジャーのために書かれた類のものは皆無に近い。

私はおよそ15年間、管理職に昇格するというキャリア上の節目について、とりわけ花形社員のそれについて研究してきた。それは、新米マネジャーたちに向けて、マネジャーの心得を身につける苦労を本音で語り合えるフォーラムを開くという構想があったからである。

そこでまず、それまでにあまり例のない試みとして、新米マネジャー19人を対象に昇進後の1年間について調査し、彼ら彼女らが自身の経験をどのように考えているのかを把握することにした。

具体的には、「一番大変だったことは何か」「何を学ばなければならなかったか」「どのように学習したか」「立場の違いに早く慣れ、新しい仕事を学ぶうえで利用した経営資源は何か」を解明しようとしたのである。

この第1回目の調査については、1992年に私が出版した*Becoming a Manager*の中でその結果を披露している。それ以後、部下を抱えることに伴う自己変革をテーマに調査を続けてきた。また、さまざまな職種や業界の新米マネジャーを取り上げたケーススタディを作成し、新任マネジャー向けのリーダーシップ研修を企画したり、指導したりしてきた。

製品やサービスを抱き合わせて提供するには部門間の協力が不可欠である。さらに、スリム化を推し進めつつ機動力を高めるために、サプライヤー、顧客、時には競合他社と協働する戦略的提携も増えている。そのような中、新米マネジャーたちの声に耳を傾けてみると、管理職に昇格することの難しさはかつてとは比べものにならない。

あえて強調するが、調査対象となった新米マネジャーたちの苦労はけっして特別なものではなく、むしろ典型的といえる。また彼ら彼女らは、赤字会社で働く、出来の悪いマネジャーではない。まったく新しい責任を背負うという一般的な問題に直面した、ごく普通の人たちである。

その大多数は、管理職として自己変革していく過程をどうにか切り抜け、どのように新たな役割を果たしていけばよいかを学んでいく。とはいえ、その過程で無用な傷が少なければ、その分、彼ら彼女らはもっと力を発揮できるのではなかろうか。ちょっと想像してみてほしい。

リーダーの道における最初のハードルを、新米マネジャーたちが無事乗り越えられるには、マネジャーの心得、つまり管理職に課せられた真の役割を理解させる必要がある。

新米マネジャーの大半が自分自身のことを、管理職であり、また指導者であると考えている。そして、リーダーシップにまつわる美辞麗句を口にし、ほぼ例外なく重荷を背負い込む。しかし、肝心のリーダーシップをおざなりにしてしまう。

マネジャーの心得が身につかない理由

そもそも、管理職に求められる能力は新米マネジャーの能力を超えているものだが、本人たちは予想以上の大仕事であることを早々に悟る。そして、リーダーとして成功するために必要なスキルや手法が、かつて一社員だった時に必要とされたものとはまったくの別物であることを知って驚く。しかも、自分のいまの能力が、管理職という新しい立場に求められる要件を満たしていないことにも驚く。

以前は、専門知識と実行力が成功のカギだった。しかしいまや、チーム全体の行動指針を定め、それを実現させる責任を負っている。このような能力は、一プレーヤーとしての経験だけでは足りない。前述の証券会社の新任支店長、マイケル・ジョーンズの例を見てみよう（本稿に出てくる個人名はすべて仮名である）。

ブローカー歴13年のマイケルは、地元では積極性と革新性にあふれたスペシャリストとして、それまで華々しい業績を上げてきた。彼が働く会社では、新任支店長は個人の能力と業績に基づいて、一般社員の中から抜擢されるのが慣例だった。そのため、地域本部長が彼を推した時も、誰一人として驚かなかった。

本人にも、「マネジャーの心得くらいわきまえている」という自負があった。事実、彼はそれまでに「自分が支店長ならば、支店の問題解決と業務改善に積極的に取り組み、間違いなく成功していたはずだ」といった発言を繰り返していた。

ところが、昇格して1カ月後、彼は焦りに焦った。自分の構想をそのまま実行することが、想像していた以上に難しかったからである。「安心な毛布」を手放してしまったこと、そしてもはや後戻りは許されないことを彼は悟った。

マイケル本人にはショックだったであろうが、けっして珍しいことではない。概してマネジャーの心得は実際の仕事を通じて体得していくものであり、教室で学ぶことはできない。すなわち、リーダーシップは実践を通じて獲得するスキルであり、とりわけ新米マネジャーたちは既存の能力を超えた仕事を担い、試行錯誤によって前進することで学ぶしかない。

花形と呼ばれた社員たちはミスを犯した経験が乏しく、道を失ったり、迷ったりすることにまったく馴染みがない。しかも、試行錯誤にはストレスが付き物である。また、「いままさに学習している」とはたと気づく新米マネジャーなどほとんどいない。なるほど、学習は漸進的にゆっくりと進んでいくものだ。

ゆっくりとはいえ学習が促され、一社員時代の素晴らしい成功を支えてきた思考様式や習慣から脱皮するにつれて、新米マネジャーに新たなアイデンティティが芽生えてくる。こうして新たな考え方と生き方を身につけ、新たな成功の尺度と、仕事から満足を得る新たな方法を見出す。

当然のことだが、このように心理的に順応していくには気苦労も多い。「昇格がこんなにつらいものとは知りませんでした」と語った新米マネジャーもいるほどだ。

しかも、つらいだけではなく、ストレスも絶えない。新米マネジャーが必ず頭を悩ませる疑問が2つある。それは「マネジメントという仕事を好きになれるか」「マネジメントが得意になれるか」である。

もちろん、いずれも即答できる類のものではなく、経験を通じて答えを見つけていくしかない。さらに、やがて「自分はどのように変わっていくのか」という問いを抱えるようになり、ますます不安を募らせていくことになる。

新米マネジャーが抱きがちな5つの誤解

私が指摘するまでもなく、人の上に立つというのは、生半可なことではない。しかし、ここで前途暗澹たる将来を突き付けるつもりはない。私の調査によれば、新米マネジャーは新しい役割を誤解しているため、管理職として行動できるまでの時間が必要以上にかかってしまうケースが多い。

彼ら彼女らが抱いているマネジャー像もわからなくもない。しかし、あまりに単純か、不完全なものが大半であり、誤った期待を抱かせてしまう。しかし、期待と現実のギャップを埋めようとして四苦八苦するはめになる。以下に挙げる5つの誤解には、ほぼ万人が認める、ほとんど神話と呼べるようなものも含まれているが、これらを自覚することで、成功のチャンスが飛躍的に広がる（図表11-1「新米マネジャーが抱いている幻想と真実」を参照）。

誤解❶ 管理職の権威は絶対的なものである

新米マネジャーたちに「あなたの役割は何ですか」と尋ねると、たいてい人の上に立つことで得られる権利と特権について語る。マネジャーになったことで権威が高まり、その結果、会社にとって最も有益であろうとみずから信じるところを実践できる自由と自律性が拡大すると思い込んでいる。つまり、あるマネジャーの言葉を借りれば、自分たちはもはや「他人の理不尽な要求に縛られたりはしない」と考えているのだ。

図表11-1｜**新米マネジャーが抱いている幻想と真実**

管理職に昇格した当初、その新しい役割につまずいてしまう人がまことに多い。人の上に立つことにまつわる、さまざまな幻想を抱いたまま、昇格してしまったからだ。このような嘘は単純かつ不完全なものであり、それが原因でリーダーとしての重要な責務を見過ごしてしまう。

	幻想	真実
基本特性 Defining Characteristic of the New Role	**権威** 「自分はもはや理不尽な要求に縛られたりしない」	**相互依存** 「自分の将来は、部下たちの働き如何にかかっている」
権力 Source of Power	**職務職掌上の権威** 「ついに階段を上り切った」	**「職務職掌上の権威」以外のすべて** 「部下たちは警戒心が強いので、自分から胸襟を開き、彼ら彼女らの信頼を得ることに努めなければならない」
望み Desired Outcome	**統制する** 「部下たちを服従させなければならない」	**やる気を引き出す** 「権威で服従させても、彼ら彼女らのやる気を引き出せるわけではない」
管理方針 Managerial Focus	**一対一の関係づくり** 「自分の役割は、部下一人ひとりと人間関係を築くことである」	**チーム全体の調和** 「特定の個人について何らかの判断を下すと、時にはチーム全体に悪影響が及ぶことがあることを自覚する」
主要課題 Key Challenge	**円滑に業務運営する** 「自分の任務は、何より円滑な業務運営に努めることだ」	**業務改善につながる改革を実行する** 「チームの業績を最大化するために、改革に着手する責任を負っている」

このような思い込みを抱いた新米マネジャーたちは、早晩冷水を浴びせられることになる。調査対象となった新米マネジャーたちは、権威を手にするどころか、いつの間にか複雑な人間関係にからめ取られてしまうと吐露している。自由どころか、むしろ束縛を感じているのだ。特に、花形社員として放任されることに慣れ親しんでいた場合には、なおさらそうだろう。

新米マネジャーには、上司や同僚、部下のみならず、社外からも相矛盾する要求が容赦なく突き付けられる。その結果、これらの人間関係のせいで身動きできなくなってしまうのだ。こうなると、日々プレッシャーにさいなまれ、雑用にあわただしく追い立てられるはめになる。

ある新米マネジャーはこう語っている。「実のところ、主導権など、ありはしません。あるとすれば、自室にこもっている時だけです。ですが、そのような時には、他の人々と協力し合うというマネジャー本来の仕事を怠っていると、罪悪感で後ろめたい気持ちになります」。また「自分の将来が部下たちの働きにかかっていると思うと、釈然としません」と本音を漏らす新米マネジャーもいる。

新米マネジャーを痛い目に遭わせる可能性が一番高い相手は、マネジャーの権威がほとんど及ばない人たち、つまり、社外のサプライヤーや他社のマネジャーである。

某化学会社の商品開発マネジャーになったサリー・マクドナルドは、その業績は非の打ち所がなく、高い志の持ち主であり、しかも企業文化も深く理解している期待の星だった。そのうえ、リーダーシップ研修でも好成績を収めていた。

しかし、昇格して3週間後、彼女は苦々しく、こう白状した。「マネジャーになるとは、人質になるようなものです。およそ人の上に立っているとは思えません。大勢の社内テロリストたちが、虎視眈々と私を狙っているのです」

権力者になったなどという幻想をさっさと捨てて、交渉しながら相互依存関係を深めていかなければならないという現実を受け入れない限り、新米マネジャーはリーダーシップなど望むべくもない。

先に述べた通り、真のリーダーシップを身につけるには、自分の部下だけでなく、チームが置かれている環境も含めて管理する必要がある。チームを支える各関係者との関係において、そのあるべき姿を具体的に思い描き、実りある関係を構築しない限り、チームがその使命をまっとうするうえで必要な経営資源は得られない。

このような相互依存関係の重要性を承知している新米マネジャーでも、つい社内人脈をなおざりにしてしまい、目の前の仕事、すなわち一番身近にいる部下たちの指揮に没頭する傾向が見られる。この人脈の必要性に迫られて、初めて本腰を入れて取り組むようになる。

しかも、社内で一番下っ端の管理職である新米マネジャーたちに特に言えることだが、自分よりも立場の上の人たちと交渉するのはなかなか一筋縄にはいかないものだ。とはいえ、相互依存関係を管理するメリットは極めて大きい。

米国の大手メディア企業で新規事業開発を担当するウィノナ・フィンチは、自社が国内で発行するティーン誌の中南米版を発行するという事業計画を立案した。そして、プロジェクトが仮承認されたところで、彼女はみずからプロジェクトマネジャーになりたいと名乗りを上げた。

しかし、チームリーダーとなった彼女には、数々の障害が待ち受けていた。経営陣は国際プロジェクトに乗り気でなかったため、プロジェクトに必要な予算を確保するために、中南米市場で20％のシェアを占める現地の流通業者と契約を交わさなければならなかった。

新雑誌の場合、さまざまな雑誌や新聞でひしめく売店に割って入るのは生やさしいことではない。しかもコストを抑えるためにも、同社の看板女性誌のスペイン語版を担当している営業スタッフに頭を下げざるをえなかった。加えて、細々した事務処理もこなさなければならなかった。

しかし、彼女は忙しい中でも、上司や同僚たちとの関係を大事にすることを忘れなかった。たとえば、彼女は2週間に一度、部門の責任者として報告書を作成し、経営陣に提出した。また、看板女性誌の編集部と協力して、中南米経営会議を定期的に開催し始めた。そこには、ティーン誌と女性誌のグローバル展開を担当する幹部たちが集まり、地域戦略について議論した。

当然ながら、彼女も新米マネジャーにありがちなストレスに悩まされた。当人いわく、「1年365日、毎日が卒業試験のようなものです」。それでも、スペイン語版はスケジュール通り発売へとこぎ着け、当初の計画を上回る成績を上げた。

誤解❷ 管理職の権威を過大視する

誤解しないでいただきたい。周囲に依存しなければならないとはいえ、新米マネジャーにも一定の権限が与えられていることは間違いない。

ただし問題なのは、階層組織である以上、管理職というポジションはまさしく権威であり、自分の権限はその権威によって保証されていると、ほとんどの新米マネジャーが誤解してしまうことである。

このように過大視して部門の管理に当たると、独裁的なコマンド・アンド・コントロール（指示・命令）に走りがちである。与えられた権力を行使したいからではなく、しかるべき成果を実現するにはそれが最も効果的であると思って、そうしてしまうのだ。

ところが、上意下達な命令に部下たちがいつも従うとは限らない。それどころか、優秀な部下ほど、えてして従順ではない。実のところ、これら新米マネジャーの中にも、かつては上司によく反抗していた人がいるものである。

不愉快な思いを何度か味わうと、ある新米マネジャーの表現を借りれば、「権威以外のすべて」によって管理職の権限は保証されるという認識、言い換えれば、まず部下や同僚、あるいは上司からの信頼を勝ち得なければならず、権威はその後についてくると考えるようになる。

私が調査した新米マネジャーの一人は、次のように述懐する。「自分の力が及ばない相手がたくさんいると悟るのに3カ月かかりました。ですから、それまでの間は一人言を言っていたようなものです」

周囲から敬意を払ってもらうこと、信頼してもらうことの難しさに初めて気づかされる新米マネジャーも多い。自分の得意技や過去の実績など、ほとんど役に立たないことに愕然とし、歯がゆさを覚える。しかも私の調査によれば、どうすれば信頼を得られるのか、その術を知らない新米マネジャーが少なくない。

まず、自分の「人格」、すなわち「まっとうに行動する意思」の持ち主であることを示す必要がある。これは、とりわけ部下との関係において大切である。部下たちは新しい上司の真意を探ろうと、その一語一句、そして一挙手一投足に注意を払う。

このように観察されれば、時にはわずらわしく思えるだろう。ある新米マネジャーは次のように語っている。「少なくとも『自分は善良な人間である』と自負していましたから、すぐ部下たちとも打ち解けられるだろうと思っていました。ですが、みんな思いのほか慎重で、まさにみずから胸襟を開き、受け入れてもらう努力が必要でした」

次に、自分の「コンピタンス」、すなわち「まっとうに行動する能力」を持ち合わせていることを示す必要がある。しかし、これはなかなか伝わらないものだ。というのも、新米マネジャーは、これまで蓄積してきた知識と能力を証明しなければならないと考えてしまうからだ。

部下からの尊敬を得るには、たしかに知識や能力を証明することも重要である。しかし、部下たちが期待している上司の能力について突き詰めてみると、プレーヤーとしての知識や能力とは異なる類のものだった。

ある投資銀行のトレーディング部門の責任者に任命されたピーター・アイゼンバーグは、自分よりも年上のベテラントレーダーたちを部下に抱えることになった。彼は新しい部下たちからの信頼を得ようとして、コマンド・アンド・コントロールのスタイルで臨んだ。

しかし、ポジションの手仕舞い、戦略の変更などを指示すると、トレーダーたちは反発し、「その根拠を示してほしい」と訴えた。職場には、ぴりぴりした空気が張り詰めていた。ピーターが何か発言すると、トレーダーたちは冷ややかな態度で、とげのある反応を返した。

ある日のことである。ピーターは海外市場についてはあまり明るくないため、値決めするに当たって、ある古参トレーダーに基本的なことを質問した。すると、彼は仕事の手を休め、しばし解説した後、「今日の仕事が終わったら、もっと詳しく説明しましょう」と申し出てきた。

ピーターいわく、「あれこれ口出しするのをやめて、相手の話に耳を傾けるようにしたところ、トレーダーたちが私に仕事を教えてくれるようになりました。すると、今度は私の指示にも理解を示してくれるようになったのです」。

この新米マネジャーの場合、自分の専門能力を誇示しようとする気持ちがかえって部下たちの信頼を損ねていた。部下たちは、何事にも首を突っ込んで問題を解決しようとする態度を見て、ピーターのマネジメント能力に疑問を投げかけていたのだった。

トレーダーたちにしてみれば、ピーターは「マイクロマネジャー」、すなわち細かいことにまで口出ししてくるマネジャーであり、しかも支配欲にかられた、およそ尊敬に値しない人物だったのである。

最後に、新米マネジャーは自分の「影響力」、すなわちまっとうに振る舞い、やり遂げる力があることを示す必要がある。私の調査では、ある新米マネジャーの部下が、「最悪なのは、社内的にも対外的にも影響力に乏しい上司の下で働くことです」と語っている。

とはいえ、新米マネジャーは社内ではまだ小物にすぎないため、影響力を獲得し、それを行使するのは至難の業である。

ある新米マネジャーいわく、「昇格が決まった時は、まさしく有頂天でした。何年もかかったが、ついに階段を上り切ったと思っていましたから。ですが、次の瞬間には、また振り出しに戻ったような気持ちになりました。しかも以前と違って、今度はどのような階段を上り、どこに向かうのかさえ、はっきりしていません」。

これもまた、管理職の権威を安易に過大視してしまうという落とし穴にはまった例である。むしろ、信頼と信用に基づく強固な相互依存関係を、部内はもちろん、社内にも張りめぐらせることで影響力を着実に高めていくことが欠かせない。

誤解❸ 統制しなければならない

慣れない役割への不安も手伝って、新米マネジャーの大半が部下たちに服従を望む。そして、彼ら彼女らを一日も早く手なずけないと、やがては好き勝手をやらかしかねないと危惧する。また、統制しようという気持ちのせいで、ついつい権威に訴える傾向が見られる。いかに事がうまく運んだとしても、このやり方には問題があることはすでに述べた通りである。

制度上のものであろうと、またみずから努力して獲得したものであろうと、権威に頼った方法では、偽りの勝利しか得られない。なぜなら、権威による服従が自発的なやる気に勝ることはないからである。誰でも、やる気が損なわれれば、その持てる力を発揮しようとはしない。部下たちが自発的に考え、行動しない限り、いかに権限委譲しようと、望むような成果は得られないだろう。

リスクを嫌っていては、改革や継続的改善は成功しない。激動するビジネス環境にあって、リスクテイキングは不可欠だが、権威を振りかざして従わせるやり方で、部下たちがリスクテイキングすることはない。

先に紹介した、中南米でティーン誌の発売を指揮したウィノナ・フィンチは、プロジェクトメンバー全員の力を借りない限り、目の前の課題を解決できないことをちゃんと心得ていた。実は、彼女がこのプロジェクトリーダーを任された理由の一つはその人柄にあった。

経営陣は、中南米市場での経験不足や収益管理の未熟さも、彼女の人柄が補ってくれるだろうと期待していた。明晰な思考力の持ち主として知られている彼女は、それだけでなく、親しみと温かさをもって人と接することのできる人物だった。このプロジェクトでも、彼女はこのような天性の力を発揮し、自分なりのリーダーシップ哲学とスタイルを築き上げていった。

彼女は権威に頼ってプロジェクトチームを操るのではなく、チーム内に「質問する文化」を定着させることで影響力を行使した。その結果、メンバーたちが、全社ビジョンを実現するための権限を与えられていると自覚し、その実現に向けて熱意を持って責任を果たそうと考えるようになった。

部下の一人はこう語っている。「ウィノナは、おおらかで楽しい人物でした。でも、物事の本質を突き止めようと、みんなを質問攻めにしました。彼女に何かを伝えたとしましょう。すると、まず聞いたことをオウム返しに繰り返します。そうすることで、我々が何を話しているのか、全員が誤解なく理解できました。各人が担当している仕事の中身について、ひとたび彼女にインプットされたら、後はそれをきっちりやり遂げることが求められました。『前に何々だと聞いていましたが、いまはなぜ別のことをしているのですか』というのが、彼女の口癖でした」

彼女の要求は厳しかったが、けっして自分の流儀を押し付けることはなかった。メンバーたちがチームの目標に一生懸命取り組んだのは、そう命令されたからではなく、権限委譲されたからだった。

ウィノナの例のように、自分の権限を部下たちと共有しようと努めるマネジャーほど、大きな影響力を行使できる。部下たちが主体性を発揮できるようなリーダーシップを身につけることが、部下たちの信頼を勝ち取る近道なのである。

誤解❹ 部下一人ひとりと良好な人間関係を築かなければならない

新米マネジャーが互いに依存し合う関係を大切にし、周囲の信頼によって権威を身につけるには、さまざまな関係者から信用を勝ち取り、自身の影響力を広げ、周囲と期待し合う関係を築いていく必要がある。生産的な人間関係が築かれれば、たいていこの目的はかなえられる。とはいえ、最終的に新米マネジャーに求められるのは、チーム全体の力を最大化する方法を見つけることである。ただし、一対一の個人的な関係を重視しすぎると、チーム全体に悪影響が及びかねない。

昇進した年は、チームづくりという責任をまだ自覚できず、ましてやそれに取り組むなど、およそ無理だろう。それどころか、「チームを管理するには、まずは部下から」と、部下一人ひとりと良好な人間関係を築くことこそマネジャーの仕事であると誤解してしまう。

その結果、もっぱらメンバー個人の業績ばかりに目が向かってしまい、組織文化や部門の業績には無頓着になってしまう。したがって、チームで議論し、問題解決や原因の究明に当たることなど、めったにない。

なかには、特定の部下、たいてい最も協力的に振る舞う部下と密着しすぎるマネジャーもいる。チーム全体に影響を及ぼすような案件でも、一対一で対処しようとする新米マネジャーがあまりに多い。その結果、極めて限られた情報に基づいて意思決定を下すことになる。

某ソフトウェア企業の営業マネジャーになったばかりのロジャー・コリンズは就任最初の週、部下の一人から、駐車場のスペースが空いたので、それを自分に割り当ててほしいという申し出を受けた。

その営業担当者は勤続年数が長く、このベテラン社員との関係を円滑にスタートさせたいと考えたロジャーは、「もちろん、かまいません」と答えた。その後、1時間も経たないうちに、稼ぎ頭の一人である別の営業担当者が猛然とロジャーの部屋に入ってきて、「辞めてやる」と息巻いた。そのスペースはいつも日陰になっており、それゆえ垂涎の的であり、だからこそトップセールスマンに与えられるのが不文律だったのだ。

一方、ロジャーが取り立てて気に留めることもなく割り当ててしまった相手は、社内で有名な問題社員だった。ロジャーの決定は、花形社員にすれば、とうてい納得できないものだったのである。

結局、コリンズは「こんなことに思い悩むのが自分の仕事ではない。まったくくだらない問題である」と思いつつも、この件の解決に乗り出した。しかし、一個人にまつわる意思決定がチーム全体に影響を及ぼすことがあることを知った。

彼はそれまで、直属の部下一人ひとりと良好な人間関係を築けば、チーム全体がうまく回っていくだろうと考えていた。しかし、部下の監督とチームの運営は別物であることを学んだのである。

新米マネジャーたちからよく聞かされる話がある。それは、部下の一人を特別扱いしたところ、単に関係づくりが狙いだったにもかかわらず、意外にもチーム全体に悪影響が及び、後悔したという話である。自分の力だけで大きな業績を達成してきた人には、このような機微を理解するのは難しいかもしれない。

一対一の関係にこだわる新米マネジャーは、リーダーシップの基本である「グループの結束力をてこに、個人業績を改善し、やる気を高める」ことを無視することになる。健全な組織文化を形成すること、すなわち規律と価値観を定めることで、マネジャーはさまざまな才能の持ち主の問題解決力を発揮させることができる。

誤解❺ 何よりも円滑な業務運営を心がける

一般的にこのように信じられているが、ご多分に漏れず、たしかに一面の真理がある。しかし、真実の一部でしかなく、それゆえ誤解を招きやすい。

すべての業務を円滑に運営することは、信じられないくらい難しいものだ。実際、マネジャーは数え切れないほどの業務をさばき続けなければならない。新米マネジャーにすれば、現状を維持するだけでも、自分の時間とエネルギーのすべてを傾けなければならないだろう。

その一方で、チームの業績をより向上させる改革案を示し、それを実行する責任を負っていることも自覚する必要がある。ほとんどの人が驚くが、多くの場合、自分の権限が及ばないプロセスや組織構造に異を唱えることを意味する。このような役割を理解できて、初めて新米マネジャーはリーダーへの道を歩み始めることができる（**囲み**「もう一つの教訓：権限はみずから獲得するもの」を参照）。

しかし現実は、新米マネジャーの大半が上から指示された改革プランに従うだけである。つまり、チェンジエージェント（改革者）としての自覚に欠けている。

彼ら彼女らは、ヒエラルキーに従った思考と権威へのこだわりのせいで、自分の責任をあまりにも狭く定義してしまう。その結果、チームが失敗した場合、その責任を、制度上の不備や経営陣に転嫁しがちである。また、誰かが問題を解決してくれるだろうと、他人任せになりがちでもある。

しかしそもそもは、管理職の役割について多くが誤解していることが原因である。マネジャーたる者、その職掌範囲内であろうが、よしんばそれを超えていようが、自分のチームの成功に向けて改革を起こす義務を負っている。そこまでの権限が与えられていないことなどは無視してでも、チームのために改革に取り組まなければならないのだ。

このように視野を広げられれば、新米マネジャー本人のみならず、会社にとっても有益である。組織には、たゆまぬ再生と変革が欠かせない。そして、この難題を達成できるのは、現状を維持するために複雑な業務を管理する能力と、変革を引き起こす能力を兼ね備えた有能なマネジャーを数多く抱えた組織だけである。

上司が新米マネジャーの不安を理解する必要性

なるほど、人の上に立つということはまったく難しいものだ。しかし、以上のような誤解に気づけば、新米マネジャーだからこそ、得るところは大きいはずである。

とはいえマネジャーになると、複数の階層の人たちを相手にしなければならない以上、やはりミスを犯すこともある。失敗を学習することは有意義なこととはいえ、けっして愉快なことではない。新米マネジャーは特に、みずからのアイデンティティを叩き直されることとなろう。それは苦痛を伴う。

また、新たな役割をまっとうしようと悪戦苦闘する中、孤独感にさいなまれることも多い。ところが、私の調査によれば、新米マネジャーはえてして、誰かに助けを求めることをあえて拒む。

ここでも、また別の誤解が影を落としている。すなわち、「人の上に立つ人間は何でも知っていなければならず、したがって、助けを請うなど、みずから不適格を認めることにほかならない」という誤解である。

もちろん、何でも知っている者などいないことを、ベテランマネジャーたちはわきまえている。真のリーダーは長い時間の中で、さまざま経験を通じて成長した人である。また、同僚や上司からの支持と支援を仰ぐことで、ＯＪＴの効果が高まることを示す研究も数え切れない。

新米マネジャーが助けを借りようとしないもう一つの理由は、誰かの指導を仰ぐといった人間関係に危険を感じるからである。しかもこれは、実際の危険ではなく想像上のものであることも少なくない。つまり、自分が抱えている不安や欠点、犯したミスなどを第三者に明らかにすると、いつかその情報が漏れて、誰かが攻撃を仕掛けてくるリスクがあるというのだ。

抱えている問題を、上司に打ち明けることも事情は同じである。これは評価者と被評価者の間に起こりがちなもので、古くて新しいジレンマである。そこで新米マネジャーは、やり方を工夫して周囲から支援を仰ぐ必要がある。たとえば、違う地域や他部門の同僚、他社のマネジャーに相談してみるという手がある。

また、上司と部下の関係については、決定打はないとはいえ、問題を軽減することは可能だ。それは、新米マネジャーとベテラン上司の双方にとって有用なものである。

新米マネジャーは直属の上司のことを、味方ではなく脅威と見る。そこで、彼ら彼女らは何でも独力で解決しようとする。本当は助けてほしくても、ミスや失敗への罰を恐れるあまり、むしろ未然に防いでくれるかもしれない救いの手に背を向ける。以下は、ある新米マネジャーの弁である。

「部下を助けることが上司の仕事ですから、上司にもっと相談すべきだというのはたしかに一理あります。上司は経験豊富ですし、私には状況を報告する義務もあるでしょう。上司にはおそらく、何かいい知恵もあるでしょう。ですが、彼に打ち明けるのは得策ではありません。腹の中までは見通せないからです。つまり、質問しすぎれば、彼は私に幻滅し、事態が思わしくないと見なすかもしれません。事態を把握できていないと思われるかもしれず、かえってやぶへびになりかねません。というのも、彼が首を突っ込んできて、部下の仕事について質問を浴びせかけ、いつの間にか深入りしてくるからです。私にすれば、面目丸潰れです。上司に助けを求めるなど、とんでもありません」

実際、このような懸念が現実となることも多い。私が知るところでも、上司と師弟関係になったことを後悔する新米マネジャーが何人もいた。別のある新米マネジャーは、次のように語っている。

「甘いとか、浅はかとか思われそうならば、質問も差し控えます。以前、彼に仕事について尋ねたところ、赤ん坊扱いを受けたことがありました。『こんなひどい状況は見たことがない。いったい全体、お前は何を考えているのだ』とでも言いたげでした」

これは新米マネジャーにとっても、上司にとっても、また組織にとっても、不幸な機会損失だといえる。たとえば、新米マネジャーは、予算から経営陣の優先課題に関する情報に至るまで、有益な社内資産を、最適任者である上司から引き継ぐチャンスを逸している。かたやこの新米マネジャーの上司は、部下が管理職という新しい役職とそこへの取り組み方について抱いている第一印象と誤解について、しかるべき影響を及ぼすチャンスを逃している。

したがって、新米マネジャーが上司と良好な関係を築ければ、状況が一変する可能性がある。しかも、懸念していたような結果が待っているとは限らない。私の調査結果から推察すると、最終的に、新米マネジャーのほぼ半数が上司の助力を仰いでいる。その多くは、迫り来る危機を見越してのことである。

上司が質問やミスについて、予想に反して寛容なことを知り、安堵するケースが多い。ある新米マネジャーは次のように回想している。「上司は私がまだ学習中であることを考慮して、極めて快く、できる限りの手を尽くして助けてくれました」

時として、最良の師がよそよそしい態度を装うこともある。あるマネジャーは、直属の上司から学んだ時の様子を次のように説明している。

「彼女は要求が厳しい人です。でも、部下を見捨てることなく育成し、温かく支援する人という定評があります。とはいえ、最初の2カ月間は、私もそのことに確信が持てませんでした。何もかもうまくいかず、いらいらしましたが、彼女は助けてはくれませんでした。理性を失いそうでした。また彼女に質問しても、逆に問い返されるばかりで、何の答えもくれません。やがて、彼女の狙いがわかりました。状況にどのように対処するのか、自分なりの考えを持ったうえで彼女に尋ねなければならなかったのです。それがわかってから、彼女は私の考えに意見をくれるようになりました。とことん私に付き合ってくれるようになったのです」

彼の体験は、初めてマネジャー職に踏み出す時の難しさを上司が理解すること――思い出すだけでもよい――が大切な理由を如実に物語っている。新米マネジャーの成功を手助けすれば、その恩恵にあずかれるのは当の本人だけでない。彼ら彼女らを成功に導くことは、企業の成功にも、まず間違いなく重要なのである。

もう一つの教訓：権限はみずから獲得するもの

遅まきながら気づかされることが多いが、新米マネジャーの役割は、部下たちが現在の仕事を円滑に処理できるように組織を運営することだけに留まらない。同時に、将来の仕事に備えて改革プランを立案し、これを実行しなければならない。

某通信会社のマーケティングマネジャーに就任したジョン・デローネは、前任者が必要欠くべからざる投資を怠っていたことに気づいた。そこで彼は、何度もマーケティング予算の増額を上申した。これと並行して、マーケティング部門の活動を最適化できるようなＩＴシステムの導入も提案した。

予算の増額を認めさせられないとわかると、彼は、いまのままで生産性を最大化できるように改革に努めた。特に、ジョンが上司に送ったメールへの返事が遅くなるなど、２人の関係が悪化し始めていたこともあって、それが賢明な策だと思われた。

ところが、一定の業務目標を達成できなくなると、ＣＥＯは突然ジョンを解雇した。ジョンが聞かされた理由は「積極性に欠ける」というものだった。ＣＥＯは、新しい重点市場に必要な資金を確保するうえで、ジョンは「手をこまぬいて、必要な支援を仰がなかった」と指摘した。

ジョンはショックを受けて傷付いた。彼にすれば、まったく不当な言い分だった。そこで、「戦略を策定し、予算化する社内手順に欠陥があったためで、自分の責任ではない」と反論した。これにＣＥＯは次のように応じた。「自身の成功に必要な条件を揃えるのは自身の責任である」

第12章

The Memo Every Woman Keeps in Her Desk

悩める女性マネジャーの本音

建前だけの職場の男女平等

南カリフォルニア大学 准教授
キャスリーン・ケリー・リアドン

"The Memo Every Woman Keeps in Her Desk"
Harvard Business Review, March-April 1993 (product #93209).
邦訳初出：「タテマエだけの職場の男女平等　悩める女性マネジャーの本音」『DIAMONDハーバード・ビジネス』1993年6-7月号

キャスリーン・ケリー・リアドン (Kathleen Kelly Reardon)
南カリフォルニア大学の准教授。経営学と組織論を担当。交渉や説得など組織の問題について助言を行う。主な著書に*Persuasion in Practice*, Sage, 1991.がある。

筆者キャスリーン・ケリー・リアドンによる注記（2018年1月）：1993年に本稿を執筆した当時は、社会人になった男性は、父親の世代よりは女性と働くことに抵抗がないと一般的に考えられていた。

当時、女性が男性と仕事において競争することは、現実よりも理論的に受け入れられやすく、特に上級職ではそうだった。また、ほとんどの組織では、性別だけを理由に女性の昇進にあからさまに反対することは受け入れられなかったが、だからといって、そうした感情がなくなったわけではなかった。男女共同参画の問題に関しては、1993年当時もいまも依然として残されている。

もちろん、この25年間に多くのポジティブな変化があった。性別による賃金格差はいくらか縮小した。科学、数学、工学の分野で女性を採用する取り組みが進んだ。女性は以前にも増して大学院の学位を取得するようになり、成功した起業家もよく見受けられる。

しかし、こうした前向きな変化にもかかわらず、本稿で触れたメモの件は、驚くほど時代に即したものであり続けている。この事件は、セクハラや暴行に焦点を当てたものではなく、「女性の価値観や居場所」を徐々に蝕む職場の雰囲気について、一人の若い女性がCEOに知らせようとしたことに端を発している。

この事件は、今日もなお、いくつかの疑問を投げかけている。女性は、自分や他の女性従業員にとって敵対的な職場文化をつくり出している問題について、CEOに伝えるべきか。それは一人で伝えるべきなのか。そのようなメッセージはどのように表現し、伝えるのが正しいのか。どのようなリスクがあるのか。男性CEOがそのような意見に耳を傾け、感謝する可能性はあるのか。

「#MeToo」運動の影響もあり、女性が声を上げることは、特に性犯罪の度合いが比較的低い問題については、リスクが低いように思われるかもしれない。しかし、本当にそうだろうか。それとも、女性たちが自分の経験を安心して共有し、その観察と勇気が歓迎されるだけでなく、大きな変革につながるまでには、まだ長い道のりがあるのだろうか。

編集部による注記：本稿は『ハーバード・ビジネス・レビュー』に掲載された事例を、専門家の解説とともにフィクションで紹介したものです。

ビジョン・ソフトウェアで何が起きているのか

教育産業分野のソフトウェア会社、ビジョン・ソフトウェアのマーケティング開発部において、長い間一緒だった親しい同僚リズ・エイムスに、男性の立場でどんな助言をしたらよいのか――私はいまこのことで苦慮している。

私たちは病的に自己中心主義者だった上司（彼は結局クビになったが）の下で苦労したり、創立以来、最大規模の製品開発の基礎づくりに励んだりと、長い間苦楽をともにしてきた。その間、私たちはお互いの気持ちを理解し合っていたようだった。金曜の夜には外で飲んで一週間の疲れをいやし、月曜の朝はまた新たな気分で仕事に取り組むのが常だった。私たちはこの会社でともに長い間経験を積み、お互いに相手の成功を心から喜び合う関係だった。私がマーケティングディレクターに昇進してドイツに転勤した際には、リズは真っ先に私を祝ってくれた。

毎年社外で催されるマーケティング研修会の最初の夕食会で、私たちはその後初めて顔を合わせた。その折、私は半年間にわたる新しい仕事について、リズに話そうとした。すると彼女は、「至急あなたに相談したいことがあるの」と、きっぱりとした口調で切り出した。要するに、リズはある問題でジレンマに陥り、私の助言を求めていたのだった。つまり、男性の立場でそれについてどう考えるか、参考にしたいという。ある問題とは次のような内容であった。

リズはビジョンのCEOジョン・クラークに宛てて、社内の男女差別について不満を述べたメモを作成した。だがいざとなると、それを送るべきかどうか決めかねて、苦慮していた。リズは社内の男女差別について、これまでめったに触れたことはなかった。だが、いまこのメモを書いたのは社内の実情、リズによると「塹壕で何が起きているのか」を、首脳陣の誰かが知るべき時が来た、と考えたからであった。

リズはその内容の重要性については、いささかの疑念もなかった。だが、問題は相手がそれをどう受け止めるか、そして差出人の運命はどうなるか、という点だった。そこでリズは、社内で最も信頼している男性の私に、どうしたらよいか助言を求めたのである。

「もしこの会社が理想郷だったら、迷わずにこのメモをクラークに送ったでしょう。でも現実的には、それを送った人の身に何が起きるかわからないわ。もし彼が私の意見に賛成なら問題はないけど、その逆だってあるかもしれないでしょう」

「リズ、あなたはこれまで、自分の気持ちをためらわずに私に打ち明けてくれた。そこで聞くけど、最悪の場合には何が起きると思う」

「クラークは私をクビにはしないでしょう。それが最悪の場合という意味ならね。でもこのメモを出したら、私にはね返ってくることがいくつかあると思うの。もし彼が私を信じないか、あるいは私の言っていることは事実とは関係ないと考えるなら、どうなるかしら。きっと私は、過激な女権論者か不満分子として遠ざけられるでしょう。やがて、その噂が社内に広まって、私のキャリアは終わりよ。それとも、彼は私のメモには返事をくれないかもしれない。そして、このケースも握り潰されてしまう。これまでと同様にね。こんなみじめな立場にじっと耐えられるような精神力が私にあるかしら。その自信はないわ」

リズの話を聞きながら、彼女は事態をメロドラマ化しているのでは、と最初は思った。しかし、話し合っているうちに、彼女にとってメモを提出するかどうかは今後のキャリアに関わる一つの賭けであると知った。いずれにせよ、最後の決断は自分自身で責任を負うべきだが、私がどう考えるか知りたいということだった。そこで私はしぶしぶ、とにかくこのメモを寝る前に読んで明朝コメントするよ、と約束した。ホテルの部屋に戻ると、私はきれいにタイプされたメモを膝に置き、スタンドの光で読み始めた。

リズのメモは筋が通っていて、説得力があるように思われた。クラークは塹壕の戦士の声に感謝の気持ちを抱くだろうか。彼はこの会社が、多様性（ダイバーシティ）を重視する進歩的な方針を取ってきたことを誇りにしてきた。このメモは、その方針を新たに推進するチャンスを彼に与えることとなろう。そして、リズが彼の方針を真剣に受け止めていることを評価するかもしれない。

しかし一方、クラークには自負心があるから、会社の方針は建前通りではないということをほのめかされて気を悪くするかもしれない。さらに、リズが毎日顔を合わせるのは、クラークではない。男性の同僚たちすべてがリズの批判を認めているわけではない。リズが彼らについて不満を述べたメモをトップに送ったと聞けば、彼女をシャットアウトするかもしれない。その可能性はあると言わざるをえない。

ところで、メモを送ったことがそんなに問題になるのだろうか。何か原則のようなものはないのか。

私は、リズが指摘する意識的な妨害はたしかにあると知っている。長年の間、私は実際にそれを目撃してきた。リズは私の知る限りでは、最も意欲的でエネルギッシュなスタッフの一人だった。それでも彼女はたえず、自分の権限に挑もうとする男性たちに自分の実力を示さなければならなかった。そのため、リズはすっかり神経をすり減らしてしまい、会社を辞めようかと思ったことが何回もあったと記憶している。

もし辞めてしまったら、せっかくの経験が失われてしまう。私の知る限りでは、リズは指導者の下で働く方法を誰よりもよく心得ている。現在我が社の売上高の20％を占める「ビジョン2」製品ラインの成功は、彼女の完璧な追跡市場調査に負うところが多大であった。

もちろん、男性陣もプレッシャーを受けているが、その形態は異なるのかもしれない。ビジョンは全般的に厳しい会社で、マーケティング部門はその最たるところであった。私自身も辞めたいと思ったことが数え切れないほどあった。多くの男性が失脚する一方で、多くの女性が成功するのを見てきた。

たとえば、マリアン・ブラックウェル（リズのメモにある女性幹部）のケース。彼女はまるで手袋のように、ビジョンの社風にぴったりの社員だった。自分の意見が取り上げられなければ、ひるまずもう一度発言した。彼女が辞めたのは、精神的に消耗したからではなく、チャレンジする目標がなくなってしまったからだと私は思っている。また、もう一人の女性幹部スーザン・フレンチが辞めたのは、次のような理由だった。彼女はバイスプレジデントの地位に昇進したものの、男性の前任者たちに与えられていた意思決定権を奪われたからだった。このことはリズのメモには指摘されていない。

私はリズが提起した問題と苦闘しているうちに、彼女のジレンマが私に乗り移ってきたことに気づいた。それは次のようなものだった。

❶私がリズにそのメモを送るように助言したとする。その場合、彼女は結果的にどんな苦境に立たされるのか、私には考えが及ばないのではないか。

❷メモを送らないように助言したとする。その場合、彼女が述べているような社内でのみんなの振る舞いを私は大目に見ていることになるのか。

❸会社の厳しい環境によって挫折するのは女性ばかりではないと示唆したら、私は彼女の立場について鈍感だ

ということになるのか。

❹この問題について何の助言もしないとしたら、メモの内容が私には理解できない、ということになるのか。

さて、私はリズにどう告げたらよいのだろうか。

CEO ジョン・クラーク様

1993年3月8日
消費者マーケティング部長 エリザベス・C・エイムス

私はビジョン・ソフトウェアのマーケティング部に10年以上勤務し、その間部門の一員として新しい仕事にチャレンジし、成果を収めて参りました。この興味深く活気に満ちた会社で働くことができて、私は大変嬉しく思っています。そして全般的には、会社にも自分の仕事にも愛着を持っています。それが私の気持ちですが、実はこのたび、女性としては最高幹部のマリアン・ブラックウェルとスーザン・フレンチの辞任を告げるCEOのメモを拝見して大変驚いています。

ご承知のように、女性の最高幹部が辞めたのは、これが最初ではないのです。9カ月前にはキャスリン・ホッブス、その1年前にはスザンヌ・ラヘイズが辞めています。その理由は、意外なほど似通ったものでした。つまり、「家族と一緒にもっと多くの時間を過ごしたい」、あるいは「新しいキャリアへの道を開くため」でした。そこで私は、その裏には「気がかりなパターン」が潜んでいることを認めざるをえないのです。

これまでみずからのキャリアを熱心に追求してきたこれらの有能で誠実な女性幹部が、なぜ急に方向転換をしたり、家庭でもっと多くの時間を過ごしたりしたがるのだろう。このことは、私が長い間真剣に考えてきた問題です。

ビジョンは女性を雇い入れ、昇進への道を開き、トップみずから女性の業績を認め、それに報いるという方針を取っています。ところが実際には、社内の全般的な雰囲気は、むしろ女性の価値と地位についての自意識をじわじわと侵食する傾向を示しています。

幹部クラスの女性が辞めていくのは、他の目的のためではなく、女性を失脚させようとする社内の空気に立ち向かうことに疲れたからだと思います。多くの男性社員は気づかないでしょうが、女性の立場からは見過ごせないような日々の小さな出来事は、暗に次のようなメッセージを伝えています。「男性の同僚と比べて重要性、才能などが劣り、群を抜く見込みは少ない」

この点について、具体的にまず会議を取り上げてみたいと思います。会議はビジョンでは日常的に開かれ、女性にとっては最も自尊心を傷付けられるケースの一つです。話をしている最中に、女性はしばしば口出しをされたり、話の腰を折られたりして、まったく耳を傾けてもらえないことがよくあるようです。

たとえば、先週の会議では10人の男性と私のほかに1人の女性が出席していました。彼女がプレゼンテーションを開始するやいなや、あちこちでおしゃべりをする声が聞こえてきました。彼女のプレゼンは素晴らしい内容でしたが、出席者の注目を集めることはできなかったようです。

質疑応答に入った時、一人が軽蔑するような口調で、「2年ほど前にこれと似通ったことをやったけどうまくいかなかったよ」と発言しました。そこで彼女は、この発想は当時のものとどう違うか説明しましたが、耳を傾けてもらえませんでした。私が彼女の発想に興味を示して支援しようとしましたが、さえぎられてしまったのです。

このようなケースは、会議に限られているわけではありません。女性は歓迎されず、また軽く見られていると感じさせられたことは多々あります。たとえば、ある部では年に2回、「男性専用バー」付きのカントリークラブで研修会を開いています。会議が終わると、男性は専用バーにたむろして雑談にふけり、女性は静かに退場します。言うまでもなく、このようなくつろいだ会話を通じて、重要な情報がしばしば交換されるのです。

さらに、ほとんどすべての正式な会議に続いて、ドアを閉め切って非公式の会議が何回も開かれますが、女性が招かれることはめったにありません。また、公式の会議に先立つ討議についても、私たちに内々に声がかかることはありません。そのため私たちは、部長の考え方を知る機会は男性に比べて少なく、当然、それに対応する用意も十分にできないのです。

さらに、私たちは男性の同僚から、ふと何げなく口に出たかのような女性軽視の言葉を毎日浴びせられています。

私の同僚は最近、自分がいかに女性を尊敬しているか、こう自慢していました。「私の妻は私の翼の下を吹いてくれる風だ。実は私のことを〝ミスター・カレン・スナイダー〟と呼ぶ人が何人かいる」。この言葉に男性はくすくす笑いましたが、女性は笑いませんでした。

先週のことですが、男性の同僚が5時30分に席を立って、「今日は早く帰らせてもらう。今晩ママの役を演じなければならないのでね」と冗談めかして私たちに言いました。私たち女性は毎晩その役を演じていますが、この男性のように、周囲の笑いを誘うような冗談を言うわけにはいきません。むしろ、ほとんどの女性は家族のことには努めて無関心を装っているのです。

以上のケースはいずれも一つを取れば些細なことですが、それがさまざまな形で何回も繰り返されれば、強い力で私たちに迫ってきます。ビジョンの女性社員は、女性の発想にも耳を貸してくれるよう、そして非公式の情報という壁を取り除こうと戦っているのです。そのエネルギーは、前進のためではなく現状維持のために費やされ、やがて消耗してしまうでしょう。

このような現状について、ビジョンの多くの女性社員は私と同じような見方をしているものと確信しています。辞職した2人の女性幹部、マリアン・ブラックウェルとスーザン・フレンチも、おそらく同意見ではなかったでしょうか。

最後に、ビジョンが今後、教育関連のソフトウェア業界でトップに立つためには、男性だけではなく女性の協力も必要なのです。男性だけが会社を支えているのではないということを、もっと強く、はっきりと打ち出すべきではないでしょうか。このような改革は、トップがみずから率先してそれを推進してこそ、初めて実現できるものと思います。

私がこのメモを書きましたのは、このことをお伝えしたかったからです。何か私でお役に立つことがありましたら、どうかご連絡いただきたいと存じます。

リズはトップにメモを送るべきか――職場の男女差別の問題について識者に聞く

コメント1

リチャード・D・グローブスキー（Richard D. Glovsky）

元USアーニーズ・オフィスの民事部部長。雇用関係の法律専門事務所グローブスキー・アンド・アソシエーツの創設者。

現時点では、このメモをトップに送らないようにリズに助言したい。そもそも社内の動向に常に目を光らせているトップなら、このような男女差別が職場で起きているのを許したりはしないであろう。

要するに、リズに関する問題は、クラークがこのような事態をそれとなく黙認しなかったら起きないはずだと思う。だからこそ、リズのメモへの対応についてクラークを信用するわけにはいかない。

したがって、リズはメモを送らずに、知恵を絞って自分の力でこの問題と取り組むべきである。そこでまず手始めに、４人の女性、マリアン・ブラックウェル、スーザン・フレンチ、キャスリン・ホッブス、スザンヌ・ラヘイズと話し合う。そして、彼女たちが自分と同様の見方をしているのか、また、自分を公然と支援してくれるかどうかを確かめる。加えて、秘密保持について信頼できる他の女性社員とも相談すべきである。

リズは一人で事を起こしてはならない。特に相手が男性の場合は、彼女の立場に同情するより、むしろ何の反応も示さない可能性が強い。もしリズが自分の主張を確証してくれる他の女性グループの支援（そして、それについての声明文）を得られるなら、クラークを動かして、次のような軌道修正をさせることができよう。それは、「ビジョン・ソフトウェアの雇用環境を再検討し、全社的にリズの問題と取り組む」ことである。

最後に、もしリズが自分の主張をクラークにぶつけようと決心したら、できるだけ多く腹心の同僚を集めて、一緒にクラークに会う。あるいは、何人かの社員が署名したメモをクラークに送ることをリズに提言したい。クラークとの会合では、リズは一人で発言してはならない。発言の内容について、各自テーマを決めて順番にクラークに伝える。そうすれば、彼の矛先が一人に向けられることはない。おそらく、彼は執念深いところがあって、グループのリーダーを狙い撃ちするかもしれない。

結論として、残念ながら、クラークはリズのメモに前向きな反応を示さないかもしれない。したがって、リズはもっと計画的で幅広いアプローチを取るべきだと考える。

コメント2

フィリップ・A・マリノー(Philip A. Marineau)

クエーカー・オーツのエグゼクティブバイスプレジデント兼COO。

私はリズに、メモをクラークに送るよう助言する。たしかにそれはリスクを伴うが、メモを送らなければ彼女の挫折感はますますエスカレートし、やがて辞職に追い込まれるであろう。クラークはすでに、2人の女性幹部の辞職で危機感を抱いている。そして、他の女性社員を引き止めるにはどうしたらよいかと頭を痛めているのではなかろうか。もしクラークが賢明なら、リズが抱えている問題に耳を傾けるだけではなく、この種の問題の解決方法を見出すために彼女の手を借りるであろう。

私自身の体験によれば、性別、人種、経験などにかかわらず、優秀で勤勉な社員の意見を聞くことは、私の仕事に欠かせない重要な点である。それは、経営陣としてどこにいっそう多くの経営資源を投入し、どのような気配りをすべきかをはっきりと把握するための最善の方法であると考える。

我が社のダイバーシティ協議会は、人口統計的背景の異なるさまざまなスタッフから成り、すべての部門や役職を代表する人々を網羅している。この協議会を通じて、私は次のことを認識するに至った。「マネジャーの育成についての伝統的な方法は、それだけでは経営首脳陣の多様性を大きく増進することはないであろう」

会社の現状を改善するためには、トップが率先して改革に着手しなければならないと私は確信する。当社で組織されたタスクフォースの任務は、女性や少数民族のエグゼクティブの昇進などについて、具体的な勧告案を作成することである。さらに、それを実行に移すためには、測定できるような目標を定め、細心かつ継続的にその進展状況をモニターする。そして、この任務を首尾よく達成したマネジャーに報酬を与え、それを怠ったマネジャーを罰する。

消費財分野の企業としての当社のマーケティング理念は、顧客に密着することである。成功への我が社の方針とトップの構成は、この理念を反映するものでなければならない。

ビジョン・ソフトウェアのシニアエクゼクティブは、自社の将来の最善の利益を図るために、我が社を見習うべきではなかろうか。

コメント3

ジェイ・M・ジャックマン(Jay M. Jackman)
精神科開業医であり、組織改革、特に「ガラスの天井」に関心を持つコンサルタント。
マイラ・H・ストローバー(Myra H. Strober)
スタンフォード大学教育学部の労働問題専門のエコノミスト、女性・少数民族の雇用問題コンサルタント。

優れた登山家の言葉を借りれば、登頂に成功するためには、周到な準備をしなければならない。たとえば、チームのメンバーを選び、全員の体調を十分に整え、第一級の登山用具を集め、経験豊かなガイドを雇うなどが挙げられよう。

会社のCEOに男女差別の問題を持ちかける場合にも、登山と同様にそれなりの準備が必要なのだ。リズはもちろん男女差別の問題について、クラークと話し合うべきである。だが、一人で彼にぶつかってはならない。また、その時機はまだ熟していない。さらに、この問題を彼に提起する場合は、メモを送るという方法を取るべきではない。

リズはこの登山の厳しさを甘く見てはならない。職場での女性軽視は一般的な風潮で、容易には変えられない。というのも、その背景には次のような要因が潜んでいるからだ。男女の考え方や振る舞い方の複雑な絡み合い、企業構造や業務遂行方法、家族制度的な慣行などが挙げられる。

リズが述べているような社内でのみんなの振る舞いは、CEOに気づかれることなく、少なくとも10年くらいは続いていたという（それはけっして特別なケースではない）。この事実は、現状を変えることがいかに難しいかをはっきりと示している。

ところで、いまCEO自身にもこの問題が波及している。そこで、リズのタスクは、それを解決するためにクラークを味方に引き入れなければならない。大変な離れ業である。

まず、リズは同志を集めなければならない。その中には、ビジョンの女性社員（退職者を含めてもよいかもしれない）をはじめ、男性社員も含まれよう。自分一人の力でクラークの考え方を変えようとするのは、単独でアルプス登山を試みるのと同様に無謀なことである。

次にリズは、クラークに提出するこのケースを補強する必要がある。つまり、メモに引用されている「逸話」

よりもっと迫力のある資料が必要である。そして、単なる憶測ではなく、なぜ女性社員が辞めていくのか、その具体的な理由をクラークに提示しなければならない。

さらに、専門家に相談することをリズに勧めたい。数多くの専門家やコンサルタントが、男女差別行為の背後にある動因は何かという問題について、女性社員や企業側に助言し、その解決に協力している。男女差別の改善のために、トップに効果的にアプローチするためには、専門家のアドバイスを受ける必要がある。究極的には、企業のカルチャーと構造を大きく変えなければ、この問題は解決できないであろう。

最後に、リズはグループの中から1人か2人を選び、メモではなく直接クラークと話し合うよう勧告したい。現時点では、男女差別についてクラークがどう考えているのか、リズには見当がつかないからである。

この会合で、リズは彼が自己防衛的な態度を取るかどうか、つぶさに観察し、男女差別問題の解決について協力的かどうかをテストできよう。そうすれば、彼が後押ししてくれそうな改革案を提言するチャンスが徐々に開かれるであろう。

勤続10年のキャリアウーマンは、会社にとって貴重な資産である。働く女性全体の雇用制度の改革を進めるに当たって、これらの人たちが自分を不利な立場に追い込むようなことがあってはならないのである。

コメント4

グロリア・スタイネム（Gloria Steinem）

『ミズ・マガジン』の創始者、編集顧問、フェミニズムの論者、オーガナイザー。著書に『ほんとうの自分を求めて』（中央公論社）がある。

もし職を失ったらたちまち食べていけなくなるか、ホームレスになるといった心配がないなら、このメモをクラークに送るよう、リズに助言したい。そうしなければ、リズは自分自身ばかりか、他の女性社員の長期的な利益を損なうことになる。同時に、会社に対しても、最善と思われる提言を怠ることになろう。

このことを踏まえたうえで、リズのメモのトーンを変えるよう助言したい。このメモには、何か弁解がましいところが感じられる。また、ビジョン・ソフトウェアの目標にもいっさい触れていない。そこでリズは、ビジョンが従業員の便益と自社の収益高に長期的に反映されるような経営路線を選択するよう、クラークに申し立てるべきである。

その場合に、次の点を念頭に置いていただきたい。市場でライバルを追い抜けるような先端テクノロジーについてトップに語るかのように、熱意を込めてメモを作成する。というのは、このことこそまさに、先端テクノロジーの発見に匹敵する壮挙なのだから。それが、ビジョンの製品（教育関連ソフト）のような無生物ではなく、人的資源関連の「ソフト」だからといって、それほど重要でないとはいえない。むしろもっと重要でいっそう大きな波及効果があるかもしれないのだ。

そこでリズは、経験豊かなエグゼクティブを失った場合の代価について、たとえば会社と業界の統計のような「ハード」を用いてこの点を強調する。その狙いは、女性社員の問題はトップ自身の問題でもあり、したがって、その解決は自分にとってもプラスになる、ということをトップに認識させることである。このような「感情移入」は、まさに企業革命を誘発する激情の発露なのである。

最後に、このケーススタディにおいて興味深いのは、リズの男性の同僚が次のいくつかの問題について、何ら触れていないことである。

❶このメモに連署すべきか。

❷自分のメモを添えて、このケースを支援すべきか。
❸リズとともに男女を問わず、他の協力的な同僚に対して、リズの行動への参加を呼びかけるべきか。

このようないくつかの選択肢に触れていないということは、男女差別は女性の問題と見なされている風潮の表れといえよう。それはまさに、実際にはすべての人に関わる人種差別が、有色人種だけの問題とされているのと同様なのである。偏見という問題は、実権を持つ立場の人々が、それを打破する責任をみずから負わない限り、今後も社会全体の活力を弱めるであろう。

恐竜が進化しないとすれば……

ジョリーン・ゴッドフリー (Joline Godfrey)

10代の女性を対象とする起業家教育の会社An Income of Her Ownの創設者。著書に、*Our Wildest Dreams*, Harper Business, 1992. がある。

過去20年間に女性経営者の割合は、5%から30%を超えるまでに跳ね上がり、さらに上昇を続けている。1992年末の統計が発表されれば、女性が経営する企業で働く従業員数は、フォーチュン500を合わせた従業員数を上回るものと予想される。リズのメモを読むと、その理由の一端がわかる。要するに、ビジョン・ソフトウェアのような「恐竜」が、現状のまま変わろうとしないなら、やがて地上から消えていくであろう。

長年にわたって「ガラスの天井」に頭をぶつけてきた挙げ句、企業で働く大勢の女性たちは、こう思い始めた。身だしなみについて学び、適切な学位を取得し、職場の環境に適応しようと苦心してきたのに、ほとんど何の役にも立たなかった、と。

一定の年齢に達し、自意識に目覚め、歓迎されないような環境に何とか適応しようと努力することに疲れ果てた女性たちは、会社に見切りをつけ、自分に適した事業を始める動きが強まっている。

意を決してこのようなメモを書いたリズも、冷たい社風から離れようとしているのである。彼女がメモを送るかどうかは重要なことではなく、注目すべき点は、彼女の気持ちがすでにそのような方向に傾いてきたことなのだ。リズは過去10年以上にわたる勤務を通じて、会社にとって有益なさまざまな提言を行ってきた。そしていま、これ以上エネルギーを消耗したくないと決心したなら、それは彼女の特権である。

ハーバード・ビジネス・スクールでは、かつて企業で働くある女性のケースを取り上げた。自分の発想が「実行不可能」として拒否されたため、彼女はやがて会社を辞めた。そして1社に留まらず、2つの会社を創設し、いずれも好業績を上げている（"Ruth M. Owades," HBS 9-383-051, revised Feb. 1985を参照）。このように、トップにメモを送ったり警告を発したりすることに疲れ切った女性たちは、自立への道を歩んでいる。

結局、リズがメモを送るかどうかに関係なく、ビジョンのトップが従業員のチャレンジにどう対応するかが、同社の分かれ目となろう。

排他的風潮にどう打ち勝つか

ポール・ホークン (Paul Hawken)

環境活動で知られる通信販売会社スミス・アンド・ホークンの創設者。著書に『サステナビリティ革命』(ジャパンタイムズ)がある。

リズ・エイムスのジレンマは、企業で働く人々全般にわたるいっそう大きな問題を提起している。それは、私たちが自分の考えを正直に表明できないような組織がつくられたのはいったいどうしたわけなのか、ということである。ボパール有毒ガス漏れ事故、スリーマイル島原発事故、フォード・ピント車の事故などはすべて、従業員がトップに(警告的な)メモを送らなかったり、あるいはトップがそれを読まなかったりしたことが原因となっている。

ところで、ビジョン・ソフトウェアの経営不振は、排他的社風によるものである。つまり、経営側が社内の実態を直視しようとしないために、内部的にも市場でも苦境に陥っており、今後もそうした状態が続くであろう。同社が社員に対して協力的で、支えとなるような方法で、社内の仕組みを理知的に開示できないなら、教育関連ソフトの作成という、自社の使命に反することになる。ビジョンの役割とリズのチャレンジは、周囲から情報を吸収して、それを人間であれ組織であれ、たえず進展するシステムに組み入れることである。それがすなわち学習なのである。

会社組織が社会的、環境的に責任ある存在となるように提案するとしたら、企業は自然界に学ばなければならない。有機的システムはすべて、周囲の生命との関係を再調整する働きを持つフィードバックループにたえず依存している。ビジョンの社風は、男女差別や適応性に欠ける振る舞いを強化するようなフィードバックループのみを受け入れているようだ。したがって、リズはメモをトップに送るべきである。

結局、彼女のキャリアはその点にかかっている。それはおそらく、ビジョンでのキャリアではなかろう。特に、彼女のメモが冷たい目で読まれるとすれば、なおのことである。リズは自分が会社に入ったのは、単に給料を家に持ち帰るためではなく、ビジネスの世界で自分の価値と資質を発揮するためである、ということを念頭に置かなければならない。

もしリズがメモを提出しないなら、彼女は自己の英知と自我の意識を抑圧して、十分に機能しない経営システムに従うという、新たなジレンマに立たされることになる。その結果、リズは自分の価値を失ったような虚脱状態に陥るであろう。価値の増大を必死に求めているビジネス界にとって、それは多大な損失である。企業の目的が価値の増大であるならば、企業の内部に目を向けるのが最も効果的ではないだろうか。

第13章

Why Do So Many Incompetent Men Become Leaders?

適性に欠ける男性がリーダーに登用される理由

「自信」と「能力」は別物である

マンパワーグループ チーフイノベーションオフィサー
トマス・チャモロ＝プレミュジック

"Why Do So Many Incompetent Men Become Leaders?"
HBR.org, August 22, 2013 (product #H00B50).
邦訳初出:「適性に欠ける男性がリーダーに登用される理由」『DIAMONDハーバード・ビジネス・レビュー』2022年6月号

トマス・チャモロ＝プレミュジック（Tomas Chamorro-Premuzic）
マンパワーグループのチーフイノベーションオフィサー。ユニバーシティ・カレッジ・ロンドンとコロンビア大学で教鞭を執る。ビジネス心理学を担当。ディーパー・シグナルズ・ドットコムの共同創業者であり、ハーバード大学アントレプレニュアル・ファイナンス・ラボのアソシエートも兼務する。

女性マネジャーはなぜ過小評価されるのか

女性マネジャーは明らかに過小評価されている。それについては、一般的に3つの説明がある。①能力がない。②マネジメントに興味がない。③能力も興味もあるが、「ガラスの天井」を破ることができない。

ガラスの天井とは、偏見とステレオタイプが原因の目に見えないキャリアの壁のことで、女性の昇進を妨げている。保守派と男性優越論者は1つ目の説明を支持する傾向があり、リベラル派とフェミニストは3つ目を好む。どちらにも賛成できない人は2つ目の説に落ち着くのが相場となっている。だが、3つとも問題の全体像が正しく見えていないのではないだろうか。

私の考えでは、管理職に占める男女比率がバランスを欠いている主な原因は、私たちが「自信」と「能力」を区別できないことにある。つまり、すべての人間は、一般に、自信がありそうな人を見ると能力があると間違った判断を下してしまうために、男性は女性よりリーダーに向いていると思い込んでいるのだ。

言い換えると、リーダーに女性より男性が多いのは、尊大さ（困ったことに、これがしばしばカリスマ性や人間的魅力として受け入れられる）がリーダーとしての能力のように思われていて、尊大な人間は女性より男性に多いからにすぎない、ということだ（アルゼンチンからノルウェー、米国から日本まで、そのことに例外はない）(注1)。

この考えは、リーダーのいない集団では自己中心的で自信過剰なナルシストがリーダーに選ばれる傾向があるという知見とも、そのような人格特性は女性より男性で多く見られるという知見とも一致する(注2)。

ジグムント・フロイトも、リーダーを生む心理的プロセスは人々（フォロワー）が自分たちのナルシシズム的傾向をリーダーの性向の中に読み取る時に生じる、と論じている。リーダーに対するフォロワーの愛は偽装された自己愛であり、自分を愛せない人々がおのれを愛する代わりにリーダーを愛するのだ、と。

「自分の一部を放棄している人は、他者のナルシシズムに強く引かれる。満たされた心理状態を維持できる人々をうらやんででもいるかのようだ」

実のところ、世界のほとんどどこでも男性は、自分たちは女性より賢いと考える傾向がある。[注3]だが、傲慢と自信過剰はリーダーシップに求められる性向とは反対のものだ。リーダーシップとは、優れたチームをつくり、機能させ続け、フォロワーに私心を捨てて集団のために働くことを促す能力なのだから。

実際、スポーツ、政治、ビジネスのいずれにおいても、最高のリーダーは謙虚であることが多い。生まれ付きの性質においても、成育過程で獲得した性質においても、謙虚さは男性よりも女性に多く見られる。たとえば、謙虚な行動のドライバーともいえるＥＩ（emotional intelligence：感情的知性）において、女性は男性より優れている。[注4]

ジェンダーの違いがパーソナリティに与える影響について、26の文化から2万3０００人以上の参加者を集めて行った定量的調査では、女性は男性よりセンシティブで、思いやりがあり、謙虚であることが判明している。これはおそらく、社会科学の中で最も直感と一致する発見の一つである。[注5]

リーダーのパーソナリティの負の側面を調べると、さらに明確になることがある。40カ国のさまざまな産業部門から、何千人ものマネジャーを抽出して調べたところ、男性は常に女性より傲慢で、操作的で、リスクを冒す傾向があると判明した。[注6]

逆説的だが、男性をビジネスや政治の世界で頂点に押し上げる心理的特性は、彼らを失敗と転落に導く心理的特性でもあるということだ。言い換えれば、リーダーになるうえで役立った資質は、その仕事をまっとうするために必要な資質とは異なるどころか、反対のものだということだ。だからこそ、これほど多くの無能な人間が、有能な人を差し置いてリーダーの座に居座っているのだ。

神格化されたリーダーたちの顔を思い浮かべると、パーソナリティ障害に似た性格を見て取ることができる。ナルシシズム（スティーブ・ジョブズやウラジミール・プーチン）、演技性パーソナリティ障害（リチャード・ブランソン、スティーブ・バルマー）、マキャベリスト（ほぼすべての国政レベルの政治家）、サイコパス（適当な専制君主を思い浮かべていただきたい）などだ。

男性には無能さに報酬を与え、女性には有能さを罰する

悲しむべきことは、これらの伝説的リーダーが、私たちの周囲にいる平凡なマネジャーとかけ離れた存在ではなく、平凡なマネジャーが、これら伝説的マネジャーと同じ心理的特性を持っているということだ。そして、そのために失敗するということだ。

実際、政治家であれ企業家であれ、リーダーはいつか失敗する。ほとんどの国家、企業、社会、組織は、お粗末なマネジメントの下に置かれている。平均寿命や所得、政権支持率を見ても、あるいはリーダーが市民、従業員、部下、メンバーに及ぼす影響力を見ても、それは明確だ。優れたリーダーは例外である。

だから、『リーン・イン』（世界的ベストセラーとなったシェリル・サンドバーグの著書）をめぐる議論の多くが、速度を落とさずにカーブに突っ込んでいくリーン・イン走法のようなリーダー特性を女性に求めているように思えて違和感があった。

たしかに、私たちはこういうタイプの人間をマネジャーに選んでいる。だが、本当にそれでいいのだろうか。

効果的なリーダーシップにとって真に有利な性格特性のほとんどが、管理職向きではないと思われている人の中にむしろ多く見られる。これは特に女性に当てはまる。

女性のほうが男性より効果的なリーダーシップスタイルを採用しやすいという議論があり、それには説得力のある科学的証拠が存在する。特に注目に値するのは、アリス・イーグリーらが行った関連諸研究の包括的レビューだ。(注7)それによると、女性マネジャーは、部下から尊敬され、部下に誇りを与え、ビジョンを効果的に伝え、エンパワーし、指導し、問題に対して柔軟かつ創造的な方法で取り組み（いずれも「変革的リーダーシップ」を構成する要素だ）、部下に公平に報いる傾向がある。

対照的に、男性マネジャーは、部下との絆やつながりが弱く、実際の業績に応じて報いるという点でも女性より劣ることが数字に表れている。ただし、その結果には、調査対象となった女性マネジャーは比較対照される男性マネジャーよりレベルが高い（男性より厳しい条件をクリアしてその地位に就いた）というサンプルの偏りが反映されている可能性はある。残念ながら、リーダーシップ能力の男女差については、昇進における偏りがなくなるまで、真実を知る術はない。

要するに、女性がリーダーになるには多くの障害を克服し、分厚いガラスの天井を破らなくてはならない。それも大問題だが、もっと大きな問題は、無能な男性には同じような障害がないことと、平均的な男性を無能なリーダーに押し上げている心理的特性がリーダー的資質と履き違えられていることだ。(注8)

その結果が、男性には無能さに報酬を与え、女性には有能さを罰するという、すべての人に不利益しかもたらさない、心理学的研究の対象になりそうな現在のビジネスや政治を生んでいるのである。

【注】

（1）Adrian Furnhama et al., "Male Hubris and Female Humility? A Cross-Cultural Study of Ratings of Self, Parental, and Sibling Multiple Intelligence in America, Britain, and Japan, " *Intelligence* 30, no.1 (January-February 2001): 101-115; Amanda S. Klabzuba and Michael D. Mumford, "When Confidence Is Detrimental: Influence of Overconfidence on Leadership Effectiveness," *The Leadership Quarterly* 22, no.4(August 2011):649-665; Ernesto Reubena et al., "The Emergence of Male Leadership in Competitive Environments, " *Journal of Economic Behavior & Organization* 83, no.1 (June 2012): 111-117.

（2）The Ohio State University, "Narcissistic People Most Likely to Emerge as Leaders," Newswise, October 7, 2008, https://newswise.com/articles/view/545089/.

（3）Sophie von Stumm et al., "Decomposing Self-Estimates of Intelligence: Structure and Sex Differences Across 12 Nations," *British Journal of Psychology* 100, no.2 (May 2009): 429-442.

（4）S.Y. H. Hur et al., "Transformational Leadership as a Mediator Between Emotional Intelligence and Team Outcomes," *The Leadership Quarterly* 22, no.4 (August 2011):591-603.

（5）Paul T. Costa, Jr. et al., "Gender Differences in Personality Traits Across Cultures: Robust and Surprising Findings," *Journal of Personality and Social Psychology* 81, no.2 (September 2001):322-331.

（6）Blaine H. Gaddis and Jeff L. Foster, "Meta-Analysis of Dark Side Personality Characteristics and Critical Work Behaviors among Leaders across the Globe: Findings and Implications for Leadership Development and Executive Coaching," *Applied Psychology* 64, no.1 (August 27, 2013).

（7）Alice H. Eagly and Blair T. Johnson, "Gender and Leadership Style: A Meta-Analysis," *Psychological Bulletin* 108, no.2 (September 1990): 233-256.

（8）A. M. Koenig et al., "Are Leader Stereotypes Masculine? A Meta-Analysis of Three Research Paradigms," *Psychological Bulletin* 137, no.4 (July 2011): 616-642.

第14章

How to Promote Racial Equity in the Workplace

職場の人種差別を解消する5つのステップ

バイアスの認識から始める

ハーバード・ケネディスクール・オブ・ガバメント 非常勤講師
ロバート・リビングストン

"How to Promote Racial Equity in the Workplace"
Harvard Business Review, September-October 2020 (product #R2005D).
邦訳初出:「職場の人種差別を解消する5つのステップ」『DIAMONDハーバード・ビジネス・レビュー』2021年2月号

ロバート・リビングストン（Robert Livingston）
ハーバード・ケネディスクール・オブ・ガバメントの教員を務める。著書として*The Conversation: How Seeking and Speaking the Truth About Racism Can Radically Transform Individuals and Organizations.* Currency, 2021.がある。

職場での人種差別は解決できる問題である

職場での人種差別は解決が難しい問題に思えるが、正しい情報、インセンティブ、投資によって効果的に対応できる。企業のリーダーは、世界を変えることはできなくても「周辺世界」は変えられる――。

組織というのは比較的小さな自律的集団であり、リーダーはそこで文化規範や手続き規則を、かなりの程度コントロールできる。そのため組織は、人種的公正を促す方針や実践を進めるのに、理想的な場所となる。本稿では、その目標へ向けて大きく持続的に前進するための実用的なロードマップを提供する。

筆者は学者生活の多くをダイバーシティ（多様性）やリーダーシップ、社会正義の研究に費やしてきた。そして長年、多くのフォーチュン500企業、連邦機関、非営利組織、地方自治体とこれらのテーマに取り組んできた。多くの場合、これらの組織が筆者に声をかけるのは、危機的で困った状態に陥っているからだ。要は痛みを手っ取り早く止めたいのだ。しかしそれは、患者の根本的な健康状態を理解しないまま、処方箋をとにかく書いてほしいと医師に頼むようなものだ。

持続的かつ長期的な解決策を得るには、薬だけでは事足りない。組織も社会も、症状をすぐ和らげたいという衝動に抗い、病気そのものに焦点を当てなければならない。さもないと、何度も病気を繰り返すおそれがある。

組織内の人種差別に効果的に対処するには、まず、問題が存在するのかどうか（十中八九存在する）、そして存在するならそれはどんな問題で、どこに起因するのかについてコンセンサスを築くことが重要だ。

多くの従業員が有色人種に対する差別が社内に存在するとは考えていなかったり、さまざまなコミュニケーシヨンチャネルで、白人が自分たちこそ差別の本当の被害者だと感じているとの声が高まっていたりしたら、ダイバーシティの取り組みは、解決策ではなく問題として認識される。そうした取り組みがよく恨みを買い、抵抗に遭うのは、このことが理由の一つである。なかでも中間管理職からの抵抗が強い。

公正を推進する取り組みへの従業員の反応を決めるのは、現実ではなく信条や考え方だ。したがって第一のステップは、何が現実で、それがなぜ組織にとって問題なのかについて、全員に共通の理解を持たせることである。だが、認識を高めるだけでは十分でない。効果的な介入は多くの段階を経る必要がある。筆者はそれらを「PRESS」と呼ぶモデルに統合した。組織が順に踏むべきステップは次の通りだ。①問題認識（Problem awareness）、②根本原因分析（Root-cause analysis）、③共感（Empathy）、すなわち問題およびそれで苦しんでいる人々に対する一定の憂慮、④問題に対応するための戦略（Strategy）、⑤献身的行動（Sacrifice）、言い換えれば戦略の実行に必要な時間、労力、資源を投入しようとする意思（図表14-1「人種的公正へのロードマップ」を参照）。組織として、まず根本的な状況を理解し、次に本当の意味で憂慮し、是正策に集中するという流れである。

では、これらのステップをもっと詳しく検討し、それぞれが人種的公正を目指す過程にどんな実際的影響を及ぼすのかを見ていこう。

ステップ❶ 問題認識

多くの人は、有色人種が人種差別で虐げられ続けているのは明らかだと思うかもしれない。だが調査から常に

図表14-1｜**人種的公正へのロードマップ**

組織として、次のようなステージを順に進める。まず基本的な状況に対する理解を確立し、次いで心からの憂慮を促し、最後に問題の是正に集中する。

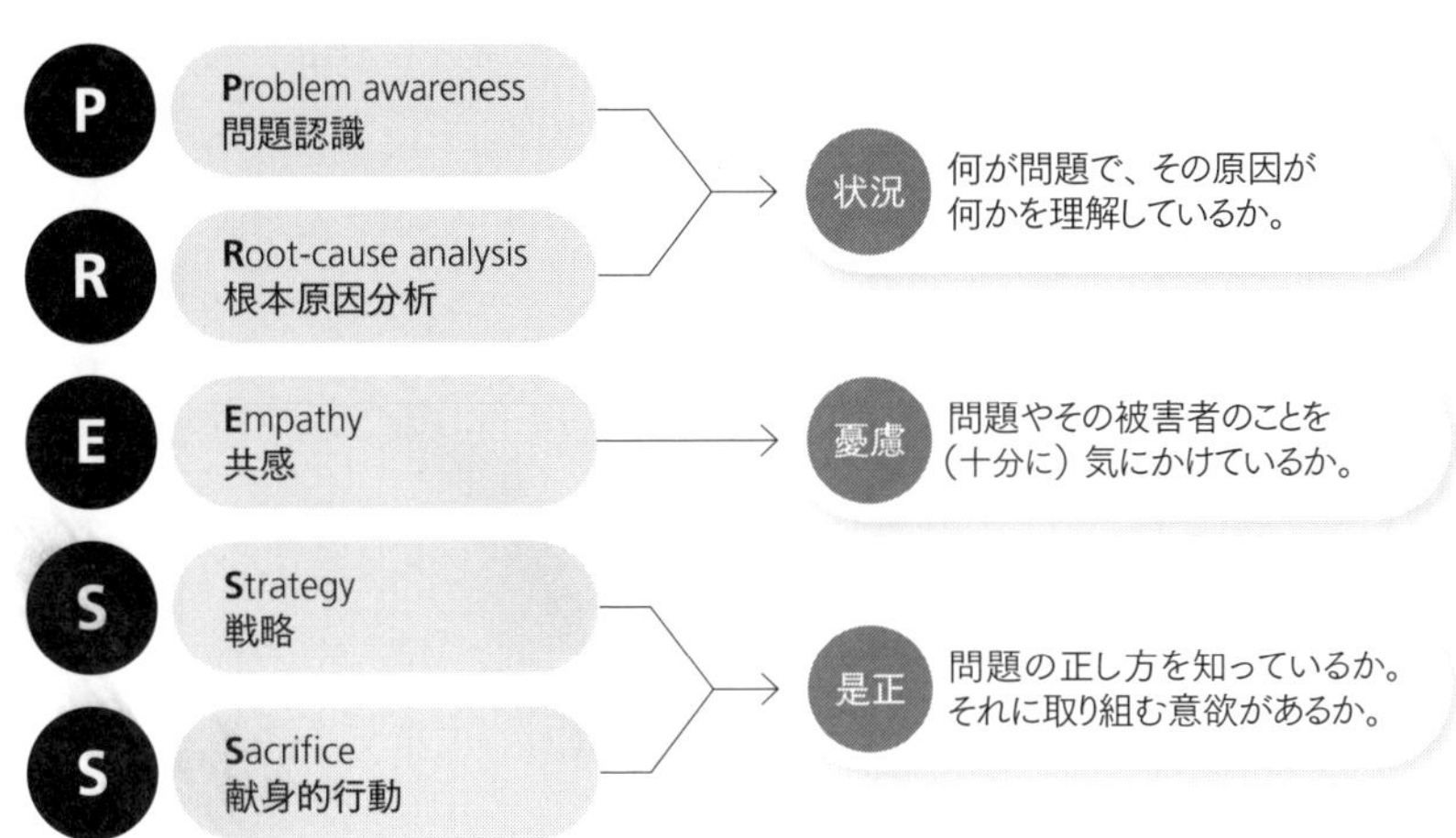

わかるのは、多くの白人がそのようには考えていないということだ。

たとえばマイケル・ノートンとサム・サマーズの2011年の研究によると、米国の白人は総じて、黒人に対する構造的差別はこの50年で少しずつ減少し、白人に対する構造的差別（米国では信じがたいこと）が同時期に少しずつ増加してきたと考えている。その結果、白人たちは、黒人より自分たちに対する差別のほうが多いと考える。

最近の他の調査でも、サマーズとノートンの研究と同じような結果が出ている。たとえばある調査によると、全白人の57％、労働者階級の白人の66％が、白人に対する差別が黒人をはじめとする有色人種に対する差別と同じくらい大きな問題だととらえている。

こうした考え方は重要だ。なぜなら、ダイバーシティ方針への支持を弱めて、人種差別に対応しようとする組織の取り組みを損ないかねないからだ（興味深いことに、ジョージ・フロイドが警官に殺された事件以降の調査では、白人の中で構造的人種差別への認識が高まっている。しかし、それが永続的な変化なのか、一時的な意識向上にすぎないのかは、まだわからない)。

社会における人種差別を認識しているマネジャーでさえも、みずからの組織の人種差別には気づかないことが多い。たとえば、ある上級幹部は筆者にこう言った。「うちの会社に差別的な方針は一つもありません」

しかし、一見「人種中立的」に思える方針が、差別を引き起こす可能性があることを知っておく必要がある。自分たちの組織はダイバーシティに責任を持って取り組んでいるから人種差別はない、と言う経営幹部もいる。別のリーダーは「我が社は多様性をしっかり尊重し、誰もが快適に働ける包摂性のある職場を目指しています」と述べた。

こうした考え方にもかかわらず、21世紀の多くの研究で、人種差別が職場に広がっていること、ダイバーシティへのコミットメントを強化している組織もやはり差別をする可能性があることがわかっている。実際、シェリル・カイザーらの研究では、ダイバーシティの価値観や構造の存在が、問題をむしろ悪化させかねないことが実証された。つまり組織が自己満足に陥ってしまい、黒人や少数民族が人種差別に関するもっともな懸念を表明しても、無視したり、厳しく当たったりするケースが増えるのだ。

多くの白人は有色人種に対する差別の存在を否定する。なぜなら、人種差別は悪意や憎悪に基づく意図的な行動だと考えているからだ。ところが、意識しなくても、意図しなくても人種差別は起きる。意図の有無に関係なく、人種だけに基づいて評価や処遇を区別することと定義すると、人種差別は大部分の白人が考えるよりずっと頻繁に起きている。いくつか例を挙げよう。

経済学者のマリアン・バートランドとセンディル・ムッライナタンによる有名な履歴書実験によると、白人っぽい名前(エミリー・ウォルシュなど)の志願者は、他の条件が同じ黒人っぽい名前(ラキーシャ・ワシントンなど)の志願者より、面接の連絡をもらう確率が平均で50%多かった。両研究者の推定では、白人というだけで、就労経験が8年長いのと同じメリットが得られるという。他の条件が同じ黒人志願者に比べて劇的に有利なスタートが切れる。

研究によれば、有色人種の人々はこうした差別的傾向をよく知っており、人種を隠してこれに対抗しようとすることがある。ソニア・カンらの2016年の研究によると、彼らがインタビューした黒人系職業人の31％、アジア系職業人の40％が、履歴書の「白人化」をしたことがあると認めている。あまり「民族的」でない名前を使うか、人種的アイデンティティがばれそうな課外活動（たとえば大学の社交クラブに入っていたこと）を省略するらしい。

すると、もう一つ疑問が浮かぶ。履歴者の白人化は黒人やアジア人の志願者に本当にプラスになるのか、それとも多様性を高めようとする組織に志願する時はマイナス材料になるのか。

カンらは追跡実験の中で、黒人またはアジア人志願者の白人化した履歴書と白人化しない履歴書を、米国のさまざまな産業や地域の1600の実際の求人案件に送ってみた。これらの求人の半分は、多様な志願者がほしいという強い要望を表明している会社のものだった。

その結果は、名前や課外活動を修正して履歴書を白人化すると、面接の連絡を受ける確率が黒人の場合は10％から26％近くに、アジア人の場合は約12％から21％に増加した。とりわけ複雑な気持ちにさせられるのは、ダイバーシティへのコミットメントを宣言している会社も、白人化された履歴書を相変わらず優先したということだ。

職場での人種差別の広がりを確認した研究は数多くあり、ここまでに示したのは、そのほんの一部にすぎない。そしてどの研究も、前に進むための第一歩として、人々の考え方や偏見を認識し、これに対処しなければならないという事実を強調している。

組織内の構造的差別を認めるリーダー（ステップ①を割愛して差し支えないリーダー）も中にはいるが、多くのリーダーは、「人種中立的」な方針やダイバーシティ重視の声明にもかかわらず、人種差別が根強く残っていることをきちんと認識する必要がある。

ステップ❷ 根本原因分析

最善の治療法を選ぶには、病気の原因を知ることが欠かせない。人種差別には、認知バイアス、人格特性、イデオロギー的世界観、心理的不安、脅威認識、権力強化・自我高揚の必要性など、数多くの心理的原因がある。だが、ほとんどの人種差別は、既存の法律、制度的慣行、文化規範といった構造的要因の結果である。こうした要因の多くには、悪意は含まれていない。

それなのにマネジャーは、職場での差別を、しばしば幅広い構造的要因ではなく、個々人の性格、いわゆる腐ったリンゴのせいにしてしまう。その結果、従業員を「矯正」するためのトレーニングを広く実施する一方で、悪しき組織文化などには、ほとんど注意を払わない。

問題が起きた時、個人を特定して非難するほうが簡単だ。警察が人種差別絡みで危機に直面した時にきまってやるのは、組織文化が差別的行為を許容し、場合によっては奨励さえする実情を調べることではない。関わった警官のクビを切ったり、署長のクビをすげ替えたりすることだ。

自分たちではどうにもならない環境のせいにして、人種的格差の原因となる文化的・制度的慣行が深く根付いているのを、放置するケースもある。たとえば、筆者がかつて仕事を依頼されたある海洋組織は、自分たちの組織に人種多様性がないのを、克服不可能な「パイプライン（供給経路）問題」のせいにした。リーダーの一人は「ザトウクジラの移動パターンを研究している黒人がいないだけなんです」と述べた。

ほとんどのリーダーは、何千人ものメンバーを擁する全米黒人スキューバダイビング協会や、海洋環境科学の学士号を付与する、歴史的に黒人色の強いハンプトン大学（バージニア州）のことを知らなかった。この海洋組織の欠員が数千人規模ではなく数十人レベルだったことを考えると、この両方から黒人志願者を集めることは十分できたはずだ。

やはり筆者が一緒に仕事をしたあるフォーチュン500企業は、同じようなパイプライン問題を引き合いに出した。しかし詳しく調べてみると、本当の原因は組織文化に基づく慣行、つまりリーダーの選び方にあることがわかった。リーダーのポジションが空いた時、業界から広く適任者を探すのではなく、すでに多様性が低くなっている会社の中から昇格させていたのである。

ここから学べるのは、組織の多様性の欠如は「空のパイプライン」よりも不十分な採用努力が原因であることが多いということだ。進歩には、リーダーが変えようとする結果を、どのような日常的慣行が支えているのかを綿密に調べる必要がある。

偏向したシステムに組み込まれることが、知らないうちに行動や結果にどのような影響を及ぼすのかを、筆者はマネジャーや従業員に理解してもらいたい。そこで、自分が川の中の魚になったと想像してほしい。川の流れは水中のすべてのものを下流へと押し流す。その流れは構造的人種差別に似ている。もし浮いているだけで何もしなかったら、意識しようがしまいが、あなたは流れに流される。もし流れに沿って泳ぐように積極的に差別をしたら、もっと速く流されてゆく。どちらの場合も、流れはあなたを同じ方向へ運ぶ。

この点から言うと、人種差別はあなたの胸の内とはあまり関係がない。むしろ関係があるのは、あなたの作為や不作為がすでにある構造的ダイナミクスをどう増幅または作用させるかだ。

職場での差別は、教養があり、善意にあふれ、寛容で心優しい人によってもたらされることがよくある。彼らはただ浮いているだけで、川の流れが自分の行動や立場、結果に及ぼす力を過小評価している。人種差別に反対するには、川を遡上するサケのように流れに逆らって泳がなければならない。それには単に流れに沿って進む時とは比べ物にならない努力や勇気、決意が必要だ。

要するに組織としては、川の中の個々の主体である「魚」ではなく、システムに浸透している構造的ダイナミクスである「流れ」に注意を払わなければならない。

ステップ❸ 共感

問題とその根本原因を知ったら、次の問いは、それに対して何か行動を起こすほどの関心を持っているかどうかだ。同情（sympathy）と共感（empathy）は違う。多くの白人は人種差別を目撃したら同情する。言い換えれば哀れみを感じる。

だが、問題に立ち向かう行動につながりやすいのは共感、つまり有色人種が感じているのと同じ痛みや怒りを経験することだ。有色人種の人たちが望むのは連帯、そして社会正義であり同情ではない。同情は症状を和らげるだけで、病気を永続させる。

共感を高める一つの方法は、人々を現実にさらして教育することだ。ジョージ・フロイドの殺害動画を見た人々は、人種差別の紛れもなくひどい現実に、理屈抜きで延々とさらされた。同じように１９６０年代の北部の白人たちは、罪のない黒人抗議者たちが警棒で殴られ、消防ホースの水を浴びせられる様子をテレビで目撃した。

人種差別に対する懸念を組織の人々の心に留めさせるには、非白人の同僚に、人種差別が人生に及ぼすマイナスの影響を鮮明かつ詳細に語ってもらうのが一番よいことを、筆者は発見した。マネジャーは心理的安全性が確保されたリスニングセッションを通じて意識や共感を高めることができる。自身の経験を義務感なく伝えたいと考える従業員に登場してもらうのだ。そして、人種差別が存続している歴史的・科学的証拠を提供する教育や体験でこれを補完する。

たとえば、筆者は米国で16番目に大きい会社、カーディナルヘルスの会長兼CEO、マイク・カウフマンと話したことがある。彼はイコール・ジャスティス・イニシアティブの「平和と正義のためのナショナル・メモリアル」（アラバマ州モンゴメリー）を訪れたことが同社の重要な転機になったと述べる。ダイバーシティとインクルージョン（包摂）の取り組みは10年以上、マイクら経営陣の優先課題だったが、人種的包摂を重視する姿勢やこれに関連した会話が大幅に増えたのは２０１９年だ。彼は筆者に次のように述べた。

「１８６０年代に奴隷制が終わりを告げて以来、アフリカ系米国人は平等な機会を得ていると考える米国人もいますが、それは真実ではありません。制度的・構造的な人種差別はいまも生きています。けっしてなくなってはいません」

カウフマンは包括的な教育プログラムを計画中だ。その中には経営幹部をはじめとする従業員のナショナル・メモリアル訪問も含まれる。なぜなら彼は、その経験が気持ちを変化させ、目を開かせ、行動変化をもたらすと確信しているからだ。

人種的公正へ向けて前進するために、共感は欠かせない。それは個人や組織が行動を起こすかどうか、起こすとしてどんな行動を起こすかに影響する。人種差別への反応の仕方には少なくとも4種類ある。①加担して傷を広げる、②無視して自分のことだけに集中する、③同情して被害者のためにクッキーを焼く、④共感的な憤りを覚え、公正な正義を推進するために行動する。以上のうちどの対応が取られるかは、従業員一人ひとりの個人的価値観と組織の基本的価値観という2つの要因で決まる。

ステップ④ 戦略

基盤ができたら、いよいよ「何をするか」のステージだ。実行可能な変革戦略はたいてい3つの異なる、しかし互いに関連するカテゴリーに対応する。その3つとは、個人の態度、非公式な文化規範、正式な制度的方針である。

職場での差別と最も効果的に闘うため、リーダーは3つの領域すべてに同時に介入しなければならない。一つだけに焦点を当てると効果がないばかりか、時に逆効果になる。たとえば、従業員の賛同を得ようとせずに制度的なダイバーシティ方針を実施しても、反発を買う可能性が高い。同様に、人々にその決定や行動の責任を負わせる制度的方針を確立しないまま、態度だけを変えさせようとしても、その方針に同意しない人の行動を変えることはほとんどできない。基本的価値観と結び付き、CEO以下の経営幹部の行動を手本とする反人種差別的な組織文化を築いてこそ、個人の態度と制度的方針の両方に影響を与えることができる。

減量にせよ、環境持続可能性の推進にせよ、そのための効果的な戦略はいろいろある。それと同じように、個人、文化、制度のレベルで人種的偏見を減らすための戦略は豊富にある。難しいのは、それを人々に実際に採用させることだ。どんなに優れた戦略も実行されなければ意味がない。

実行へのコミットメントを強化する方法は最後のセクションで検討するが、その前に、効果的な制度戦略の実例を紹介したい。ボストンのローガン国際空港や数十億ドル相当の商用地を所有する公的機関、マスポートの例だ。ボストンで成長著しいシーポート地区の不動産開発においてダイバーシティとインクルージョンを高めたいと考えた幹部たちは、そのために自分たちが所有する土地を利用することにした。ホテルなどの大型商業ビルを建築・運営するための有利な契約を誰に付与するか、その選定基準を正式に変更したのだ。

従来の3つの基準（開発業者の経験と金融資本、マスポートの収益可能性、プロジェクトの建築設計）に、「包括的なダイバーシティとインクルージョン」と呼ばれる4つ目の基準が加わった。プロジェクト案の審査では、これら4つの基準に25％ずつ、均等にスコアが割り振られた。これによって開発業者は、多様性をどう生み出すかだけでなく、どうやってそれを実行するかについても深く考えざるをえなくなった。

同じように、もしそれが重要だと考えるなら、組織はマネジャーの昇進・昇給に用いるスコアカードにダイバーシティとインクルージョンの要素を盛り込むことができる。多様性にとっての本当の障壁は「何ができるか」ではなく、「それをやるつもりがあるか」である。

ステップ5 献身的行動

ダイバーシティや公正性、インクルージョンを高めたいと考える多くの組織が、そのために必要な時間や労力、資源を積極的に投じようとしないことがある。ある目標を達成するには別の目標を犠牲にしなければならないとの思い込みから、行動を尻込みするケースがよく見受けられる。

図表14-2 2つの絵

だが、それは必ずしも事実ではない。価値あるものがただで手に入ることはないにしても、多くの場合、人種的公正は人々が思うほど犠牲を払わなくても実現する。一見矛盾する目標や競合するコミットメントも、その元になる思い込みが明らかになったら、比較的調整しやすいことが多い。

警察が常に思いやりと敬意をもって有色人種に対応する時、我々の社会は公共の安全や社会秩序を犠牲にしているのだろうか。そうではない。実際、思いやりのある警察活動により公共の安全を高めることは可能だ。よく知られていることだが、ニュージャージー州カムデンでは、2012年の警察改革で「コミュニティ・ポリシング」重視を強化した結果、凶悪犯罪が40%減少した。

犠牲という思い込みは、多様な人材の採用や昇進に多大な影響を及ぼす。少なくとも2つ理由がある。第1に、多様性を拡大するには、全員を同じように扱うのではなく、有色人種を「特別扱い」する必要があるため、公正や実績という基本的な方針が犠牲になるとの思い込みがあること。だが、この絵を見てほしい（図表14-2「2つの絵」を参照）。左と右の2つのシナリオのうち、どちらのほうが「公正」に見えるだろう。

人はしばしば、公正とは全員を等しく、つまりまったく同じように扱うことだと思い込んでいる。この場合なら、左側の絵のように同じ大きさの木箱を各人に一つずつ与えるのがそれに当たる。だが実際に必要なのは、人々を「公平に」扱うことだ。そのためには人によって処遇を変えなければならないこともある。ただし、それは筋の通ったやり方でなければならない。右のシナリオを選んだ人は、公正を実現するには良識あるやり方で人々への対応法を変える必要がある、という考え方に同意していることになる。

もちろん、何が「良識ある」やり方かは状況によるし、人によって感じ方も違う。体に障害のある人が、建物に近い駐車スペースを使うのは筋が通るだろうか。親になったばかりの人が、赤ん坊を世話するために6週間の有給休暇を取るのは公正だろうか。現役の軍人への謝意を示すため、彼らを先に飛行機に搭乗させるのは正しいことだろうか。

筆者の答えはどれもイエスだが、誰もが賛同するわけではないだろう。だから平等よりも公正のほうがコンセンサスを得るのが難しい。先の垣根のシナリオでは、左の絵の人はみんな同じ数の木箱に載っている。簡単な解決策ではあるが、はたして公正だろうか。

米国社会が置かれた状況で公正について考える時、リーダーは機会不均等など現存している障壁を考慮しなければならない。ただし構造的人種差別を認識しているとしての話だが。また、困難な判断や論議を呼ぶ判断を下す勇気を持たなければならない。たとえば、白人ではなく黒人の従業員リソースグループをつくるのは道理にかなうかもしれない。

公正な結果を生じさせるには、人々を異なる方法で処遇するプロセスが必要な場合もある。誤解なきよう言っておくと、異なる扱いと特別扱いは同じではない。後者は公正ではなく、えこひいきと結び付く。

その違いをわかっているリーダーの一人が、ハーベイマッド大学の学長、マリア・クラウェだ。彼女は、コンピュータサイエンスの授業で女性を増やすには、男女に対する扱いを変えるしかないと結論付けた。大学入学前のコンピュータの経験は男女で差があった。知性や潜在能力ではなく、あくまで経験が違っていたのだ。中等学校では男女の扱いが違う。男子は理数系の科目を奨励されるのに対し、女子は文科系科目を奨励され、その結果、経験に差が出る。

社会の偏見によって生まれたこのギャップを埋めるため、同大学はコンピュータサイエンスの入門クラスを2種類つくった。一つはコンピュータの経験がない学生向き、もう一つはハイスクールでコンピュータを経験した学生向きだ。前者はだいたい半分が女性だったのに対し、後者は男性が大半を占めた。学期の終わりには、両クラスの学生は同じようなレベルになっていた。

このような公正に基づく介入を通じて、クラウェら大学幹部は、コンピュータサイエンスを専攻し卒業する女性やマイノリティを飛躍的に増やすことができた。

第2のよくある思い込みは、多様性を高めるには質や水準の高さを犠牲にする必要があるというものだ。垣根のシナリオについて再度考えてみよう。3人は身長すなわち「潜在能力」が同じで、違うのは地面と垣根の高さだ。これはそれぞれ、特権と差別を表す比喩である。一番左の人は障壁が低いので、釣り合いを取るために他の2人に対する扱いを変えるのは、道理にかなうだろうか。

結果の違いが身長ではなく地面や垣根の高さによって生じる時、我々はそのように扱いを変える義務があるだろうか。マリア・クラウェは当然そう考えた。我々が障壁の存在に気づかないがゆえに組織の中で発揮されないままの潜在能力が、はたしてどれくらいあるのだろうか。

最後に、質を正確に測るのは難しいと理解するのが重要である。誰が「最も優秀な候補者」であるかを100%予測できる試験や手段、調査、インタビュー技法はない。NFL（米国ナショナル・フットボール・リーグ）のドラフトを見ても、将来のパフォーマンスを予測するのがいかに難しいかがわかる。充実したスカウト陣を揃え、過去のパフォーマンスをビデオで数多くチェックし、入団テストを幅広く実施しても、1巡目の指名選手のほぼ半分は成功しない。

これは組織にも当てはまるだろう。企業の採用プロセスに関するシェルドン・ゼデックらの研究によると、いかに優れた選抜試験や適性検査を行っても、意図した結果の25%しか予測できない。また、候補者の質をよりよく反映するのは、厳格な序列付けよりも「統計帯域」であることもわかった。つまり、50人中1位のスコアを記録した候補者と8位の候補者に、質の違いはまったくないかもしれないのだ。

ここで重要なのは、「献身的行動」といっても何かを諦める必要はほとんどないということだ。一定の潜在能力の幅に入っている人々に目を向け、トップスコアの人ではなく多様な候補者（たとえば8位の人）を選んだとしても、たとえ直感的にそうではない結論に至るとしても、統計的に言って質を犠牲にしたことにはまったくならない。

マネジャーは、「最良の候補者」を見つけなければならないという考え方を捨てる必要がある。そのような探索は結局、ユニコーンを探すようなものだ。そうではなく、有望な適任者の採用を重視し、その人たちが潜在能力を発揮できるよう時間や労力、資源を投入しなければならない。

＊　＊　＊

米国で2020年に起きた悲劇や抗議活動は、我々の社会の根強い問題として人種差別をめぐる人々の意識や懸念を高めた。我々がいま直面すべき問いは、広く行きわたった考え方や思い込み、方針、慣行を変えるのに必要な難しい仕事に国として前向きに取り組めるかどうかだ。

職場は社会全般と違って、さまざまな人種、民族、文化的背景の人々同士の接触や協力を必要とすることが極めて多い。したがってリーダーは、本稿で示した5つのステップのそれぞれを組織がどう実践しているかについて率直な会話を主導するとともに、みずからの権限で、広範かつ永続的な進歩に向けてプレス（PRESS）をかけなければならない。

第15章

Harnessing the Science of Persuasion

「説得」の心理学

人を動かす6つの原則

アリゾナ州立大学 リージェント教授
ロバート B. チャルディーニ

"Harnessing the Science of Persuasion"
Harvard Business Review, October 2001 (product #R0109D).
邦訳初出:「『説得』の心理学」『DIAMONDハーバード・ビジネス・レビュー』 2002年3月号

ロバート B. チャルディーニ（Robert B. Cialdini）
アリゾナ州立大学リージェント教授。心理学を担当。著書に『影響力の武器：なぜ、人は動かされるのか』（誠信書房）がある。

説得を「芸術」から「科学」へ

聴衆の心をわしづかみにする方法。意見の固まっていない人々を引き付ける方法。反対の立場を取っていたはずの人々をなびかせる方法――。

これらの方法を心得ているのは、ごく一握りの人々のみである。こうした「説得の達人」が周囲に魔法をかける様子を見ていると、感嘆すると同時にいら立ちを感じずにはいられない。

感嘆するのは、カリスマ性と弁舌の巧みさによって他人を意のままに操っている点、そしてそれ以上に、相手の心を強く引き付けて話に聞き入らせている点である。

それでは、なぜいら立ちを感じるのか。生まれながら高い説得力を持った人々の多くが、その傑出したスキルを解き明かすことも、他人に伝授することもできないからだ。

彼ら彼女らは、言わば芸術を究めているのである。芸術家は一般に、アートを実践することには長けているが、その秘訣を他人に伝えることは得意としない。

世の中には、カリスマ性にも説得力にも乏しいにもかかわらず、リーダーとして部下に何とか仕事をしてもらわなければならない人々がいるが、芸術家はそうした人々の力になることができない。

「部下に何とか仕事をしてもらう」というのは、多くの企業のマネジャーにとってつらいけれども避けられない任務である。マネジャーたちは、自分のことばかりを考えているような社員を相手に、日々、どうすればモチベーションを引き出すことができるのか、どのような指示を出せばよいのか頭を悩ませている。

「上司の言うことを聞け」などというせりふはまったく通用しない。こうしたせりふは、悪くすれば部下のやる気を削いだり、プライドを傷付けたりしかねない。

そうでなくとも、クロスファンクショナルチーム、ジョイントベンチャー、企業間提携などのように、上下関係が曖昧で、建前上の上下関係よりも説得力のほうがはるかに大きな影響力を持つ状況で仕事をする場合には、まったく意味を成さないだろう。

話を元に戻そう。詰まるところ、説得力の必要性はかつてないほど高まっているように思われる。しかし、才能ある人々から秘訣を伝授してもらえそうもないのであれば、科学に目を向けることによって説得術を身につけるしかない。

この50年の間、行動科学の諸実験によって、相手からいかにして譲歩、従順さ、態度の変化などを引き出せばよいかといった研究が飛躍的に進み、次のことがわかった。

❶説得というのは、人間の根源的な衝動やニーズの一部に訴えかけるものである。
❷そこには予測可能なパターンが存在する。

言い換えれば、説得にはいくつかの基本原則があって、教え、学び、応用することができる。それらの原則をマスターしさえすれば、厳然たる科学に基づいてコンセンサスを形成し、契約を勝ち取り、譲歩を引き出すことができる。

本稿では、説得の基本原則とそれを実務に応用するための具体的ヒントを紹介していく。

原則❶ 好意を示す――人々は好意を示してくれた相手の説得に応じる

具体的ヒント：自分と相手の共通点をアピールする。相手を心から称賛する。

初めに格好の事例を挙げたい。「タッパーウェア・パーティ」である。タッパーウェア製品のデモンストレーションは、個人――ほぼ100％女性である――が多くの友人、隣人、親戚などを招いて開き、招待された人々は、主催者への好意からタッパーウェアを購入する。この事実は、1990年に実施された調査によって裏付けられている。

この調査を行ったジョナサン・フレンツェンとハリー・デイビスは、『ジャーナル・オブ・コンシューマー・リサーチ』誌にこう書いている。

「『主催者の好感度』と『製品の印象』を比べると、購買決定への影響力は前者が後者の2倍にも上る。すなわち、参加者は自分のためだけでなく、主催者に喜んでもらうためにタッパーウェアを購入しているのである」

同じようなことは、ビジネス全般にも当てはまる。したがって、人々に影響を及ぼしたいなら、友好的な関係を築くことである。

具体的にはどういった方法があるのだろうか。一定の条件下での調査によれば、友好関係を築くうえで役に立つ要素はいくつもあるが、とりわけ「共通点をアピールすること」と「相手を称賛すること」の2点が大きな意味を持っているという。

人間誰しも、共通点を多く持った相手と引かれ合うものである。1968年に『ジャーナル・オブ・パーソナリティ』誌に掲載された記事によれば、政治観や社会観が似通っていることを知ると、人と人との心理的距離は縮まるという。

また、『アメリカン・ビヘイビアル・サイエンティスト』誌に1963年に掲載された記事によれば、保険のセールス担当者と顧客が、年齢、宗教、政治、さらには好みのたばこなどの点で似ている場合、成約率が高い傾向があるという。基礎となったのは、著者F・B・エバンスが保険会社から入手した人口統計学に基づいたデータである。

企業のマネジャーも相手との共通点を引き合いに出せば、入社してまもない部下、他部門のトップ、新しい上司などとの絆を強めることができるだろう。仕事の合間に雑談をすれば、共通点（趣味、応援しているバスケットボールチーム、ドラマ『となりのサインフェルド』の再放送を楽しみにしていることなど）を見つける格好の機会となる。大切なのは、早い時期に絆を築くことである。そうすれば、以後のあらゆる局面で好意や信頼を生み出すことができる。説得しなければならない相手がこちらに好意を持ってくれていれば、プロジェクトへの支持を取り付けるのも難しいことではない。

他方の「称賛」は、相手の心を魅了する、警戒心を解く、といった役割を果たす。称賛の中身は必ずしも事実を反映していなくてもよい。

ノースカロライナ大学の研究者グループは、『ジャーナル・オブ・エクスペリメンタル・ソーシャル・サイコロジー』誌に「人々は、自分に惜しみない称賛を寄せてくれる相手に非常に強い好感を持つ。たとえその称賛の内容が真実ではないとしても」と書いている。

また、エレン・バーシャイドとエレーヌ・ハトフィールド・ウォルスターは、*Interpersonal Attraction*（『好感』未訳）で実験データを示しながら、資質、態度、業績などをほめると相手から好意、ひいてはこちらの望みをかなえようとする気持ちまで引き出せると述べている。

相手を称賛するという原則をうまく活かせば、実り多い人間関係を築けるだけでなく、ギクシャクした関係、非生産的な関係を修復することもできるだろう。

自分が大きな事業部を率いていると想定していただきたい。業務を遂行するためには、虫の好かない相手——名前を仮に「ダン」としておこう——としばしばコミュニケーションを取らなければならない。だが、こちらがどれほど骨を折っても、ダンは満足しないようである。それどころか、たとえこちらが最善を尽くしてもけっしてそれを認めようとしない。

そうしたダンの態度、明らかにこちらの能力を見くびり、善意をまったく信じていない点に憤慨して、あなたは彼とのコミュニケーションに十分な時間を費やしていない。その結果、ダンの事業部もあなたの事業部も業績を悪化させている。

称賛に関する調査をひも解くと、このこじれた関係をどのようにして修復すればよいかが見えてくる。見つけるのは苦労するかもしれないが、ダンにも心から尊敬すべき点が必ずあるはずである。部下への気遣い、家族への思いやり、あるいは仕事上の倫理……何らかの美点を探し出して、次にダンに会った時にほめてみてはどうだろう。

その際には、あなたとダンの価値観に重なる部分がある点を強調するとよい。おそらく、ダンはあなたへの否定的な気持ちを和らげ、能力や善意を示すきっかけを与えてくれるだろう。

原則❷ 心遣いを怠らない——人々は親切な行為を受けると、それに応えようとする

具体的ヒント：自分がしてもらうと嬉しいことを相手にもする。

こちらがほめるとダンの心が温まり、態度が柔らかくなる。なぜだろうか。たとえ偏屈であっても、ダンも人間だから、こちらの態度次第で自分の態度を変えるのである。同僚から微笑まれて同じように微笑みを返した経験があれば、あなたもこの原則の意味することがわかるだろう。

慈善団体も、助け合いの精神に訴えて寄付を集めている。米傷痍軍人会などは何年も前から、「寄付のお願い」の文面を工夫することで、送付先の18％から寄付を得ていた。

ところがある年、小さなプレゼントを同封してみたところ、寄付率は実に35％――それまでの2倍近く――に跳ね上がったという。プレゼントは住所用シールという極めて簡素なものであったが、受け手にとって重要なのは中身ではなく、プレゼントをもらったという事実なのである。

同じことはビジネスの世界にも当てはまる。サプライヤーは、クリスマスになると顧客企業の調達部門にプレゼント攻勢をかける。言うまでもないが、目的は単に季節のあいさつをすることではない。

1996年の『インク』誌のインタビューによると、企業の購買マネジャーは、サプライヤーから贈答品を受け取った後には、予定外の製品であっても購入したいと考えるようになるという。プレゼントは、顧客のリテンション（維持）にも大きな影響を及ぼす。

筆者はかつて、自著を読んでくれた人々に、「どのようにすれば他人に影響を及ぼすことができるか、その原則を知っていたら教えてほしい」と頼んだことがある。オレゴン州の職員だというある読者は、なぜ自分が上司に尽くそうという気持ちを持っているか、その理由をしたためてくれた。

上司は、毎年忘れずに誕生日プレゼントをくれます。そのうえ、クリスマスには息子の分までプレゼントを用意してくれるのです。

現在の部署では私に昇進の可能性はなく、昇進を望むのであれば他の部門に移るしかありません。ですが、異動を希望しようという気持ちにはどうしてもなれません。

上司がまもなく定年になりますから、異動の希望を出すのはその後にするつもりです。（中略）上司がそれはよくしてくれるものですから、彼がいる間はこの部署を離れたくないのです。

プレゼントを贈るというのは、心遣いを示す素朴な手法である。原則②をよりスマートに実践すると、「先行者利益」の法則通り、必ずや相手から前向きな姿勢を引き出し、実り多い人間関係を築くことができる。

こちらから率先して相手に心遣いを示すことによって、同僚や部下から望ましい行動を引き出すことができるのだ。信頼感、協力の精神、好ましい態度……何にせよ、部下に何かを望むのであれば、まずはみずから実践することである。

情報の共有や経営資源の配分などに苦慮している場合にも、同じことがいえる。切迫したスケジュールの中、同僚が人手不足に悩んでいるとしよう。部下にその仕事を手伝わせれば、困った時に相手から助けを得られる可能性は大きく上がるだろう。謝意を伝えられた時に次のように答えておけば、なおのことである。

「いいえ、とんでもない。私も困ることがあると思いますから、お互い様です」

原則❸ 前例を示す――人々は自分と似ている相手に従う

具体的ヒント：共通する知人の前例を引き合いに出す。

人間は社会的動物であるから、考え方、感じ方、行動の仕方に周囲からの影響を強く受ける。誰もが直感的に知っているこの事実は、実験によっても証明されている。その先駆けとなった、1982年に『ジャーナル・オブ・アプライド・サイコロジー』誌に掲載された実験を紹介したい。

場所はサウスカロライナ州コロンビア、内容は一般の家庭を訪問して寄付を募るというものである。協力を呼びかける際には、すでに寄付をしてくれた人々のリストを見せるのだが、そのリストが長ければ長いほど相手から「イエス」の答えを引き出しやすいことがわかった。

寄付を求められた人にしてみると、すでに友人や隣人の名前が載っているリストは、みずからの行動指針となる。この「友人や隣人」という点が重要で、リストに載っているのが知らない人々ばかりであれば、指針として大きな効果は期待できない。

1960年代に『ジャーナル・オブ・パーソナリティ・アンド・ソーシャル・サイコロジー』誌に次のような事例が紹介されたことがある。

ニューヨーク市で、街行く人々に「財布を拾ったら、持ち主に返してもらえませんか」と頼んでみた。その際に「以前にも他のニューヨーカーが力を貸してくれました」と伝えると、協力を得られる可能性が高くなるという。ところが「以前にも外国人が力を貸してくれました」と伝えても、相手の心を動かすことはできなかったのだそうである。

これら2つの実験からわかるのは、部下に何かを説得したいのであれば、他のチームメンバーの前例を引き合いに出すとよいという点である。

セールス担当者の大多数がすでに心得ている事実は、科学も証明している——クチコミは、多くの共通点を持った顧客の間で威力を発揮する。この教訓は、たとえば新しい施策の意義を部下に訴えたい時にも役に立つ。

仮にあなたが部内の業務プロセスを合理化したいと考えているが、ベテラン社員たちからの抵抗に遭っているとしよう。

このような場合、あなた自身がその施策のメリットを説くよりも、賛成してくれているベテラン社員にみんなの前で意見を述べてもらうことを勧めたい。同僚からの太鼓判は、きっと他のベテラン社員たちの納得を引き出すだろう。上司のあなたがコメントを付け加える必要はないはずである。

ここでポイントをまとめておこう。影響力は上から下へというよりも、横方向に強く働くものである。

原則❹　言質を取る――人々ははっきりと約束したことは守る

具体的ヒント：周囲にわかるように自発的に約束させる。

相手から好意を引き出すのは、有効な戦略である。とはいえ、説得に際しては自分の人間性、考え方、製品などに単に好意を持ってもらうだけでは十分でなく、目標へのコミットメントを引き出さなければならない。恩を施すのも相手に〝貸し〟をつくる一つの方法だが、もう一つの方法は、相手から公にコミットメントを引き出すことだろう。

筆者の研究によれば、人々はひとたび何かに賛成を表明すると、その立場を守り続けようとする。このことは他の調査でさらに補強されている。つまり、一見したところ何でもないような小さなコミットメントですら、後の行動を大きく縛るのだ。

１９８３年の『パーソナリティ・アンド・ソーシャル・サイコロジー・ブレティン』誌に、イスラエルの研究者がこう書いている。

ある大規模なアパートで全戸の半数に、老人や身体障害者向けにレクリエーション施設をつくるための署名を求めた。善意に根差した請願で、大きなコミットメントを求められているわけでもないことから、ほとんどの人が署名をしてくれた。

その2週間後、「身障者の日」に今度は全戸に寄付を求めてみた。すると、初めて訪れた先では半数が応じてくれた。ところが、先に署名をした人々は、実に92％が寄付をしてくれた。

明確に、公に、また自主的にコミットメントをしたため、それを守る義務を感じていたのである。この「明確に」「公に」「自主的に」という3点は独立に見ていく必要があるだろう。

人間は明確に意思表示をすると――声高に宣言したり文書に残したりすると――、その内容に沿って行動する可能性が高くなる、という実証的事実がある。

1996年の『パーソナリティ・アンド・ソーシャル・サイコロジー』誌にデリア・チョッフィとランディ・ガーナーが以下のように記している。公立学校に向けてエイズ予防の啓蒙活動を企画した時のことである。

学生ボランティアのあるグループでは、「公立学校のエイズ啓蒙活動へ参加します」との書面を全員に寄せてもらった。もう一方のグループには、「参加したくない」との意思表示をしなかった学生ばかりを集めた。数日後、ボランティアを招集してみると、全体の74%が参加を書面で約束したグループの学生で占められていた。

マネジャーの方々、どうすれば望み通りの行動を部下に取らせることができるか、もうおわかりだろう。そう、部下たちに文書でコミットメントを示させればよいのである。

たとえば、レポート提出時期を厳守するように命じたい場合、部下が同意したら、その旨を文書で提出させるとよい。そうすれば、約束が守られる可能性は大幅に上がる。人々は、文書で約束したことは守ろうとするものである。

コミットメントの社会的性格についての研究によれば、文書を多くの人々に公表すると、その内容が守られる可能性はいっそう高まるという。

この点に関しては古典的な実験がある。1955年に『ジャーナル・オブ・アブノーマル・アンド・ソーシャル・サイコロジー』誌に掲載されたものがそれである。

この実験では、大学生を対象に、画面上に映し出された線の長さを推測するよう求めている。

第1のグループには、答えを紙に記入して署名のうえ提出するように求めた。第2のグループには、ボードに答えを記入して、その後すぐに消すようにと指示した。そして第3のグループには、答えを心の中にしまっておくように指示した。

次に主催者は、根拠を示しながら、「あなたたちの答えは間違っている可能性がある」と各グループに伝えた。答えを公表していない第3のグループの学生たちは、間違いなく考え直した。ボードに答えを記入し、すぐに消した第2のグループの学生たちは、最初の答えにこだわった。しかし、最初の答えを変えようとしない傾向は、署名をした第1のグループが非常に顕著だった。

この実験が浮き彫りにしているのは、私たちには他人の前で首尾一貫した行動、ないしは姿勢を示したいという気持ちがあるという点である。

部下にレポートの提出期限を守らせる件に話を戻すと、「一度示した意思や態度は変えたくない」という気持ちをうまく利用するのがよい。ひとたび相手に「期限を守るのは大切なことである」と納得させたら、そのことを周囲に知らせて、約束を守るように仕向けるとよい。

本人に、こんなメールを送るのも一案である。「とても大切な約束をしてくれたので、製造担当のダイアンや出荷担当のフィルにも見せました。2人とも『素晴らしい！』とコメントしていました」

約束に正当性を持たせるためにはさまざまな方法があるだろうが、いずれにしても、新年の誓いのように誰もがすぐに忘れてしまうようなものではいけない。内容を公表し、多くの人々の目に触れさせるようにしなければならない。

いまから300年以上も前に、英国の詩人サミュエル・バトラーが、自発的に約束されたものでなければ、長続きしないし、効果もないことを簡潔に述べている。

「無理に約束をさせられた人は、自分の意思を捨てていない」

誰かから強制されたのでは、コミットメントとは呼べない。歓迎されざる重荷である。もしあなたが上司から、政治家の選挙運動への寄付を求められたらどうだろうか。投票所でその候補者に投票する可能性が高くなるとは考えにくい。

事実、シャロン・S・ブレームとジャック・W・ブレームは、1981年刊行の*Psychological Reactance*（『心理的反作用』未訳）で、「寄付を強制した上司への怒りから、逆の行動に出るおそれが強い」として、根拠となるデータを紹介している。

このような反動は、もちろん職場でも起きる可能性がある。そこで、レポート提出期限に遅れる部下の事例に再び戻ろう。

部下の行動パターンを永久に変えたいのであれば、脅したりプレッシャーをかけたりするやり方は賢明ではない。そんなことをすれば、相手はみずからの意思でコミットメントを表明したのではなく、強制されてやむなく従ったと考えるだろう。

できれば、部下が何に価値を置いているかを探り出して（仕事のスキルやチームワークなど何でもよい）、レポートを期限内に提出することが、その価値と相通じることを説明するとよい。

そうすれば、相手にとって、改善への動機付けとなるだろう。自分自身で必要性を認識すれば、相手はあなたが目を光らせていなくても目標へ向けて努力を続けるはずである。

原則❺——権威を示す——人々は専門家に従う

具体的ヒント：自分の専門性や専門知識を周囲に示すこと。「当然知っているだろう」と考えるのは早計である。

いまから2000年前に古代ローマの詩人ウェルギリウスが、「どうすれば正しい判断を下せるでしょう」と相談した人々に対して、「専門家の意見に従うように」といった趣旨のことを述べている。

これが適切なアドバイスであるかどうかはさておき、人々がこの教え通りの行動を取っているのは間違いない。現に高名な専門家の意見がメディアで紹介されると、驚くほど大きな反響が生まれる。

たとえば、1993年に『パブリック・オピニオン・クオータリー』誌に掲載された研究によれば、『ニューヨーク・タイムズ』紙に専門家の意見が載ると、世論調査ではそれと同じ回答をする者の比率が2％ほど増えるという。

1987年の『アメリカン・ポリティカル・サイエンス・レビュー』誌には、全国放送で専門家が意見を述べると、世論調査の結果を4％動かすとある。

皮肉な見方をする人々は、世間がいかに付和雷同であるかがわかるだけだ、と考えるかもしれない。だが、別の解釈をすべきではないだろうか。複雑この上ない現代社会では、信頼できる専門家の意見は価値が高く、それに従うと効率的に正しい判断に到達できる。

実際のところ、法律、金融、医療、テクノロジーといった問題の中には専門知識がなければ判断できないものがある。専門家に頼る以外に問題を解決する方法があるだろうか。

このように専門家が重んじられるのには、それ相応の理由がある。したがって企業のマネジャーたちは、十分な専門性を身につけてから周囲に影響力を及ぼすように注意すべきである。

ところがあきれたことに、「自分は高い専門性を持っていると評価されている」と誤解している事例が散見される。筆者が同僚とともに、ある病院にコンサルティングを行っていた時にも、こんなことがあった。

理学療法士が、心臓発作で入院していた患者が退院と同時にリハビリをやめてしまうケースがあまりに多いと嘆いていた。自宅で定期的にリハビリをすることの必要性を何度説いても、馬耳東風なのだという（リハビリは身体機能の回復に欠かせないのだが……)。

そこで一部の患者にインタビューを試みたところ、理由が判明した。患者は医師の経歴や研修受講歴は知っているが、理学療法士についてはどういった資格を持っているのかをほとんど知らなかったのである。

この情報不足を解消するのは難しいことではなかった。理学療法の責任者に依頼して、療法室の壁にスタッフの受けた賞状、卒業証明書、資格証明書などを貼り出すようにしたのである。その結果、リハビリの実施率が実に34%もアップし、以後その水準で保たれている。

筆者は、この結果そのものだけでなく、そこに至るプロセスに大きな価値を見出している。患者を騙したり脅したりするのではなく、情報を提供することによって、好ましい方向へ誘導することができた。つくり話をすることも、多大な時間や資源を費やすこともなく済んだ。理学療法士は真の専門性を持っている。筆者たちはただ、その事実に光を当てただけである。

ところが、企業のマネジャーが周囲に専門性を知らしめ、納得させるのは、それほど容易なことではない。卒業証明書を壁に貼り出しただけでは、注意を引き付けることができないため、少しばかり知恵を働かせる必要がある。

米国以外の国々では、初対面の相手とビジネスをする際には、まず互いを知るための場を設けるのが習慣となっている。会議や交渉の前日にディナーをともにすることも少なくない。

こうした社交を通して話し合いをスムーズに進める下地をつくり、立場の違いを埋めることができる（好意を示したり、相手と自分の共通点を明らかにしたりすることの重要性も思い出していただきたい）。専門性をアピールすることもできるだろう。

翌日のミーティングのテーマと同じような問題をうまく解決した実績を、披露してもよい。あるいは、複雑な専門を何年もかけて究めたことを話してもよい。ただし、さも自慢げにではなく、あくまでも相手とのやり取りの中に自然に織り交ぜるのである。

もとより、時間的な制約からこうした場を設けられない場合もあるだろう。しかし、たいていの会議では最初にあいさつくらいは交わすはずである。さりげなく自分の経歴やこれまでの経験などに触れるチャンスが、必ずあるだろう。自分のことを相手に知ってもらえば、早い段階で専門性をアピールでき、ビジネスの本題に入った時にこちらの主張を尊重してもらえる。

原則❻ 稀少性を巧みに利用する——人々は自分にないものを求める

具体的ヒント：自分だけの強みや独自の情報をうまくPRする。

数々の研究が示しているように、手に入りにくいものほど大きな価値がある。この事実は、マネジャーにとってこの上なく役に立つはずである。

限られた時間、限られた資源、ユニークなチャンスなどについて、この「稀少性の原則」をうまく活かしてみるとよい。「ボスは明日から長期休暇だ。例の件を報告しておかなくてもいいのか」——こう同僚に耳打ちするだけで、仕事を大きく前に進めることができる。

流通業のPR戦略も参考になる。流通分野では、「製品を買うことによるメリット」よりも、むしろ「買わないことによるデメリット」を顧客に訴えている企業が多い。

このような戦略がいかに大きなPR効果を持っているかは、カリフォルニア州のマイホームオーナーを対象に1988年に行われた、『ジャーナル・オブ・アプライド・サイコロジー』誌の調査が実証している。

対象者の半数には「自宅に十分な保険をかければ、毎日Xドルを節約できる」とアドバイスし、残りの半数には「保険をかけずにいると、毎日Xドルを失うことになる」と警告した。すると、保険契約率は後者のグループのほうがはるかに高かった。

同じ現象はビジネスの世界でもよく見られる。『オーガニゼーショナル・ビヘイビア・アンド・ヒューマン・ディシジョン・プロセス』誌で紹介されている1994年の調査によれば、経営者は「利益を手にする可能性」よりも、「損失を出すおそれ」をはるかに強く意識して意思決定を下しているという。

もう一つ心得ておくとよいのは、一般に入手できるデータよりも、公にされていない情報のほうが大きな説得力を持つという点である。

かつて筆者の指導で博士課程に在籍していたアムラム・クニシンスキーは、1982年に「牛肉の卸売業者による購買決定」をテーマに博士論文を書いている。

その論文によれば、「天候の影響で、まもなく輸入牛肉が手に入りにくくなる」という情報をもたらしたところ、卸売業者は通常の2倍以上の肉を購入したという。

しかし、ここに「この情報はほかに誰も知らない」と付け加えると、購入量は何と600%も増えたとのことである。

一般には知られていなくて、なおかつこれから推進しようとしているアイデアや施策にとってプラスの情報を持っていれば、誰でも稀少性の原則を活かすことができる。

そのような情報を手に入れたら、組織内のキーパーソンに集まってもらうとよい。たとえ、みんなを色めき立たせるような情報ではなくても、「ほかでは得られない」というだけで、とたんに輝きを放つようになる。

そこで、こう語りかけてみてはどうだろう。「いま、手元に届いたばかりのレポートです。配布するのは来週になってからですが、この場にいる皆さんにだけは先にお見せしましょう」

全員が、身を乗り出してくるはずである。

さて、言わずもがなの点をあえて強調しておきたい。〝耳よりの情報〟に偽りがあったり、「いますぐに動かなければチャンスを逃す」といった脅しがハッタリであったりすることは許されない。

道徳的に問題があるばかりか、目的を達するうえで大きなマイナスとなる。嘘や偽りはいずれ必ず気づかれる。そうなれば、情熱が失われ、猜疑心だけが残ることになる。原則②「心遣いを怠らない」を思い出していただきたい。

説得の効果をより高めるために

これまでに紹介してきた6原則は、難解さや曖昧さとは無縁で、「人はいかに情報を受け取り、判断を下すのか」といった点について、直感的に知っていることをまとめただけである。このため、心理学を学んだことのない人であってもすぐに理解できる。

ただし念のため、これまでセミナーやワークショップを行ってきた経験から、最後に2つのポイントを述べておきたい。

第1に、6つの原則とその具体的ヒントは個々に説明したほうがわかりやすいのだが、実践するに当たっては組み合わせて用いるべきである。そのほうが高い効果を期待できる。

たとえば、原則⑤「権威を示す」という原則については、インフォーマルな付き合いや会話を通して相手から信頼や敬意を引き出すべきだと述べたが、こうした会話の際には、実は情報を伝えるだけでなく聞き出すこともできる。

ディナーの席上で自分が十分なスキルや専門性を持っている点をアピールしつつ、相手の経歴や趣味などを探ってみてはどうだろう。自分との共通点を見出せるかもしれないし、相手を心から尊敬することにつながるかもしれない。

権威を示すと同時に良好な関係を築くことができれば、説得力は倍増するだろう。そのうえ、相手から同意を得られれば、その影響で他の人々の支持をも取り付けられるだろう。

第2に、倫理が重んじられることを重ねて述べておきたい。誤った情報による誘導は倫理的に認められないだけでなく、効果の面でもマイナスである。

たとえ偽りや脅しが効いたとしても、ごく短期間のことで、最終的には歪みのほうが大きくなる。とりわけ、強い信頼や緊密な協力が欠かせない組織では、致命的となるだろう。

この点を鮮やかに示すエピソードがある。紹介してくれたのは、筆者のワークショップに参加した、ある大手繊維メーカーの女性部門長である。彼女によれば、その会社のバイスプレジデントは権謀術数を駆使して、各部門のトップから無理にコミットメントを引き出すのだという。

提案内容を十分に検討・議論するだけの時間を与えてくれればよいのだが、最も忙しい時間を見計らったようにやってきて、うんざりするほど微に入り細に入り説明する。そして最後にこう迫るのである。「ぜひ協力してほしい。当てにしていていいだろうね」

言われたほうは怯えと疲れから、とにかくこのバイスプレジデントが去ってくれることを願うようになる。このため、例外なく「イエス」と答えてしまう。

ところが自発的にコミットメントを示したわけではないため、部門長たちにはどこまでも力を尽くそうといった強い気持ちは起こらない。やがてプロジェクトそのものが頓挫するか立ち消えになる。

ワークショップでこのエピソードが披露されると、居合わせた参加者たちは大きな衝撃を受けた。なかには、自分にも思い当たる節があるのか、顔を真っ青にしている人々もいた。

だが、みんなを凍り付かせたのは、語り手の表情であった。バイスプレジデントの思惑が外れたことに話が及んだ時、語り手の表情には、えも言われぬ満足感が漂っていた。

この事例が何よりも雄弁に語っている――権威をいたずらに振りかざして相手の同意を取り付けるのは、倫理に反するのみならず、逆効果ですらある。

しかし、この「権威の原則」は、使い方を誤らなければ適切な判断を導くことができる。

専門性、純粋な義務感、確かな共通点、真の権威、稀少価値の高い情報、自発的なコミットメント……これらを土台に得られた結論は、すべての当事者に利益をもたらすだろう。全員が恩恵にあずかるようなアプローチが、悪いものであるはずがない。そうではないだろうか。

もとより、筆者の考え方を強要するつもりはない。だが、賛成される方々は、ここで紹介した原則を活かして相手をうまく説得し、成功例をぜひ知らせていただきたい。

〝説得学〟の歴史

行動科学の専門家は、何十年にもわたって熱心に実証研究を積み重ねてきた。その恩恵によって私たちは、説得の方法やメカニズムをかつてないほど広く、深く、そして詳しく理解できるようになった。とはいえ、説得の科学に挑んだのは、行動科学者が最初というわけではない。この分野は古代から研究され、素晴らしい成果を上げてきた。

だが、多くの英雄が現れる一方で、説得に失敗して散っていった人々も少なくない。

この分野の権威にウィリアム・マグワイアがいる。彼は*Handbook of Social Psychology*（『社会心理学ハンドブック』未訳）の中で、有史以来４０００年の間に欧州では何度か説得が盛んに研究された時期があるとしている。古い順に挙げると、古代アテネのペリクレス時代、ローマ共和国時代、ルネサンス時代、そして最近の１００年――大々的な広告、プロパガンダ、マスメディアキャンペーンが繰り広げられた時代――である。

ルネサンスまでの３つの時代は、体系的な取り組みによって大きな成果が生み出されたにもかかわらず、優れた説得力を持った英雄が殺されたことで、研究が突然途絶えてしまっている。哲学者ソクラテスに代表されるように、あまりに優れた説得術を身につけていたがゆえに、不幸な末路をたどった人物たちもいる。それぞれの時代の為政者たちは、効果的な説得のプロセスが人々に知れわたるのを脅威と見なしていた。自分たちのコントロールの及ばない、まったく新たな権力基盤が生まれるおそれがあったからである。

こうした状況の下、過去の為政者たちは、ためらわずにライバルを抹殺しようとした。ライバルとはすなわち、巧みな弁舌、戦略的な情報活用、そして何より重要な心理的洞察といった力——権力者がけっして独占することのできない力——を使いこなせる人々である。

では、今日ではどうだろう。やはり、「高い説得術を持っていても、権力者から危害を受けることはない」と言い切ってしまうのは性善説に立ちすぎているだろう。

ただし、説得術はもはや一握りの秀でた人々、インスピレーションを持った人々だけのものではないため、この道の専門家も少しは安心してよいと思われる。

むしろ、権力の座にある人々はほぼ例外なくその地位に固執するために、〝敵〟を排除することよりも、みずから説得力を身につけることに力を入れるだろう。

第16章

Barriers and Gateways to Communication

コミュニケーションの本質は「聞く」ことである

判断するのではなく理解する

シカゴ大学 教授
カール R. ロジャーズ

ハーバード・ビジネス・スクール 教授
F. J. レスリスバーガー

"Barriers and Gateways to Communication"
Harvard Business Review, July-August 1952, November-December 1991 (product #91610).
邦訳初出:「『評価・説得する』より『理解力を持って聴く』」『DIAMONDハーバード・ビジネス』1992年2-3月号。新訳:「コミュニケーションの本質は『聞く』ことである」『DIAMONDハーバード・ビジネス・レビュー』2022年7月号

カール R. ロジャーズ（Carl R. Rogers）
本稿執筆時はシカゴ大学の教授。心理学を担当。金字塔とも呼べる書籍『クライアント中心療法』（岩崎学術出版社）ほか、多数の著作を遺した。

F. J. レスリスバーガー（F. J. Roethlisberger）
本稿執筆時はハーバード・ビジネス・スクールのウォレス・ブレット・ドナム記念講座教授。人間関係論を担当。*Man-in-Organization*, Harvard University Press, 1968.（未訳）などの書籍および論文を遺した。

PART❶ カール・R・ロジャーズ

コミュニケーションの阻害要因とは何か

私のような心理療法の専門家がコミュニケーションの問題に興味を持つのは、奇異な印象をもたらすかもしれない。

しかし実のところ、心理療法の役割はもっぱらコミュニケーションの失敗への対応なのである。感情面で不適応を起こした人々は、内なるコミュニケーションが機能不全に陥った結果、他者とのコミュニケーションに支障を来している。言葉を換えるなら、抑圧ないし否定された無意識の欲求が、他者とのコミュニケーションをゆがめているのだ。したがって彼らは、自身の内面と対人コミュニケーション、その両方で苦しみを抱える。

心理療法が目指すのは、心理療法士との特殊な関係性を通して内なるコミュニケーションを良好なものにできるよう、患者に手を差し伸べることである。ひとたびこれを達成した患者は、他者との間においてもより自由で巧みなコミュニケーションを実践できる。

したがって、心理療法は自身との、そしてまた他人との、素晴らしいコミュニケーションだといえるだろう。逆もまた真だと考えられる。素晴らしいコミュニケーション、あるいは自由なコミュニケーションは、内なるものであっても、相手がいても、常に癒しにつながる。

私はカウンセリングや心理療法を施す中で、コミュニケーションの主な阻害要因を突き止めた。それは判断しようとする傾向である。幸いにも、ほかにも発見があった。それは、他者の話を理解しながら聞く術を身につけたなら、判断しようとする衝動を抑えて、他者とのコミュニケーションを著しく改善できるということだ。

壁：判断しようとする傾向

誰しも、他者の意見を判断、評価、歓迎（ないしは忌避）しようとする本能を持つ。私の見解について誰かが「あの人の言うことは気に入らなかった」と述べたとしよう。あなたはどう応じるだろうか。

まず間違いなく、表明された思いに同意するか否定するか、いずれかだろう。「同感です」「ひどいですよね」、あるいは「私は素晴らしいと思いました」なのである。つまり最初の反応は、自身の視点に基づく判断の表れにほかならない。

仮に私が感情を込めて「民主党は最近、折々に良識を示している」と述べたとしよう。あなたが真っ先に示す反応はほぼ確実に、私の発言をめぐる判断であるはずだ。賛意または反発のいずれかを感じ、おそらく「リベラル派に違いない」「確固とした思想を持っているようだ」などと、私について何らかの判断を下すだろう。

判断は会話に付き物の反応だが、感情や思いが深く絡む状況ではいっそう顕著に表れる。このため感情が強ければ強いほど、コミュニケーションの相互性は弱まるだろう。2つの考え、2つの感情、あるいは2つの判断が心理空間ですれ違うだけだろう。

あなたが白熱した議論に感情移入せず、もっぱら傍らで眺めていた経験を持つなら、おそらく「彼らの議論は噛み合っていなかった」と考えてその場を立ち去っただろう。議論が白熱していた以上、見立ては当たっていた可能性が高い。双方が自分の判断枠組みに沿って、判断ないし評価を下していたのであり、真の意味でコミュニケーションと呼べるようなものではなかったのである。

感情に訴えかける発言について、自分の視点から判断しようとするこの衝動こそが、対人コミュニケーションを阻害する要因なのである。

扉：相手の話を理解しながら聞く

相手の話を理解しながら聞くと真のコミュニケーションが実現し、判断しようとする傾向を避けることができる。つまり、発せられた考えや姿勢を相手の視点に立って受け止め、その人にとってどう感じられるかを察し、話し合いの主題についての彼または彼女の判断枠組みを受け入れるのである。

これは唖然とするほど単純なように思えるかもしれないが、そうではない。むしろ、心理療法においては極めて有効な手法だ。根底にある人格構造を変えて他者との関係性やコミュニケーションを改善するうえで、これまでに発見した中では最も効果的な手法なのだ。

仮に患者の話を聞いて、父親、会社、保守層などを嫌う理由を十分に理解できたなら、あるいは狂気への恐れや核爆弾をめぐる不安の本質をとらえることができたなら、私はその患者が憎悪や恐怖を鎮めて、それらの感情を引き起こす人物や状況と現実的で円満な関係を築けるよう、よりよく支援できるはずだ。

このような共感的理解、つまり相手について理解するのではなく、相手に寄り添いながら理解する手法は極めて有効であり、人格の大きな変化を引き起こしうると、研究からも判明している。

じっくり耳を傾けているにもかかわらずこのような結果を出せずにいる人は、おそらく私が説明しているのとは異なる聞き方をしてきたのだろう。

では、理解の質を確かめる方法を紹介しよう。配偶者、友人、あるいは少数の仲間たちと口論になったら、しばし中断して、次のようなルールを提案するのだ。「各自が発言する前に、まずは直前の発言者の考えや気持ちを正確に、当人に納得してもらえるように言い直さなくてはならない」

このルールの意図はわかるだろう。自身の視点を説明する前に、他の発言者の判断枠組みを受け入れるのだ。簡単なようでいて、実際に試みると稀に見る難題だと思い知るだろう。しかも実践できたとしても、これでもかというほど訂正が入るのは避けられないだろう。ただし、感情が和らいでいくことにも気づくはずである。隔たりが小さくなっていき、合理的で理解可能な隔たりだけが残るのだ。

この種の手法がより大きな場面でどのような成果を上げるか、想像がつくだろうか。仮に労使紛争において、労働者側が必ずしも譲歩しなくても、使用者側の視点を使用者の納得する形で正確に述べたなら、どうなるだろうか。仮に使用者側が、労働者側の立場を認めることはないもののその主張を述べ、労働者側から正確だと認められたならどうだろうか。これが意味するのは、実質的なコミュニケーションが成立し、何らかの合理的な解決策にほぼ確実にたどり着けるということのはずである。

ではなぜ、この「聞き方」がもっと広く使われていないのだろうか。その理由はいくつかある。

勇気に欠けている

相手の話を理解しながら聞くとは、極めて現実的なリスクを取ることを意味する。この方法の通り、評価的判断をいっさい試みずに、相手を真に理解したなら、あるいは彼のプライベートな世界に入り込んで人生がどのように見えているかを知ろうとするなら、自身が変わってしまうリスクを背負うことになる。相手と同じ物の見方をするようになるかもしれない。自身の態度や人格が彼の影響を受けたと気づくかもしれない。

たいていの人はこのようなリスクを恐れる。このため、理解しながら聞くことができないのである。このような聞き方をするのはあまりに危険であるように思えるため、判断を入れざるをえないのだ。

感情が高ぶっている

議論が白熱すると感情が高ぶるため、他人や他集団の判断枠組みを受け入れるのは極めて難しい。ところがコミュニケーションを確立しようとするなら、このような時こそまさに聞き上手であることが求められる。

一つの解決策として第三者の活用が挙げられる。ここでの第三者とは、自分の感情や判断を脇に置いて、双方の話を理解しながら聞き、それぞれの視点や態度を明確にできる人である。

この手法は、矛盾ないし対立を抱えた少人数のグループ内で効果を発揮してきた。紛争の当事者が「自分たちは理解されている」「自分たちの目に状況がどう映るか、わかってくれている人がいる」と気づくと、誇張や弁解めいた発言が減るほか、「自分は１００％正しく、相手は１００％間違っている」という姿勢を取り続ける必要がなくなる。

理解を促すこの種の要因があると、その影響によってグループ内でメンバー同士が距離を縮め、状況は本当のところどうなっているのかを、客観的に眺めやすくなる。するとコミュニケーションが改善し、互いをより深く受容するようになり、問題を解決しようとする前向きな姿勢が強まる。保身、大げさな発言、評価ないし批評めいた言動は減っていく。相互のコミュニケーションが確立し、何らかの形で合意に至る可能性は飛躍的に高まる。

人数が多すぎる

これまでのところ、心理療法士の観察対象になりうるのは、宗教、人種、労使といった分野において緊張関係を解消しようとする少人数の対面集団、さもなければ多くのセラピーグループに見られる個人間の緊張関係に限られる。

では、たとえば地理的に分散した大規模グループ内の相互理解、あるいは自分の意見を述べるのではなく、他者の意見を代弁する対面集団同士の相互理解を目指すのはどうだろう。率直に述べて、答えは持ち合わせていない。ただし限られた知識に基づくなら、大人数のグループであっても、相手に寄り添いながら話を聞く割合を増やして、相手について判断する割合を減らすために取りうる手立てはある。

差し当たって想像を広げるために、セラピーを重視する国際団体が紛争の両当事国に赴き、このように述べたとしよう。

「私どもは貴国の見解、さらにはいっそう重要な点である、相手国についての姿勢や感情を、ありのままに理解したいのです。必要とあればそれらの見解や感情を要約しますし、さらに、皆さんがとらえた状況を正しく反映していると納得いただけるまで、書き直しをいたします」

この後に両国の見解を広く配布すれば、極めて大きな効果が生じるのではないだろうか。これによって、私が説いてきたような理解が確実に得られるわけではないが、その可能性は飛躍的に高まると考えられる。人間は、自分たちを憎む人々から拳を振り上げられている時よりも、そのような人々の姿勢が中立的な第三者によって正確に伝えられた時のほうが、相手の感情をはるかに理解しやすい。

コミュニケーションにモデレーター、すなわち判断を差し挟まずに理解しながら相手の話に耳を傾ける人物を介在させる手法は、感情が燃え盛っている場合であっても効果的だと判明している。これは、両当事者のどちらか一方が、他方の準備が整うのを待たずに始められる。さらには中立的な第三者であっても、いずれかの当事者から最低限の協力を得られれば始められる。

モデレーターは、コミュニケーションの失敗原因のほぼすべてを占める不誠実、虚勢、嘘、ハッタリに対処できる。守りの姿勢に発するこれらの歪曲は、相手が目指すのが判断や評価ではなく理解だとわかれば、たちどころに解消する。そして一方が警戒を解き始めたなら、他方もたいていはそれに倣い、両者がともに実情を明かし始める。

次第に相互のコミュニケーションが深まっていく。この結果、私は自分だけでなく相手に問題がどう見えるかがわかり、相手も当人だけでなく私に問題がどう見えているかを理解する。このように問題が正確にしかも現実に即した形で定義されたなら、ほぼ確実に知的批判の対象となるはずである。あるいは、もし問題の一部が解決不能であるなら、その事実はすんなり受け入れられるだろう。

PART❷ F・J・レスリスバーガー

相容れない上司と部下のコミュニケーション

対人コミュニケーションの数々の壁、とりわけ経歴、体験、モチベーションの違いに根差す壁について考えてみると、誰であろうと2人の人間が理解し合うのは驚嘆すべきことだと思えてくる。上司と部下の関係においては、問題が生じる可能性はことのほか高いように見受けられる。物の見方や想定が異なる場合、あるいは価値観を共有しない場合、どうすればコミュニケーションが可能になるのだろうか。

この問題をめぐっては、2つの学派が存在する。一方の学派は、Aの言葉をBが事実に基づく、真実である、あるいは根拠を持つと認めない場合、両者のコミュニケーションは失敗したと見なす。そしてコミュニケーションの目的は、Aの意見、アイデア、事実、情報についてBの賛同を引き出すことだとする。

他方の学派の立場は大きく異なる。Bが「Aから受け入れられないだろう」と不安に陥り、自由な意見を封じられたと感じた場合に、コミュニケーションを失敗と見なすのだ。コミュニケーションがはかどるのは、AとBがともに、違いを表現して受け入れることに前向きな場合だということになる。

例として、ビルという社員が上司のオフィスにいる場面を考えたい。上司が「ビル、これが君の仕事を前に進める最もよい方法だと思う」と告げると、ビルは「そうなんですか?」と返事をする。

最初に紹介した学派によれば、この返事はコミュニケーションの拙さをうかがわせる。ビルは最もよい仕事のやり方を理解していない。そこで、コミュニケーションを改善するために上司が、なぜビルではなく自分のやり方のほうが優れているかを説くのだ。

第2の学派の視点からは、ビルの返事はコミュニケーションの適否を示唆するものではなく、判定はつかない。ただし上司には、機会を活かしてビルの真意を探るという手立てがある。上司がこれを実践するとしよう。つまり、自身の仕事についてもっと語るようビルに促すのである。

第1の学派を代表する上司を「スミス」、第2の学派を信奉する上司を「ジョーンズ」と呼びたい。2人は同じ状況下で異なる行動を取る。スミスは説明に乗り出し、ジョーンズは相手の話に耳を傾けるのである。

私の経験では、前者よりも後者の対応のほうが効果的だ。なぜならジョーンズのほうが、自分とビルとの間で何が起きているかをより的確に見極めているからである。

2つの学派を検証する

上司スミスのコミュニケーション

スミスは、「そうなんですか?」というビルの言葉の真意を把握したつもりでおり、探り出す必要性を感じていない。むしろ、自分の勧める方法が最善である理由が理解されておらず、説明しなくてはならないと思い込んでいる。

スミスの話が論理的かつ明瞭でわかりやすいとしよう。事実やエビデンスをうまく説明するのだ。ところが残念ながら、ビルは納得しない。スミスはどうするだろうか。「自分とビルの間にあるのは、そもそも解が一つに決まる問題である」という前提の下では、スミスが導き出せる結論は次の2つのいずれかである。

❶自分の説明が明快さに欠けていた。
❷ビルは理解力が足りない。

したがって、手立てとしては自分の主張を噛み砕くか、諦めるしかない。スミスは諦めたくないので、引き続き説明に努める。するとどうなるだろう。

スミスは説明してもビルの納得を引き出せない状態が長引くにつれて、いら立ちを募らせて感情的になり、論理的に話を組み立てられなくなっていく。これは理性的、論理的な人間を自負するスミスにとって受け入れがたい状況であり、ビルを「非協力的だ」「愚かだ」と見なすほうがはるかに楽である。このような受け止め方はスミスの言動に影を落とすだろう。

こうした重圧の下、スミスは自身の価値観に従ってビルを評価する傾向を強め、取るに足らない存在として扱い、詰まるところ個性や独自性を否定する。みずから方向性を決めることのできない人間であるかのように、相手を扱うのだ。

ここではっきりさせておきたいのだが、スミスはこうした諸点を自覚していない。自分の推奨するやり方が最善である理由を説明するために、封筒の裏に読みにくい字を書きなぐるのは、何とかしてビルを助けるためである。善意の人であり、相手を叩き直そうとしているのだ。これが、スミスの目に映る自身とその行動である。ところがまさにこのような視点ゆえに、「そうなんですか?」というビルの物言いが癪に障るのだ。

スミスは「こんな間抜けがいるとはなんてことだ」という態度をにじませ、残念ながらビルはそこから、善意では済まされない何かを感じ取るだろう。ビルは誤解されたと受け止め、スミスのことを自分に手を差し伸べようとする良心的な人物ではなく、むしろ自尊心や人格を脅かす存在と見なすはずである。このような脅威の下、何としてでも自分を守り抜く必要があると感じるだろう。相手と違って論理的な説明ができないビルは、自身の窮状を表すために、またもや「そうなんですか?」というせりふを発する。

上司ジョーンズのコミュニケーション

残念ながらこの嘆かわしい状況は、ビルが憤然と立ち去るか、スミスから追い出されることにより、幕引きとなるだろう。次にしばらく、ジョーンズとビルのやり取りを見てみよう。

前述の通りジョーンズは、ビルの「そうなんですか?」という言葉の真意を理解したとは認識しておらず、それを探り出す必要がある。しかも、「ビルはまだ言葉を尽くしていないし、本音をすっかり明かしたわけでもない」と想定している。ビルが伝えようとしている中身は一つではなく、いくつもあるのかもしれない。そこで、ビルに耳を傾けることにする。

この過程でジョーンズは、会話がもっぱら論理的に展開するだろうといった幻想は抱いていない。むしろ、主に感情のぶつかり合いになるはずだと予想している。このため、ビルの感情とそれが自身に及ぼす影響、ひいては自身の感情がビルに及ぼす影響を無視するわけにはいかない。言葉を換えるなら、ビルとの関係性を無視できるものではなく、「ビルが聞き取る中身や受け入れる内容に、関係性は影響しないだろう」と想定するわけにはいかないのだ。

したがって、ジョーンズは、スミスが無視したすべての事柄に細心の注意を払うはずである。ビルの感情、自身の感情、そしてこれらの相互作用に神経を集中するだろう。

このようにしてジョーンズは、「ビル、これがあなたの仕事を前に進める最もよい方法だと思う」という言葉が相手をいら立たせたのだと気づく。そこで自身の主張を納得させようとするのではなく、相手の理解に努めようと心に決める。その方法はビルに発言を促すというものである。

「あなたはこう感じたり、考えたりしているはずだ」と語りかける代わりに、「あなたが感じているのは／思っているのは、こういうことですか」「こう想定しているのですか」と問いかけるのだ。

ビルの判断を的外れだ、適切ではない、取るに足らない、間違っているなどと切り捨てるのではなく、むしろビルが現実をどう感じ、想定し、受け止めているのかを理解しようとする。このようなプロセスを通して相手が心を開き始めると、ジョーンズは好奇心をかき立てられる。

「ビルは間抜けなどではなく、とても興味深い人だ」というジョーンズの姿勢は、ビルにも伝わる。するとビルは「一人前として理解され、受け入れられた」と感じて、警戒心を和らげる。自分の意識、感情、推測を再度掘り下げようという心境に達する。異論を唱えてもかまわないのだと感じる。そしてこの過程でジョーンズを「手を差し伸べてくれ、みずから判断する能力を尊重してくれている」と見るようになる。

このように好感を抱いているからこそ、次のような発言が出る。「ジョーンズさん、それが私の仕事を前に進める最善の方法だというご意見には、完全には同意できないのですが、こういう進め方はどうでしょう。つまり、おっしゃる方法で何日か仕事をしてみたうえで、感想をご報告するのです」

たしかに以上2つの方向性は、実践においては机上で論じてきたほどうまくは機能しない。そもそもビルのスミスへの対応法は、ほかにもいろいろあったはずである。「そうですね、私の仕事はおっしゃる通りの方法で進めたほうがよいと思います」とさえ答えたかもしれない。

にもかかわらずスミスは依然として、この言葉の裏でビルがどう感じていたのか、ビルが本当に仕事のやり方を変えるつもりなのか、判断がつかなかっただろう。同様にビルは、ジョーンズに対して前述と異なる受け答えをしたとしてもおかしくない。ジョーンズの姿勢にもかかわらず、ビルは相も変わらず上司に本音を明かそうとしなかったかもしれないのだ。

それでもなおこれらの事例は、以下に挙げるような一般論を述べるうえでの具体的な根拠となる。

❶スミスはあまりにありふれた誤解をしている。このような誤解が生じる原因は、自身の考えを曖昧にしか説明していないことではない。そうではなく、一対一で会話をしているとどういうことが起きるかを、的確に判断できていないのである。

❷対人コミュニケーションのプロセスをめぐるスミスの誤解は、以下のような一般的な前提の上に成り立っている。(a)いま起きていることは理にかなっている。(b)誰が話者であるかにかかわらず、言葉はそれ自体の意味を持つ。(c)話し合いの目的は、スミスの視点をビルに理解させることだ。

❸これらの前提は、知覚と否定的な感情の連鎖反応を引き起こし、それがコミュニケーションを妨げる。スミスはビルの感情を無視して自身の感情を正当化し、ひいては、ビルとの関係性が相互のコミュニケーション

を大きく左右する状況を見過ごしてしまう。結果的にビルは、スミスが発する理屈よりも、むしろ姿勢のほうをひしひしと受け止め、自身の持ち味が否定されたと感じる。人格の危機に瀕しているのだから、憤って身構える。すると、これがスミスをいら立たせる。スミスはビルを間抜けと見なし、その言動がビルをいっそう身構えさせる。

❹ジョーンズはいくつかの異なる仮説を立てる。（a）自身とビルの間で起きているのは感情の相互作用である。（b）重要なのはビルの言葉それ自体ではなく、彼自身である。（c）対話の目的はビルに発言の機会を与えることである。

❺これらの仮説ゆえに心理的な連鎖反応が起きて感情や認識が鋭さを増し、ビルとジョーンズのコミュニケーションが円滑になる。ジョーンズがビルの感情や認識に当人の視点に立って対処すると、ビルは「一人の人間として理解され受け入れられた」、つまり「異論を表明しても大丈夫そうだ」と感じる。そうしてビルはジョーンズを支援者と見なし、ジョーンズはビルを興味深い人物と受け止める。するとビルはいっそう協力的になる。

よりよいコミュニケーションの仮説

以上の内容が、極めて一般的な対人コミュニケーション形態を正しくとらえているとすれば、ここからはいくつかの興味深い仮説が引き出せる。

- ジョーンズの手法がスミスの手法よりも高い効果を発揮するのは、何らかの不思議な力によるのではなく、対人コミュニケーションを進めるうえでより優れた地図を持っているからである。

- もっとも、ジョーンズの手法は単なる頭の体操ではない。支柱を成すのは、自身とは異なる視点に目を向けて受容したり、この姿勢を対面の関係性の中で発揮したりする、意志と能力である。そしてそれは、自己認識と鍛錬に裏付けられた感性と知性の賜物である。それはジョーンズの自身に対する気づきによるものであり、またスキルの実践によるものでもある。
- 大学は学生に、自分と異なる視点を少なくとも頭では理解させようとしているが、この知的理解を対面でのシンプルな関係性に応用するための手助けは、ほとんどしていない。学生は論理的で明晰であるよう訓練されるが、聞き上手になるための助力は誰からも得ない。この結果、高学歴者はスミスのようなタイプが圧倒的に多く、ジョーンズのようなタイプはあまりに少ない。

一対一の人間関係にとって最大の障壁は、知恵を使い、理解力を発揮しながら、巧みに相手の話を聞く能力の欠如である。現代社会においてこの欠如は至るところで見られ、愕然とするほどだ。効果的なコミュニケーション手法、つまり煎じ詰めるなら相手の話を聞く手法の教育に、よりいっそう力を入れる必要がある。

マネジャーは2つの能力を備えなければならない

ジョン・J・ガバロ（John J. Gabarro）
ハーバード・ビジネス・スクールの名誉教授。本稿執筆当時（1991年）は、ハーバード・ビジネス・スクールのUPS基金記念講座教授。人材マネジメントを担当する。共著に*Interpersonal Behavior*, Harvard Business School Press, 1987.などがある。

はたしてマネジメントコミュニケーションは進歩したのか

「コミュニケーションの本質は『聞く』ことである」を今日読むと、発表当初に生じた波紋を理解するのは難しい。

しかし1952年の時点において、人の話を聞くことの重要性をめぐるロジャーズとレスリスバーガーの考えは、文字通り過激だった。平凡で保守的なビジネスマンの道徳観とは相容れない新境地を切り開き、人々の気持ちが重要だと主張しただけではない。部下の考えや気持ちを真摯に受け止めるようマネジャーに勧めることによって、階層組織における上下関係という聖域にまで踏み込んだのである。

ところが今日では、これらの知見はあらためて述べるまでもない基本中の基本であり、この事実からも、両氏の考えが及ぼしてきた影響の大きさと、マネジメントコミュニケーションの進歩のほどがうかがえる。

いや、本当にそうだろうか。昨今のマネジャーは、優れたコミュニケーションを実践するうえで相手の話を聞くことがどれほど重要であるかを、よりよく理解している。にもかかわらず、大多数は依然としてこの教訓を実地に活かすのに苦労している。

理由の一つは彼ら自身の賢明さにあるのかもしれない。つまり、シンプルな教訓は忘れやすいのだ。

とはいえ別の理由として、この教訓は結局のところさほど単純ではなく、「コミュニケーションの本質は『聞く』ことである」において40年前に指摘された中身の実践は想像した以上に難しいため、実はいまだ道半ばにすぎないのかもしれない。

したがって、ロジャーズとレスリスバーガーの論稿を再読することによって得られる恩恵は、いまなお色あせない文字通り有益な知見を思い起こすだけでなく、彼らが見過ごしていた何かを40年後の視点から見出す点にもある。

3つの知見

今日では産業界に向けて3つの知見が極めて声高に唱えられており、それらは実は、組織や社会の垣根を超えた、コミュニケーションの壁と扉に関係している。ロジャーズとレスリスバーガーが述べている通り、この壁と扉は2人の個人間だけでなく2国間にも生じうる。以下に挙げる3つの知見が有意義であり続けているのは、人間同士の相互作用の本質を突いているからである。

知見❶

効果的なコミュニケーションにとって最大の壁となるのは、相手の話の内容について判断を下そうとし、そのせいで誤解したり、真の意味で「聞く」ということを怠ったりする傾向である。

ビルとスミスのやり取りはこの過程をまざまざと描き出しており、今日もなお現実味を帯びている。なぜなら、このようなコミュニケーションの破綻は、相変わらず日常的に起きているのだ。むしろ、より複雑になったとされるビジネス環境においては、いっそう起きやすいかもしれない。

たとえば労働力のダイバーシティが高まると、共通の前提や経験をもとに共通の言葉遣いや話し方を見出すのが難しくなるため、コミュニケーションが複雑化しかねない。

実際のところレスリスバーガーは1952年に、「『経歴、体験、モチベーションの違い』を踏まえると、任意の2人がコミュニケーションを取れるのは『驚くべきこと』だ」と考えたわけであり、それなら、今日の環境においてもこれを奇跡と見なしたに違いない。

知見❷

判断しようとする本能を抑えると、コミュニケーションの相手をよりよく理解できる。

言うまでもなくダイバーシティの高まりは、規律あるリスニングの重要性をも押し上げる。なぜなら、誤解が生じる可能性が大きいからである。したがってコミュニケーションの扉がかつてなく重要になっている。推測や判断を棚上げすると、マネジャーは部下の本音に触れることができ、これは言葉だけに頼るよりも、相手が伝えようとしている中身を理解する手がかりとしてよりよく役立つ。

知見❸

相手の視点についての理解を深めると、よりよいコミュニケーションの助けになる。

効果的なコミュニケーションを実践するには傾聴と発言が同等の重みを持ち、一方の明快さは他方の明快さによって決まる。会話の相手をよく理解しているマネジャーのほうが、自分の考えをより正確に表現できるというわけだ。

これらの知見に刺激されて進歩的な慣行の数々が生まれた。エンパワーメントに向けた企業努力はその一つである。

マネジャーが部下の話に耳を傾ける意思を示すと、信頼ひいては誠実さを引き出しやすくなる。部下に対して、しっぺ返しを恐れずに率直に話すよう働きかけると、相手の自信を強めることになる。なぜなら、部下は自分の意見が組織から尊重されていると考えるからだ。そのうえマネジャーは最前線の貴重な情報源とのつながりを維持できる。

あるいは「アクティブリスニング」を考えるとよい。1970年代に開発されたこの手法は、数多くのマネジメント研修やセールス研修においていまなお広く用いられている。

たとえば、アクティブリスニングを実践するセールスパーソンは、見込み客の話の中身について判断を避け、相手の言葉を反芻することによってその趣旨を自分が正しく理解しているかどうかを確かめる。この手法には、①セールス担当者が顧客ニーズを誤解するおそれを最小限に抑える、②見込み客が「自分の話を聞いてもらい、理解を得た」と感じるという、2つの利点がある。

3つの問題点

とはいえ結局のところロジャーズとレスリスバーガーは、判断をせずに相手の話を聞く手法に過大な信頼を寄せたのかもしれない。この分野の研究者、ひいては両氏の教えの実践を試みるマネジャーたちは今日、両氏が過度に楽観的だったことを悟っている。

第1に、「理解すれば解決したに等しい」という、明示されていない基本前提があるのだが、これには根拠がない。リチャード・ウォルトンによる労使関係の研究やロジャー・フィッシャーによる国際交渉をめぐる研究など、多様な研究が示す通り、理解は交渉プロセスの進展につながりうるが、それ自体は紛争解決を導く力を持たない。

第2に、信頼確立のプロセスは、ロジャーズとレスリスバーガーが示唆するような一面的なものではない。ジョーンズはおそらく、判断せずに相手の話を聞く手法への関与を示すだけでは、ビルの信頼を勝ちえないだろう。ビルは胸襟を開くかどうか腹を決めるに当たって、ジョーンズの他のさまざまな面、すなわち動機、分別、言動の一貫性、さらにはマネジメント能力に至るまで値踏みするだろう。この結果が良好だった場合に限り、ジョーンズの申し出に素直に応じるはずである。

したがって通常は、誠実で正直なコミュニケーションに必要な信頼を醸成するには、最低限の安心が求められる。力関係が対等でない場合、当初は大きな不信が生じがちであるため、最低限の安心の必要性はとりわけ大きい(これは当事者双方に当てはまる。部下は報復を恐れて上司を警戒するかもしれない。他方で上司は、「〈部下は〉耳に心地よい中身しか言わないのではないか」と懸念して、不信感を抱きかねない)。

そして最後に、今日のマネジャーが直面するコミュニケーションの壁は、ロジャーズとレスリスバーガーが想定していたものだけではない。一つには時間的なプレッシャーがある。他者の話をじっくり深く聞くには時間を要するが、マネジャーは時間に追われている。特に昨今のビジネス環境においては、スピード重視の風潮(翌日配達便の登場、コンピュータの処理速度の向上、タイムベース競争)のせいでマネジャーたちはただでさえ忙しく、時間のかかる一対一のコミュニケーションをなおざりにするかもしれない。

Ｍ＆Ａ（企業の合併・買収）や組織のフラット化が流行する昨今におけるもう一つの壁は、状況の不安定さとそれが招く猜疑心である。ダウンサイジングやレイオフの足音が近づいてくると、世の中のビルたちやジョーンズたちはともに、率直な話し合いを避ける十分な理由を見つける。「本音をそのまま明かせば解雇されるかもしれない」と考える場合はなおさらだ。

マネジメントの逆説

それでもなお、「コミュニケーションの本質は『聞く』ことである」の発表から約40年を経た後も、セールスパーソンがアクティブリスニングによって顧客の勧誘に成功しているにもかかわらず、マネジャーはといえば、どうすれば部下を動かせるのかを微塵も理解していない。

なぜなら、マネジャーたちは私がマネジメントのパラドックスと呼ぶ、より大きな壁に直面しているのである。つまり、判断抜きに相手の話を聞く力（異なる視点を理解して適切な情報を入手する力）を持つことは彼らにとって重要ではあるが、マネジメントの本質はこれと対極を成す、判断を下すということなのだ。

マネジャーは日々、製品ライン、市場、数字、そしてもちろん部下たちを評価するよう迫られる。そして自身はといえば、この手腕をもとに評価される。したがって危惧されるのは、判断を重視する傾向のせいで慎重に相手の話を聞こうとする姿勢が後退し、ひいてはビジネスや人材について的確な判断を下す能力が削がれるであろうことだ。

マネジャーはこのパラドックスを二者択一によって解決したいと考えるかもしれない。これにはもっともな理由がある。訓練の過程で2つのマインドセットの折り合いがつく例は稀だったのだ。

ビジネススクールはいまなお、おおむね、判断しながら相手の話を聞く手法を後押ししている。学生たちに、自身の立場を弁護することにより、相手に対する優位を勝ち取るよう教えている。しかも、判断を避けながら話を聞く手法を重視する行動学の専門家は、もっぱら共感や感情移入の重要性に焦点を当てる傾向がある。

過去40年間に明確になった点が一つあるとすれば、マネジャーは両方の能力を兼ね備えなくてはならないということである。「判断を下すには即断を避けなくてはいけない」と認識する必要があるのだ。

第 17 章

The Business of Artificial Intelligence

人工知能が汎用技術になる日

認知と知覚の飛躍的な進歩

マサチューセッツ工科大学 スローンスクール 教授
エリック・ブリニョルフソン
マサチューセッツ工科大学 デジタルビジネスセンター 首席研究員
アンドリュー・マカフィー

"The Business of Artificial Intelligence"
HBR.org, July 18, 2017 (product #H03QXY).
邦訳初出：「人工知能が汎用技術になる日」『DIAMONDハーバード・ビジネス・レビュー』 2018年1月号

エリック・ブリニョルフソン(Erik Brynjolfsson)
マサチューセッツ工科大学(MIT)スローンスクールの教授、MITのデジタルエコノミー・イニシアティブの所長。全米経済研究所(NBER)の研究員でもある。MITでは情報経済学の講座を持ち、経営学大学院アナリティクス研究所(Aラボ)でも教えている。

アンドリュー・マカフィー(Andrew McAfee)
マサチューセッツ工科大学(MIT)デジタルビジネスセンターの首席研究員、MITのデジタルエコノミー・イニシアティブの共同創立者。『フィナンシャルタイムズ』『エコノミスト』『ウォール・ストリート・ジャーナル』『ニューヨーク・タイムズ』などに記事多数。

2人の共著に『ザ・セカンド・マシン・エイジ』(日経BP社)などがある。

私たちの時代の汎用技術は何か

これまで250年以上にわたり、経済成長をもたらす基本的な原動力は、常に技術面のイノベーションだった。なかでも最も重要なのは経済学者が「汎用技術」と呼ぶ分野で、具体的には蒸気エンジンや電気、内燃機関などだ。そのいずれもが続々と補完的イノベーションを生み出す触媒としても作用し、多くのビジネスチャンスをもたらした。

たとえば内燃機関は、自動車、トラック、飛行機、電動のこぎり、電動芝刈り機を生み出し、同時に大規模小売店やショッピングセンター、クロスドッキング倉庫、新しいサプライチェーンを創出した。さらにはよく考えてみれば、「郊外」そのものも生み出している。内燃機関という技術を利用して収益性の高い新しいビジネスモデルを考え出した企業は、ウォルマート・ストアーズからUPS、ウーバーに至るまで非常にバラエティに富んでいる。

さて、私たちの時代で最も重要な汎用技術は何か――。それは「人工知能」（AI）であり、とりわけ「機械学習」である。機械学習とは、なすべき作業について人間から細かい指示を受けなくても、機械がみずからその作業の処理能力を高め続けていける能力のことだ。機械学習は、ほんのここ数年間でそれまでよりはるかに効果的になり、また簡単に利用できるようになった。いまでは、タスクの処理方法を自分で学んで身につけるシステムまで構築できる。

なぜ、そんなことに大騒ぎするのか。理由は2つある。

まず、私たち人間は自分で説明できるより多くのことを知っている。多くのことについて、なぜ自分がそれをできるのか説明できない。顔を見分けることから、アジアに大昔から伝わる戦略ゲーム「囲碁」で優れた手を打つことまでそうなのだ。機械学習が登場する前、多くの作業は「知っているけどはっきりと言葉で説明できない」がために自動化できなかった。いまではそうした作業を自動化できる。これが第1の理由だ。

第2に、多くの場合、機械学習は能力が非常に高いということだ。詐欺の発見から病気の診断まで、幅広い分野において人間を超える成果を出せる。超優秀な〝デジタルの弟子〟はいま、経済社会のあちらこちらで採用されている。いずれ極めて大きな影響をもたらすだろう。

ビジネス界を見れば、AIはこれまでの汎用技術に近い規模の大変革をもたらす直前まで来ている。すでに世界中で何千社もの企業がAIを利用してはいるが、それでも巨大なチャンスはまだほとんど活かされていない。今後10年間でAIの影響はいまの何倍にもなるだろう。なぜなら製造業や小売業、運輸、金融、ヘルスケア、法律、広告、保険、エンタテインメント、教育、さらには、ほぼすべての業界がこの先、機械学習を活用して中核的処理工程とビジネスモデルを一変させるからだ。

とはいえ、他の多くの新技術と同じように、AIについてもさまざまな非現実的で過大な期待が持たれている。AIの本来の能力とはほとんど無関係なのに、「機械学習」や「ニューラルネットワーク」といったAI用語をふんだんに散りばめた事業プランを目にすることもある。たとえば出会い系サイト事業に「AIを活用！」と銘打てば、本質的には何の効果もないのに資金集めに役立つこともあろう。

本稿ではこうしたノイズを遮断し、AIが秘める本当の可能性とそれが実務に与える影響、そしてAI導入の障壁について論じる。

現在のＡＩができること

「人工知能」という言葉が生まれたのは1955年で、名付け親はダートマス大学の数学教授ジョン・マッカーシーだ。彼はその後大きく育つことになるＡＩに関する会議（ダートマス会議）も創設した。以後、おそらくは想像力をかき立てる優れたネーミングのせいもあり、ＡＩという分野は本来の実力を超えて現実離れした期待と見通しを世間に生み出してきた。1957年には経済学者のハーバート・サイモンが、「コンピュータは10年以内にチェスで人間に勝てるようになるだろう」と予測している（実際にはその後40年かかった）。認知科学者のマービン・ミンスキーは1967年に「〝人工知能を創り出す〟という課題は、いまから1世代も経ないうちにほぼ達成されているだろう」と述べた。

サイモンもミンスキーも知の巨人だが、とんでもない見込み違いをしたのである。そう考えると、「ＡＩはこの先飛躍的な進歩を遂げる」という大げさな主張に対し、それなりの懐疑論が生まれるのも理解できる。そこで本稿ではまず、ＡＩが現在すでに行っていることを確認し、その発展ぶりがどれほど急速かを検討するところから議論を始めたい。

ＡＩに関する近年の最も大きな進歩は、「知覚」と「認知」という2つの大きな分野で起きた。前者では、音声に関して実用面で大きく進歩した。音声認識はまだ完璧にはほど遠いが、何百万人もの人々が利用している。Ｓｉｒｉやアレクサ、グーグル・アシスタントのおかげだ。いまあなたが読んでいるこの文章も、もとはコンピュータが肉声を聞き取ってテキストにしたものだ。聞き取りの精度は十分に高く、キーボードで打ち込むより早く済んだ。

スタンフォード大学のコンピュータ科学者ジェームズ・ランデイとその同僚たちの研究によれば、いまや音声認識による入力は携帯電話でタイピング入力するより3倍ほど速いという。かつては8・5％あった聞き取りミスの発生率は、4・9％まで改善している。驚くべきは、この大きな改善が10年かけて起きたのではなく、2016年夏から現在（2017年7月）までの短期間に起きた点である。

画像認識能力も劇的に向上した。フェイスブックなどのアプリを利用していれば、投稿された写真からあなたの友人を見つけ、その人の名前を示してタグ付けするか確認してくることをご存じだろう。スマートフォン上で動くアプリでも、世界中のほぼすべての鳥類を識別できる。画像認識は一部の企業の本社でIDカードの代わりにさえなりつつある。自動運転車などに使われる視覚システムも、以前は30フレームに1回という高頻度（こうしたシステムに使われるカメラではだいたい1秒で30フレームを記録する）で歩行者を見間違えていたが、いまではミスの頻度は3000万フレームに1回より少ない。

特徴のない写真や不明瞭な写真、極めて奇妙な写真などが数百万枚も収められた「イメージネット」という膨大な写真データベースがある。この画像認識のエラー率は2010年には30％を超えていたが、2016年には最高レベルの認識システムで4％程度にまで改善している（図表17-1「子犬？　それともマフィン？　進化する画像認識」を参照）。

最近になって進歩のスピードが加速している理由は、非常に大規模で深い階層構造を持つ（「ディープ」な）ニューラルネットワークに基づく新方式が採用されたからだ。もちろん機械学習を使った視覚システムは、まだまだ完璧にはほど遠い。だが、人間も子犬の顔をそれと認識するまで苦労することもあるし、時には子犬ではない写真を「かわいい子犬！」と勘違いして、ばつの悪い思いをすることさえあるではないか。

図表17-1｜子犬？ それともマフィン？ 進化する画像認識

見かけが似たような２種類の画像を見分ける機械の能力は、本物の進歩を遂げた。

Karen Zack/@Teenybiscuit

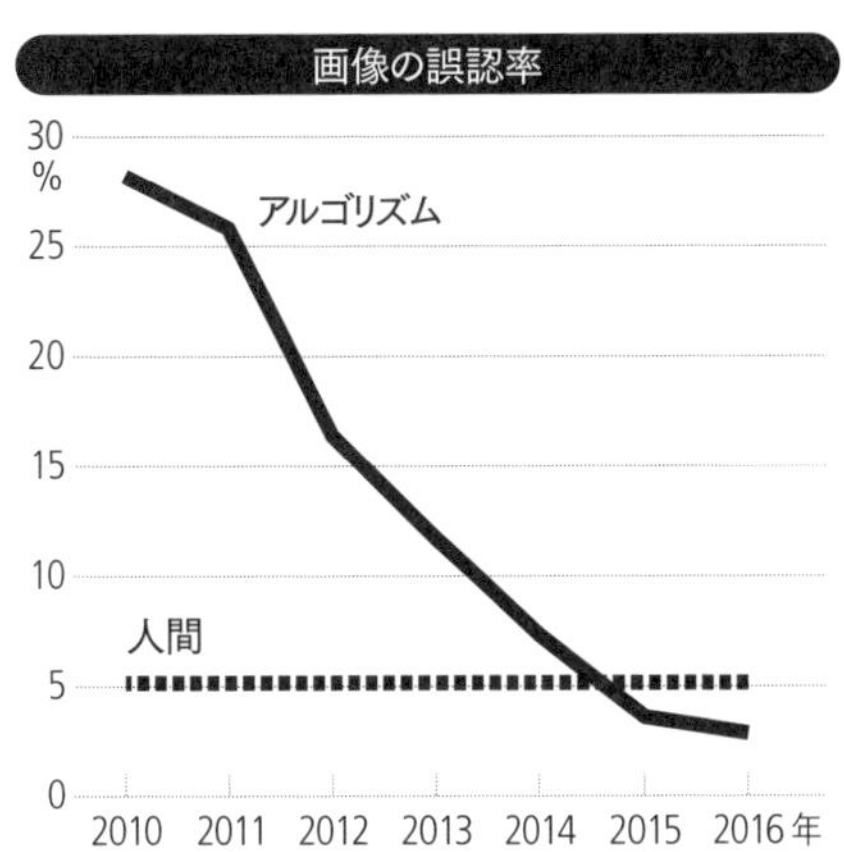

出所：電子フロンティア財団（Electronic Frontier Foundation）

もう一つの大きな進歩は「認知」と問題解決の分野で起きた。すでにポーカーと囲碁で機械は人間の最強プレーヤーを負かしている。専門家が最低でもあと10年は余計にかかると予想していた偉業である。グーグルのディープマインドチームは機械学習を活用して、データセンターの冷却装置の効率を15％以上も高めることができた。すでに人間の専門家によって最適化されていた後だったにもかかわらずだ。

また、サイバーセキュリティ企業のディープ・インスティンクトはマルウェアの発見にＡＩエージェントを使っており、ペイパルもマネーロンダリングの防止にＡＩエージェントを活用している。シンガポールの保険会社は、ＩＢＭの技術を使った機械学習システムで保険請求手続きを自動化している。データサイエンスのプラットフォームを提供する企業ルミデータムの機械学習システムは、優れた顧客サポートをするため、適切なタイミングで助言をしてくれる。ウォール街では何十社もの金融機関がトレーディングの最終判断に機械学習を活用しており、融資判断に機械学習の助けを借りるケースも増加している。アマゾン・ドットコムは在庫の最適化や顧客への「おすすめ商品」の改善に機械学習を導入している。

インフィニット・アナリティクスは、特定のウェブ広告を閲覧者がクリックするかどうか予測する機械学習システムを開発した。このシステムを使ったある世界的な消費者向け日用品企業はウェブ広告の出稿戦略を改善でき、ブラジルのネット小売企業は顧客が商品を検索し見つけ出すプロセスを改良できた。前者の場合は広告のROI（投資利益率）が3倍に増え、後者の場合は年間売上高にして1億2500万ドルの増加をもたらした。

現在の機械学習システムは、さまざまなソフトウェアで使われている古いアルゴリズムを代替しているだけではない。以前は人間のほうが優れていた多くの作業でも、いまや人間より優れた成果を出しているのだ。たとえば、イメージネットの大量の写真を認識する機械学習システムは、完璧にはほど遠いとはいえ、誤認率は5％前後であり、人間と同レベルかそれ以上の成果を出している。音声認識もまた、仮に周囲の雑音がうるさい状況であっても、いまでは人間と同レベルの聞き取り能力を持っている。

「人間と同レベル」という一つの分水嶺を超えると、ＡＩがさまざまな面で職場や経済全体を変えていく可能性がいっきに高まる。ある作業においてＡＩを使ったシステムが人間より優れた成果を出せるようになると、そのシステムはおそらくいっきに普及するからだ。

たとえばドローンメーカーのアプトノミーとロボットメーカーのサンボットは、改良型視覚システムを使って警備員の仕事の大半を自動化している。ソフトウェア企業のアフェクティバや多くの企業は、消費者調査のフォーカスグループにこの改良型視覚システムを導入し、喜びや驚きや怒りといった感情を読み取るのに使っている。さらに、エンリティックなど複数のディープラーニングのスタートアップ企業は、この視覚システムを使って医療用の写真を読み取り、がんの診断に役立てている。

そこまでできるというのは印象的な話ではあるが、一方でＡＩを使ったシステムの応用範囲はまだ非常に限られている。たとえば数百万枚の写真を収めたイメージネットの写真読み取りで、ＡＩシステムが素晴らしい成果を出したからといって、いきなり〝生〟の現実世界に放り出したところで、まず成功はおぼつかないだろう。実世界には光の当たり具合からアングル、解像度、周囲の状況まで実にさまざまな条件の写真があるはずだからだ。

そもそも私たちは、中国語の肉声を理解して英語に翻訳するＡＩシステムには感嘆するが、そのシステムが一つでも中国語の文字の意味を知っているとは考えないし、ましてや北京のおすすめレストランを知っているとは思いもしない。ところが、もしある作業を巧みにこなす人間がいれば、その人はその作業の関連分野全般に高い能力や知識を持っているのだろうと予想する。

つまり機械学習システムは限られた特定の作業をこなすように訓練されており、その知識や能力を一般化できない。コンピュータのこの狭い知識を見て、その背後には幅広い知識があるのだろうと錯覚することが、おそらくＡＩの進化に関する混乱と大げさな主張の最大の原因になっていると思われる。人間はさまざまな領域に浅くて広い知識を持つという点で、機械とまったく異なるのだ。

機械はどのように学習するのか

機械学習について理解すべき最も大事な点は、それがソフトウェアをつくる場合とは根本的に異なる方法を取っていることだ。求める結果をプログラムで明快に記述するソフトウェアと違い、機械は具体例から学ぶ。この方法が大きな飛躍をもたらした。それまでの50年間、情報技術の進歩とその利用はほとんどの場合、人間がすでに知っている知識や手順を整理して書き出し（コード化）、機械に教え込むことに集中していた。

実際、「コード化」という言葉が指すのは、開発者の頭の中にある知識を機械でも理解・実行できる形に変換するという骨の折れる作業である。だが、このやり方には根本的な弱点がある。人間が持っている知識のほとんどは、言葉で完全には説明できない暗黙知なのだ。他人に言葉で「自転車に乗る方法」や「ある友人の顔を見分ける方法」を説明するのはほぼ不可能である。

換言すれば、我々は言葉で説明できることより多くを知っているともいえる。この事実は極めて重要なため、「ポランニーのパラドックス」という名前さえつけられている。哲学者にして博学者であったマイケル・ポランニーが1964年にこの事実を指摘したからだ。「ポランニーのパラドックス」は、単に人間同士が互いに伝え合えることの限界を示したばかりでなく、機械に知性を与えるための人間の能力に根本的な限界があることを、歴史上初めて示したのである。この限界は長いこと、機械が役に立てる経済活動を制限してきた。

だが、機械学習によりその限界が克服されつつある。人間によってつくられた機械が、具体例を学習して系統立ったフィードバックを得ることで、人の顔を見分けるといった、ポランニーの時代から続く伝統的な「機械の問題」を自己解決するようになった。これは〝第2次機械化時代〟の第2波なのだ。

機械学習の種類

AIと機械学習の種類は豊富である。しかし近年大きな成果を上げているのは1種類だけだ。それは「教師あり学習」（スーパーバイズド・ラーニング）と呼ばれる仕組みで、機械は特定の問題とその正解の具体例をたくさん与えられて学習する。ほとんどの場合、この学習過程は、一連の入力値「X」から一連の正しい出力値「Y」

図表17-2｜教師あり学習システム

機械学習分野の2人の先駆者、トム・ミッチェルとマイケル I. ジョーダンが指摘したように、機械学習の最近の進歩は大半が「一連の入力値から一連の出力値へ」というマッピングによって生まれている。これはその実例の一部である。

入力値X	出力値Y	利用法
録音された音声	書き起こした文章	音声認識
過去の市場データ	未来の市場データ	自動トレーディング
写真	写真の説明文	画像のタグ付け
薬品の化学的特質	治療効果	製薬のR&D
店舗での商取引	その取引は不正か否か	詐欺・不正の発見
料理レシピの材料	顧客の評価	おすすめの食事
購買履歴	将来の購買行動	顧客のつなぎ止め
車の位置と速度	車の流れ	信号機
顔	名前	顔認識

へとたどり着くためのマッピング作業といえる。

たとえば入力値としてさまざまな動物の写真を与え、正しい出力値として「犬」「猫」「馬」といった分類ラベルを示す。もしくは、入力値として録音された肉声の波形を与え、正しい出力値として「はい」「いいえ」「こんにちは」「さようなら」などの言葉を示すケースもあるだろう（詳細は図表17-2「教師あり学習システム」を参照）。

成果を上げているAIシステムの多くは、練習用データとして数千から時には数百万もの正解付き具体例で学んでいる。練習用データで学習した後は、正解なしの新しい例を与えられる。練習に問題がなければ、そのAIシステムは高い精度で正解を導けるはずだ。

このようにAIが正解にたどり着ける最大の要因となったアルゴリズムは、ニューラルネットワークを利用した「ディープラーニング」と呼ばれる手法に依拠している。ディープラーニングアルゴリズムは、それまでの世代の機械学習アルゴリズムに比べて大きな利点が一つある。旧世代よりはるかに膨大なデータを活用できるのだ。古いAIシステムも練習用のデータ量が増えて具体例の数が増えれば性能は上がるが、データが一定量まで増えると性能の向上は止まってしまう。その点を超えると、後はいくらデータ量を増やしても精度は向上しない。

ＡＩの世界で巨人の一人とされるアンドリュー・ウによれば、ディープニューラルネットワークはそのように一定段階で向上が止まることはないという。データ量が増えれば増えるほど精度も向上していくのだ。一部の極めて巨大なＡＩシステムでは、３６００万を超える具体例を学んだケースもある。当然ながら、極めて膨大なデータセットで学ぶには高い処理能力が必要となる。そのためもあって、巨大なＡＩシステムはスーパーコンピュータや特殊な構成のコンピュータで運用されるケースが多い。

どんな場合であれ、行動に関するデータが豊富にあり、結果を先読みしたいと思うなら、教師あり学習システムの導入を検討する価値がある。アマゾンの消費者向け事業を主導するジェフ・ウィルケによれば、かつては個人顧客への「おすすめ」に記憶重視型のフィルタリングアルゴリズムを使っていたが、いまや大部分が教師あり学習システムに代替されたという。ほかにも、在庫レベルを決めてサプライチェーンを最適化する代表的なアルゴリズムが、機械学習を基盤にした、より効果的で有効範囲の広いシステムに取って代わられている。

ＪＰモルガン・チェースが開発した商業ローン契約の審査システムは、かつての融資担当者たちが合わせて36万時間かけていた仕事をわずか数秒でやってのける。さらに教師あり学習システムは、いまや皮膚がんの診断にも使われている。これらはほんの一例にすぎない。

ＡＩに教師あり学習をさせるために、多数のデータに分類ラベルを貼る作業は、比較的簡単である。このため、少なくともいまのところは教師ありの機械学習システムのほうが、〝教師なし〟の機械学習システムより一般的だ。教師なしの学習システムはみずからの力だけで学ぼうとする。人間はこれが得意だ。我々は世界に関する知識（たとえば「木の見分け方」など）の大部分を、ほとんどもしくはまったく分類ラベルのついていないデータによって身につける。ところが、そのようなやり方でまともな機械学習システムをつくるのは、極めて難しい。

もし、きちんと機能する〝教師なし〟の機械学習システムをつくり出せたら、心が躍るような可能性のドアが開くだろう。そのような機械は人間とは違う新鮮な目で複雑な問題を観察し、そこに人間が見落としていたパターンを見出すことができる。病気の流行、金融市場の有価証券の値動き、顧客の購買行動などに隠れているパターンを――。こうした可能性を秘めているからこそ、フェイスブックのＡＩ研究の責任者でニューヨーク大学教授のヤン・ルカンは、教師あり学習がケーキのトッピングだとすれば、教師なし学習こそがケーキ本体だと言う。

機械学習の世界で、小さいながらも急発展しているもう一つの分野が「強化学習」だ。これは、アタリがつくるビデオゲームや囲碁のようなボードゲームを習得したＡＩに組み込まれている。また、データセンターの電力利用の最適化や株式市場のトレーディング戦略の開発にも役立っている。キンドレッドのつくるロボットは強化学習により、それまで見たことのないものでも見つけ出して分類できるため、消費者向け商品の配送センターで品物の「ピック・アンド・プレース」（収納場所から取り出してくる作業）を高速化できる。

強化学習の場合、ＡＩシステムの現在の状況と最終目標をプログラマーが具体的に設定し、許される行動の選択肢をリストアップし、それぞれの行動の結果に影響を与える環境内の要素も示す。ＡＩシステムは許される行動によって可能な限り最終目標に近づく道を見つけなければならない。強化学習が有効なのは、人間にとって最終目標は明確ながら、そこに行き着く道筋が必ずしも明らかでないケースだ。

たとえばマイクロソフトは、ＭＳＮドットコムに掲載するニュースヘッドラインを選ぶのに強化学習を使っている。そのニュースをクリックする人が多いほど、ＡＩは高得点という〝報酬〟を得られる。このＡＩは設計者に与えられたルールを守りながら、なるべく高得点を得ようとする。したがって当然ながら、強化学習はあなたが報酬という形で明確に指し示す目標を目指すのであって、それがあなたの本当に達成してほしい目標（たとえば顧客生涯価値の最大化）とは限らない。このため、強化学習では正しい目標を明快に設定することが極めて重要になる。

機械学習の3つの進歩が実務を変える

機械学習を実務に導入しようかと現在検討中の組織に、３つの朗報がある。

１つ目はＡＩ関連のスキルが急速に世に広まっていることだ。世間にデータ科学や機械学習の専門家が十分にいるとはとうていいえないが、そうした専門家への需要は大学教育だけでなく、ネット上の教育リソースでも満たされつつある。なかでも最も優れたオンライン教育機関であるユダシティやコーセラ、ファスト・ドットエーアイは、入門編をはるかに超える内容を教えている。こうしたサイトは実際、頭がよく意欲のある学生なら、業務レベルの機械学習システムをつくれるところまで教育できる。社員を教育するだけでなく新規採用にも興味がある企業は、一定の専門知識を保証された機械学習の専門家を、アップワークやトップコーダー、カグルといったオンライン人材プラットフォームで採用できる。

２つ目の歓迎すべき進展は、最新のＡＩを利用するためのアルゴリズムとハードウェアを必要に応じて購入したりレンタルしたりできる点だ。グーグルやアマゾン、マイクロソフト、セールスフォース・ドットコム、その他の企業が、クラウド経由で利用できる高性能な機械学習のインフラストラクチャーを用意している。これらライバル企業同士が激烈な競争をしているため、機械学習を試用したり導入したりしたいと考える企業はこの先ますます、高性能な機械学習の能力をかつてないほど安価に利用できることになろう。

3つ目の朗報は、おそらく3つの中で最も過小評価されている。それは、機械学習の有効活用を始めるのにおそらくそれほど大量のデータを必要としないであろう点だ。ほとんどの機械学習システムは、より多くのデータを投入するほど成果が向上するため、最大のデータを持つ企業が勝つだろうと考えるのは理にかなっている。ただし、そう言えるのは〝勝つ〟の定義が「ターゲティング広告や音声認識など一つのジャンルで世界市場を制覇すること」を指す場合の話だけだ。そうではなく、「成果をかなり向上させること」を成功と定義するなら、そのために必要なデータは多くの場合驚くほど簡単に手に入る。

たとえば、ユダシティの共同創業者セバスチャン・スランは、チャットルームに寄せられる外部からの問い合わせに対し、一部の販売担当者が圧倒的に上手な対応をしていることに気づいた。そしてスランと教え子の大学院生ザイド・エナムは、このチャットルームのログこそ、実質的にはラベル付けまでされた一まとまりの練習用データであり、まさに教師あり学習が必要とするものではないか、と気づいたのである。

そこで、問い合わせてきた相手が最終的に購入にまで至ったチャットログを「成功」とラベル付けし、それ以外のログはすべて「失敗」とラベル付けした。そしてザイドはこのデータをもとに、頻繁に聞かれる問い合わせ内容に対し、対応の上手な販売担当者がどのような返事をすることが多いか予想を立てた。それを他の販売担当者にも配布し、成果の改善に役立てるようそれとなく促したのである。1000回の訓練サイクルを経た後、同社の販売担当者の成果は54%増加し、同じ時間内に2倍の顧客に対応できるようになっていた。

AI分野の新興企業ワークフュージョンも似たような手を使っている。同社は複数の企業と協力し、国際的な支払い業務や金融機関同士の巨額のトレーディング決済といった、より高度な事務作業の自動化を目指している。こうした業務がまだ自動化されていない理由は、その内容が複雑だからだ。必要となる情報が毎回決まった形式で提供されるとは限らない（どの通貨について話しているのかさえわからないこともある）ため、ある程度の解釈や判断が不可欠になる。そこでワークフュージョンのＡＩシステムは事務担当者の仕事ぶりを背後で観察し、その行動を練習用データとして学ぶことで、分類のやり方を理解する（「この請求書はドル建てで、こちらは円。それはユーロで」といった分類だ）。ＡＩシステムが正しく分類できるという十分な自信を得ると、事務担当者からその作業を引き継ぐ。

このようにして、機械学習は３つの次元で変化を引き起こしている。「個別の仕事」の次元、「業務プロセス」の次元、「ビジネスモデル」の次元、の３つだ。

個別の仕事を変えている実例としては、がん細胞化する危険を秘めた細胞を見つけるのにマシンビジョン（機械視覚）を使う取り組みがある。これによって放射線専門医の作業を減らし、彼らが本当に深刻な患者に集中したり、患者とのコミュニケーションや他の医師との協力に時間を割けるようにしたりするのだ。

業務プロセスを変えた実例としては、アマゾンの発送センターがロボットを導入して機械学習を使ったアルゴリズムの最適化をしたことで、作業の流れと配置が一変したケースがある。同じように、いまやおすすめの音楽や映画を相手に合わせて提案できるほど賢い機械学習システムのメリットを活かすため、ビジネスモデルも考え直す必要がある。たとえば音楽を売るにしても、顧客に選ばせてアラカルトでバラ売りするより、顧客ごとの好みを学習して本人の趣味に合いそうな音楽を流す〝個人向けラジオ局〟を購入してもらうほうが、優れたビジネスモデルかもしれない。その場合、本人が一度も聴いたことがないのに好みに合う曲も聴けることになる。

ここで注意してほしいのは、一つの仕事、一つの業務プロセス、または一つのビジネスモデルが丸ごと機械学習システムによって代替されるケースはまず起きないという点だ。

ほとんどの場合、機械学習システムは人間の活動を補完し、それによってその活動の価値をいっそう高める。機械学習導入で新しい部署ができたとしても、そこでの最も効果的な仕事のやり方が「すべての作業を機械にやらせる」となる可能性は極めて低い。仮に作業完了まで10の手順があるとすれば、1つか2つを機械にやらせ、残りの手順は人間がするほうが価値はより高まる。

たとえばユダシティのチャットルームで販売担当者を支援するシステムは、会話をすべて自動で行う機械をつくろうとはせず、人間の販売員によりよい結果につながる助言をすることを目指した。その結果、人間の担当者が主導権を握ったまま、効率と成果が大いに高まったのである。人間ができることをすべてこなせる機械を設計しようとするより、普通はこのやり方のほうがはるかに現実的だ。そうすることで、業務に関係する人間はより優れた満足できる仕事ができ、ひいては顧客にとってもよい結果になる。

顧客ニーズに応えるため、テクノロジーと人的スキルと資本資産の新しい組み合わせを考案して実行するという作業には、大がかりな創造性と計画性が要求される。機械が上手にこなせる作業ではない。つまり機械学習の時代になっても、起業家や企業幹部はその社会で最も高給を得られる仕事の一つなのだ。

機械学習のリスクとAIの限界

第2次機械化時代の第2波は、新たなリスクももたらす。とりわけ大きいのは、多くの場合機械学習システムは〝説明可能性〟が低い点だ。これは、人間にとってなぜ機械がその結論に到達したか理解しにくいという意味だ。ディープニューラルネットワークともなれば、つながりの数は億単位であり、その一つひとつが最終的な結論に少しずつ影響を与えている。このため、こうした機械の推測結果は、なぜそうなのかを単純明快に説明できない傾向がある。人間と違い、機械は（まだ）複雑な事情をわかりやすいストーリーで説明するのが下手なのだ。

求人に手を挙げた応募者をなぜ採用したか、なぜ落としたか、またはなぜこの薬を薦めるのか、機械は常にきちんとした根拠を示せるとは限らない。皮肉なことに、「ポランニーのパラドックス」の克服に向けて前進を始めたら、今度はその別バージョンに直面してしまった。すなわち、〝機械は我々に言葉で説明できることより多くを知っている〟のだ。

これが3つのリスクを生む。1つ目は、機械が人間の目には見えないバイアス(偏見)を持ってしまう可能性だ。その偏見は機械の設計者がまったく意図しなくても、機械学習で使った練習用データによって生まれる。たとえば、求職者を面接して誰を採用するかを機械に学ばせるため、人間の面接官による過去の採用・不採用の実例をデータセットとして使ったとしよう。もし人間の面接官が人種や性別や民族その他への偏見を持っていた場合、誰も意図しないのに機械がその偏見まで学習し、その偏見を採用基準の一つとして固定化してしまうかもしれない。しかも、その偏見を機械が身につけたことが周囲には見えず、採用判断のため検討される数千もの要因の中に潜んで「暗黙のルール」と化すかもしれないのだ。

2つ目のリスクは、明示的に論理で示されるルールに基づいて構築される従来型システムと異なり、ニューラルネットワークシステムが「言葉で表せる真実」ではなく「統計学的な真実」を扱う点だ。これはすなわち、そのシステムがあらゆる状況で確実に機能すると絶対の自信を持って保証することを難しく——不可能ではないにしても——する。とりわけ、練習用データに含まれていなかった状況については保証が難しい。完全に機能するかどうか保証できないという特徴は、原子力発電所の管理や人命のかかった状況判断といった、極めて重大なミッションにこのシステムを導入する際に、大きな不安材料となる。

3番目のリスクは、機械学習システムが間違いを犯した時(いつか間違いを犯すのはまず避けられない)、なぜ間違ったのかを検証し、同じミスを繰り返さないよう修正することが時に難しい点だ。その間違いを導いた下部構造が想像を絶するほど複雑なこともあるし、機械が練習用データで学んだ時と所与の条件が変わってしまったため、機械が最適解とはかけ離れた判断をすることもある。

ここに示した3つのリスクはたしかに極めて現実的だが、完璧かどうかで機械学習システムを判断するのは適切ではない。そうではなく、目の前の選択肢の中でベストはどれかと考えるべきである。結局のところ人間も偏見を持つし、間違いを犯すし、なぜその判断に至ったかを正確に説明するのは容易でない。機械を使うメリットは、時間をかけて改善していける点と、同じデータを与えれば常に同じ答えを返す点にある。

これははたして、「AIと機械学習ができることに限界はない」という意味になるのだろうか――。自動車の運転や売上予測から採用・昇進の可否まで「知覚」と「認知」がカバーする領域は膨大だ。筆者らは、AIがいずれこうした領域のほとんど、またはすべてについて人間を超える成果を出せるレベルに到達する可能性はかなり高いと考えている。そこで問題となるのは、AIと機械学習ができない、、、であろうことは何か、である。

時折聞くのは「AIは、感情的で狡猾でずるく、首尾一貫しない存在である人間というものを正しく評価することはけっしてできない。人間を理解するには機械はあまりに真面目すぎるし人間味に欠ける」という意見だ。だが筆者らはこれに同意しない。アフェクティバが開発したような機械学習システムは、声の調子や表情から人の感情を読み取る能力で、すでに人間と同等かそれ以上の成果を出せる。別の機械学習システムは、「一対一のノーリミット（賭け金無制限）のテキサス・ホールデム」という驚くほど複雑なポーカーで、世界最高レベルのプレーヤーがブラフを仕掛けてきても勝てるほどに、相手を読むことができる。

「人を正確に読む」というのは繊細で微妙な作業ではあるが、魔法ではない。必要とされるのは知覚と認知であり、まさにいまの機械学習が強みを持ち、かつてないレベルへと進化しつつある領域なのだ。

AIの限界について議論するなら、うってつけの出発点となるのは、パブロ・ピカソがコンピュータについて述べたコメントだ。「しかし彼ら（コンピュータ）は役立たずだ。答えることしかできない」――。実際には、彼らは役立たずからは、ほど遠い。それは近年の機械学習による見事な成果が示す通りである。しかしながら、ピカソのコメントはいまでも一つの洞察を与えてくれる。コンピュータは質問に答える装置であり、質問を生み出す装置ではない。これはすなわち、起業家、発明家、科学者、クリエイターなど、次に取り組むべき課題やチャンスを見つけ出す人、踏み込むべき新しい領域を見つけ出す人が今後も不可欠であり続けることを意味する。

これと同様、誰かの精神状態や意欲を客観的に読み取ることと、それを変えようと主体的に相手に働きかけることとの間には、非常に大きな違いがある。機械学習システムは前者に関しては極めて巧みになりつつあるが、後者に関しては人間よりはるかに劣ったままだ。人間は根っから社会的な生き物である。人を説得し、動機付け、刺激するために同情やプライド、孤独、恥といった社会的な原動力に働きかけるには、機械でなく他の人々こそが最も適している。２０１４年、ＴＥＤ会議とＸプライズ財団は「ステージ上でＴＥＤトークの講演を行い、スタンディングオベーションを受けるほど聴衆を感動させた初めてのＡＩ」に贈る賞を設けたと発表した。だが、この賞を受賞するＡＩは当分の間は登場しないだろう。

この超高性能な機械学習の新時代に、人間の知性にとって最大にして最も重要な可能性がある場所は、次の２つの領域が交差する部分ではないかと考える。それは「次に取り組むべき問題を見つけること」と「多くの人々を説得してそれらの問題に取り組み、得られた解決策に協力するよう動かすこと」の交差点だ。これは要するに、第２次機械化時代になってこれまでよりはるかに重要性を増しつつある〝リーダーシップ〟の過不足ない定義である。

人間と機械への正しい仕事の割り振り方は、日々ものすごい速さで変化していく。現在のやり方に固執する企業は、どこであろうと適切な場所に積極的に機械学習を導入する意志と能力を持ち、人間の能力と効果的に結び付ける方法を見つけられるライバル企業と比べ、いつの間にか競争面で大いに不利な立場にいることに気づくであろう。

＊　＊　＊

技術進歩により、ビジネス界に地殻変動をもたらす新時代の幕が切って落とされた。蒸気エンジンや電気の新時代がそうであったように、勝者と敗者を分けるのはその新技術に近い距離にいるかどうかではないし、その技術の優れた使い手を獲得できるかどうかですらない。勝負を決めるのはイノベーターなのだ。現状の先を見通す進取の精神を持ち、いままでとはかけ離れたやり方をイメージできる人、そしてそれらを実現するだけの抜け目なさをあわせ持つ人が決め手になる。おそらく機械学習の時代がもたらす財産の一つは、こうした新世代のビジネスリーダーであろう。

ＡＩ、とりわけ機械学習はいまの時代の最も重要な汎用技術だと見ている。このイノベーションは企業および経済全体に直接的なメリットをもたらすだけでなく、補完的イノベーションを次々と生み出すことで間接的な影響も与えるだろう。機械学習がもたらす優れた視覚システムや音声認識、知的問題解決、その他多くの能力によって新しい製品や新しい処理方法が続々と可能になるのだ。

それよりさらに大きな変化になると考える専門家もいる。現在はトヨタ・リサーチ・インスティテュートのトップを務めるギル・プラットは、いまのＡＩ技術の大波を5億年前のカンブリア紀の生命爆発に匹敵するとした。すさまじい種類の生命形態を生み出した時期だ。当時もいまと同じく、カギとなる新能力の一つは視覚だった。視覚を手に入れた生き物は、それまでよりはるかに効率的に周囲の環境を探索できるようになり、それが触媒となって生物の種類が爆発的に増加した。捕食する側もされる側も種類が増え、またそのすき間を埋めるような生態的地位も広がり、そこに属する生物種も増えた。

それと同じように、これからの時代も新たに多種多様な製品・サービス・処理方法・組織形態の登場を目にするはずだ。もちろん絶滅も多数起きる。間違いなく今後は、予想もしなかった成功と不可思議な失敗とを目にするだろう。

新しい環境で主流となるのがどの企業なのかを個別に予想するのは難しいが、一般原則ははっきりしている。敏捷さと順応性が最も高い企業および企業幹部が成功する。ＡＩによって切り開かれた新しい世界で競争優位を得るのは、チャンスに素早く気づき、反応できる企業である。したがって成功に向けた戦略は、積極的に実験を行い素早く学ぶことだ。

いま現在、機械学習に関する実験を何ら計画していない企業幹部がいれば、その幹部はなすべき仕事をしていないといえる。これからの10年間、ＡＩが幹部社員に取って代わることはない。だが、ＡＩを使いこなす幹部がそうでない幹部に取って代わることになる。

第18章

Data Scientist: The Sexiest Job of the 21st Century

データサイエンティストほど素敵な仕事はない

いま最も必要とされているプロフェッショナル

ハーバード・ビジネス・スクール 客員教授
トーマス H. ダベンポート

グレイロック・パートナーズ データサイエンティスト
D. J. パティル

"Data Scientist: The Sexiest Job of the 21st Century"
Harvard Business Review, October 2012 (product #R1210D).
邦訳初出:「データサイエンティストほど素敵な仕事はない」『DIAMONDハーバード・ビジネス・レビュー』2013年2月号

トーマス H. ダベンポート（Thomas H. Davenport）
ハーバード・ビジネス・スクールの客員教授。またデロイト アナリティクスのシニアアドバイザー。『ハーバード・ビジネス・レビュー』への寄稿多数。共著に『ジャッジメントコール』『データ・アナリティクス3.0』『AI時代の勝者と敗者』（以上、日経BP）などがある。

D. J. パティル（D. J. Patil）
ベンチャーキャピタルのグレイロック・パートナーズ在籍のデータサイエンティスト。前職はリンクトインのデータ製品の責任者。

リンクトインの利用経験が格段に向上した理由

ジョナサン・ゴールドマンがビジネス専用ソーシャルネットワーキングサービス（ＳＮＳ）を運営するリンクトインに初出勤した２００６年６月、職場にはまだベンチャーの雰囲気が感じられた。アカウント数は８００万足らず。既存会員が友人や同僚に加入を呼びかけてくれて、会員数は急速に伸びていた。しかし、ユーザーたちが他の登録会員とつながろうとするペースは、同社の経営幹部の期待を下回っていた。このＳＮＳの利用経験には、何かが欠けていたのである。

リンクトインのあるマネジャーはこう評する。「カンファレンス後のレセプションに顔を出してみたら、知っている人が誰もいないことに気づいた、といったところです。だから、会場の片隅で飲み物をちびちび飲むしかありません。そして、おそらく早々に引き揚げるでしょう」

スタンフォード大学で物理学の博士号を取得したゴールドマンは、ユーザー同士がつながっていく様子と、ユーザープロフィール情報の豊かさを目にして、興味をそそられた。そのせいでデータはごちゃ混ぜで、分析しにくくなっていたが、人と人のつながりを探り始めると、彼には将来性が見えてきたのである。

ゴールドマンはロジックを組み立て、直観をテストし、あるプロフィールを持つ人が誰のネットワークに入るかを予想できるパターンを見出すようになった。自分が構築しているヒューリスティックス（経験則）を活かした新しい特徴は、ユーザーにとって価値があるかもしれないと想像することができた。

しかし、サイトの規模拡大で手いっぱいだった社内のエンジニアリングチームは、関心が薄い様子だった。ゴールドマンのアイデアに対して、あからさまに否定的な態度を取る同僚もいた。なぜユーザーが自分のネットワークを理解するためにリンクトインの助けがいるのか。同サイトにはアドレス帳のインポート機能がすでに装備され、会員は自分のつながりをすべて取り込めるようになっていた。

幸いにも、リンクトインの共同創業者で当時CEOだったリード・ホフマンは、ペイパルで働いた時の経験からアナリティクスの威力を信じており、ゴールドマンがかなり自由に動けるようにした。一例を挙げると、ゴールドマンが同社サイト内で最も人気のあるページに広告の形態の小さな「モジュール」を発表することで、従来の製品リリースのサイクルに縛られないようにした。

ゴールドマンはこのようなモジュールの一つを使って、まだつながっていないが、知り合いである可能性の高い人々、たとえば、学校や職場に在籍した時期が重なっている人々の名前をユーザーに示すとどうなるかをテストし始めた。リンクトインのプロフィールに記入された経歴に基づき、各ユーザーに対して条件に最も合致する3人の名前を挙げた個別の広告で、刺激を与えてみたのである。

数日のうちに、間違いなく注目すべきことが起きた。こうした広告のクリックスルー率が過去最高になったのである。

ゴールドマンは「もしかして知り合い？」に当たる人々を選ぶ方法を改善し続け、誰かがラリーとスーの知り合いであれば、ラリーとスーも互いに知っている確率が高いと考える「トライアングル・クロージング」のようなネットワーク構築の概念を組み込んだ。彼のチームはさらに、ワンクリックすれば、この提案に応えられるようにした。

リンクトインの経営層がその優れたアイデアを認識し、標準機能とするまでに時間はかからなかった。それを機に、リンクトインは勢いに乗り始めた。「もしかして知り合い？」広告は、同サイトのページをもっと訪問するように指示する他のプロンプトよりも30％高いクリックスルー率を達成した。新しいページビューは数百万回にも上った。この一つの機能のおかげで、同社の成長軌道は大きく右肩上がりを描くようになった。

データサイエンティストという新種の職業

ゴールドマンは、組織に新たに加わった戦力である「データサイエンティスト」の格好の例といえる。データサイエンティストとは、ビッグデータの世界で何かを見出そうとする、好奇心旺盛で、訓練も積んだ上級専門職のことだ。この肩書きが登場してからまだ数年にすぎない（当時、リンクトインとフェイスブックでそれぞれデータ分析の責任者を務めていたＤ・Ｊ・パティルとジェフ・ハマーバッカーが、２００８年に考案した造語である）。

しかし、新興企業でも老舗企業でも、すでに数千人のデータサイエンティストが働いている。企業は現在、いまだかつて遭遇したことがなかった、多様でかつ膨大な量の情報と格闘している。彼らがビジネス界に突如として現れたのは、この反映である。

社内に数ペタバイトに上る大容量のデータを保存したり、自社の事業に最も重要なのは数字の羅列ではない形式の情報だったり、あるいは非常に大きな問題に対応するためにいくつもの分析のマッシュアップを必要としたりする企業であれば、ビッグデータを活用できるチャンスがある。

現在、ビッグデータに関して注目が集まっているのは、ハドゥープ（Hadoop：幅広く使われている分散処理ソフト）などビッグデータを扱いやすくするための数々の技術と、それに関連したオープンソースのツール、クラウドコンピューティング、データ可視化である。

これらの革新的な技術が重要なことは間違いないが、少なくとも同様に大事なのが、これらを有効活用できるスキルセット（およびマインドセット）を備えた人々である。この分野は、需要に供給が追い付いていない。実を言えば、データサイエンティストの不足は、いくつかの業界で深刻な足かせになりつつある。

フェイスブック、リンクトイン、パロアルトネットワークス、ワークデイなど、初期段階の新興企業に投資してきたベンチャーキャピタルのグレイロック・パートナーズは、こうした人材不足を懸念するあまり、出資先企業に人材を送り込めるよう専属の採用チームを設置したほどである。同チームを率いるダン・ポーティロは「データが集まった時に本当に必要になるのは、それを管理し、そこから洞察を引き出せる人材です」と語る。

ビッグデータを扱える人材を確保する方法

ビッグデータ活用の可能性が、不足気味のデータサイエンティストの採用にかかっているとしたら、経営者にとっての課題はそうした人材を特定し、自社に引き付け、生産的に働いてもらう方法を学ぶことである（図表18-1「必要とするデータサイエンティストを探し出す方法」を参照）。そのいずれもが、組織にしっかりと定着している他の職務のように単純明快ではない。

最初に認識すべき事実は、データサイエンスで学位の取れる大学のカリキュラムがないことである。また、どのようにこの役割を組織にはめ込むべきか、どうすればデータサイエンティストが最大の価値を付加できるか、その業績をどう評価・測定すべきかについても、ほとんど見解の一致は取れていない。

したがって、データサイエンティストに対する需要を満たすための最初の一歩は、彼らが事業において果たす

図表18-1｜必要とするデータサイエンティストを探し出す方法

1	通常、候補に挙がってくる大学（スタンフォード大学、マサチューセッツ工科大学、カリフォルニア大学バークレー校、ハーバード大学、カーネギーメロン大学）と、ノースカロライナ州立大学、カリフォルニア大学サンタクルーズ校、メリーランド大学、ワシントン大学、テキサス大学オースティン校など、強みを実証している数校についても重視する。
2	データサイエンスツールのテーマを扱っているユーザー会の会員名簿を調べる。R言語ユーザー会（データサイエンティストが好むオープンソースの統計処理ツール）やパイソン言語ユーザー会（「ピッギーズ」とも呼ばれる）から手をつけるとよいだろう。
3	リンクトインでデータサイエンティストを探す。ほぼ全員が登録しているので、自社がほしいスキルを備えているかどうかを確認できる。
4	ストラータ、ストラクチャー-データ、ハドゥープワールドなどのカンファレンスや会合（現在はほぼ1週間に一度は開かれている）、ベイエリア、ボストン、ニューヨーク、ワシントンDC、ロンドン、シンガポール、シドニーで開かれる非公式な「集い」でデータサイエンティストたちと交流する。
5	地元のベンチャーキャピタリストと知り合いになる。彼らは過去1年間に、さまざまなビッグデータ事業の提案を受けてきた可能性が高い。
6	カグルやトップコーダーなど、分析やプログラミングを競い合うサイトで、コンテストを主催する。最も独創的だった参加者に引き続きコンタクトを取る。
7	プログラミングができない候補者はふるい落とす。プログラミングのスキルは世界レベルでなくてもよいが、何とかやっていける程度は必要である。その人が新しい技術や方法を迅速に学べるという証拠も探す。
8	データセットの中にストーリーを見つけ、主要なデータから得た洞察について一貫性のある説明ができる人材を確実に候補者とする。視覚的にも言葉の上でも数値を使ってコミュニケーションができるかどうかをテストする。
9	実業界との距離が大きすぎる候補者は要注意である。自分の仕事を経営課題にどのように適用できそうかと聞いた時に、答えに窮することはないだろうか。
10	好きな分析や洞察、スキルを磨き続けている方法などを候補者に尋ねる。スタンフォード大学がオンラインで実施している「機械学習」（Machine Learning）という上級コースの修了証書を持っているか。オープンソースプロジェクトに貢献した経験があるか。Git Hub（ギットハブ）などのオンラインリポジトリー（ソースコード、データ、設計情報などが保管されたデータベース）に開発中のプログラムを投稿して公開した経験があるか。

べき役割の理解である。次に問うべきは、彼らに必要なスキルの種類と、そのスキルが最も獲得しやすい分野を見定めることである。

データサイエンティストが何を置いても取り組むのは、山のようなデータをかき分けながら何かを見出すことである。それは、彼らが世間を渡るために好んで使う方法だ。彼らはデジタルの領域で臆することなく、形のない大容量のデータに構造を与え、分析可能なものにする。情報がいっぱい詰まったデータソースを特定し、それ以外の不完全かもしれないデータソースを結び付け、その結果として得られたデータセットを整理する。

たえず課題が変化し、次々とデータが流入してくる市場競争の中で、データサイエンティストは意思決定者を助け、場当たり的な分析から継続的なデータ活用へと軸足を移せるようにする。

彼らは技術的な限界に直面していることを認識しているが、それを言い訳にして、新規のソリューションを探究する手を休めることはない。何かを発見すれば、そこから学んだことを人に伝え、新たな事業の方向性への意味合いを指摘する。

彼らは多くの場合、創造的なやり方で情報を視覚的に示し、見出したパターンをわかりやすく説得力のあるものにする。彼らは製品やプロセス、意思決定のためにそのデータが意味することを、経営幹部やプロダクトマネジャーに助言する。

この仕事は誕生して間もないため、自分で使うツールをつくり出すことや、学術的研究を行うことさえも、みずからの肩にかかっている。早い段階からデータサイエンティストの集団を採用してきた企業の一つであるヤフーは、ハドゥープの開発に貢献した。フェイスブックのデータチームは、ハドゥープを使ったプロジェクト用にハイブ（Hive）というプログラミング言語を開発した。

グーグル、アマゾン・ドットコム、マイクロソフト、ウォルマート・ストアーズ、イーベイ、リンクトイン、ツイッターなどデータ中心の企業で働いている、他の多くのデータサイエンティストも、新たなツールを開発したり、既存のツールを高度化させたりしている。

これらをすべてこなせるのは、どのような人だろうか。成功するために必要なのは、どんな能力なのか。データハッカー、アナリスト、コミュニケーションの達人、信頼できるアドバイザーが組み合わさった人物を考えてみてほしい。この組み合わせは極めて強力であるのと同時に、稀少でもある。

データサイエンティストの最も基本的で普遍的なスキルは、コードを書く能力である。この条件は、5年後に「データサイエンティスト」という肩書きを持つ人々が大勢増えてくれれば、違うものになるのかもしれない。だが、データサイエンティストとは、自分に関わる人すべてが理解できる言葉でコミュニケーションを図り、言葉と視覚、理想的にはその両方を使って、データで物事を語るという特殊なスキルを見せることができる人だ。こうしたデータサイエンティストのニーズは、ずっと変わらないだろう。

しかしあえて言うならば、データサイエンティストに見られる顕著な特徴は、好奇心の強さである。それは、問題を深層まで掘り下げ、核心にある疑問を明らかにし、非常に明確で検証可能な一連の仮説に落とし込みたいという欲求である。これは分野を問わず、最も独創的な科学者の特徴である連想思考を伴うことが多い。たとえば、あるデータサイエンティストは、不正問題を研究する中で、それがＤＮＡの塩基配列決定の問題の一種に似ていることに気づいた。彼はチームとともに、まったく別物の2つの世界を束ねて一つのソリューションを考案し、不正行為による損失を大幅に削減することができた。

おそらく、「サイエンティスト」（科学者）という言葉がこの新たな職務に使われている理由が明らかになってきたことだろう。たとえば、実験物理学者も装置を設計し、データを集め、いくつもの実験を行い、結果を伝えなければならない。そのため、複雑なデータを扱える人材を探している企業は、物理学や社会科学の学歴や職歴を持った候補者を採用すると、うまくいった。

最も優秀かつ有望なデータサイエンティストは、生態学やシステム生物学などの奥の深い分野で博士号を持っている。シリコンバレーに本拠を置くインテュイットのデータサイエンスチームを率いるジョージ・ルメリオティスは、天体物理学の博士である。

ここまでの意外感はないが、現在企業で働くデータサイエンティストの多くは、コンピュータサイエンスや数学、経済で正規の教育を受けている。彼らはデータや演算処理を重視する分野であれば、どこからでも出現してくる可能性がある。

この科学者のイメージを心に刻み付けておくことは重要である。なぜなら、「データ」という言葉に迷わされると、人材探しを間違った方向に求めやすいからである。ポーティロが語るように、「10～15年前に目にしたような従来の経歴は、最近では役に立たない」のだ。

定量分析の専門家はデータ分析には優れているかもしれないが、大量の非構造化データを処理して分析可能な形式に落とし込むことは得意ではない。データ管理のエキスパートは構造化された形式でデータを生み出し、整理するのに長けているものの、非構造化データを構造化データに変えたり、それを実際に分析したりすることはそうでもない。

また、従来のデータ関連業務であれば、対人関係がさほどうまくない人でも十分にやっていけたかもしれないが、データサイエンティストとしてその力を発揮するためには対人関係スキルを備えていなければならない。

ルメリオティスは、統計や分析の能力に基づいてデータサイエンティストを採用することはないと明言している。人材探しの第一歩は、Ｊａｖａのような主流のプログラミング言語でプロトタイプを開発できるかと、候補者に質問することだという。

ルメリオティスが求めるのは、スキルセット、すなわち数学や統計、確率、コンピュータサイエンスの確固たる土台と、ある一定の思考習慣の両方が備わっていることである。ビジネスの問題がわかり、顧客を思いやれる人が望ましい。その後、これらを土台にOJTを行い、時々一定の技術研修も受けさせると、彼は語る。

いくつかの大学はデータサイエンスのコースの導入を計画したり、ノースカロライナ州立大学の分析学の修士課程のように、既存の分析学の教育課程にビッグデータの演習や講義を積極的に増やしたりしている。

一部の企業は、社内でデータサイエンティストを育成しようとしている。ビッグデータの会社であるグリーンプラムを買収したEMCは、データサイエンティストの有無によって、自社や顧客のビッグデータ活用への道が開かれるかどうかが決まると判断した。

そこで、同社の教育サービス部門はデータサイエンスとビッグデータ分析の研修と認証プログラムを導入した。EMCはこのプログラムを従業員と顧客の両方に開放しており、研修修了者の一部はすでに社内のビッグデータプロジェクトで働いている。

教育面が充実するにつれて、人材の層が厚くなっていくはずである。ビッグデータ関連技術の販売会社も、そうした技術の使い勝手をよくしようと努力している。

その一方で、あるデータサイエンティストがこのギャップを埋める独創的な教育プログラムを編み出した。ジェイク・クラムカ（高エネルギー物理学専攻）が設計した博士号取得者向け特別研究員制度であるインサイト・データサイエンス・フェローズ・プログラムは、学術分野の科学者を対象に、データサイエンティストとしての成功を目指して6週間の教育を行う。

このプログラムは、地場企業（フェイスブック、ツイッター、グーグル、リンクトインなど）で働くデータエキスパートによるメンター制度と、実際のビッグデータをめぐる課題に触れることを組み合わせている。

当初は特別研究員として10人を予定していたが、申し込みが200人を超えたため、30人を受け入れることにした。さらに多くの組織が今後の受講を待ち望んでいる。

「企業から驚くほどの受講希望が届いています。このように質の高い人材を獲得するのは、とにかく難しいことなのです」と、クラムカは指摘する。

彼らが働きたいと思う職場環境

データサイエンティストが増えたとしても、優秀な人材の争奪戦は今後も激しいままだろう。採用候補者たちは、その企業が抱えているビッグデータの課題がどれだけやりがいがあるかに基づいて、企業を秤にかけることだろう。その一人がコメントしたように、「構造化データを扱いたければ、ウォール街に行けばよい」のだ。

今日の最適任の候補者の大半に就職経験がないことを考えると、採用担当マネジャーは、企業が抱える問題に対して突破口が開けたら、どれほど心躍る状況になるかを伝える方法をひねり出さなければならないのかもしれない。

報酬も当然ながら、企業を選ぶ判断材料となる。優秀なデータサイエンティストには多くの門戸が開かれているので、給料は競り上がるだろう。新興企業で働く何人かは、大型のストックオプションを要求して獲得したと述べている。

報酬以外の理由でその職に就いた人にとっても、提示された報酬額から、その仕事がどれだけ尊重され、どれほど事業に付加価値を与えることが期待されているかが把握できる。

しかし我々が行った非公式な調査から、データサイエンティストは、もっと根本的に重要なことに優先順位を置いていることが明らかになった。彼らが望んでいるのは「かけ橋」になることだ。１９６０年代のテレビ番組『スタートレック』で、宇宙船の船長のジェームズ・カークは、ミスター・スポックの提供するデータを大いに頼りにしている。例えるなら、そのような状況である。データサイエンティストは発展途上の真っただ中で、目の前の一連の選択肢がどう変わっていくかをリアルタイムで認識していきたいと思っている。

彼らを見つけ働き続けてもらうことが、いかに難しいかを考えると、コンサルタントとして採用することは妙案だと思う人がいるかもしれない。

ほとんどのコンサルタント会社はまだ、データサイエンティストを大勢集め切れていない。アクセンチュアやデロイト、ＩＢＭグローバル・サービスのような大手でも、顧客のビッグデータプロジェクト向けのコンサルティング業務は初期段階にある。こうした企業がすでにスタッフとして雇っているデータサイエンティストのスキルは、主に従来型の定量分析の課題に向いたものである。

ミューシグマのようにオフショアから分析サービスを提供する企業は、データサイエンティストを起用して市場に大きく食い込む最初の一群になるかもしれない。

ただし、我々がインタビューを行ったデータサイエンティストたちは、意思決定者にアドバイスするだけではなく、何かをつくり上げたいと語っている。そのうちの一人はコンサルタントになることについて、「それは血の通わない仕事です。コンサルタントがすることといえば、アナリストがそうすべきだと話したことをほかの誰かに伝えるだけですから」と表現した。

データサイエンティストは、有効なソリューションを生み出すことによって、より大きな影響を及ぼし、この職業のパイオニアとして足跡を残すことができる。

データサイエンティストの育成とマネジメント

データサイエンティストは、がんじがらめに管理されると、効果的に仕事を進めることができなくなる。実験して可能性を探る自由を与えなければならない。とは言え、他部門との関係も密にしていく必要がある。彼らが構築すべき最も重要な絆は、事業部門の統括者ではなく、製品やサービスを担当する経営幹部との関係である。

ジョナサン・ゴールドマンの事例からわかるように、データサイエンティストが付加価値を与える最大のチャンスは、上級幹部に対して報告書の作成やプレゼンテーションを行うことではなく、画期的な顧客向け製品やプロセスを開発することにある。

データサイエンティストを起用して製品、特性、付加価値サービスのアイデアを生み出している企業は、リンクトインだけではない。

インテュイットのデータサイエンティストは、ビッグデータ、ソーシャルデザイン、マーケティングを新たに担当することになったシニアバイスプレジデントの配下で、中小の顧客企業や消費者向けに分析結果からの知見を提供することが求められている。ゼネラル・エレクトリック（GE）は同様に工業製品に関するサービス契約やメンテナンスの周期を最適化しようとしている。

言うまでもなく、グーグルもデータサイエンスを活用してコア事業である検索や広告掲載のアルゴリズムを改善している。ソーシャルゲームのジンガは長期的なユーザー拡大と増収のため、データサイエンティストを使ってゲーム体験を最大限に向上させようとしている。

オンラインＤＶＤレンタル業のネットフリックスは、有名なネットフリックス賞を創設し、同社の映画作品の推奨システムについて最も優れた改善方法を開発したデータサイエンスチームに贈っている。試験対策サービスを手がけるカプランは、社内のデータサイエンティストを使って効果的な学習戦略を立案している。

ただし、進展著しい分野の高度なスキルを備えた人々に、同僚である一般管理者たちとの仕事に時間を費やさせることには、マイナスの側面も考えられる。スキルを研ぎ澄ませ、常に最先端のツールを駆使できるようにするために必要な、類似分野の専門家との交流が減ってしまうのだ。

データサイエンティストは社内外の「場」とつながっている必要がある。協力や技術の共有のために、新しいカンファレンスや非公式な集まりが、各所で誕生しつつある。企業は全体的な交流が深まれば個々の人材も育つことを理解して、こうした交流会への参加を促すべきである。

彼らは、より期待されるほど、意欲が高まる傾向もある。ビッグデータを入手して構造化するという難題に取り組むと、予想や最適化などの高度な分析をするための時間やエネルギーがほとんど尽きてしまうこともある。それでも、経営幹部が単なる報告書だけでは十分ではないことをはっきり示せば、先進的な分析により多くの努力を傾けるだろう。ビッグデータは「多少の数学」で済む仕事と同義でとらえるべきではない。

今後10年間の花形職種に

グーグルのチーフエコノミストであるハル・バリアンの次の言葉はよく知られている。「今後10年したら、統計学者がセクシーな職業になっています。みんな冗談を言っていると思うようですが、コンピュータエンジニアが1990年代のセクシーな職業になるなんて、誰が予想したでしょうか」「セクシー」が引く手あまたの類稀な資質を備えていることを意味するならば、データサイエンティストはすでにそうなっている。

彼らを採用するのは困難かつ高価である。人材獲得競争が激化しているので、会社に引き留めるのも難しい。科学分野の学歴とコンピュータおよび分析のスキルを合わせ持った人材は、とにかくあまりいないのである。

今日のデータサイエンティストは、1980年代や90年代における金融業界のクオンツに相当する。当時、物理学と数学の学歴を持つ人材は投資銀行やヘッジファンドに流れ、そこでまったく新しいアルゴリズムやデータ戦略を考案することができた。その後、さまざまな大学が金融工学の修士課程を新設し、一般企業にとって採用しやすい第2世代の人材を輩出した。

このパターンは1990年代に検索エンジニアでも繰り返され、その高度なスキルがやがてコンピュータサイエンス課程で教えられるようになった。

ここから浮かんでくる疑問は、企業によっては、第2世代のデータサイエンティストが出現するまで待ったほうが賢明ではないか、ということである。そうすれば、候補者の数は増え、いまほど高価ではなくなり、人物を吟味するのも事業環境に馴染ませるのも容易になる。データサイエンティストのような新種で珍しい人材を探し出し、環境に馴染ませる面倒は、ビッグデータの新興企業や、GEやウォルマートのように、意欲的な戦略を掲げて他社に先んじる必要がある企業に任せてはどうか、というのである。

この論法には問題がある。ビッグデータの進展が衰えを知らないからだ。もし企業が人材不足を言い訳に、このトレンドの初期段階で様子見を決め込んでいれば、競合他社やチャネルパートナーが揺るぎない優位性を築いていく時に、後れを取ってしまうおそれがある。

ビッグデータは現在、途方もないうねりで頂点に達しつつある大波だ。その波に乗りたければ、サーフィンのできる人材が必要である。

第19章

Nine Things Successful People Do Differently

目標達成の極意

行動力が変わる9つのコツ

社会心理学者
ハイディ・グラント

"Nine Things Successful People Do Differently"
HBR.org, February 25, 2011 (product #H006W2).
邦訳初出：「目標達成の極意：行動力が変わる9つのコツ」 DHBRオンライン、2014年3月12日

ハイディ・グラント（Heidi Grant）
社会心理学者。モチベーションの科学をテーマに研究、執筆、講演を行う。アーンスト・アンド・ヤング（EY）アメリカズエリアで、学習に関するR&Dのディレクターを務める。著書に『やり抜く人の9つの習慣』『やる気が上がる8つのスイッチ』（以上、ディスカヴァー・トゥエンティワン）、『やってのける』（だいわ文庫）などがある。

目標達成の9つの秘訣

目標によって、うまく達成できるものとそうでないものがあるのはなぜだろう。よくわからない、という人は心配ご無用——この問いに首を傾げる人は、あなたに限らず多い。大成功を収めた立派な人でさえ、自分の成功や失敗の理由については、満足に説明できないことが明らかになっているのだ。

直感的には「生まれ付き得意なこと、不得意なことがあるからだ」と考えやすいが、これは諸要素のごく一部にすぎない。それどころか、この分野に関する何十年にも及ぶ研究によれば、目標を達成できるかどうかは、生まれ持った資質よりも「どう行動するか」に起因する場合が多いのである。

以下に、目標達成の9つの秘訣を紹介しよう。

❶できるだけ具体的に目標を設定する

目標は、できるだけ具体的に立てよう。「体重を減らす」よりも「体重を5ポンド（約2・3キロ）減らす」と決めたほうが、成功すればどうなるかを明確に思い描きやすくなる。達成したい内容を完全に理解していれば、成功を収めるまでモチベーションを維持しやすい。

また、目標達成に必要となる行動についても具体的に考えよう。単に「食べる量を減らす」とか「睡眠時間を増やす」というのでは曖昧すぎる——もっと明確に、厳密に決めよう。「平日の夜は10時までに横になる」という目標を立てれば、やるべきことに疑問の余地がなくなり、実際に行動できたかどうかも一目瞭然だ。

❷行動するタイミングを逃さない

誰もが多忙であり、いくつもの目標を抱え込み同時進行させている。だから常日頃、目標に向けて動く絶好のタイミングを逃してしまうのも無理はない。単にそれらの機会を見過ごしてしまうのだ。

あなたは今日、運動する時間が本当に取れなかっただろうか。あの電話に折り返し連絡するチャンスはまったくなかっただろうか。目標を達成するためには、こうしたチャンスを逃してしまわないように、すかさずとらえて実行に移すことだ。

タイミングを逃さないためには、行動ごとに実行する時間と場面をあらかじめ決めておくとよい。ここでもやはり、できるだけ具体的に決めておこう（たとえば「月・水・金には仕事前に30分運動する」など）。こういった計画を立てておくと、チャンスがやってきた時にそれを見つけてとらえる脳の働きが高まることが複数の研究でわかっている——成功の確率が約3倍にもなるというのだ。

❸残された道のりを正確に知る

目標を達成するには、自分の進捗状況を定期的に正しく把握する必要がある。他者に頼めない場合は自分自身で把握する。どの程度うまくいっているかがわからないと、自分の行動や戦略を実情に合わせて修正することができない。目標に応じて週に1回、あるいは毎日、進捗状況をチェックしよう。

❹現実的な楽観主義者になる

目標を決める時には、達成の可能性について、あらゆるポジティブな考えをめぐらせよう。自分には成功する能力があると信じることは、モチベーションを生み出し持続させるうえで大いに有効となる。

ただし目標達成の難しさについては、けっして過小評価してはならない。達成するだけの価値がある目標は、時間、計画、努力、根気を必要とするものがほとんどだ。複数の研究によれば、努力せずに簡単に望みがかなうと考えてしまうと、その後のプロセスへの備えが甘くなり、失敗する確率が格段に上がることがわかっている。

❺「うまくやる」ことではなく、「うまくなる」ことに力を入れる

自分には目標を達成する能力があると信じることは大切だが、そうした能力を「身につけられる」と信じることも同じくらい重要だ。自分の知性や性向、体の適性などは何をしようと変わらない、向上しないと考えている人が少なくない。その結果、新しい技能を伸ばしたり身につけたりするための目標ではなく、いまの自分の能力を証明するような目標に終始しがちになる。

幸いにも、数十年にわたる研究の結果、能力が変わらないという見解はまったくの間違いだということが示されている——あらゆる能力は大きく伸ばすことができるのだ。「自分は変われる」という事実を受け入れることで、より賢明な選択をすること、潜在能力をフルに引き出すことが可能になる。「うまくやる」ことよりも「うまくなる」ことを目指す人々は、困難に直面してもペースを乱さず対処し、成果だけでなくプロセスも楽しむことができる。

❻気概を持つ

気概とは、目標に長期的に取り組む意欲であり、困難に直面してもやり通す覚悟である。複数の研究から、気概のある人々は一生の間により多くの教育を受け、大学の成績もよいことがわかっている。

ウェストポイントの陸軍士官学校に入学した士官候補生のうち、最初の厳しい1年間を乗り切れるのは誰かを

予測する時も、気概が参考になる。さらには、「スクリップス・ナショナル・スペリング・ビー」（米国で年1回行われる英単語のスペリングコンテスト）で参加者が何ラウンドまで進めるかさえも、気概によって予測できるのである。

喜ばしいことに、いまのあなたがそれほど強い気概を持ち合わせていなくても、強化する手立てがある。気概のない人は、成功者が持つ能力を自分は生まれ付き備えていないのだ、と考えている場合が少なくない。もしあなたもそうなら——言い方はよくないかもしれないが——あなたは間違っている。

すでに述べた通り、成功するために真に必要なのは、努力、計画、根気、そしてよい戦略である。この知識を受け入れることで、自分自身と目標をより正確にとらえられるばかりか、気概も大いに高めることができる。

❼意志の力を鍛える

自分をコントロールする「意志力」は筋肉と同じで、使わないと弱くなる。定期的に鍛えれば、意志の力は次第に強くなり、目標の達成を助けてくれる。

意志の力を高めるには、「正直に言えば、気が進まない」ことにチャレンジしてみるとよい。高脂肪のスナック菓子をやめる、毎日腹筋を100回する、猫背になっているのに気づいた時に背筋を伸ばす、新しいスキルを学ぶ、などだ。

音を上げそうになったり、諦めたくなったり、こんなチャレンジなんか意味がないと感じたりしても、踏ん張ること。まずは一つのことだけに取り組んでみるとよい。そして、問題が起きたらどのように対処するか計画しておこう（「スナック菓子がどうしても食べたくなったら、何か果物を1つ、あるいはドライフルーツを3切れ食べよう」など）。

最初はつらいが、少しずつ楽になってくる——ここがポイントだ。意志の力が強くなれば、挑戦の機会を広げ自己コントロールの訓練をより高度なものにできるだろう。

❽無茶をしない

意志の力をどんなに鍛えたとしても、限界があることはわきまえておきたい。あまりに負担をかけすぎると息切れしてしまうからだ。一度に2つ以上のことに挑戦するのはなるべくやめたほうがよい（禁煙とダイエットを同時にやる、など）。

また、危険に近づくことも避けよう。誘惑に打ち勝つ能力を過信している人は案外多く、みずから誘惑がはびこる状況に身を置いてしまうのだ。成功する人々は、すでに険しい道をさらに困難にするようなことはしない。

❾「何をしてはいけないか」ではなく、「何をすべきか」を考える

減量したい、禁煙したい、怒りっぽいところを直したいといった希望があるなら、悪癖そのものだけに注意を向けるのはやめたほうがよい——悪い習慣を、何か別の行動に置き換えることを考えるのだ。

思考抑制に関する研究によれば、何かを考えないようにすると、逆に頭にこびり付いて離れなくなってしまう（例：「シロクマのことは考えるな」）。態度や行動についても同じことがいえる。悪い癖や習慣をやめようとすると、それがなくなるどころか、逆にひどくなってしまうのだ。

自分の行動を変えたければ、「その代わりに何をしようか」と考えてみよう。たとえば、自制心を高めてキレやすい自分を変えたいと思っているのなら、こんな方法を取るといいかもしれない——「怒りを感じ始めたら、3回深呼吸して気を静めよう」。怒りを深呼吸という行動に置き換えることで、悪い癖は次第に薄れていき、や

がてまったく消え去ってしまうだろう。

＊　＊　＊

以上の9つの秘訣を読まれた読者諸氏は、自身がこれまで達成してきた物事から、あらためて洞察を引き出してほしい。さらに重要なのは、これまで挫折を招いた自分の過ちを見極め、その教訓を目標達成に活かすことだ。覚えておいていただきたい――成功を収めるために、別人になる必要はないのだ。肝心なのは、あなたが「どういう人間なのか」ではなく、「何をするか」である。

第20章

Management Time: Who's Got the Monkey?

マネジャーが時間管理の主導権を取り戻す法

やっかいな「サル」を背負うべきは誰か

ウィリアム・オンケン・コーポレーション 創業者兼会長
ウィリアム・オンケン Jr.
ウィリアム・オンケン・カンパニー・オブ・テキサス 社長
ドナルド L. ワス

"Management Time: Who's Got the Monkey?"
Harvard Business Review, November-December 1974, November-December 1999. (product #99609)
邦訳初出：「マネジャーが時間管理の主導権を取り戻す法」『DIAMONDハーバード・ビジネス・レビュー』2022年3月号

ウィリアム・オンケン Jr.（William Oncken, Jr.）
1988年に没するまで、コンサルティング会社ウィリアム・オンケン・コーポレーションの会長を務める。現在は、子息のウィリアム・オンケン3世が同社を率いている。

ドナルド L. ワス（Donald L. Wass）
本稿初出時はウィリアム・オンケン・カンパニー・オブ・テキサスの社長。その後、企業の社長やCEOを対象とする国際的な会員制組織ジ・エグゼクティブ・コミッティ（TEC）のダラス・フォートワース支部を統率した。

編集部による注記：本稿は『ハーバード・ビジネス・レビュー』1974年11-12月号に掲載され、いまなお最も売れている記事の一つである。問題解決において従業員に力を与えるための実践的なアドバイスは、現在も有効なものである。

ただし、半世紀近く経つ中で、比喩の一部が攻撃的なものとして受け取られる可能性が生じていることは否めない。それはけっして本稿の意図したところではないが、この懸念を認識したうえで、意思決定の重荷を背負う人の例としてのみ使用されていることをご理解いただきたい。

マネジャーの3種類の時間

マネジャーが常に時間に追われる一方で、部下たちはたいてい時間を持て余している。なぜこうなってしまうのだろうか。本稿では、マネジャーの時間とはどういうものなのかを探っていく。そこに関わっているのは、マネジャーとその上司、同僚、部下との関係性である。

具体的には、マネジャーの時間を次の3種類に分けて考察する。

- 上司に対応する時間：上司に求められた業務を遂行する時間。これをないがしろにすれば、即座に直接的な処罰の対象となることは避けられない。
- 組織に対応する時間：積極的な協力を求める同僚の要請に応える時間。これを無視することも許されないが、即座に直接的な制裁を受けるとは限らない。

● 自分自身の時間：マネジャー自身が発案した業務、または実行すると約束した業務に使う時間。ただし、その一部は部下のために使うことになるので、その部分を「部下に対応する時間」と呼ぶ。マネジャーが実際に自分のために使えるのはさらにその残りの時間だけであり、これを「自由裁量の時間」という。自分自身の時間については、どう使おうと処罰されることはない。マネジャーがそもそも何をしようとしていたか、上司も組織も知りようがないため、怠慢を罰しようがないからである。

こうした周囲の要請に応えるため、マネジャーは自分がいつ何をするかをコントロールする必要がある。上司や組織に求められた業務を怠れば何らかの懲罰を科されるので、マネジャーがそうした要請を勝手に変えるわけにはいかない。このため、検討すべきは主として自分自身の時間となる。

マネジャーは部下に対応する時間を最小限にするか、部下にはまったく時間を割かずに、自分の時間の中の、自由裁量の部分を増やす努力をすべきである。そうすれば増えた時間で、上司や組織に要求された業務をうまくさばけるようになる。

現状では、多くのマネジャーが部下の抱える問題の対処に長い時間を費やしている。本人が漠然と考えているより、はるかに多くの時間がかかっているのだ。したがって本稿では、やっかいなお荷物を指す「サル」の例えを用いて、部下に対応する時間がどのように生じているか、上司はそれにどう対処すべきかを吟味していく。

「サル」を背負っているのは誰か

マネジャーが廊下を歩いている時、部下のジョーンズがやって来る。顔を合わせると、ジョーンズはこうあいさつする。「おはようございます。実は、我々に問題が一つ起きまして」。ジョーンズの説明を聞いているうちにマネジャーは、部下がやたらと報告してくる他の問題と同様、この問題にも2つの特徴があることに気づく。すなわち、(a)自分はその問題に関わらなければならない程度には、そのことを知っているが、（b）期待されている決定を即座に下すほどには、その問題についてよくわかっていないのである。結局、マネジャーはこう言う。「報告してくれてよかったよ。いまは時間がないが、少し考えてから後で連絡するよ」。そして、2人はそこで別れる。

ここで何が起きたか考えてみよう。2人が出くわす前、「サル」は誰の背中に乗っていただろうか。部下だ。では、2人が別れた後ではどうだろう。マネジャーの背中である。部下の背中からマネジャーの背中に首尾よくサルが飛び移った瞬間から、部下に対応する時間が始まる。そして、世話をし餌を与えるべき、本来の飼い主の元にサルが戻るまで、その時間は続く。

マネジャーはサルを引き受けた時点で、みずから部下に従属するポジションに就いた。つまり、本来ならば部下が上司のためにやるべき2つの仕事を肩代わりすることで、マネジャーである自分が部下のジョーンズの支配下に入ることを、ジョーンズに許したのである。何しろマネジャーは部下の仕事を引き受けたばかりか、進捗状況を報告することまで約束したのだから。

この約束がうやむやにならないように、ジョーンズは後日マネジャーのオフィスに顔を出して、上機嫌でこう尋ねるだろう。「あの問題はどうなっていますか」と(これは言わば、監督行為である)。

続いて、別の部下であるジョンソンとのミーティングを考えてみたい。マネジャーが締めくくりにこう言ったとしよう。「わかった。その件について、簡単にまとめて提出してくれないか」

この場合も分析してみる。次に行動すべきは部下であり、サルは部下の背中に乗っている。ところが、サルはいまにもマネジャーの背中に飛び移りそうだ。

サルの動きを追ってみよう。ジョンソンは命じられた通り、文書をまとめて既決書類フォルダーに入れる。その後しばらくして、マネジャーは自分の未決書類フォルダーからその文書を取り出して読む。

この段階で次に行動を起こすべきは誰だろう。マネジャーだ。マネジャーのアクションが遅れれば、ジョンソンから催促のメモが届くだろう（形式は違うが、これも監督行為である）。マネジャーが先延ばしにすればするほどジョンソンは（時間が無駄になったと）いら立ち、マネジャーは罪悪感を募らせる（部下に対応すべき時間ばかりが増えていく）。

また別の場面を想定しよう。3人目の部下であるスミスとの打ち合わせ中に、マネジャーはPR案の作成を彼女に頼む。そして、必要な支援は何でもすると約束して最後にこう言った。「私に手伝えることがあったら教えてほしい」と。

さて、このケースを分析してみよう。ここでも同じように、サルは最初のうちは部下の背中に乗っている。しかし、安心するのはまだ早い。スミスは、マネジャーに協力を求めるのはPR案を承認してもらってからだと認識している。また、経験から言って、マネジャーが実際に目を通すまで、PR案は何週間も書類カバンの中で眠ったままになりそうだ。

この場合、サルを実際に背負っているのは誰だろうか。どちらが、どちらの進捗状況を確認することになるだろうか。この件でも時間は無駄に過ぎ、仕事が滞るのが目に見えている。

4人目の部下、リードは別の部署から異動してきたばかりだ。彼は新しい事業を立ち上げて、ゆくゆくはその事業を統括することになっている。マネジャーは近々打ち合わせをして新規業務の目標を一通り洗い出そうと提案し、こう付け加えた。「君とのディスカッションの叩き台をつくっておくよ」

このケースも検討してみよう。この部下は（正式な任命によって）新しい業務に配属され、（正式な権限委譲によって）全面的に責任を負っている。ところが、次のアクションはマネジャーが起こすことになった。マネジャーが動くまで、サルはマネジャーの背中に乗っていて、部下は身動きできない。

なぜこうした事態が起きるのだろうか。その原因はいずれのケースでも、意識的にせよ無意識的にせよ、当初からマネジャーと部下が「懸案事項には共同で取り組むべきだ」と認識していることにある。

いずれのケースにおいても、サルは生まれた時点で、上司と部下の両方の肩にまたがっている。後は、サルが乗ってはいけないほうに乗り移ればいい。そうすれば、マジックのしかけで一瞬で物が消えるように、部下は体よく消えてしまうことができる。こうしてマネジャーがまたもう一匹、サルを背負ったまま取り残されるというわけだ。

言うまでもないが、乗ってはいけないほうに乗り移らないように、サルを訓練することはできる。だが、それよりも、サルが最初から2人の肩にまたがらないようにすることのほうが簡単だ。

誰が誰の部下なのか

これまでに登場した4人の部下はきっと上司への気遣いが非常に行き届いていて、上司に時間を使わせないようにと、自分の元から上司の背中に飛び移るサルを1日当たり3匹までに抑えるべく努力しているのだろう。だから金曜日ともなれば、上司はキーキー鳴き叫ぶサルを60匹も手元に集めることになる。とても一人では手に負えない。そこで上司は、部下に対応する時間の「優先順位」をやりくりして対処する。

マネジャーは金曜日の夕方、現状についてじっくり検討しようと自室のドアを閉めて一人の時間を確保する。ドアの外では、部下たちが週末前に「決断を迫る」最後のチャンスとばかりに待っている。その間、部下たちがマネジャーについてどう噂しているか想像してみてほしい。「仕事が完全に止まっているよ。マネジャーときたら、何も決められない。判断も下せなくて、この会社でどうしてここまで出世できたのか、永遠の謎だ」といったところだろう。

何より始末が悪いのは、マネジャーが上司と組織の要請に忙殺されて時間がほとんどない状態であるために、「次のアクション」を一つも起こせないことである。こうした業務をこなすためには自由裁量の時間が必要なのだが、大勢のサルに気を取られていると、自由裁量の時間は持てないままだ。言うなれば、悪循環に陥っているのだ。

しかし、時間だけは（控えめに言っても）刻々と過ぎていく。マネジャーはインターホンで秘書を呼び出し、部下たちに月曜の朝まで待つように伝えてくれと指示を出す。そうして夜7時、車で自宅に向かいながら、週末のうちに遅れを取り戻すべく、休日出勤しようと決意する。翌朝、朝一番に出社したマネジャーは窓越しに、会社に隣接したゴルフ場のグリーンで、４人組がプレーする姿を目にする。そう、ほかでもない自分の部下たち、４人組である。

もう限界だ。マネジャーはようやく、自分が部下たちに使われていたことを自覚するのだ。しかも当初の計画通り、たまっていた仕事を実際にその週末に片付ければ、部下たちはますますいい気になって、上司の背中に飛び移るサルの数を増やすに違いないこともわかった。要するに、遅れを取り戻せば取り戻すほど仕事が増えて、また仕事がたまっていくだけだ。マネジャーにはそれが、山頂で神の啓示を受けたがごとくはっきりとわかったのである。

マネジャーは、まるで災厄から逃げるようなスピードでオフィスを後にした。何をしようとしたか。もう何年も時間がなくてできずにいたこと、つまり、週末を家族と過ごしたのだ（自由裁量の時間の使い方はさまざまであり、これもその一つである）。

日曜日の夜、マネジャーは10時間も熟睡した。月曜日にどうするか、明確なプランがあったので思いわずらうこともなかった。彼は、部下に対応する時間をなくそうとしているのだ。そうすれば、自由裁量の時間がその分増える。その一部を使って、難しいが実りの多い管理手法――「サルの世話と餌やり」と呼ぶ――を、部下たちが習得できるようにするのである。

マネジャーには自由裁量の時間もたっぷり残されるため、上司に対応する時間だけでなく組織に対応する時間の中でも、いつ何をするかをコントロールできるようになる。それには数カ月を要するかもしれないが、以前の状況と比べると、計り知れない効果がある。最終的には、自分の時間を自分で管理する状態を目指したいと考えている。

「サル」を片付ける

月曜日の朝、４人の部下が各自のサルについて話し合うためにオフィスの外で待つ頃、マネジャーはようやく出社する。そして一人ずつオフィスに呼び入れる。面談の狙いは、デスクを挟んで部下と向き合ってサルを一匹ずつデスクの上に降ろし、次にどのようなアクションを部下が取るべきかを一緒に考えることにある。

サルによっては、多少手間取るものもあるだろう。部下が取るべきアクションが決められない時は、マネジャーが応急措置を施すこともある。つまり、その晩はサルを部下の背中に乗せたままにして、翌朝の約束した時間にもう一度、部下が行うべき有意義なアクションを一緒に検討するのだ（サルは、部下の背中だろうが上司の背中だろうが関係なく熟睡する）。

部下がオフィスを後にするたびに、マネジャーは部下の背中に乗ったサルがオフィスから出ていく姿を目にすることができる。向こう24時間は、部下に待たれることはない。逆に、マネジャーが部下の行動を待つことになるのだ。

その後マネジャーは、さしあたって有意義な業務の遂行（つまり部下のサルを引き受けないことだが）を禁じる法律がない、と再確認するかのように、部下のオフィスに赴き、ドアの陰から顔をのぞかせて上機嫌でこう尋ねるのだ。「あの件はどうなっていますか」と（こうして費やされる時間は、マネジャーにとっては自由裁量で使える時間であり、部下にとっては上司に対応する時間である）。

翌日、（サルを背中に乗せた）部下が約束の時間に来ると、マネジャーは次のような趣旨の基本原則をはっきり言葉にして説明する。「この件だけに限らず、私が力を貸したからといって、あなたの抱える問題が私のものになることは絶対にないでしょう。あなたの問題が私のものになったとたん、あなたの問題はなくなるからです。問題を抱えていない人に力を貸すわけにはいきません」

「このミーティングが終われば、問題はこの部屋からなくなります。やって来た時と同じように、あなたが背負っていくのです。アポイントを取ってくれれば、その時間内に、私の助力を求めてもかまいません。その場合には次に何をすべきか、どちらがそれを行うかを2人で決めましょう」

「私が次のアクションを起こすことはあまりないと思いますが、そうなった場合には、あなたと一緒にどう対応するかを決めます。私が単独で何らかのアクションを起こすことはありません」

マネジャーは部下一人ひとりに同じ趣旨を伝えていく。午前11時頃に全員に説明を終えると、もはやオフィスのドアを閉める必要がないことに気づく。サルは消えた。また戻って来ることもあるだろうが、約束した時間にしか来ない。それはスケジュール表で保証されている。

主導権を部下に渡す

本稿でサルの比喩を使って言わんとしているのは、マネジャーが本来部下のものである仕事の主導権を部下に戻し、その状態を維持できるということだ。現状では曖昧になっている、当たり前の事実を浮かび上がらせようとしているのである。つまり、部下が主導権を握って仕事をする主体性を育ててやらない限り、部下たちが主体的に行動するように、マネジャーはいつまでも監督しなければならない。

ひとたび部下の仕事の主導権が上司の自分に移ってしまえば、その時点でマネジャーは自分の仕事の主導権を失い、自由裁量の時間に別れのキスをすることになる。そして、自由裁量の時間は部下に対応する時間に逆戻りしてしまうのだ。

実際には、マネジャーと部下が一つの仕事の主導権を同時に持つことはできない。部下が「ボス、我々に問題が起きまして」と切り出す時、その仕事の主導権が重複して存在していることがほのめかされている。これは、前述の通り、サルが2人の肩にまたがっていることを示している。サルの登場の仕方としては非常に始末が悪い。そこで、筆者らが「マネジャーの主導権の解体図」と呼んでいるものを簡単に紹介しよう。

マネジャーが上司や組織との関係の中で仕事の主導権を握るやり方は、5段階ある。

❶指示されるまで待つ（最小限の主導権）。
❷何をすべきか指示を仰ぐ。
❸何をすべきかを提案し、そうしろと言われればアクションを起こす。
❹アクションを起こすと同時にそれを報告する。
❺みずから行動し、定期的に進捗状況を報告する（最大限の主導権）。

マネジャーはマネジャーらしく、上司と組織のいずれに対しても①と②の段階に留まるべきでないのは明らかである。①の段階の主導権を握るマネジャーは、上司と組織に対応する時間のいずれにおいても「いつ」「何を」するかを自分で決められない。「いつ何をせよ」という指示に対して、異議を唱える権利を放棄したのも同然だ。②の段階のマネジャーは「いつ」については決められるが、仕事内容を上司に委ねている。③、④、⑤の段階の主導権を握れば、「いつ」「何を」するかの両方ともコントロール可能だが、その中でも最大の主導権を発揮できるのは⑤の段階である。

部下に仕事の主導権を渡す場合、マネジャーがすべき仕事は2つある。第1に、部下に①と②のような主導権を禁じる。すると部下は、否が応でも「コンプリーテッド・スタッフワーク」（スタッフとしてどのように仕事をすべきかを定めた7カ条の原則）を習得せざるをえない。

第2に、手放す仕事の一つひとつに対してどの段階の主導権を適用するか、次回「いつ」「どこで」部下と打ち合わせするかを合意に基づいて決定する。その予定は、マネジャーのスケジュールにしっかり組み込む。

「サル」を世話し餌をやる

本稿では、仕事を部下に割り当てて管理するプロセスを、背中に乗ったサルに例えてきた。これをさらにわかりやすくするため、打ち合わせの仕方について手短に紹介しておこう。打ち合わせ時には、「サルを世話し餌をやる」ための5つの鉄則を守る必要がある（違反すれば、自由裁量で使える時間が減る）。

- **ルール1**：サルは処分でもしない限り、餌やりが必要だ。そうしないと餓死してしまい、マネジャーが貴重な時間を使って検死や蘇生を試みるはめになる。
- **ルール2**：サルの数は、マネジャーが餌やりできる時間をもとに割り出した最大数までに抑える。部下たちは各自が世話できるだけサルを抱え込んで働くだろうが、上限を超えてはならない。世話が行き届いているサルであれば、餌やりは5～15分以内に終わるはずである。
- **ルール3**：サルに餌を与えるのは、約束した時間だけに限る。マネジャーが餓死しそうなサルをわざわざ探し出して手当たり次第に餌をやるようなことはしない。
- **ルール4**：サルの餌やりは必ず対面か、電話で行う。文書ではけっして行わないこと（文書の場合、マネジャーが次のアクションを引き受けることになってしまう）。餌やりの一環として文書作成を加えてもいいが、文書が餌やりの代わりになることはない。
- **ルール5**：それぞれのサルについて、次の餌やりの日時と適用する主導権の段階を決めておく。これらは、相互合意によっていつでも変更できるが、けっして曖昧にしたり無期限にしたりはしないこと。そんなことをすれば、サルは餓死するかマネジャーの背中に舞い戻ってしまう。

時間管理についてアドバイスするなら、「いつ何をするか、自分で舵取りせよ」と言っておきたい。マネジャーが真っ先に行うべきは、部下に対応する時間をなくして自由裁量の時間を増やすことである。

2番目に行うべきは、新たにひねり出した自由裁量時間の一部を使って、部下の一人ひとりが実際に主導権を持ち、仕事でそれを発揮するように取り計らうことである。

そして3番目には、増えた自由裁量時間の残りで、上司と組織に対応する時間で「いつ」「何を」行うかを自分の手で舵取りするのだ。

これらのステップはいずれもマネジャーの手腕を高めるだけに留まらず、マネジャーが自分の業務の時間管理に費やす時間の価値を無限に高めてくれる。

「ゴリラ」のために時間をつくる

スティーブン・R・コヴィー（Stephen R. Covey）
リーダーシップ開発と生産性に関連するサービス・商品を世界的に提供するフランクリン・コヴィー・カンパニーの共同創設者。著書に『7つの習慣』『7つの習慣 最優先事項』（以上、キングベアー出版）がある。

エンパワーメントは複雑で至難の業

ウィリアム・オンケンが本稿を執筆した1974年当時、マネジャーたちは切羽詰まっていた。彼らは何とかして自分たちの時間を取り戻したいと考えていたが、当時は指揮・統制により管理する「コマンド・アンド・コントロール」が一般的であり、意思決定を部下に任せることは許されないと思われていた。それでは危険すぎる、リスクが大きすぎるというわけだ。

それゆえ、「サルを本来の飼い主の元に返せ」というオンケンの主張は、極めて重要な意味を持つパラダイムシフトをもたらした。今日マネジャーとして働く多くの人々は、彼に感謝すべきだろう。

ただし、オンケンが大胆な意見を発表してから、控えめに言っても、状況が大きく変わった。経営理論としてのコマンド・アンド・コントロールはすっかり影が薄れ、競争が熾烈なグローバル市場で生き残ろうとする企業はいまや「エンパワーメント」をスローガンに掲げている。

しかし職場ではいまなお、コマンド・アンド・コントロールが管理手法として根強く残っている。経営思想家や企業幹部はこの年のうちに、サルを部下の元に返してもマネジャーがのんびり自分の仕事にいそしめるわけではないことに気づいた。部下へのエンパワーメントは複雑で至難の業なのだ。

というのも、部下に問題を戻して自身で解決してもらうとなれば、部下にその意欲と能力の両方が備わっていることが前提だ。しかし、経営幹部なら誰でも知っている通り、実際には部下にその両方が備わっているとは限らない。そして、まったく新しい問題が浮上してくる。エンパワーメントは通常、人材育成と同義である。つまり当座は、自分で問題を解決するよりもずっと時間がかかるのだ。

さらに、エンパワーメントがうまくいくのは、組織全体がそれをよしとし、エンパワーメントを支える正式な制度と非公式の組織文化がある場合のみに限られるという点も重要である。マネジャーが意思決定を部下に任せ社員を育成すれば、それに対して褒賞を与えるべきだ。そうしなければ、個々のマネジャーの信条とやり方次第で、実際にどの程度のエンパワーメントを進めるかが組織内でばらばらになってしまう。

実は「サル」を背負いたいマネジャーたち

しかし、エンパワーメントについての最も重要な教訓はおそらく、オンケンが提唱した効果的な権限委譲とは、上司と部下の間の信頼関係の上に成り立つということだろう。

オンケンの主張は時代を先取りしていたかもしれないが、やや強権的である。

彼は基本的にマネジャーに対して「問題を部下に戻せ」と命じている。今日ではこのやり方自体、独裁的にすぎる。効果的に権限を委譲するには、経営幹部が日頃から部下と対話を続けていなければならない。パートナーシップの確立が必要なのだ。上司の目の前で失敗することを部下が恐れれば、本当に主体性を発揮するよりも、上司に助けを求めて何度も舞い戻ってくるようになる。

オンケンの論文は権限委譲のある側面についても触れていない。それはこの20年間（1980〜90年代）、私が大いに興味を感じてきた事柄でもあるのだが、すなわち、部下のサルを引き受けたいと考えているマネジャーが実際には大勢いるということである。

私が話を聞いたマネジャーはほぼ全員が、現在の職務では部下を活かせていないと考えている。ところが、際立った業績を上げ、自信たっぷりに見える経営幹部でも、「部下に対するコントロールを手放すのが非常に難しい」と認めているのだ。

何かをコントロールしたいという欲求は、次のような深く社会に根差した通念に起因していると私は考えるようになった。つまり、「人生で報われることはめったにないし、あったとしてもつかの間にすぎない」という考え方だ。

それを植え付けたのは家庭や学校、スポーツかもしれないが、それは別にして、多くの人々はアイデンティティを確立する際に他者と自分を比較する。他者が権力や情報、富、称賛を手に入れる姿を見れば、心理学者アブラハム・マズローが言う「欠乏感」――何かを奪われる感覚――が生じる。すると、他者の成功を心から喜ぶのが難しくなる。それが愛する人であったとしても同じである。

オンケンは、サルを部下に引き渡したり拒否したりすることが簡単であるかのように述べている。しかし、部下が主導権を発揮すれば、上司の自分が無能で頼りないからだと思われてしまうのではないかと、無意識のうちに不安を覚えるマネジャーは少なくない。

本当に取り組まなければならない仕事に対応するために

では、マネジャーが心の平穏――つまり「満ち足りている」という感覚――を得てコントロールを手放し、周囲の人々の成長と発展を願うようになるにはどうすればいいのだろうか。

私が多くの組織とともに行った研究によれば、原理原則に基づく価値体系に従う一貫性のあるマネジャーこそ、エンパワーメント型のリーダーシップを最も発揮できる人材である。

オンケンが執筆した当時を考えれば、彼のメッセージがマネジャーたちの心に響いたのも当然だ。しかし、それはオンケンの見事な話術が一役買っていたからでもある。私は1970年代に講演者の集まる会合でオンケンと知り合い、彼が自分の主張を面白おかしく事細かに語る技法にいつも感心させられた。漫画の主人公で独身オタクエンジニアのディルバートと同じく、オンケンも皮肉たっぷりの口調でマネジャーたちが抱えていたいら立ちの核心を突き、自分の時間の主導権を取り戻したいと思わせたのだ。

また、背中のサルはオンケンにとって単なる比喩ではない。彼自身を示すシンボルだった。私は何度か空港で彼を見かけたことがあるが、その肩には常にぬいぐるみのサルが乗っていた。

オンケンの論文が『ハーバード・ビジネス・レビュー』の掲載論文で一、二の売上げを誇っているのも驚くには値しない。私たちはエンパワーメントについていろいろ知ってはいても、彼の鮮やかなメッセージは1974年当時よりもさらに重要性や意義が高まっている。私自身も実際、オンケンの鋭い分析を下敷きとして時間管理法を考案し、経営幹部に緊急度と重要度に応じて業務を分類する方法を実践してもらっている。

経営幹部からは何度となく、「緊急度は高いが重要ではない業務に時間の半分以上が費やされている」と聞かされてきた。彼らは他者のサルに対処し続ける終わりなき連鎖に陥る一方、他者が主導権を発揮するよう導くことに対して及び腰だ。結果的に時間に追われ、所属する組織で本当に取り組まなければならない「ゴリラ」に対処する時間がなくなっている。

オンケンの論文はいまもなお、効果的に権限を委譲すべきマネジャーへの厳しい警鐘であり続けている。

第21章

Why the Lean Start-Up Changes Everything

リーンスタートアップ：大企業での活かし方

GEも活用する事業開発の新たな手法

スタンフォード大学 コンサルティング准教授
スティーブ・ブランク

"Why the Lean Start-Up Changes Everything"
Harvard Business Review, May 2013 (product #R1305C).
邦訳初出：「リーンスタートアップ：大企業での活かし方」『DIAMONDハーバード・ビジネス・レビュー』2013年8月号

スティーブ・ブランク（Steve Blank）

起業家であり、スタンフォード大学工学部のコンサルティング准教授（執筆当時）。カリフォルニア大学バークレー校とコロンビア大学の講師および全米科学財団プリンシパル・インベスティゲーターを務め、これまでハイテク新興企業8社に共同創業者または初期メンバーとして参画してきた。著書に『アントレプレナーの教科書[新装版]』（翔泳社）などがある。

リーンスタートアップの登場

テクノロジー系のスタートアップ企業、小規模企業、大企業の社内ベンチャーなど形はどうあれ、新規事業を興すのは常に、のるかそるかの挑戦だった。数十年来の定番手法に従うなら、事業計画を作成し、投資家を説得して資金を調達し、人材を集め、製品を発表し、全力で販売に乗り出す。このどこかの段階ではおそらく、致命的な失敗をするだろう。勝算は高くない。ハーバード・ビジネス・スクール（HBS）上級講師のシカール・ゴーシュが先頃行った調査によれば、スタートアップ全体の失敗率は75％にも上るという。

しかし最近、起業リスクの低減を可能にする重要な福音がもたらされた。「リーンスタートアップ」という手法が生まれたのだ。この手法では入念なプランニングよりも試行錯誤を、直観よりも顧客からのフィードバックを、さらには、最初に全体を設計する伝統的な手法よりも反復設計を重視する。

考案からわずか数年であるにもかかわらず、この手法の主要概念である「実用最小限の製品」（MVP：minimum viable product）や「軌道修正」（ピボット）は瞬く間に起業の世界に根を下ろした。これらを取り入れるために、ビジネススクールもすでにカリキュラムの変更に着手した。

とはいえ、リーンスタートアップに向けた動きは完全に主流になったわけではなく、十分な影響力を発揮するのはこれからだろう。現状は多くの点で、ビッグデータの時のムーブメントがあった5年前の状況におおむね重なる。あまり理解の進んでいない流行語ばかりで成り立っており、産業界はその意味合いをようやくつかみ始めたところなのである。

しかし、リーンスタートアップ手法が広まるにつれて、起業をめぐる従来の常識は覆されつつある。あらゆる新規ベンチャーが、早めに失敗する、たゆまず学習を重ねる、といったリーンスタートアップの原則に従うことにより、成功の可能性を高めようとしている。しかも、「リーン」（贅肉が少ない）という呼称とは裏腹に、この手法により長期的に最も大きな恩恵を得るのは大企業だと考えられる。

本稿では、リーンスタートアップの具体的手法とその発展の経緯を簡潔に紹介する。何より、この手法が他の事業トレンドと結び付いて、新たなアントレプレナーエコノミーの起爆剤になりうる点を説明したい。

「完璧な事業計画」の嘘

従来の通説では、起業に際しては真っ先に事業計画を作成すべきだとされる。事業機会の規模、解決すべき課題、新規事業が提供する解決策を、後から変更しないという前提で文書化するのだ。そこには通常、売上高、利益、キャッシュフローの5年間の予測が盛り込まれる。事業計画とは要するに、製品がまったく形になっていない時点で書き上げる、机上のリサーチペーパーなのである。その陰には、「事業の不確定要素のほとんどは、資金を調達してアイデアを実行に移す前に解明できる」という前提がある。

説得力ある事業計画を携えた起業家は、投資家から出資を得ると、事業計画をつくった時と同じように狭い視点で製品開発に着手する。開発に数千人時もの労力を傾けるにもかかわらず、その間、顧客の意見はほとんど聞き入れない。

開発を終えて製品を発売した後、つまり、セールス部隊が売り込みを始めてようやく、顧客からまとまったフィードバックが寄せられる。そしてたいていの場合、数カ月あるいは数年に及ぶ開発の後に、「顧客は製品特性のほとんどに欲求（ウオンツ）もニーズも持っていない」と思い知ることになる。

このようなやり方に数千ものスタートアップが従う様子を何十年も見てきて、少なくとも次の3つの教訓が得られた。

❶大多数の事業計画は、顧客と最初に接点を持った時点で無用だと判明する。元プロボクサーのマイク・タイソンはかつて、対戦相手が事前に練った作戦について「みんな作戦を考えてくるが、そんなものは口元にパンチを浴びたとたんにこっぱみじんだ」と語った。

❷まったく未知数のものに5年間の予想を要求するのは、ベンチャーキャピタリストと旧ソビエト連邦くらいである。そのような計画は普通は虚構であり、ほとんどの場合、頭をひねるだけ時間の無駄である。

❸スタートアップは大企業の小型版ではない。基本計画に沿って事業を展開していくわけではないのである。最終的に成功を手にするスタートアップは、失敗を次々と経験し、たえず顧客から学びながら、当初のアイデアの修正、開発サイクルの反復、改善を重ねていく。

大きな違いは、既存企業がビジネスモデルの実行に重点を置くのに対して、スタートアップはビジネスモデルの探求に注力する、という点である。この違いがリーンスタートアップ手法の核心を成している。ここから、「再現性と拡張性のあるビジネスモデルを探すために構想された暫定組織」という、スタートアップの無駄のない（リーンな）定義が生まれる（図表21-1「リーンスタートアップと従来の起業手法の違い」を参照）。

リーンスタートアップ手法は3つの基本原則に支えられている。

図表21-1 | **リーンスタートアップと従来の起業手法の違い**

リーンスタートアップ手法を用いる起業家は、事業計画から出発するのではなく、まずはビジネスモデルの探索に取りかかる。試行とフィードバックを何度も繰り返し、有効なビジネスモデルが見えてきた時点で、ようやく実行に重点を移す。

	リーンスタートアップ	従来の起業手法
戦略	ビジネスモデル	事業計画
	仮説を重視	実行を重視
新製品開発プロセス	顧客開発	製品マネジメント
	オフィスを飛び出して仮説を検証	プランをもとに一定の段階を踏みながら製品を準備
エンジニアリング	アジャイル開発	アジャイルまたはウォーターフォール開発
	やり直しを重ねながら少しずつ製品をつくる	やり直しをしながら、あるいは事前に仕様をすべて固めてからつくる
組織	顧客対応チームとアジャイル開発チームが主体	職能別組織
	学習意欲、柔軟性、スピードを重視した採用	経験と実行能力を重視した採用
財務報告	重要な指標	会計
	顧客獲得コスト、顧客の生涯価値、離反数、クチコミ効果	損益計算書、貸借対照表、キャッシュフロー計算書
失敗	予想される事態	例外的な事態
	アイデアを練り直し、うまくいかない場合は軌道修正する	幹部を更迭して立て直しを図る
スピード	迅速	計画通りのスピード
	妥当なデータをもとに事業を運営	完全なデータをもとに事業を運営

第1に、計画立案と調査に何カ月も費やすのではなく、まずは未検証の仮説、要は「鋭い読み」をいくつも挙げればそれでよしとする。このため、複雑な事業計画を作成する代わりに、仮説の概略を「ビジネスモデル・キャンバス」というフレームワークにまとめる。一言で述べるなら、自社と顧客のためにどう価値を創造するかを図式化するのだ（図表21-2「仮説を図式化しよう」を参照）。

第2に、リーンスタートアップ手法を用いる企業は、仮説を検証するために、オフィスにこもらず積極的に街へ出ていく。これをカスタマーディベロップメント（顧客開発）と呼ぶ。潜在的な利用者、購入者、事業パートナーと会い、製品特性、価格、流通チャネル、合理的なコストでの顧客獲得戦略など、ビジネスモデルのあらゆる要素について意見をもらう。重視するのは柔軟性とスピードである。若いベンチャー企業は素早くMVPを組み立て、すぐさま顧客からフィードバックを受ける。次いでフィードバックをもとに仮説を修正したうえで同じサイクルを繰り返す。再設計後の製品を検証し、反復によってさらに微調整を行うか、うまくいかない場合は軌道を修正するのである（図表21-3「顧客の意見を聞こう」を参照）。

第3に、リーンスタートアップ手法では、ソフトウェア業界に由来する「アジャイル開発」を、顧客開発と歩調を合わせながら進める。従来型の製品開発は、顧客の抱える問題やニーズはわかっているという前提の下、年単位の時間をかけて行うが、アジャイル開発は違う。開発サイクルを短い間隔でイテレーション（反復）しながら製品を少しずつ完成に近づけていくことにより、無駄な時間やリソースを省くのである。そして、こうして開発したMVPを検証にかける（図表21-4「顧客の声を反映した速やかな製品開発」を参照）。

ヨーゲ・ヘラウトとリー・リデンは、スタンフォード大学で私の講義を受けていた時に、ブルーリバー・テクノロジーを創業した。彼らは商用のロボット芝刈り機を開発する構想を温めていた。10週間で100を超える顧客と意見を交わしたが、当初主な顧客と想定していたゴルフ場は、このソリューションをあまり高く評価してい

価値提案
バリュー・プロポジション

- 顧客にどのような価値をもたらすか。
- 顧客が抱える問題のうちどれの解決に協力しているか。
- 各セグメントにどの製品やサービスの組み合わせを提供しているか。
- どの顧客ニーズを満たしているか。
- 実用最小限の製品（MVP）に相当するものは何か。

顧客との関係性

- どの顧客関係性が確立しているか。
- それらはビジネスモデルの他の要素とどう結び付いているか。
- どれくらいコストがかかっているか。

流通チャネル

- 自社が対象とする顧客セグメントはどのチャネルでの取引を望んでいるか。
- 他社は現在どのようなチャネルを用いているか。
- どれが最もうまく機能しているか。
- コスト効率が最も高いのはどのチャネルか。
- チャネルを顧客のルーチン業務とどう調和させているか。

顧客セグメント

- 誰のために価値を創造しているのか。
- 最重要の顧客は誰か。
- 典型的な顧客像はどのようなものか。

収益の源泉

- 顧客はどのような価値に快く対価を支払おうとするか。
- 現在は何に対価を支払っているか。
- 収益モデルはどのようなものか。
- どのような価格戦術を用いるか。

なかった。

つづいて農園主に話を聞き始めたところ、化学物質を使わず機械によって雑草を駆除する方法には多大な需要があると判明した。ブルーリバー・テクノロジーはこの需要を満たすことを新たな目標に据え、10週間で試作機を開発、検証した。9カ月後には、300万ドルを超えるベンチャー資金を調達していた。経営陣はこの時、わずか9カ月で商用製品を用意する見通しを掲げた。

図表21-2｜仮説を図式化しよう

ビジネスモデル・キャンバスを用いると、事業を構成する9つの要素すべてを一ページで概観できる。各要素にはいくつかの仮説が付随しており、それらを検証する必要がある。

主な事業パートナー

- 主な事業パートナーは誰か。
- 主なサプライヤーは誰か。
- 事業パートナーに融通してもらう主なリソースは何か。
- 事業パートナーは主な活動のうちどれを担うのか。

主な活動

- 価値提案の実現に欠かせない主な活動は何か。
- 流通チャネルが要求する活動は何か。
- 顧客との関係性を維持するのに必要な活動は何か。
- 売上げを途絶えさせないために必要な活動は何か。

主なリソース

- 価値提案の実現に欠かせない主なリソースは何か。
- 流通チャネルが要求するリソースは何か。
- 顧客との関係性を維持するのに必要なリソースは何か。
- 売上げを途絶えさせないために必要なリソースは何か。

コスト構造

- このビジネスモデルに必然的に伴う最も重要なコストは何か。
- 主なリソースのうちどれが最も高コストか。
- 主な活動のうちどれが最も高コストか。

出所：WWW.BUSINESSMODELGENERATION.COM/CANVAS. ビジネスモデル・キャンバスの概念は、アレクサンダー・オスターワルダーとイブ・ピニュールが考案したものである。

図表21-3｜**顧客の意見を聞こう**

スタートアップ企業は顧客開発をしながら有効なビジネスモデルを探す。顧客のフィードバックから、事業上の仮説が誤っていたと判明した場合、仮説を改めるか、もしくは新たな仮説を設けて軌道修正（ピボット）を行う。ビジネスモデルの有効性を検証できたら、実行段階に移り、会社としての組織体制を整える。顧客開発の各段階を何度も反復するのだが、これは、失敗を繰り返した後に適切な手法にたどり着く公算が高いからである。

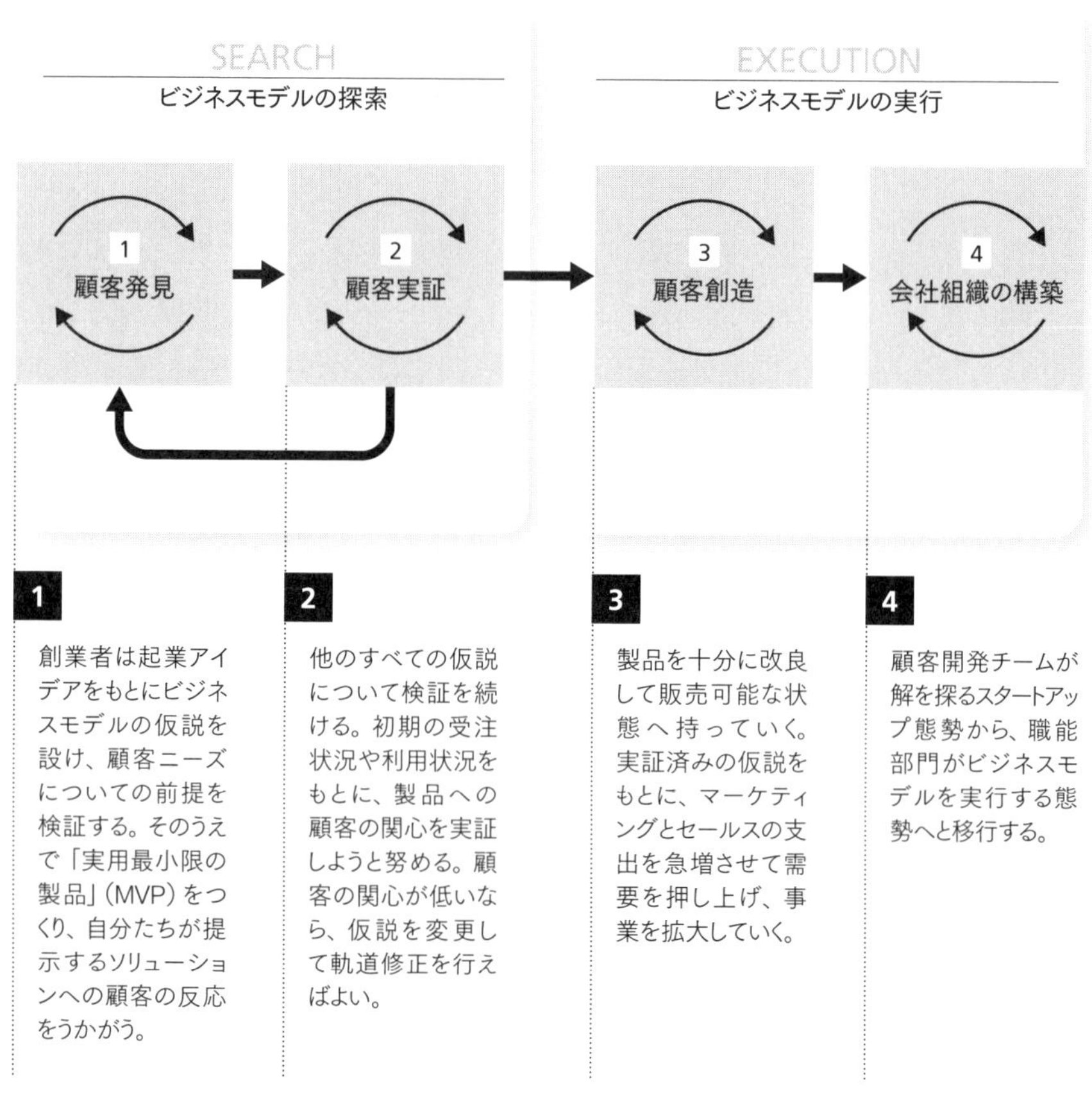

SEARCH
ビジネスモデルの探索
EXECUTION
ビジネスモデルの実行
1
顧客発見
2
顧客実証
3
顧客創造
4
会社組織の構築
1
創業者は起業アイデアをもとにビジネスモデルの仮説を設け、顧客ニーズについての前提を検証する。そのうえで「実用最小限の製品」(MVP) をつくり、自分たちが提示するソリューションへの顧客の反応をうかがう。
2
他のすべての仮説について検証を続ける。初期の受注状況や利用状況をもとに、製品への顧客の関心を実証しようと努める。顧客の関心が低いなら、仮説を変更して軌道修正を行えばよい。
3
製品を十分に改良して販売可能な状態へ持っていく。実証済みの仮説をもとに、マーケティングとセールスの支出を急増させて需要を押し上げ、事業を拡大していく。
4
顧客開発チームが解を探るスタートアップ態勢から、職能部門がビジネスモデルを実行する態勢へと移行する。

図表21-4|**顧客の声を反映した速やかな製品開発**

従来の製品開発では順序通りに段階を踏み、各段階に何カ月もかけるが、これとは対照的に、アジャイル手法の下では短いサイクルを反復しながら製品を開発していく。スタートアップ企業は、重要な特性だけを備えた「実用最小限の製品」（MVP）をつくって顧客からフィードバックをもらい、MVPを改良した後にまた同じ手順を繰り返す。

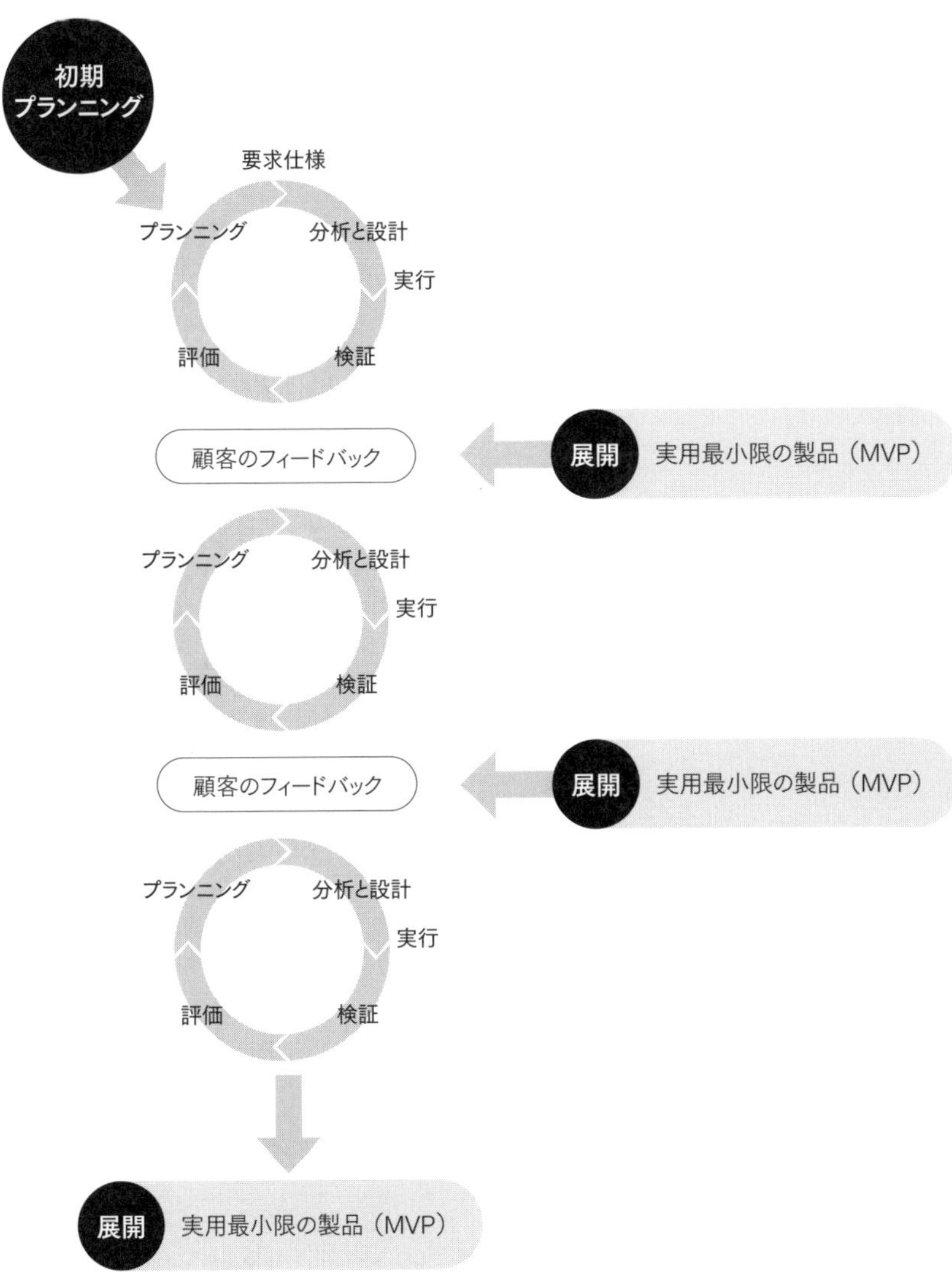

廃れる「隠密モード」の開発

リーン手法の影響により、スタートアップが使うビジネス用語も変化してきている。ＩＴバブル期には、（競合他社に市場機会を見透かされまいとして）「隠密モード」で事を進める例が多く、準備万端整えて「試作版」（ベータ）テストを行うまでは顧客に試作品を公開しなかった。リーンスタートアップ手法の下では、このような発想は時代遅れとなる。なぜなら、①たいていの業界では機密保持よりも顧客のフィードバックのほうが有益である、②周到に準備をしたうえで製品を発表するよりも、頻繁にフィードバックを得るほうが好ましい結果につながる、という2つの考え方があるからだ。

これら2つの根本的な教訓は、私が起業家として経験を積む中で得たものである（私はこれまで、創業者あるいは初期メンバーとして合計8社のハイテクスタートアップに参画した）。その後、いまから10年前に教鞭を執るようになり、すでに紹介した顧客開発手法を考案した。２００３年には、カリフォルニア大学バークレー校ハースクール・オブ・ビジネスの講座でこの手法を紹介するようになっていた。

２００４年に、エリック・リースとウィル・ハーベイが設立したスタートアップに出資したのだが、その際に私の講義を受けるという条件を彼らに課した。リースはすぐに、テクノロジー業界で用いられていた直線的な製品開発手法であるウォーターフォール開発に代えて、反復型のアジャイル手法を取り入れるべきだと気づいた。それればかりか、この新しいスタートアップ手法と、「リーン製造」として知られるトヨタ生産方式との類似性にも目を留めた。こうして彼は、顧客開発とアジャイル手法の組み合わせを「リーンスタートアップ」と名付けた。

リーンスタートアップ手法の具体的な中身は、何冊かの人気書籍を通して広まっていった。2003年に私が上梓した『アントレプレナーの教科書』（翔泳社）は、スタートアップは大企業の小型版ではないことを初めて指摘し、顧客開発プロセスを詳しく説明した本である。2010年にはアレクサンダー・オスターワルダーとイブ・ピニュールが『ビジネスモデル・ジェネレーション』（翔泳社）において、ビジネスモデル・キャンバスの標準的なフレームワークを提示した。2011年にはエリック・リースが『リーン・スタートアップ』（日経BP社）でこの手法の全体像を描いた。そして2012年にボブ・ドーフと私が、リーン手法について得た知見をステップごとにまとめたハンドブック『スタートアップ・マニュアル』（翔泳社）を発表した。

リーンスタートアップ手法は現在、25以上の大学で教程に組み込まれているほか、人気の高いオンライン学校ユダシティでも学ぶことができる。しかも、世界中のほぼすべての都市にスタートアップ・ウィークエンドのような組織があり、一度に何百人もの起業家予備軍にリーン手法を紹介している。このような集まりでは、部屋いっぱいのスタートアップチームが5～6件の製品アイデアを数時間の間に次々と検討していく。参加したことのない人にとっては信じがたいだろうが、このようなイベントをきっかけに、金曜日の夜に会社をつくり、日曜日の午後には売上げを得ている、などという例もある。

起業家精神あふれるイノベーション経済の創造

一部の信奉者は、リーン手法を用いると個々のスタートアップの成功度が高まると主張するが、それは大げさすぎるのではないだろうか。事業の成否は非常に多くの要因によって決まるため、一つの手法を用いればスタートアップの成功が保証されるなどということはありえない。しかし私は、数百のスタートアップ、リーン手法を教える講座、この手法を実践する既存企業での見聞をもとに、「多数のスタートアップにリーン手法を導入すれば、旧来手法を用いた場合よりも失敗率は低下するだろう」という、より重要な主張を行うことができる。

スタートアップの失敗率が低下すれば、経済に大きな意義をもたらすはずである。今日では混乱や無秩序、グローバリゼーション、規制の影響でどこの国でも経済が動揺している。先進国では解雇が急増しており、その多くは回復しないだろう。21世紀に雇用を上積みするには新規事業を創造するほかないため、新規事業の成功、拡大、雇用増に役立つ環境づくりは、私たち全員の利益になる。スタートアップの急拡大を原動力にしてイノベーション経済を創造する必要性は、かつてなく増大している。

過去には、スタートアップの増大は、失敗率の高さのほか、次の5つの要因によって阻まれていた。

❶最初の顧客を獲得するためのコストが高く、製品がうまくできなかった場合のコストはさらに高い。
❷技術開発のサイクルが長い。
❸スタートアップを興したり、そこで働いたりすることには特有のリスクがあり、それを取ろうとする人が限られている。
❹ベンチャーキャピタル（ＶＣ）業界の構造上、少数のＶＣがおのおの一握りのスタートアップに巨額を投じないことには、高い収益が得られそうもない。
❺米国の場合は東海岸と西海岸のように、スタートアップを築くうえでの本物の専門性が一部の地域に偏在している（欧州など世界の他の地域では、米国ほど顕著ではないが、それでも抜きん出て起業が盛んな地域は存在する）。

リーン手法を用いると、顧客が本当に望む製品を旧来よりもはるかに低コストで速やかに市場投入できるため、制約の①と②は軽減される。スタートアップに付随するリスクが小さくなるため、③も緩和される。しかも、この手法が普及を始めて以降、ビジネスやテクノロジーの潮流も、スタートアップを興すうえでの障壁を低くする方向に働いている。これらすべての要因が相まって、起業を取り巻く環境を変化させているのだ。

最近では、ＧｉｔＨｕｂのようなオープンソースソフトウェアや、ＡＷＳ（アマゾン ウェブ サービス）のようなクラウドサービスの恩恵により、ソフトウェアの開発コストが数百万ドルから数千ドルへと激減した。ハードウェア製造を手掛けるスタートアップはいまや、海外のメーカーといとも容易に取引できるため、自前の工場を設ける必要などない。

実際、リーンスタートアップ手法を用いる若いテクノロジー企業の場合、創業から数週間後にソフトウェア製品をウェブ上で流通させたり、中国製のハードウェアを発売したりする例は、少しも珍しくない。ルーミネイトの事例を考えたい。この会社は、「女の子たちに科学、技術、工学、数学への興味や自信を呼び覚ましてもらおう」という発想から生まれたスタートアップである。創業者たちは、配線ツール込みのドールハウスキットを設計して検証とイテレーションを終えると、中国の製造委託先に仕様書を送った。３週間後には初回生産ロットが届いたという。

もう一つの重要な潮流として、起業資金の調達先の多様化が挙げられる。ＶＣ業界は従来、シリコンバレー、ボストン、ニューヨークの周辺に拠点を置く同業者しか入り込めない、狭い世界だった。

ところが最近では、それら数億ドルの資金を持つ従来型ＶＣと比べて小粒の、起業家が資金を出し合って設けた新種のスーパーエンジェルファンドが、アーリーステージ（初期段階）の投資を行える。Ｙコンビネーターやテックスターズなど、全世界で何百ものアクセラレーターが、シード投資の道筋をつけようと乗り出した。加えて、キックスターターに代表されるクラウドソーシングサイトが、よりオープンな形でスタートアップ資金を提供している。

情報が即時に手に入る状況も、最近の新規ベンチャーにとって追い風になっている。ネット時代が幕を開けるまで、経験の浅い創業者が助言を得るには、ベテランの投資家や起業家と会って意見交換するしかなく、その頻度も限られていた。ところが現在では、スタートアップへの助言があまりに多すぎて、どう取捨選択するかが最大の課題となっている。リーンスタートアップの諸概念は、助言の良し悪しを見分けるフレームワークとしても役立つ。

リーンスタートアップ手法はもともと、成長性の高いハイテクスタートアップを生み出すために考案された。しかし、経済のかなりの部分を占める生活密着型の小規模企業を興すうえでも、同じように有用だというのが、私の考えである。小規模企業の世界全体にこの手法が広まったなら、成長性と効率性が高まり、GDP（国内総生産）や雇用にも、すぐに直接的な効果が波及するに違いない。

これが実現しそうな兆しも見えている。全米科学財団（NSF）は2011年に「イノベーションコープス」という施策を始動させ、リーン手法を用いて基礎科学分野の研究成果の商用化を目指すようになった。現在では、全米の数百の上級科学者チームにこの手法を伝授するために、11大学が講座を設けている。

MBA課程への導入も進んでいる。MBA課程では長い間、大企業の手法、たとえば売上高とキャッシュフローを把握するための会計手法や、マネジメントに関連する組織理論などをスタートアップに応用するよう、学生たちに説いていた。ところが、スタートアップが直面する課題は大企業とはまったく異なる。最近ではビジネススクールにも、「新規ベンチャーには独自のマネジメントツールが必要だ」という気づきが広がっている。

ビジネススクールは、マネジメントの遂行とビジネスモデルの探求を区別するようになり、それに合わせて、事業計画を起業教育の基本項目から外し始めている。10年以上の間、事業計画コンテストがＭＢＡ課程の目玉だったが、最近ではこれに代えてビジネスモデルコンテストが開催されるようになっている（ＨＢＳも２０１２年についにこちらに変更した）。スタンフォード、ハーバード、コロンビアの各大学とカリフォルニア大学バークレー校は、リーンスタートアップを教程に組み込む動きの先頭に立っている。教育者向けに私が開発したリーン・ローンチパッド講座は現在、年間２５０人を超える大学教員に研修を施している。

21世紀型企業の新たな戦略

リーンスタートアップ手法が若いテクノロジー系ベンチャーだけのものではないことは、すでに明確になりつつある。

企業はコスト低減による効率向上に過去20年を費やしてきた。だが、既存のビジネスモデルの改善に力を入れるだけでは、もはや十分ではない。ほとんどの大企業は、増大する一方の外的脅威に、たゆみないイノベーションによって対処する必要がある。生き残りと成長を確実にするには、新しいビジネスモデルを考案し続けることが欠かせない。そのためにはまったく新しい組織構造と技能が求められる。

クレイトン・クリステンセン、リタ・マグレイス、ビジャイ・ゴビンダラジャン、ヘンリー・チェスブロウ、イアン・マクミラン、アレクサンダー・オスターワルダー、エリック・フォン・ヒッペルらマネジメントの専門家は長年、大企業のイノベーションプロセス改善法についての理論を発展させてきた。しかし、ここ3年間でゼネラル・エレクトリック（ＧＥ）、クアルコム、インテュイットなどの大企業が、リーンスタートアップ手法の実践に乗り出した。

一例としてGEのエナジー・ストレージ事業部は、リーンスタートアップ手法を使ってイノベーションの進め方を変革しようとしている。ゼネラルマネジャーのプレスコット・ローガンは2010年、新たに開発したバッテリーには業界に風穴を開ける可能性があると考えた。そこで、既存製品のラインアップを増やす時のように、工場の建設、生産の拡大、製品の発売（やがて製品名は「デュラソン」と決まった）に向けた準備は行わず、代わりにリーン手法を導入した。ビジネスモデルの探求と顧客発見に着手したのである。

彼は部下たちとともに、将来の顧客と目される何十ものグローバル企業を訪ねてじかに話を聞き、潜在的な市場と用途を探った。これは売り込みの一環ではなかった。プレゼンテーション資料は携行せず、既存のバッテリーにまつわる顧客の問題意識や不満に耳を傾けた。産業用バッテリー購入の経緯、使用頻度、使用状態などを深く掘り下げた。そして、聞き取り内容をもとに対象顧客をがらりと変えた。

当初の対象セグメントのうちデータセンターを除外し、電力会社とガス会社を追加したのである。合わせて、「通信会社」という大くくりをやめて、電力網の信頼性が低い発展途上国の携帯通信事業者に対象を絞った。やがてGEは1億ドルを投じてニューヨーク州スキネクタディに世界一流のバッテリー製造工場を設け、2012年に操業を開始した。報道によれば、この新しいバッテリーは需要が極めて旺盛であるため、早くも受注残が生じているという。

＊　＊　＊

マネジメント教育は最初の100年間、戦略立案とツールの考案に焦点を当て、既存事業の戦略遂行と効率向上に寄与してきた。最近では、起業時に新しいビジネスモデルを探すためのツールが、初めて登場してきている。偶然にもこれは、打ち続く混乱の諸要因に対処できるよう既存企業を助けるうえでも、ちょうどよいタイミングである。21世紀にはこれら諸要因のせいで、スタートアップ、小規模企業、大企業、政府機関など、あらゆる種類の組織で働く人々が、急激な変化の重圧を感じるだろう。

リーンスタートアップ手法は、その重圧に正面から向き合い、迅速にイノベーションを実現し、既存事業を変革するのに役立つはずである。

第22章

Bring Agile to the Whole Organization

組織全体で「アジャイル」を実践する方法

製品開発の領域に限定すべきではない

コンサルタント
ジェフ・ゴーセルフ

"Bring Agile to the Whole Organization"
HBR.org, November 14, 2014 (product #H01P9M).
邦訳初出：「組織全体で『アジャイル』を実践する方法──製品開発の領域に限定すべきではない」
DHBRオンライン、2022年2月15日

ジェフ・ゴーセルフ（Jeff Gothelf）
コーチ、コンサルタント、基調講演者。企業がビジネスアジリティ、デジタル・トランスフォーメーション、プロダクトマネジメントなどを実践するための支援を行う。共著書『Lean UX 第2版』（オライリージャパン）は多くの賞を受賞。

アジャイル化は製品開発だけの話ではない

ソフトウェアが世界を飲み込んだ。そして、新しく多様な産業を吸収し続けるうちに、ビジネスのやり方まで変えてしまった。いまや、誰もが「ソフトウェアビジネス」の中にいて、自分たちがどのような製品・サービスを提供するかにかかわらず、組織を構築し管理する方法の見直しを迫られている。

筆者がマネジャーに、組織レベルで「アジャイル」を実践しているかと尋ねると、ほとんどは「イエス」と答える。しかし少し掘り下げてみると、アジャイルなのは製品開発チームだけ、それもソフトウェアエンジニアリングの領域に限定されていることが多く、それ以外の部門はアジャイルでないことがほとんどだ。「ＨＲ（人事）部門のアジャイル化」あるいは「財務部門の継続的改善」に言及されることは、ほぼない。だが、組織のインフラともいうべきこのような領域こそ、アジャイル化を進め、ソフトウェア主導のビジネスをサポートする基盤にならなくてはいけない。

ソフトウェアの特性が継続的デリバリーに向けて変化し続けているように、市場と対話する方法についても新たな形式を生み出すことができる。すなわち、市場との継続的対話である。

私たちはプロダクトを展開後、観察、評価、インタビュー、学習、そして最適化のサイクルを、数カ月ではなく数時間のうちに行う。そして意思決定は即座に行われ、指示は一夜にして切り替わる。

このような迅速なイテレーション（反復）を最適化するには、人材を配置し、資金を投入して、管理し、従業員に報酬を与える内部組織が、同じレベルでアジャイルになる必要がある。経営層が「これまでのやり方」を踏襲していたのでは、現場の実行チームが持つ潜在的可能性を阻害してしまうのだ。

採用方法から評価・報酬、意思決定のヒエラルキーまで変える

まず、ＨＲ部門について考えてみたい。ほとんどのＨＲ部門の業務の中心にあるのは職務要件だ。伝統的な職務要件は、たいていの人が扱うことのできるツールやスキルのリストで、そのすき間を「セルフスターター」や「チームプレーヤー」といった曖昧な言葉が埋めている。

このようなジョブ・ディスクリプション（職務記述書）は、サイロ化した領域（たとえばソフトウェアエンジニアリングチームやデザインチーム）の欠員を補充するために書かれたものだ。

空きポジションをただちに埋めることが求められる採用担当者は、面接に進む候補者を選ぶために、履歴書にくまなく目を通し、リストにあるスキルセットの有無をチェックしていく。たとえば、「Ｒａｉｌｓを使った開発経験が3年以上あるか？　ある。ＧｉｔＨｕｂは？　ある」といった具合だ。

候補者は採用責任者との面談に進み、その責任者は採用の決断を下すようにプレッシャーをかけられている。期限内に欠員を補充するというノルマを、ＨＲチームが確実に達成するためだ。

このような採用スタイルから、アジャイルな組織は生まれない。それどころか領域間の障壁を強化し、協力体制を弱体化させる。むしろＨＲチームは、候補者に創造性があるか、協業ができるか、好奇心があるかを基準に、採用活動を始める必要がある。探し求めるべきは「右へ倣え」の精神を持たない人、つまり簡単には型にはまらない候補者である。

それはたとえば、起業家精神を持つゼネラリストである。多彩な発明家であり、デザインなどの領域を専門としながらも、コーダーとしても優秀な人物だ。あるいは、チームにいつも疑問を投げかける人物である。常に現

状を変えようとし、顧客の目から見た自社のあり方を再考すべきだと企業に促す人物だ。

このような候補者を惹き付けるには、新しい採用方法を導入する必要がある。面接の構造も実施方法も、ゼロベースで考え直さなくてはならない。1時間の質疑応答で、候補者のコラボレーションスキルを評価することは不可能に近い。

では、新たな候補者が会社を前進させるイノベーターであるかどうかを判断するためには、何を変える必要があるのか。また、自社のビジネスが進化を遂げる中、雇用慣習も継続的かつ確実に改善していくためには、何をすればよいのだろうか。

これまでになく好奇心旺盛で起業家精神のあるチームメンバーを採用したならば、次なる問題は、そのようなメンバーをいかにして組織につなぎ留めるかである。

従来であれば、チームに配属し、プロジェクトを担当させ、時間内かつ予算内(あるいは少なくとも許容範囲内)で成果を上げた場合に、報酬を与えればよかった。しかし、もはやこれでは不十分だ。

彼らにとって、金銭的報酬は主たる動機付けの要因ではない。もっと意義のある何か、自分だけの何かを築くことのほうが、価値はずっと高い。チームが協働して生み出したアイデアに対してエクイティ・インセンティブ(あるいは少なくともアップサイド)を含めるように、報酬構造を再考する方法はあるだろうか。

プロジェクトへの資金投入は、新たな現実に沿うよう変えるべきもう一つのモノリス(単一機能で一つの処理を行うアーキテクチャー)だ。CFOは、イニシアティブに投資する見返りとして、どのような成果が得られるかを知りたがる。その答え方は何通りもある(資金を提供してもらいたいので当然説得には力が入る)が、真実を答えることはめったにない。本当の答えとはつまり、「わからない」である。

ソフトウェア開発には曖昧な部分があり、最終的な状態を知ることはできない。予測不能なレベルの複雑性、市場の混乱、そして顧客行動の変化ゆえ、ロードマップが４～６週間以上のプロダクトは、でき上がった時には時代遅れになっているリスクが高い。

スタートアップの世界から手がかりを得るなら、ＣＦＯは、それぞれのチームを組織内のスタートアップとして扱うことから始めるのが欠かせない。事業課題の解決という責務を担う人々の集団としてとらえるのだ。事業課題には測定可能な目指すべきゴールがあり、最終的にその地点に到達できれば、チームは成功を収めたことになる。資金投入の期限を迎えたら、チームは再度資金を調達するために財務部門を説得する必要がある。

それにより、組織が意思決定する中で、段階的なレジリエンスを構築できる。まず短期間のコミットメントを定め、そのうえで、さらなる短期間のコミットメントの可否をリアルタイムかつ市場ベースの実態に基づいて決めることができる。絶対に訪れることのない未来を絵に描いた予測に基づき、物事を決定する必要はないのだ。

最後に、意思決定のヒエラルキーを変える必要がある。従来の意思決定は方向転換に関して、すべてのマネジメント層の合意がなされたうえで行われる。このようなプロセスは時間がかかる。その代わり、誰かがミスを犯しても別の誰かがカバーできる仕組みになっている。

アジャイルな組織の場合、顧客からフィードバックを受けた時には、できる限り短い時間で意思決定を下すことが要求される。製品開発に携わるチームには、絶え間なく流れ込んでくる市場インサイトに基づき、いかに前進するかを迅速に決断する権限が与えられる必要がある。

ミスを犯すことが重罪であってはならない。ミスがあった時には迅速に分析し、そこから得られた新たな情報を、次の一連の戦術に組み込むべきなのだ。

インセンティブは、成果に対する評価やエビデンスに基づく意思決定、そして学習を支援するためのものであるべきだ。ソフトウェア開発チームの文化ではこのような取り組みがすでに実践されているが、組織レベルの支援がなければ、チームはそれを十分に活かすことはできない。

＊　＊　＊

結局のところ、マネジャーが目を配るべきは、チームが日々実行している戦術の決定ではない。そうではなく、事業戦略目標の達成に向けて、チームの進捗を注視する必要がある。

経営上の不安を和らげ、戦略を軸にした結び付きを広げるためにも、それぞれのチームが責任を持って、組織とコミュニケーションを図る必要がある。チームの側から積極的に、戦術、学習、進捗、そして次のステップを報告するのだ。

とはいえ、「欠点や失敗も含めてプロセス全体をありのままに報告しても、罰せられることはない」という安全性が担保されていなければ、チームの大半は無難で予測可能な道を選ぶだろう。そうなれば、アジャイルの効果は期待できない。

企業がソフトウェア中心の組織に変わりつつある中、私たちはチームのマネジメント方法を変える必要がある。顧客から絶え間なく伝えられるフィードバックや知見を活かし、継続的に学習できる環境をつくるには、チームや環境、意思決定の構造、そして資金投入モデルのすべてが、真の意味でアジャイルであることが求められる。

それはすなわち、レジリエンス、反応性、学習能力をすべて兼ね備えているということだ。

第23章

The 3 Types of Leaders of Innovative Companies

ニンブル・リーダーシップとは何か

革新的企業に共通する3つのスタイル

マサチューセッツ工科大学 スローンスクール・オブ・マネジメント 教授
デボラ・アンコーナ

MITリーダーシップセンター リサーチアフィリエート
ケイト・アイザックス

聞き手=
『ハーバード・ビジネス・レビュー』シニアエディター
カート・ニキッシュ

"The 3 Types of Leaders of Innovative Companies"
HBR IdeaCast (Podcast) /Episode 690, July 9, 2019.

デボラ・アンコーナ（Deborah Ancona）
マサチューセッツ工科大学スローンスクール・オブ・マネジメントのシーリー記念講座特別教授。経営学を担当。MITリーダーシップセンター創設者。

ケイト・アイザックス（Kate Isaacs）
MITリーダーシップセンターのリサーチアフィリエート。ダイアロゴス・ジェネレイティブ・キャピタルのパートナー。

カート・ニキッシュ（Curt Nickisch）
『ハーバード・ビジネス・レビュー』のシニアエディター。

いまどき、指揮管理型（コマンド・アンド・コントロール）によるマネジメントに魅力を感じる者はいない。革新的な組織をつくりたいと願う経営者に、ガチガチの官僚組織をつくれとアドバイスする者もいない。だが、どんな組織をつくればいいのだろう。カオスに陥ることなく創造性にあふれた組織をつくることは可能なのか。

マサチューセッツ工科大学（ＭＩＴ）スローンスクール・オブ・マネジメントの教授で、ＭＩＴリーダーシップセンターの創設者であるデボラ・アンコーナと、同センターの研究員であるケイト・アイザックスが、この問いに取り組んだ。彼女たちは理想的な組織の姿を明らかにするために2つの企業を調査した。ゼロックス傘下のR&D企業ＰＡＲＣと、ゴアテックスで知られる材料科学企業のＷ・Ｌ・ゴア・アンド・アソシエイツである。

2人はこのインタビューで、理想的な組織には3つの異なるタイプのリーダーシップが存在し、それらが一定のルールの下で協調的に機能することで、仕事が柔軟かつ機動的に進められていると語っている。彼女たちはこれらを「ニンブル・リーダーシップ」（機動力の高いリーダーシップ）と総称し、そのようなリーダーシップで動く組織を「ニンブルな組織」と名付けた。『ハーバード・ビジネス・レビュー』（ＨＢＲ）誌上で発表された論文（邦訳「会社の機動力を高めるニンブル・リーダーシップ」『ＤＩＡＭＯＮＤハーバード・ビジネス・レビュー』２０２０年1月号）に基づくインタビューである。

革新的な伝統企業に共通するリーダーシップと組織風土

カート・ニキッシュ（以下略）：この2社を選んだのはなぜですか。

デボラ・アンコーナ（以下デボラ）：いわゆる分散型リーダーシップ、私たちが言うところの「ニンブル・リーダーシップ」という機動力の高いリーダーシップスタイルに興味があったからです。そのため、イノベーションの最前線を進み、起業家精神によって行動し、官僚主義や規則に縛られていない企業に注目しました。

ＰＡＲＣもゴアもスタートアップ企業ではありません。長い歴史のある組織ですが、環境の変化に適応し、高度なレベルでイノベーションを起こし続けています。そして、前向きな気持ちで仕事に打ち込む優秀な人材に事欠くこともない。そんな組織があることを、この2社の存在が実証しています。両社はニンブルな組織の典型的な実例です。

――この2社には、明らかにほかの会社と違うと感じさせる何かがあるのでしょうか。

デボラ：強くそう感じます。これまでさまざまな組織の従業員にインタビューしてきましたが、こちらが心配になるような組織もあります。仕事にやる気が出ないとか、出社するのが苦痛だというような話は、どんな会社でも聞きました。インタビューに答えながら泣き出してしまう人もいました。

ところが、私たちは2カ月に1回ぐらいゴアを訪問したのですが、ほかの会社とは全然違うんです。みんな活きいきと仕事をしていて、「こんなものを発明した」「いま、これに取り組んでいる」「組織の運営方法を再構築するビジネスモデルの新しいアイデアを生み出したところだ」といった話が次々に飛び出してきます。変な興奮状態にあるわけではなく、落ち着きの中にエネルギーとワクワク感があって、自由に動いているという感じが伝わってくるのです。社員はみんな多くのことに取り組んでいるのですが、そのことに満足しているようでした。

――組織が混乱に陥ることなく、社員が創造力を発揮して働いているということですね。秘訣は何でしょう。CEOが社員と仕事のことを本当にわかっている、ということでしょうか。ゴアのような会社の秘訣は何だと思いますか。

ケイト・アイザックス（以下ケイト）：たしかに、ゴアにはCEOを筆頭にそんなリーダーたちがいます。しかし、カギはリーダー個人ではなく文化です。そんなふうに社員を動かす原則が、組織の文化として根付いているのです。個々のリーダー、企業文化、そして組織構造があいまって、会社全体を動かしている。そのような原則は創業当初からあり、時間をかけて磨き上げられてきたものです。

――HBRに寄稿された論文「会社の機動力を高めるニンブル・リーダーシップ」で印象的だったのは、こうした企業では、自分をリーダーだと考えている人の割合が高いと書かれていたことです。それは分散型リーダーシップの組織でも見られる現象です。両社を説明するうえで、なぜ「ニンブル・リーダーシップ」という用語を使ったのでしょうか。

ケイト：私は以前から「分散型リーダーシップ」という言葉が好きではなかったんです。この言葉を聞くと、コップの水に赤いインクを一滴たらして、全体がほんのりピンク色に染まっていくような様子を連想してしまいます。何かが薄まりながら全体に広がっていく、というのが私にとっての「分散型」のイメージなのです。私たちが考える理想的なリーダーシップは、そういうものではありません。

「ニンブル・リーダーシップ」が機能している組織では、誰もが自分には権限が与えられている、力があると感じています。自分の得意な分野で成長でき、チームをリードできるという手応えを感じている。必要なら仕事の分野を変えて経験の幅を広げることもできるし、会社もそれを応援してくれる、と考えているのです。ニンブルな組織では、社員はそのように考え、同僚も上司も含めて会社全体がそれを支援するという、成長のプロセスが常に進行しているのです。

つまり、「ニンブル」というのは、組織の中で何か必要が生じた瞬間に、適切なリーダーシップがそこに存在していて、組織全体が市場の変化や顧客の要望に迅速に対応できるという意味なのです。ニンブルな組織は顧客の不満にすぐ対応できます。なぜなら、顧客のニーズや希望を満たすために必要なことを実行する権限が全員に与えられているからです。

——全員が会社の戦略と一貫性のある行動をしているということですね。

デボラ：その通りです。その戦略は、賢げな言葉で表現された押し付けの戦略ではなく、組織の深いところまで浸透した戦略です。私たちがつくるのはこういう製品だ、私たちはこういうビジネスで利益を上げている、とすぐに語れて、そのために自然に体が動くような戦略です。プロジェクトが成功するかどうか、いちいち理屈で考えなくても仕事に打ち込める人々が働いている組織には、いわく言いがたい魅力があります。そういう組織では、自社のビジネスモデルを正しく理解し、自分の仕事が会社の成功にどう結び付いているかを実感している人々が働いています。

ケイト：組織のどこで働いている人でも、自分の持ち場でそのことを具体的に理解しています。たとえばゴアには、「使用に堪える性能」というシンプルなルールがあります。何をするにしても、どんな製品をつくるにしても、意図した用途にふさわしいものでなければならないという当たり前の話です。故障するケーブルを搭載した宇宙ロケットを飛ばしたくないし、水が染み込むジャケットをエベレスト登頂隊に着せたくないということです。

そのため、徹底した製品テストを行い、常に品質に気を配り、製品が現場でどんなふうに使われて機能しているか、常に顧客とコミュニケーションを取っているのです。これは、全社的な戦略レベルでも製品開発レベルでも当てはまるシンプルなルールです。このようなシンプルなルールが、全社の高度な戦略と、末端の現場で社員一人ひとりが行っている具体的な行為に、明確な一本の筋を通し、全社員を結び付けているのです。

起業家型リーダー、支援型リーダー、設計型リーダー

――お2人は、組織の各レベルで必要とされるリーダーシップスタイルを分類されました。下位のプロジェクトレベルでは「起業家型リーダー」、中間層では「支援型リーダー」、そして上層部では「設計型リーダー」が求められるという3分類です。それぞれについて説明してもらえますか。

デボラ：起業家型リーダーというのは、組織にイノベーションの種を蒔き、育てていく力がある人のことです。常に新製品のアイデア、新しいビジネスモデル、新しいチーム運営のあり方を考え出すような人たちです。他の社員に働きかけて、新しいアイデアを実現させるために一緒に仕事をするように巻き込むことができます。彼らはチームをつくり、そのチームが新しいアイデアを組織に浸透させるのです。単にアイデアを思い付くだけでな

く、実現の機会をつかみ、組織に浸透させるのが起業家型リーダーです。

――そのために、いま関わっているプロジェクトから離脱して、別のプロジェクトに加わる自由も与えられている、と書かれていますね。

デボラ：そうです。社員が自由に、いまの環境下で成功する可能性が高いと思うプロジェクトに参加できるので、会社の中に予測市場のようなものが形成されます。社員が、言わば自分の行動によって投票することで、次のプロジェクトがおのずと形づくられていくのです。何をするか、ドアの向こうでマネジャーが決めるのではなく、社員がみずからの判断で最善のプロジェクトを形成していくのです。マネジャーはおちおちしていられませんよ。

ケイト：そのような動きを可能にするために、プロジェクトリーダーには、才能のある人材を自分のところに抱え込まず、他のチームに送り出す姿勢が求められます。この人は優秀だから自分のチームに残しておきたいし、ここでも大きな貢献ができるだろうけれど、向こうで活躍してもらうほうが会社全体にとって効果が大きそうだし、本人もそうしたがっているから、よしとするか。こんな感じで、リーダーたちも納得しているようです。本人の希望に反して、また会社全体の利益に反して、メンバーを自分のチームに縛り付けるリーダーは存在しません。彼らはいつも、組織全体にとって何がベストか、個人にとって何がベストかを考えているのです。

――「マネジャーはおちおちしていられない」ということですが、チームをコントロールできなくなる危険も隣り合わせということでしょうか。

デボラ：私は経営幹部向けの教育をたくさん行っていますが、ほとんどすべての企業は、官僚主義や指揮命令型マネジメントをやめて、機動性に富む分散型の学習ネットワーク――まあ呼び方は何でもいいんですが――そんな感じの組織に移行したがっているようです。彼ら彼女らと接してそう感じるわけですが、それは最近の多くの調査結果とも一致しています。今後3年で自分の業界や環境に大きな変化が起こると感じている経営幹部の割合は、２０１８年には26％だったのに対し、２０１９年には76％に上っています。大きな変化に見舞われるという予感から、経営者はこれまでと違う組織を求めるようになるはずです。

しかし、何をすればいいのかわからず、失敗の不安もあって、動き出すことができないでいるのです。どんな組織にすればいいのかわからない。経営者としての力を失うことになるのではないか。手綱を手放したら、どうなるんだろう。リーダーたちはそんな恐れに囚われているのです。たしかに怖いでしょうね。

――支援型リーダーについては、リソースを正しい方向に導いて管理する人と説明されていますね。要するに中間管理職と同じような気がしますが、何が違うのでしょう。

デボラ：支援型リーダーは起業家型リーダーを支援する存在です。起業家精神旺盛なリーダーは、えてして経験が浅く、しなくてはならないことのすべてができるとは限りません。そこに支援型リーダーが手を差し伸べるのです。支援型リーダーは、起業家型リーダーに命令するのではなく、指導し、適切な問いを投げかけることで、彼らをサポートするのです。単に上と下の中間で管理するというリーダーシップとはまったく違います。

――適切な問いとは、どういうものですか。「どっちに行くべきだと思う？」「どこに機会があると思う？」「他の部署のXさんと話してみようと思ったことはない?」といったものでしょうか。

デボラ:まさにそんな感じです。「こうしなさい」とか「やめておきなさい」というのではなく、「これについて考えたことがある?」「あれについてはどう?」という問いです。決定を相手に委ねる自由なアプローチで、自分なりに問題を解決するよう考えさせるのです。いわゆる中間管理職と違い、支援型リーダーには厳密に定義されていない多くの仕事があります。

私たちは組織を小さな箱のようにとらえ、部下をその中に押し込みがちです。「これと、これと、これをしてください。でも、これはしないで」と言っているのです。支援型リーダーはもっと自由自在で、必要に応じた方法で同僚や部下を支援します。組織文化の何かを強化する必要があると思えば、その強化につなげることができる。戦略の説明役に徹する必要を感じれば、そうすることもできる。急ぎの仕事を手伝わなければならない状況では、腕まくりして一緒に汗をかきます。

柔軟な発想で動く創発的なリーダーシップと言ってもいいでしょう。「つなぐ」ことが支援型リーダーの大切な仕事です。彼らは幅広いネットワークを持っていて、あちこちに出ていって人と会い、機会を見つけてきます。支援型リーダーはチームメンバーをつなぎ、起業家型リーダーたちをつなぎ、チームとチームをつないで、イノベーションに必要な、専門領域の壁を越える「創造的な衝突」を引き起こすのです。

ケイト:一点、付け加えさせてください。伝統的な階層型組織には、上のほうに経営陣と上級管理職がいます。彼らと現場の社員の間には中間管理職がいて、仕事に必要なリソースや承認などは、そこを通って上下に行き来しなくてはなりません。

――そんな中間管理職の層を「永久凍土」と呼んでいる人がいます。

ケイト：永久凍土。言い得て妙ですね。使わせてもらいましょう。そんな永久凍土でも穴を開けることはできるかもしない。つまり中間管理職の層に穴を開けて上にメッセージを伝えるということですが、それができれば上層部が意欲とアイデアに目を向けてくれるかもしれません。ただ、提案が承認されて予算措置が取られる頃には、競合他社がすでに動き出しているかもしれない。

「支援型リーダー」という名前を選んだのは、さっきデボラが言ったように、最前線にいる人たちがアイデアを出し、製品や顧客の問題に創造的な方法で対処できるよう、必要なリソースを確保して支援するのが仕事だからです。行動を制限したり、規則に従わせたりすることは彼らの仕事ではありません。現場が必要とするリソース、注意、コーチング、ネットワーク、つながりを、それが必要とされている時に引っ張ってくるのが彼らの仕事なのです。

――次に設計型リーダーについて説明してもらえますか。多くの組織ではシニアリーダーとかトップマネジメントと呼ばれる階層です。そういう呼び方をされる従来のリーダーと設計型リーダーは何が違うのでしょうか。

デボラ：設計型リーダーの仕事は、何よりもまず、ゲームボードをつくり、整えることです。ゲームボードとは、起業家型リーダーがアイデアを生み出し、それを実現するために必要な文化、支援型リーダーが仕事をするのに必要な仕組みのことです。企業文化を守るのが彼らの仕事であり、組織の価値観や行動規範を常に意識していなくてはなりません。

変化をデザインするのが設計型リーダーの仕事だといっても、命令や指示によって変化を牽引するのではありません。みずからが素晴らしいリーダーとなり、文化によって会社を動かそうとしていることを全社に浸透させることによって、変化を牽引するのです。

設計型リーダーの次の仕事は、なぜ変える必要があるのか、なぜそれがよいアイデアなのかを理解してもらうために、コミュニティのメンバーと徹底的に話し込むことです。変化に同意しない人の意見にも耳を傾け、対応しなければなりません。もっとも、その点に関しては、トップダウンの組織改革には問題があると考えたCEOがていねいすぎるほど事前の議論に時間をかけたために、しびれを切らした部下たちから、話はこれぐらいにして実行しましょう、と言われたケースもありましたけど。

ケイト：新製品のアイデアや新しい革新的なアイデアを、組織戦略との整合性を保ちながら組み入れることも、設計型リーダーの役割の一つです。デボラはずっと前から、設計型リーダーは優れた「センスメーカー」でなければならない、と言い続けてきました。世界の動向、市場環境、テクノロジーや経済のトレンドに注意し、それに適応できるように組織を動かすという意味です。

そういう高度なレベルの情報や意識は、組織の全員に求められているわけではありません。そのような情報を仕入れることを怠らず、組織全体から湧き上がる革新的なアイデアを観察して創発的な戦略プロセスへと結び付けるのが設計型リーダーの仕事なのです。

——言い換えれば、会社を動かす方法や規律は一つではなく、さまざまなものがあるということですね。こう言ってしまうと、ルーズに聞こえると感じる人がいるかもしれませんが。

ケイト：ええ、多くの規律があります。トップが決めるのではない、別の種類の規律です。集団的な作用として働く規律です。組織が選ぶべき適切な戦略や行動について、人々の意識に深く刻み込まれているような規律と言ってもよいでしょう。そんな高度な自律性があるからこそ、優秀な人材が集まり、優れたアイデアを実現させようという気になるし、そのために頑張れるのです。

先ほど予測市場について触れましたが、よいアイデアには人材を惹き付ける力があり、その力は組織の隅々まで届きます。設計型リーダーが価値あるアイデアを説き続けるなら、人はそのアイデアの下に集まって心を一つにするものです。

悪いアイデアなら、それを進めようとする人材は集まってきません。最後には頓挫することが、わかる人にはわかるからです。つまり、予測市場は否定的な判断によっても形成されるということです。このアイデアは有為の人材を惹き付けるのか、あなたが売り込みたいアイデアに部下はすすんでサインをしてくれるのかが問われるわけです。

――市場の変化を見極め、それに対応するための命令を下すのではなく、市場の変化を組織に受け入れ、部下をそれに反応させるのが設計型リーダーだということですね。

ケイト：そうです。そこが従来のシニアリーダーと違うところです。

デボラ：そういう組織は、自分に自信のない気の弱い人には向いていません。複雑で変動要素が多いからです。この方向への変化を促すために行っている、カードを使った面白いエクササイズを紹介しましょう。

カードは21枚あって、1枚に1つずつ、ニンブルな組織の属性が書かれています。リーダーの皆さんに、「現在あなたの組織に備わっている属性と、あればいいと思うけれど備わっていない属性を選んでください」と言って、数枚ずつカードを選んでもらいます。次に、「あったらいいなと思っている属性を獲得するために、すぐに始められる取り組みを3つ考えてください」と言うのです。

すごく楽しいエクササイズになるんですよ。同じ組織の人でも、自分たちに備わっている属性について認識が分かれることがあります。グーグルでこれを行った時は、全員が自分たちにはすべて備わっていると思っていて、それにはこちらが驚いてしまいました。すべてが十分なレベルに達しているとはいえないまでも、一通り備わっているというのが彼らの一致した自己認識でした。

かと思えば、21の属性のどれ一つ備わっていないという評価が多く見られた組織もありました。結果はどうあれ、このエクササイズは、あるべき組織の姿を想像する刺激を与え、望ましい変化を起こすための身近な取り組みを意識するきっかけになります。

成長マインドを組織に根付かせる

——ニンブル・リーダーシップはどんな組織でも可能なのでしょうか。

ケイト：多くの組織がこのような働き方の実験をしています。オランダで成功しているINGという銀行は「アジャイル（機敏）な働き方」にシフトしました。これは私たちがHBRの論文に書いた組織の姿とよく似ています。

この銀行は、仕事の違う9人一組のチームを350つくり、チーム間をつなぐ仕組みも設けました。リーダーの一人は、「自分はコントロールしたがる管理職であることがわかりました。部下に自律性を持たせて自由にやらせるアジャイルな働き方は、私には簡単ではありませんでした」と自己発見を述べています。

多くの人が述べた感想は、働き方改革によって仕事が楽しくなったというものです。顧客の問題を解決するスピードが格段に速まったというのです。彼らは銀行です。住宅ローンとか証券とかを扱う手堅さが命のような組織です。銀行でニンブルなリーダーシップが可能なら、あらゆる業界で、製品イノベーションの領域以外でも可能なのではないでしょうか。

デボラ：HBRの記事では、サティア・ナデラが牽引したマイクロソフトの改革のことも紹介しました。この会社は12万5000人の従業員を抱える巨大な組織ですから、自分の会社とは事情が違うと思う人も多いでしょうけど、彼らの経験から、どんな組織でも応用できるさまざまなことを学ぶことができます。

ナデラは、業績不振に悩むマイクロソフトのターンアラウンドを実現しました。勤続22年の彼が2014年にCEOに就任した時、会社は明確な序列で動く階層型組織で、チームは協調より競争に忙しいという状態でした。それがコラボレーションや創造性、イノベーションを阻害していたのです。これでは会社が発展するわけがないと考えたナデラは、ニンブルな組織の確立に向けた取り組みに着手しました。

新しいゲームボードと新しいシニアリーダーシップチームを導入し、厳密な業績評価ランキングによる人材管理を廃止して、ゴアやPARCが行っているようなコーチングと育成を重視したアプローチに移行したのです。

――ニンブルな組織の中には、従来は上が中央集権的に決めていた事柄、たとえば報酬についても、下位のマネジャーに一定の裁量権が与えられているケースもあるようですね。

デボラ：その通りです。イノベーションの流れを途絶えさせないために必要なことを、もっと自由に行えるようにしました。成長を促すグロースマインドセットを基盤とする文化を再認識したのです。それはスタンフォード大学の心理学者、キャロル・ドゥエックの研究に基づいています。

ドゥエックは、人の学習と成長に枠をはめることはできない、人間はいつまでも成長でき、学ぶことができると考えています。失敗してもそこで挫折するのではなく、この失敗から何を学べるか、どうすれば今度は成功できるか考えることができるのが人間です。

組織に必要なのは失敗を責める文化ではありません。どうすればもっとうまくできるのか、次はどうすればいいのか、と問い続ける文化が必要なのです。ナデラは、この成長マインドを会社全体に根付かせるために懸命に努力しました。彼が実行した変革のためのいくつものステップは、私たちが特定したモデルと重なる点がたくさんあります。

第24章

Is Your Company Ready for a Zero-Carbon Future?

「ゼロカーボンの未来」で成功するための準備はできているか

気候変動によるリスクと機会を戦略に組み込む

COP26 気候行動ハイレベルチャンピオン
ナイジェル・トッピング

"Is Your Company Ready for a Zero-Carbon Future?"
HBR.org, June 21, 2019 (product #H050QH).
邦訳初出「『ゼロカーボンの未来』で成功するための準備はできているか——気候変動によるリスクと機会を戦略に組み込む」DHBRオンライン、2022年6月2日

ナイジェル・トッピング（Nigel Topping）

COP26 気候行動ハイレベルチャンピオン。企業や投資家の温暖化対策を推進する国際機関やシンクタンク、NGOなどが参画するプラットフォーム、ウィ・ミーン・ビジネスのCEOを務めたほか、英国の慈善団体が管理するNGOのCDP（前身はカーボン・ディスクロージャー・プロジェクト）のエグゼクティブディレクターを務め、製造セクターで18年間の経験を有する。

ゼロカーボン経済に向けた急速な動き

温室効果ガスの排出量を実質ゼロにする「ゼロカーボン経済」に向けて、急速な移行を求める声が高まっている。しかし、世界各地で繰り広げられる抗議活動や、気候危機を訴える若者のストライキだけで、変化を起こすことはできない。企業がアクションを起こすことが必要だ。

現在の危機的状況が、地球にとって極めて深刻な脅威となるだけでなく、自社のビジネスにも重大なリスクをもたらすことを、組織は認識しつつある。

米商品先物取引委員会（ＣＦＴＣ）のロスティン・ベナム委員（現委員長）は２０１９年６月、気候変動がもたらす金融リスクは、２００８年のサブプライム住宅ローン問題がもたらした金融リスクに匹敵すると語った。(注1)２０１９年３月には、気候災害によりすでに８億４７００万ドルの損失を被っていたＡＴ＆Ｔが、今後30年間にわたり自社のインフラに打撃を与えるおそれがある気候変動現象を予測するよう、米国エネルギー省（ＤＯＥ）に依頼した。

自社の戦略に炭素排出削減を取り入れている企業は、このような種類のリスクが自社に与える影響を軽減するだけでなく、恩恵を受けることもできる。すなわち、イノベーションの増加、競争力の拡大、リスクマネジメントの向上、事業成長の加速をもたらすのだ。

すでに世界９００社以上（時価総額の合計17兆６０００億ドル）が、ウィ・ミーン・ビジネスの「テイクアクション」キャンペーンを通じて、成長と排出削減を実現する事業戦略を構築している（ウィ・ミーン・ビジネスは、筆者がCEOを務めた非営利団体連合だ）。

このうち560社以上が科学的根拠に基づいた野心的な排出目標を定めることを、175社以上が事業の使用電力を100％再生可能エネルギーに移行することを約束している。さらに、2050年までにネットゼロエミッション（温室効果ガス排出量実質ゼロ）を目指す気候変動政策を支援することで、経済全体の移行を加速するために、企業はその影響力を行使し始めている。また、自社のサプライチェーン全体に気候変動対策を求める企業もある。

あなたの組織も、この問題解決に向けた行動に加わる責任がある。それをやらなければ、有能な人材を惹き付けたり、リスクを管理したり、成長に向けたイノベーションを創出したりする能力が損なわれるだろう。ゼロカーボンの未来でビジネスを成功させるために、企業は具体的な措置を講じることができる。以下、成功に向けて実践すべきいくつかのステップを紹介しよう。

パリ協定に沿った方針を取る

科学はこれ以上ないほど明確に示している。気候変動に関する政府間パネル（IPCC）が2018年に発表した、産業革命以前からの気温上昇を1・5℃以内に抑えることを目標とする『1・5℃特別報告書』は、パリ協定の目標に沿った排出削減と、遅くとも2050年までのネットゼロエミッション実現に向けて奮闘する重要性を示した。(注2)

科学的根拠に基づいた温室効果ガス排出削減目標は、企業が直接的な事業活動とバリューチェーン全体の両方で削減目標を設定するに当たり、最高の手引きとなる。企業は、気温上昇を1・5℃以内に抑えるうえで必要な脱炭素化レベルに合わせて、目標を設定することが可能になったのだ。このような目標は野心的かもしれないが、

2050年までにネットゼロエミッションを達成するには欠かせないものであり、あらゆる企業が究極の目標とすべきである。

もし躊躇しているならば、行動を起こさないことによるリスクを考えてみてほしい。たとえば、資産運用額が1兆ドルを超える世界最大の政府系ファンド（SWF）のノルウェー政府年金基金は、化石燃料関連銘柄からのダイベストメント（投資撤退）を決定し、対象株約130億ドル分を売却する。

これは、化石燃料からの脱却が世界規模で続くことを示す、数多くのシグナルの一つにすぎない。自社の投資計画に保有資産の排出量が与える影響を組み込む必要性があること、さもなければ保有資産の価値が急速に低下することを示している。

科学的根拠に基づいた目標を立てることで、気候変動がもたらすリスクと機会の分析を織り込んだ戦略決定が可能となり、将来に向けて実効性のある事業計画を策定できるだろう。それはゼロカーボン・イノベーションを促進すると同時に、座礁資産化を防ぐ助けにもなる。

このような措置を講じてきた560社以上の大半が、ブランドの評判が高まり、投資家の信頼も高まったと報告している。消費者と投資家は、みずからの選択が環境に与える影響に気づきつつある。このような目標達成にコミットする企業は、複数の事業領域で競争優位を獲得しつつあるのだ。

変革を推進するイニシアティブに参加する

2050年までにネットゼロエミッションを達成することが、野心的な目標であるのは間違いない。そのために企業をサポートしてくれるイニシアティブが複数ある。

クライメート・グループの国際的なイニシアティブ「EP100」は参加しやすいだろう。EP100は、温室効果ガスの排出削減とクリーン経済の加速を目指す企業が集まり、より生産的なエネルギー利用に取り組むイニシアティブだ。その一環として、企業はエネルギー生産性を倍増させるとともに、「ネット・ゼロ・カーボン・ビルディング・コミットメント」を通じて、排出量実質ゼロの建築を約束することができる。

このイニシアティブに関わる企業は、経費節減と排出削減を実現できたと報告している。たとえば、ビルテクノロジーのジョンソンコントロールズ（ウィスコンシン州）では、エネルギー生産性が向上した結果、温室効果ガス排出強度が41％下がり、年間1億ドル以上の省エネが実現したという。

加えて、「低炭素技術パートナーシップ・イニシアティブ」（ＬＣＴＰｉ）のように「持続可能な開発のための世界経済人会議」（ＷＢＣＳＤ）が主導するコラボレーション・イニシアティブでは、特定セクターのバリューチェーン全体で共有できる自然気候ソリューションを生み出すために、多くの企業が力を合わせている。ＬＣＴＰｉが特に力を入れているのが、農業、エネルギー、運輸業界だ。

このようなタイプのイニシアティブは、企業が新たな市場を開拓する際に役立つリソースやイノベーションを提供し、その利用を促している。

「１００％」にコミットする

ある物事を完璧にやり遂げると約束することで、言い訳の余地がなくなり、ステークホルダーに強力なシグナルを送ることができる。電力消費の25％、あるいは50％などと言うのではなく、１００％再生可能エネルギーに切り替えるとコミットすれば、その目標は組織内外の誰にとっても明確なものになるだろう。

世界で最も影響力のある企業１７５社が、国際ビジネスイニシアティブ「ＲＥ１００」を通じて「１００宣言」を行っている。これらの企業が１００％再生可能電力に移行した場合、年間１８４テラワット時以上の再生可能電力の需要を生む見込みだ。この数字は、アルゼンチンとポルトガルの電力需要の合計を上回る。このような企業の取り組みは再生可能電力の需要を押し上げ、世界の電力システム全体で化石燃料からの需要パターンの移行につながっている。

グーグル、オートデスク、エロパック、インターフェースは、すでにこの目標を達成した企業の一部であり、現在、１００％再生可能エネルギーを利用している。これらの組織は変化を生み出しているだけでなく、風力発電や太陽光発電の価格が下がり続ける中で、コスト削減にも成功している。そして、投資家、顧客、政策立案者を含むステークホルダーに、再生可能エネルギーに支えられた企業活動の未来を示しているのだ。

運輸セクターでも、同様の成果が見られる。英国で空気質に関する政策が打ち出され、世界中の都市で自動車の排気ガスに対する規制が厳しくなる中、電気自動車（ＥＶ）への移行が経済的に理にかなっていることに、企業は気づきつつある。グローバルなイニシアティブ「ＥＶ１００」に沿って、社用車のＥＶへの切り替えにコミットする企業はますます増えている。

カーリース会社のリースプランは１８０万台の車両を保有しているが、２０２１年までに従業員の社用車を１００％ＥＶに切り替えるという計画を発表した。「２０３０年までにネットゼロエミッションを達成する」という大きな目標に向けたステップの一つである。

これは、環境上の恩恵をもたらすだけでない。ガソリン車に必要な給油と比べて、ＥＶの充電にかかる電気代やメンテナンス費は安く済むことから、社用車にかかるコストを大幅に削減できる可能性がある。

ドイツポストＤＨＬは、ＥＶ商用車「ストリートスクーター」の採用によって、従来に比べて燃料費を60～70％、メンテナンス費を60～80％削減することに成功した。

業界団体への参加を見直す

業界団体は、企業の戦略的利益に目を配り、業界の共通認識に基づいて行動する。自社が所属する業界団体が、気候危機に対処するための対策を真剣に講じていないならば、ネットゼロエミッションの実現に手が届きそうになった時、業界全体が取り残されているおそれがある。業界団体が時代遅れのロビー活動を推し進めていることで、自社が時代に取り残されるようなことがあってはならない。

いまこそ、企業は業界団体への参加を見直し、各団体が掲げる気候変動対策の目標と自社の目標を確実に一致させなければならない。仮に一致していないならば、自社の影響力を行使して業界団体に立場の変更を迫る、あるいは自社の立場を明確にするために団体を脱退することだ。そのような行動を起こすのは、あなたの会社だけではないだろう。

フォルクスワーゲンは、ドイツの自動車メーカーの業界団体であるドイツ自動車工業会（ＶＤＡ）に対して、自動車セクターの変革に関する立場を変更し、ＥＶを支持しなければＶＤＡを脱退すると主張した。

さらに、石油メジャーのシェルでは、米燃料石油化学製造者協会（ＡＦＰＭ）がパリ協定を支持していないことを理由に、ＡＦＰＭからの脱退を表明した。また、ユニリーバのアラン・ジョープＣＥＯは、同社が関わりを持つすべての業界団体に対して、気候変動に関するロビー活動がユニリーバの方針と一致しているかどうか確認を求めた。

気候変動対策にガバナンスを効かせる

気候変動対策がうまく機能するためには、それをサポートする適切なコーポレートガバナンスが欠かせない。気候危機によってもたらされるリスクと機会を取締役会や経営幹部が認識できるように、知識とスキルを提供する必要がある。

たとえば、グローバルな食品会社の経営幹部であれば、次のように自問してみる。自社は、ＥＡＴランセット委員会の報告書に掲載されている最新情報を把握しているか。食肉からの移行という社会的変化に対して、取締役会に専門的な知見があるか。自社の新規事業開発は、この変化の方向に沿っているか。自社のビジネスモデルが自然を破壊するのではなく、自然を保護するために進化していると、従業員や顧客に説明できるか。

そこで参考にしたいのが、サステナビリティの非営利団体セレスと、世界のビジネスリーダーが立ち上げた未来を創造するためのイニシアティブ「ザ・Ｂチーム」が発行している、取締役会のための気候変動対策入門書だ。これは、気候関連財務情報開示タスクフォース（ＴＣＦＤ）による提言の適応性と関連性に焦点を当てている。これらのガイドラインは、気候関連の金融リスクを強調し、そのような情報を事業戦略に活かす重要性を指摘している。

政府の気候変動対策を明確に支持する

企業は政治家と直接対話することで、より抜本的かつ野心的な気候関連政策を打ち出すよう促すことができる。この方法は、２０１５年のパリ協定に向けた交渉の際、極めて有効だった。主要企業の代表が政策立案者とテーブルを囲み、さまざまな政策が企業にもたらす課題や機会について、率直に話すことができたのだ。このような対話を継続して行う必要がある。

多くの企業は、自社が温室効果ガス排出削減計画を策定した経験に基づき、現行の政策論議に情報を提供できる独特な立場にある。気候非常事態の改善に向けて行動してきた企業は、その取り組みによる進捗を具体的に伝え、気候変動対策は実行可能なものであり、何も行動を起こさなければ大きな代償を支払うのだと示すことができる。

日本では２０１８年、日本気候リーダーズ・パートナーシップ（ＪＣＬＰ）の93社（時価総額にして計６７００億ドル、電力消費量は36テラワット時）が、２０５０年までに国内でネットゼロエミッションを実現するという目標を掲げるよう日本政府に申し入れた。以来、日本の内閣は、その期限に近い範囲で「カーボンニュートラル経済」への移行を目指す排出削減戦略の概要を示してきた。

ＥＵでも、遅くとも２０５０年までに温室効果ガスの排出量実質ゼロを約束すべきだと、何百もの企業が呼びかけてきた。英国政府はすでに、２０５０年までのネットゼロエミッションの実現を立法化し、ＥＵにも同様の措置を取るよう圧力をかけている。

自社のパーパスを伝える

事業報告書やプレスリリースで、このような自社の取り組みを発表する企業が増えていけば、その活動が政策立案者や顧客、従業員の目に留まるようになる。そうすることで、彼らが野心的な気候変動対策を講じたり、彼らに対して競争とイノベーションに拍車をかける変革を牽引したりするのに必要な自信を与えることができる。

その最大の恩恵はおそらく、長期的な気候変動政策が施行され、企業が明確な立場で、商品やサービスの脱炭素化を迅速かつ賢明な方法で進められるようになることだろう。

自社の取り組みを公にアピールすることは、次世代の人材を惹き付け、維持する助けにもなる。ミレニアル世代の約75％が、事業者が気候危機に対処することを期待しているのだ。さらに、最近の調査では、Ｚ世代も気候問題に関して同様の強い立場を取っていることが示唆されている。(注3)

気候変動対策の恩恵を得たい企業は、そのための取り組みをより加速させ、目標達成に不可欠な措置を講じていかなければならない。その際は、自社の取り組みを声高にアピールすることを忘れてはならない。

ゼロカーボンの未来に向けて社会全体の取り組みを促すことは、イノベーションを加速するとともに、そこから脱落する会社がある中で自社が成功を収めるための最善策だ。誰もが、この気候危機に取り組む責任がある。

そして、経済と地球のために、解決策の実行を加速させなくてはならないのだ。

【注】

(1) Coral Davenport, "Climate Change Poses Major Risks to Financial Markets, Regulator Warns," *New York Times*, June 11, 2019, https://www.nytimes.com/2019/06/11/climate/climate-financial-market-risk.html.

(2) Intergovernmental Panel on Climate Change, "Special Report: Global Warming of 1.5°C," 2019, https://www.ipcc.ch/sr15/.

(3) Glassdoor Team, "New Survey Reveals 75% of Millennials Expect Employers to Take a Stand on Social Issues," Glassdoor, September 25, 2017, https://www.glassdoor.com/blog/corporate-social-esponsibility/; Kim Parker, Nikki Graf, and Ruth Igielnik, "Generation Z Looks a Lot Like Millennials on Key Social and Political Issues," Pew Research Center, January 17, 2019, https://www.pewsocialtrends.org/2019/01/17/generation-z-looks-a-lot-like-millennials-on-key-social-and-political-issues/.

第25章

Design Thinking

IDEOのデザイン思考

人間中心のイノベーションへ

IDEO CEO兼社長
ティム・ブラウン

"Design Thinking"
Harvard Business Review, June 2008 (product #R0806E).
邦訳初出：「IDEO デザイン・シンキング」『DIAMONDハーバード・ビジネス・レビュー』 2008年12月号

ティム・ブラウン（Tim Brown）

カリフォルニア州パロアルトに本拠を置き、イノベーションとデザインの世界的なコンサルティング会社IDEOのCEO兼社長。多数の賞を獲得しているデザイナーでもある。その作品は、ニューヨーク近代美術館（MOMA）、東京にあるアクシスギャラリー、およびロンドンにあるデザインミュージアムに展示されている。

エジソンこそデザイン思考の持ち主

トーマス・A・エジソンは、白熱電球を発明し、ここから一つの産業を築き上げた。それゆえ多くの人たちが、エジソンの代表的な発明として、まず電球を挙げる。しかし、電球が電球として機能するには電力システムが不可欠である。このシステムがなければ、電球は一種の見世物にすぎない。この点を理解していたからこそ、エジソンは必要なシステム全体を創出したのである。

したがって、エジソンが天才たるゆえんは、個々の発明品だけでなく、完全に発達した市場までも思い描ける想像力にあった。彼は、人々が自分の発明品をどのように使いたいと思うのかを想像できたからこそ、これを実現しえたのである。とはいえ、いつも彼が思い描いた通りだったわけではない。たとえば蓄音機は、エジソンによれば、主に口述を録音・再生する事務機として利用されるはずだった。

彼はユーザーのニーズや嗜好を必ず検討した。エジソンのアプローチは、イノベーション活動の全領域にわたって、人間中心のデザインの真髄を吹き込むアプローチ、いわゆる「デザイン思考」の初期の例といえる。

ここで、デザイン思考のアプローチを定義しておこう。

「『人々が生活の中で何を欲し、何を必要とするか』『製造、包装、マーケティング、販売およびアフターサービスの方法について、人々が何を好み、何を嫌うのか』、これら2項目について、直接観察し、徹底的に理解し、それによってイノベーションに活力を与えること」

一般的に、エジソン最大の功績は、現代的なR＆D実験室および実験的調査方法を発明したことだといわれる。

しかし、彼は狭い分野に特化した科学者ではなく、鋭いビジネス感覚を持った万能型のゼネラリストだった。ニュージャージー州メンロパークにエジソン研究所を設立し、才能あふれる修繕屋や即興家、実験家を呼び集めた。実際、彼はイノベーションにチームアプローチを初めて採用し、「孤高の天才発明家」という固定観念を打破したのである。

この発明チームははつらつとし、和気藹々（あいあい）としていた。この仲間意識は、エジソンの伝記作家たちが好んで取り上げる題材である。しかし同時に、この発明プロセスは、際限なく繰り返される試行錯誤をも特色としていた。天才に関するエジソンの名言にあるように、まさに「99％の努力」だったのである。

エジソンのアプローチは、事前に考えられた仮説を検証することを目的とするのではなく、試行錯誤による挑戦から、実験家たちが何か新しいことを学べるように支援することを目的にしていた。

イノベーションは、一筋縄にいかない取り組みである。エジソンはこのイノベーションを、芸術、技術、科学、事業手腕、さらに顧客と市場に関する慧眼を融合させた一つの仕事へとつくり上げた。

デザイン思考は、このような伝統を受け継いでいる。簡単に説明すると、デザイナーの感性と手法を用いて、人々のニーズと技術の力を取り持つことこそ、デザイン思考が専門とする領域である。また、現実的な事業戦略にデザイナーの感性と手法を取り入れ、人々のニーズに合った顧客価値と市場機会を創出することもしかりである。ただし、エジソンの努力を惜しまないイノベーションプロセスと同じく、デザイン思考も多大な努力を必要とする場合が多い。

ビジネスの世界では、マネジメントアイデアやベストプラクティスのほとんどを自由に模倣できる。だからこそ、デザイン思考が大いに役立つ。ビジネスリーダーはいま、イノベーションが差別化と競争優位を生み出す主な源泉であると考えている。この際、イノベーションプロセスのすべてに、デザイン思考を取り入れることをお勧めする。

デザイン思考で病院を改革する

デザインは以前より、開発プロセスの川下に位置付けられてきた。つまりデザイナーは、イノベーションの実作業である初期段階では何もすることがなく、固まったアイデアに化粧を施す。そのように考えられてきたのである。

実際、多くの分野でこのようなアプローチが一般的であり、新しい製品や技術の見栄え、そして消費者の受けをよくしてきた。また、広告宣伝を刺激的で洗練されたものにし、ブランドの認知度を高めてきた。このように、デザインは市場の成長に貢献してきた。

20世紀後半に入ると、たとえば家電、自動車、消費財といった一部の業界では、競争優位を築くうえで、デザインの価値が次第に高まっていった。しかし他の業界の大半では、デザインは相変わらず最終段階のおまけ扱いに甘んじていた。

デザイナーの役割はこれまで、開発されたアイデアを消費者にとって魅力的にすることだった。しかし現在、デザイナーには、消費者のニーズやウオンツによりマッチしたアイデアを生み出すことが期待されている。

従来のデザイナーの役割は戦術的であり、デザインによって生み出される価値は限定的だった。しかし現在、デザイナーに求められているのは戦略的な役割であり、これにより画期的な新しい価値が生まれてこよう。

さらに、先進国経済の産業構造が、工業生産から知識労働とサービス化に移行していく中で、イノベーションの領域は拡大している。その対象となるのは、もはや単なる物理的な製品に留まらない。

そこには、たとえば新しいプロセスやサービス、そしてITの力によって実現されるインタラクション、エンタテインメント、コミュニケーションやコラボレーションなどが加わっている。これらはまさしく人間中心の活動であり、デザイン思考が決定的な違いをもたらしうる分野である（囲み「デザイン思考の持ち主の特徴」を参照）。

大手医療サービス機関のカイザー・パーマネンテを例に挙げよう。カイザーは、患者と医療従事者双方の経験価値を改善できないものかと考えていた。サービス産業の企業は、サービスを提供する現場において、飛躍的なイノベーションのチャンスに恵まれることが少なくない。

カイザーは、医師や看護師、医療事務のスタッフたちにデザイン思考のテクニックを教えることで、新しいアイデアを思い付くようになることを望んでいた。そこで、我々IDEOとカイザーのコーチ陣の指導の下、彼女らはいくつかのグループに分かれて、数カ月にわたるワークショップに参加した。これらのワークショップから、さまざまなイノベーションのアイデアが生まれた。その多くが現在、全社的に取り組まれている。

この取り組みの一つとして、４つのカイザー系列病院における看護スタッフのシフト交替を刷新するプロジェクトを紹介しよう。このプロジェクトは、イノベーションによってもたらされる成果に本来備わっている汎用性、そしてデザインならではのホリスティック（大局的）アプローチの価値を説明するうえで格好の事例といえる。

プロジェクトチームには、元看護師の戦略家、組織開発のコンサルタント、ITの専門家、プロセスデザイナー、労働組合の代表者が各1人、そしてIDEOから何人かのデザイナーが、主要メンバーとして加わった。このプロジェクトチームは、各病院の現場スタッフから成るイノベーションチームと一緒に、プロジェクトを進めていった。

プロジェクトの第1段階では、プロジェクトチームが看護師たちと協力してシフト交替の様子を観察したところ、さまざまな問題点が発見された。これらの問題は、シフト交替時の最初の45分間にあった。

この時、シフトに入る看護師たちは、シフトを終えた同僚から患者の状態についてナースステーションで報告を受ける。その申し送りの仕方は病院ごとに異なり、録音を聴くところもあれば、口頭で行っているところもあった。さらに、患者への対応に関する情報をまとめる方法もさまざまだった。なかには、手元にあった紙切れの裏に、時には白衣に、簡単なメモを走り書きする場合もあった。

シフト交替にけっこうな時間を割いている割には、患者にとって極めて重要なことを看護師たちが把握し損ねていることが少なくなかった。たとえば、患者の様子はどうだったか、家族の誰が面会に訪れていたか、特定の検査や治療を受けたのか否かなどが連絡されないことがたびたびあったのである。また、患者の多くが、シフト交替時には看護が手薄になると感じていた。

プロジェクトチームの調査によって、このような実態が明らかになった。シフト交替時をつぶさに観察したことで得られた知見を踏まえて、イノベーションチームは解決策を検討した。この検討プロセスに不可欠なのが、ブレーンストーミングと迅速なプロトタイピング（試作）である。

サービスイノベーションのプロトタイプはもちろん有形ではないが、目に見える必要がある。プロトタイピングから学習し、その内容を理解するには画像が役に立つ。このため、ＩＤＥＯではプロトタイピングされたサービスがどのように実践されているのか、その状況をビデオに録画することが多い。実際、カイザーの場合でもビデオを回した。

プロトタイピングは、複雑である必要も、高いコストをかける必要もない。ＩＤＥＯはまた、カイザーの外科医たちが使う副鼻腔手術用器具の開発プロジェクトをサポートした。

外科医たちが器具の理想的な物理的特性を説明している時、一人のデザイナーがホワイトボード用のマーカーとフィルム容器、そして洗濯ばさみを手に取り、これらをテープでつなぎ合わせた。

こうしてでき上がった初歩的なプロトタイプを手に、彼は「つまり、このようなものですか」と尋ねた。これをきっかけに、外科医たちは最終的なデザインがどうあるべきかについて、より微細にわたって検討できるようになった。

プロトタイプで投入する時間、努力、資金は、有益なフィードバックを引き出し、アイデアをさらに発展させるところまでに留めるべきである。プロトタイプが完成型に近づけば近づくほど、開発メンバーたちがフィードバックに注意を払い、そこからメリットを得られる可能性が低くなるからだ。したがって、プロトタイピングのゴールは完成させることではない。アイデアの長所と短所を学び、次に続くプロトタイプの方向性を具体化することが目標である。

看護師たちはこれまで、ナースステーションで情報をやり取りしていたが、再設計されたシフト交替の方法に従い、患者本人を前に伝達するようになった。またプロジェクトチームは、わずか1週間で作業プロトタイプを開発した。

このプロトタイプには、新しい手順をはじめ、看護師たちがシフト交替時に記した過去のメモを呼び出したり、新しいメモを追加できたりする簡単なソフトウェアも含まれていた。

このおかげで、その看護師たちは患者情報の申し送りのために、シフト終了時にメモを走り書きする代わりに、勤務時間のいつでも好きな時に情報を入力できるようになった。また、シフトに入る看護師たちは、入力されたデータを自分用にカスタマイズされた簡単なフォーマットで閲覧できるようになった。その結果、伝達される情報の質が向上したうえ、準備時間も短縮された。つまり、より的確な情報に基づき、より素早く患者に対応できるようになったのである。

カイザーはじっくり時間をかけて、この変更によってどのような影響が生じたのかを測定した。その結果、看護師が病院に到着してから最初の患者に接するまでの平均所要時間が半分以下に短縮されたことが判明した。つまり、4つの病院すべてで、実質的な看護時間が大幅に増えたのである。

これと同じく重要なのは、作業の質が向上したことを、看護師たちが実感したことである。ある看護師は「病院に着いてからまだ45分しか経っていないのに、ふだんの1時間先の仕事に取りかかっていました」とコメントした。また、別の看護師は「定時に帰れるのは今回が初めてです」と明かした。

こうして看護師たちは、仕事の満足度と生産性のみならず、患者への待遇も大幅に改善した。看護師たちは人間中心のデザイン思考法によって、比較的小さなプロセスイノベーションから望外の効果を生み出した。

またカイザーでは現在、新しいシフト交替を展開している。また、危篤患者の情報を確実に記録するソフトウェアが、同社の電子カルテ・イニシアティブに統合されつつある。

カイザー傘下の全病院で、あらゆる医師や看護師、医療事務スタッフたちが、先のイノベーションチームのように問題に取り組む権限が与えられていると感じるようになったら、どんなことが起こるだろうか。

これを解明するために、カイザーはガーフィールド・イノベーション・センターを創設した。このセンターは、最初に立ち上げられたプロジェクトチームが運営し、カイザー・グループ全体のコンサルティング機能を果たしている。

また同センターのミッションは、患者への待遇を改善するイノベーションを追求し、さらに視野を広げて、カイザーの「将来の病院像」を構想することである。そして同センターの指導の下、デザイン思考のさまざまなツールがカイザー・グループ全体に導入されつつある。

デザイン思考の3段階のプロセス

創造の才にまつわる神話は、いまなお根強い。すなわち、「偉大なアイデアとは、凡人には計り知れない神業的な想像力によって、天才が不意に完璧な形で考え出すもの」と多くの人が信じているのだ。

しかし、カイザーの看護師チームが成し遂げたことは、降って湧いたブレークスルーでもなければ、天才のひらめきでもなかった。それは、人間中心の発見プロセスによって創造的に、プロトタイピング、検証、改善のサイクルを何度も繰り返したことの賜物であった。

デザイン思考のプロセスは、一連の体系的なステップの連続であるというよりも、複数の「スペース」で構成されるシステムに例えるのが一番うまく説明できる。ここではスペースという言葉を、「イノベーションの連続体を形成する複数の関連活動を類型化するもの」という意味で用いる。

デザイン思考の初心者には、このプロセスが支離滅裂に思えるかもしれない。というのも、その構造が他の事業活動に典型的に見られるような、次の工程を間違いなく予見できる線形のプロセスとは異なるからだ。

しかし、カイザーの事例が示すように、プロジェクトが進んでいくにつれて、参加者たちはこのプロセスに納得し、しかるべき成果が出せることを理解するようになる。

突き詰めると、デザインプロジェクトには、通過すべき3つのスペースがある（図表25-1「デザイン思考のプロセス」を参照）。我々はそれら3つを、「着想」（インスピレーション）、「観念化」（アイディエーション）、「実現化」（インプリメンテーション）と呼んでいる。

それぞれのスペースについて、その定義を明らかにしておこう。

- 着想（inspiration）：解決策のあくなき探求を動機付ける。その状況が問題であるか、チャンスであるか、あるいはその双方であるか、については問わない。
- 観念化（ideation）：解決策につながりそうなアイデアを生み、発展させ、検証するプロセスである。
- 実現化（implementation）：上市までのプロセスを決定する。

アイデアが改良され、新しい方向が示されるたびに、プロジェクトは、これらの3つのスペースの間、とりわけ着想と観念化のスペースの間を行ったり来たりする。

時には、経営陣が事業の命運を左右する深刻な変化が生じていると気づいたことがきっかけで、デザインプロジェクトが始まることもある。２００４年、シマノの自転車部品部門は米国市場で、伝統的な高級ロードバイクと高級マウンテンバイク両部門の成長鈍化に直面していた。

シマノはこれまで、技術革新を成長の牽引役としてきたため、当然ながら次の技術革新はどこから訪れるのか、予測しようと試みた。同社の考えでは、今回はベビーブーマーにアピールする高級カジュアルバイクが検討に値すると見られた。

ＩＤＥＯは同社のプロジェクトに協力するように要請された。これを受けて、ＩＤＥＯとシマノの双方から、デザイナー、行動科学者、マーケティング専門家、およびエンジニアが集まり、デザインチームを結成した。

着想の段階では、この学際的なチームは、プロジェクトにふさわしい制約要素を特定することに取り組んだ。まず、ターゲットを高級カジュアルバイク市場だけに絞り込むべきではないと直感した。この市場が新しい成長の唯一の源泉でないことが明らかになるかもしれない。また、成長の牽引役が複数ある場合、この市場がその中で一番の成長源とは限らないと考えたのである。

そこでデザインチームは、米国の成人人口の9割が自転車に乗らない理由を解明することに着手した。この問題を考える新しい切り口を見つけるために、チームメンバーたちはありとあらゆるタイプの消費者へのインタビューに時間を費やした。

その結果、ほぼ全員が、子どもの時に自転車に乗った経験があり、それを楽しい思い出として懐かしんでいる

1 Inspiration
着想
成功を望む
「実現化」の段階で利用できる資源を計画に盛り込む。

当該事業の問題は何か。チャンスはどこにあるか。何が変わったのか、あるいはすぐに変わる可能性があるのか。

世の中を見つめよう。人々の行動、思考様式、ニーズやウオンツを観察する。

時間や資源の不足、貧弱な顧客基盤、市場の縮小など、当該事業の制約は何か。

スタート当初から多くの専門家、たとえばエンジニアリングやマーケティングの専門家を関与させる。

子どもやお年寄りといった「エクストリーム・ユーザー」を注視する。

意見を交わし、ストーリーを語り合えるプロジェクトルームを確保する。

新しい技術は何の役に立つのか。

価値あるアイデア、資産、専門性が当該事業の内部に潜んでいないか。

情報を整理し、可能性を総合する。もっとストーリーを語ろう。

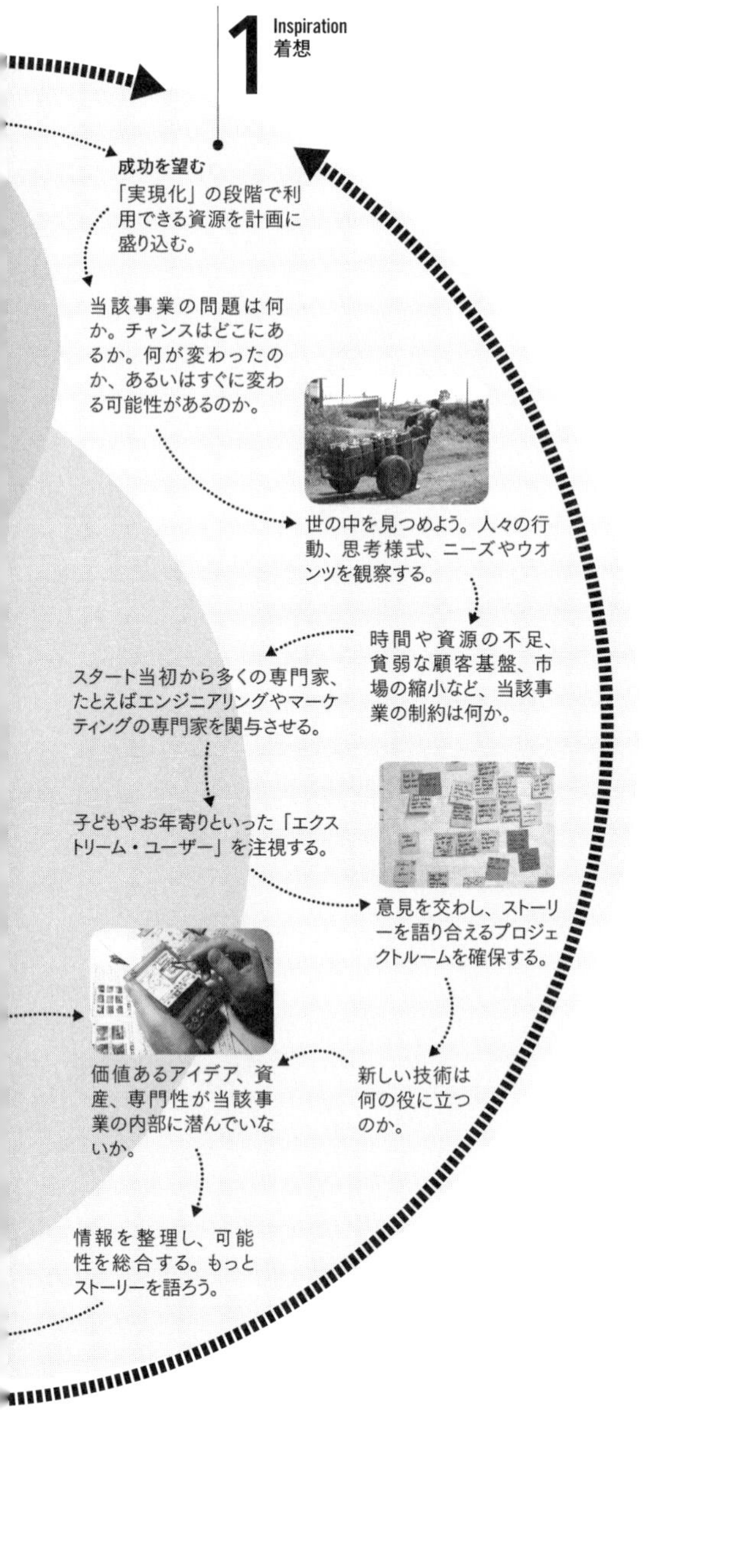

ことがわかった。また、多くの米国人が今日、次のような理由からサイクリングに及び腰になっていることが明らかになったのである。

❶小売店の応対。たとえば自転車店の大半で、ライクラ（ポリウレタン）素材のスポーツウェアに身を包んだ体育会系の若者が販売スタッフを務めている。

❷自転車本体、部品、特殊な装身具の複雑な構造と費用。

図表25-1 デザイン思考のプロセス

次のプロジェクトに進む（以下繰り返し）。

このケースからビジネスを生み出す。噂や評判を広める。
3 Implementation 実現化
マーケティング部門がコミュニケーション戦略を企画するのをバックアップする。

ビジョンの実践
これまでの経験を形に表す。

さらに多くのプロトタイプを作成し、ユーザーテスト、内部テストを実施する。

内部でコミュニケーションを図る。周りが見えない状況で作業してはいけない。

プロトタイプ、検証、プロトタイプ、検証――。

さらにストーリーを語る。これによって、アイデアの鮮度が保たれる。

総合的に考える。

すべての中心に顧客を据える。彼らはこれまで何を経験し、どこに行きたいのかを説明する。

創造的なフレームワークを考えて、混沌に秩序を見出す。

多くのスケッチを描き、さまざまなシナリオを作成する。

ブレインストーミング
2 Ideation 観念化

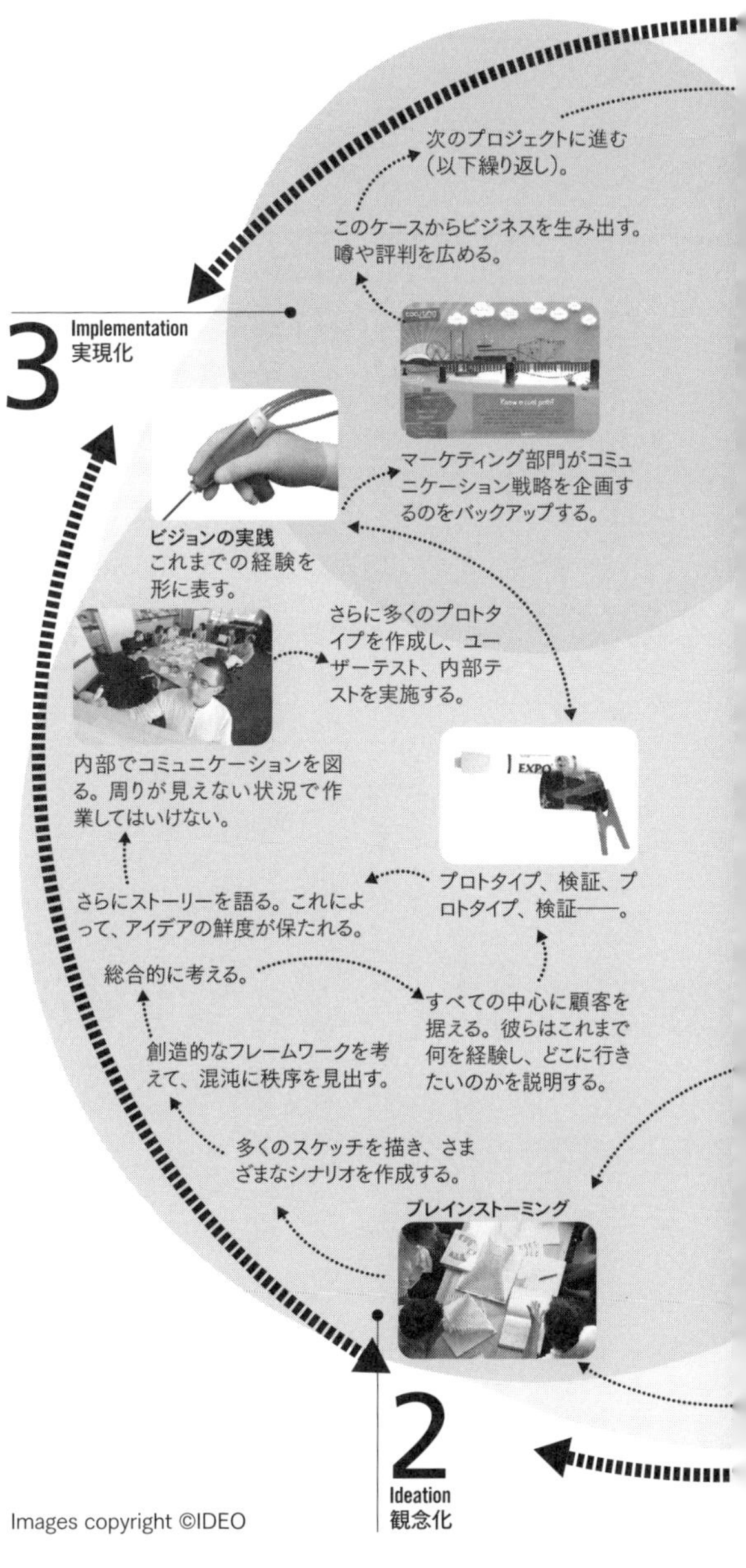

Images copyright ©IDEO

❸自転車専用ではない道路でサイクリングする危険。
❹めったに乗らない高性能自転車をメンテナンスしなければならない面倒さ。

以上のように人間中心の調査によって、ノン・コア顧客層の意見が明らかになり、この新しいカテゴリーの自転車ならば、サイクリングに二の足を踏む根本的な原因に対処し、米国の消費者たちに、子どもの時のサイクリング経験を思い出させることもけっして不可能ではないという手応えを得た。そして、巨大な未開拓市場の存在が浮上した。

デザインチームは、相対的な経験から想像される側面についてもれなく押さえ、ついに「コースティング」(惰性走行)というコンセプトを導き出した(図表25-2「コースティング」を参照)。コースティングの狙いは、長らく自転車に乗っていない人たちを、気軽で単純、そして楽しいサイクリングに誘うことだった。

図表25-2｜コースティング

ヘルメットを収納できるサドルのスケッチ。

コースティング自転車のプロトタイプ。

シマノのコースティング・ドットコムのサイト。コースティング自転車の販売店と安全にサイクリングを楽しめる場所がわかる。

コースティングは、スポーツ用というよりも、むしろ楽しむための自転車で、ハンドルバーには制御機構がなく、またフレームにはブレーキケーブルがない。多くの人たちが幼い頃に乗った自転車のように、ペダルを逆にこぐことでブレーキが利く。内蔵コンピュータが作動して、自転車のスピードに応じて3つのギアが自動的にシフトする。コースティング自転車の特徴は、座り心地のよいクッションシート、高い操作性、メンテナンスの手間が少ないという点にある。

トレック・バイシクル、ラレー・バイシクル、ジャイアント・バイシクルの大手3社が、シマノの革新的なコンポーネントを取り入れた自転車を開発した。

デザインチームの取り組みは自転車本体の開発だけに留まらなかった。自転車店向けの店頭販売戦略を策定したのである。エントリーユーザーがマニア向けの店内に感じる気まずさを緩和することも、この戦略の狙いの一つだった。

デザインチームは、生活をエンジョイする方法としてコースティングを位置付けたブランドを開発した。そのキャッチフレーズは、「気楽に。何か探しに出かけよう。ぶらぶら。のらりくらり。一番にゴールした人にはお仕置きを」である。さらに、地方自治体やサイクリング団体と協力し、安全に自転車に乗れる場所を案内するPR作戦も企画した。

実現化の段階になると、デザインチーム以外にも、さまざまな人たちがプロジェクトに参加し始めたが、イノベーションに取り組む最初の段階からデザイン思考で考えたからこそ、この素晴らしい解決策につながったといえよう。

周囲がデザインチームに期待していたのは、「自転車の外観」のデザインだけだったであろうが、あえて後回しにした。デザインチームがシマノのデザイン部門のためにデザイン案を考えたのは、開発プロセスに入ってからのことだった。

２００７年の発売は大成功を収め、これを受けて２００８年には、さらに7社の自転車メーカーがコースティング自転車の生産契約を締結した。

インド全体に眼科治療を届けるシステムを構築する

国際的に大成功を収めているブランドの多くは、消費者の生活を深く理解することからブレークスルーを見つけ、画期的なアイデアを創出している。このようなアイデアは、価値を生み出し構築するデザイン思考の原則を利用した結果でもある。

時には、文化的、社会経済的な状況の違いを考慮しなければならない類いのイノベーションもある。このような場合、デザイン思考を利用することで、先進国社会では当然視されている前提条件に代わる、創造的なアイデアを提示することが可能になる（囲み「デザイン思考をイノベーションに活かす法」を参照）。

インドのアラビンド・アイ・ケア・システムは、おそらく世界最大の眼科医療機関だろう。２００６年4月から２００７年3月の1年間に、２３０万人以上の患者を治療し、27万件を超える手術を実施した。

アラビンドは、優れた眼科治療を実施し、地方の貧困層も含め、全インドにおいて治療可能な失明を撲滅することをミッションに掲げている（図表25-3「アラビンド」を参照）。ちなみに、そのスローガンのうち、一つは「高い質はあらゆる人々のために」（クオリティ・イズ・フォー・エブリワン）である。

ゴビンダッパ・ベンカタスワミ博士がアラビンドを設立した１９７６年当時、博士の自宅が唯一の診療所で、ベッドは11床しかなかった。しかし現在、5つの病院——このほか系列病院が3つある——に加えて、眼科製品の工場、研究財団、トレーニングセンターを擁するまでに成長した。

アラビンドが実践するミッションとモデルは、いくつかの点で、電球の発明に留まらず電力システムにまで及んだエジソンのホリスティックなコンセプトを彷彿とさせる。

アラビンドが抱えている課題はロジスティックなものだ。つまり、都市部から遠く離れた地方の人たちに眼科治療を提供するには、どのような解決策が最も優れているのかを追求し続けているのである。

アラビンドが、みずからを「アイ・ケア・システム」と称するのには理由がある。その守備範囲が、眼科治療を超えて、これまで治療を受けられなかった人々に専門治療を届けるロジスティックスの設計にまで及んでいるからだ。アラビンドは自社の病院ネットワークを、末端というよりは出発点と考えている。

そのエネルギッシュで革新的な取り組みでは、地方において予防治療とスクリーニング検査を実施することが

図表25-3｜アラビンド

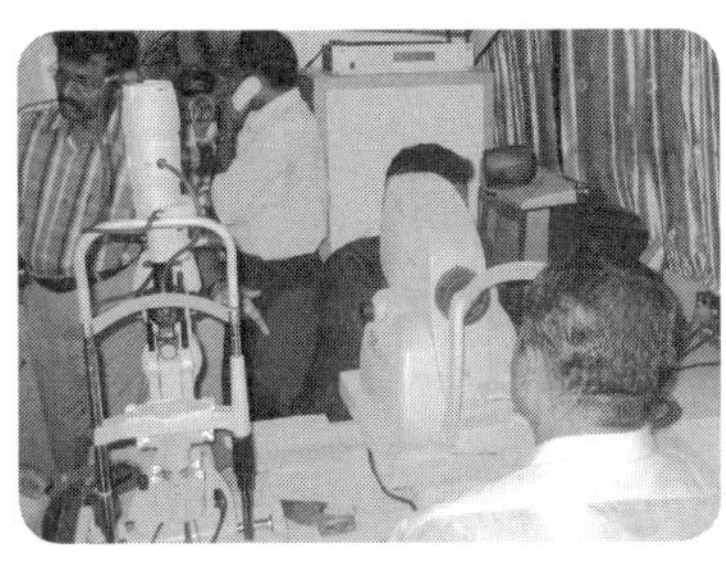

アラビンドは、農村部に住む患者たちに眼科検診を定期的に実施している。

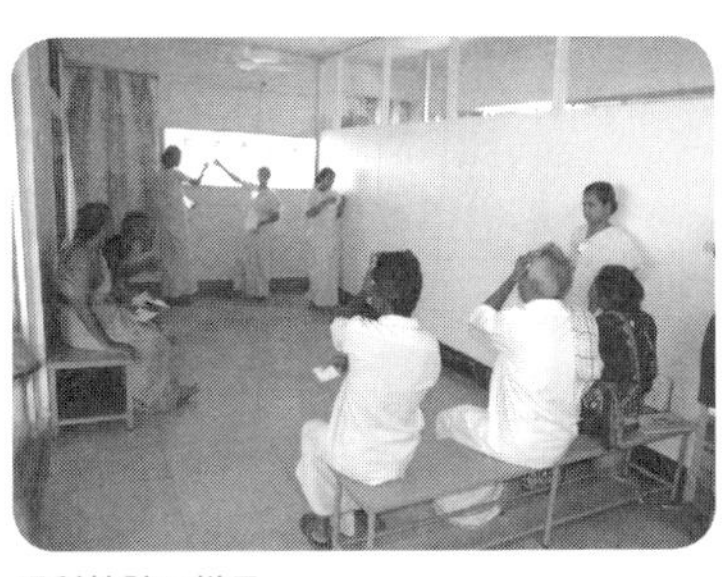

眼科検診の様子。

衛星を使った遠隔治療システムを載せたアラビンドのバス。

重視されている。たとえば1990年以降、アラビンドはインド農村部で「アイ・キャンプ」を展開している。その目的は、患者の登録、眼科検査の実施、眼科治療の教育、手術や高度診断サービスが必要と見られる人々、またはモニタリングが必要な症状のある人々の特定にある。

2006年から2007年初めにかけて、このアイ・キャンプでは、50万人を超える患者をスクリーニング検査した。その結果、11万3000人近くが手術を要する状態にあることが判明した。

交通手段は、農村部に共通する問題である。そこでアラビンドは、治療を要する患者たちに、同社の都心部にある施設と患者の自宅を往復するバスの運行サービスを提供している。

また遠隔医療用トラックによって、アラビンドの医師たちは病院にいながらにして、遠隔地の治療に参加できる。アラビンドは長年にわたり、この遠隔医療用トラックを使って、さまざまな診療能力を強化してきた。

近年では、スクリーニング用データの分析から、学齢児童、産業労働者、公務員など、人口統計上の一群を対象とした特別アイ・キャンプや、糖尿病に関連した眼疾患のスクリーニングに特化したアイ・キャンプも始まっている。以上のサービスはすべて、診察料を支払う経済的余裕のない患者の約6割に無料で提供されている。

アイ・ケア・システムの開発には、デザイン思考のさまざまな特徴が見られる。たとえば、創造性を発揮するバネとして、2つの制約を利用している。すなわち、患者の多くが地方で暮らす貧困層である点、高価な治療は利用できない点である。

たとえば、欧米製の眼内レンズ一組は200ドルである。これほど高価では、助けられる患者の数は限定されてしまう。そこで、レンズメーカーにやり方を変えるように説得する代わりに、みずから解決策を編み出した。5つある病院の一つの地下室に、そのための工場を設けたのである。最終的には、比較的低コストの技術を用いれば、一組4ドルで製造できることが判明した。

その設立から現在に至るまで、アラビンドは、貧困、無知、まだ満たされていない膨大なニーズという制約をバネに進むべき道を突き進み、複雑な社会問題と医療問題を解決するシステムを構築してきたのである。

経験価値をイノベーションする

以上、デザイン思考は見栄えのよさを超えて、イノベーションを導き出すことを論じてきた。ただし、スタイリングや美観が重要ではないと申し上げているわけではない。最新で断然クールな製品の写真が各種雑誌に華々しく取り上げられるのには理由がある。魅力にあふれ、見る人の感情に訴えるからだ。

優れたデザインは、ニーズと欲求を同時に満足させる。製品への思い入れや心に思い浮かぶイメージによって、関心が湧いてくることが多い。ヒット製品は、必ずしも市場に一番乗りしたものではなく、感情と機能の両面に最初にアピールしたものである。我々はこのことを、何度も目の当たりにしてきた。言い換えれば、ヒット製品はやるべき仕事をやっているからこそ、人々に気に入られるのだ。

ｉＰｏｄは、ＭＰ３プレーヤーの第一号ではなかったが、人々を楽しい気分にさせたという点では第一号といえる。米国の大手小売チェーン、ターゲットに並んでいる商品は、デザインが感情に訴え、価格が優れた機能を示している。

将来、このような考え方がますます重要になるだろう。ダニエル・ピンクはその著書『ハイ・コンセプト』（三笠書房）の中で、次のように述べている。「豊かさのおかげで、多くの人の物理的ニーズは過剰なまでに満たされた。それによって、美しさや感情面を重視する傾向が強まり、何らかの意味をいっそう求めるようになった」

基本的なニーズが満たされた現在、感情面での満足、しかるべき意味と洗練さを備えた経験への期待が高まっている。しかし製品だけでは、このような経験は生み出しえない。製品やサービス、そして場、情報などが複雑に組み合わさったものであるはずだ。

たとえば、教育を受ける方法、娯楽を楽しむ方法、健康を維持する方法、共有して伝え合う方法が、これに該当する。デザイン思考は、このような経験を思い描くと同時に、それらに望ましい形を与えるツールでもある。

こうした経験のイノベーションについて、金融サービス会社の事例で見てみよう。バンク・オブ・アメリカは2005年後半、「キープ・ザ・チェンジ」（お釣りを貯めよう）という普通預金をそのサービスメニューに加えた。同行の商品開発チームは、IDEOの協力の下、ある消費者行動を特定した。言われてみれば、多くの人が身に覚えのある行動である。具体的には次のようなものだ。

家に帰ると、買い物の釣り銭を口の広いビンに入れる。そのビンがいっぱいになれば、中の小銭を銀行に持っていって口座に預ける。これは、多くの人にとって簡単な貯金術である。

バンク・オブ・アメリカのイノベーションは、この消費者行動をデビットカード口座に反映させた点にあった。この新サービスを利用すれば、同行のデビットカードで買い物すると、支払金額のセント単位端数はドル単位に切り上げされ、その差額――ドル札で支払った場合にもらう硬貨のお釣りに相当する――は自動的に普通口座に預金される。

手間もかからず、知らずしらずのうちにお金が貯まっていくという、我々の本能的欲求に訴えたことが、このイノベーションが成功した理由である。このキープ・ザ・チェンジは、我々の多くがすでに経験している行動がモデルになっているため、ごく自然な経験に感じることができる。

バンク・オブ・アメリカは、この新サービスの成功をより確実なものとするために、最初の3カ月間は預金された釣り銭の総額に相当する分、その後は1年間に預金された釣り銭の総額（上限は250ドル）の5％相当分を預金残高に上乗せした。

この販促が、新サービスを試そうとする顧客を後押しした。しかし、本当の報酬は感情にアピールするものだ。つまり、毎月届く口座残高表を見て、労せずお金が貯まっているとわかった時の満足感である。

1年も経たないうちに、このサービスは250万人の顧客を引き付けた。現在まで70万件の当座預金口座と、100万件の普通預金口座が新規に開設されている。総加入者数はいまや500万人を突破し、総預金残高は5億ドルを超えている。

デザイン思考によって人間行動の一側面が特定され、そこから顧客のメリットと事業価値が引き出される。キープ・ザ・チェンジはこの点を実証する好例である。

トーマス・エジソンは、米国における「イノベーションの黄金時代」の象徴である。新しいアイデアによって、米国人の生活のあらゆる側面に変化が訪れた時代であった。どちらかといえば、変化の必要性はこれまでに増して高まっている。どこを見ても、イノベーションなくしては解決できない問題が山積しているからである。

たとえば、経済的に手が届かない、あるいは技術的に難しい医療サービス、一日にわずか数ドルで生活しようとしている何十億人もの貧困層、地球の限界を超えるエネルギー使用、授業についていけない人たちをいまだたくさん生み出している教育システム、新技術または人口移動によって崩壊した市場に直面する企業等々――。

これらの問題すべてに共通しているのは、その中心にいるのは人間であるということである。したがって、最善のアイデアと究極の解決策を見出すには、人間中心で、創造的で、しつこく繰り返す、実用的なアプローチが必要である。そのようなアプローチこそ、イノベーションにデザイン思考を活かすことにほかならない。

デザイン思考の持ち主の特徴

デザイン思考を身につけるには、奇妙な靴を履いたり、黒のタートルネックのセーターを着たりする必要はない。また、必ずしもデザイン学校に通う必要もない。デザインを生業とするプロフェッショナルたちは、たいてい何らかのデザイン教育を受けているとはいえ、そのような教育機関が唯一の養成所とは限らない。私の経験からすると、デザインのプロフェッショナル以外の人たちも、生まれ付きデザイン思考の才に恵まれている。適切な能力開発によって経験を積めば、その才能を開花できる。出発点として、デザイン思考の持ち主たちの注目すべき特徴を紹介しよう。

感情移入

デザイン思考の持ち主は、同僚、クライアント、エンドユーザー、既存顧客や見込み顧客といった複数の観点から世界を思い描くことができる。「人間を最優先する」ことで、本質的に望ましい解決策を想像し、具体的なニーズや潜在的なニーズに応える。優れたデザイン思考の持ち主は、世界を実に詳細に観察する。ほかの人たちが見過ごしていることに気づき、その見識を活かしてイノベーションを生み出す。

インテグレーティブ思考

デザイン思考の持ち主は、分析——これは「最終的に何を選択するか」を決めるプロセスである——だけに頼るだけではない。これに加えて、複雑な問題の中で際立った部分、時には相反する部分をもれなく把握して、まったく新しい解決策を創出する能力を発揮する。彼ら彼女らが考え出す解決策は既存の代替案を凌駕し、従来のアイデアを大幅に改善する（詳しくは、ロジャー・マーティン著『インテグレーティブ・シンキング』日本経済新聞出版を参照）。

楽観主義

目の前の問題に課せられた制約がいかに厳しくとも、デザイン思考の持ち主は、「既存の代替案よりもよい解決案が少なくとも一つはあるはずだ」と考える。

実験好き

飛躍をもたらすイノベーションは、微調整の積み重ねから生まれるのではない。デザイン思考の持ち主は、まったく新しい方向に向かう創造的な方法で疑問を投げかけ、制約を徹底的に調査する。

協調性

製品やサービス、経験の複雑性が増した結果、「孤高の天才」という神話は崩れ、「熱心で学際的に協力し合う集団」が登場している。

一流のデザイン思考の持ち主は、他の専門家と一緒に働くだけではない。彼ら彼女らの多くは、複数の専門分野に秀でている。ＩＤＥＯが雇う人材は、たとえばエンジニア兼マーケター、人類学者兼工業デザイナー、建築家兼心理学者などである。

デザイン思考をイノベーションに活かす法

スタートから関わる

方向性が打ち出される前、すなわち、イノベーションプロセスの当初からデザイン思考の持ち主たちを関与させることである。デザイン思考を取り入れると、より多くのアイデアをより迅速に検討するうえで効果的である。

人間中心のアプローチを尊重する

イノベーションには、事業や技術について考慮するだけに留まらず、人間の行動、ニーズ、嗜好も織り込むべきである。人間中心のデザイン思考を実践すると、特に直接の観察に基づく調査を取り入れる時には、思いがけない洞察が得られ、消費者の欲求をより的確に反映したイノベーションが生まれる。

早くに試行錯誤を繰り返す

迅速な実験とプロトタイプの開発を促す。プロジェクトの第1週にプロトタイプを作成するよう、各チームに発破をかける。最初のプロトタイプを開発するまでの平均時間、またプログラム実施期間中にプロトタイプを試用した顧客数などの評価指標に基づいて、進捗度を測定する。

外部の支援を仰ぐ

顧客や消費者と共創する機会を求めて、イノベーションエコシステムを拡大する。ウェブ2・0ネットワークを活用して、イノベーションチームの規模を効果的に広げる。

大小のプロジェクトを織り交ぜる

短期のプロジェクトによる改良型のアイデアから、長期プロジェクトによる画期的なアイデアまで取り揃えたイノベーションポートフォリオを管理する。改良型のイノベーションを推進し、必要資金を提供してくれるよう、事業ユニットに求める。その一方、トップダウンで画期的なイノベーションに積極的に取り組む。

イノベーションのペースに合わせて予算をつくる

デザイン思考はスピーディだが、上市への道程は予測不可能である。わずらわしい予算サイクルに従うことで、イノベーションのペースに足かせを課してはならない。プロジェクトの進捗度、チャンスに関するチームの学習度に応じて、資金調達方法を再考するようにする。

才能発掘にあらゆる手を尽くす

スタンフォード大学に新設されたインスティテュート・オブ・デザインのような学際的なプログラムや、トロント大学ロットマンスクール・オブ・マネジメントのような進歩的なビジネススクールから優秀な人材を努めて採用する。

ただし、伝統的なデザインキャリアの持ち主であっても、期待をはるかに超える解決策を推し進められる。

しかるべき素養の持ち主であれば、デザイン経験がなくとも、訓練次第で優れたデザイン思考を発揮できるだろう。

サイクルに合わせてデザインする

たいてい1年から1年半ごとに人事異動がある。しかし、デザインプロジェクトにおいては、初日から実現化までにもっと長い時間を要する場合がある。

したがって、適切な人材配置を計画し、デザイン思考の持ち主が着想から観念化を経て、実現化までを担当できるようにしなければならない。サイクルを完全に一巡することで、より優れた意思決定の基盤が整い、組織にとってのメリットは大きく、それは長期的なものである。

ペプシコの戦略にデザイン思考をいかに取り入れたか

インドラ・K・ヌーイ (Indra K. Nooyi)
2016〜2018年、ペプシコ会長兼CEOを務める。その後アマゾン・ドットコムおよびシュルンベルジェの取締役を歴任。

聞き手＝
アディ・イグナティウス (Adi Ignatius)
『ハーバード・ビジネス・レビュー』編集長

本稿は“How Indra Nooyi Turned Design Thinking Into Strategy,” *Harvard Business Review*, September 2015 (product #R1509F). (邦訳「ペプシコ：戦略にユーザー体験を」『DIAMONDハーバード・ビジネス・レビュー』2016年4月号) からの要約である。

わずか数年前まで、インドラ・ヌーイがペプシコのCEOの座に留まり続けられるかどうかは未知数だった。多くの投資家にとって、当時の同社は市場シェアが落ち込むばかりの慢心した大企業に映っていた。ヌーイが製品ラインの全体的な方向性を健康志向へシフトさせたことも批判の的になり、有力アクティビスト（物言う株主）のネルソン・ペルツは事業の2分割を求めて同社の経営陣と激しく対立した。

しかし、最近のヌーイは自信をにじませている。9年前（2006年）にトップに就任して以来、ペプシコの売上げは順調に伸びており、数年間横這い状態だった同社の株価は再び上昇に転じている。何しろ、ペルツが自陣営の一人を同社の取締役会に送り込むことで、「休戦」に合意したほどだ。

これら一連の出来事を経て、ヌーイはみずからが「ペプシコのイノベーションの原動力」と呼ぶ「デザイン思考」に専念できるようになった。2012年にはマウロ・ポルチーニを初代のCDO（最高デザイン責任者）に起用し、現在では「当社が下す重要な意思決定の大半において、『デザイン』を考慮に入れている」という。

アディ・イグナティウス（以下略）：ペプシコをデザイン主導型にすることで、どのような問題を解決したかったのですか。

インドラ・ヌーイ（以下略）：CEOである私は店頭を毎週視察し、自社製品が陳列棚でどう見えるかを観察しています。その際には、「どの製品が実際に語りかけてくるか」を、常にCEOではなく一人の母親の視点で自問自答しています。陳列棚は雑然と化すばかりです。そこで、コンセプト開発から最終製品に至るまでのイノベーションプロセスやデザイン体験を、消費者の目線で見直さなければならないと考えました。

──その見直しには、どこから着手しましたか。

まず、直属の部下一人ひとりに空のアルバム1冊とカメラ1台を渡して、優れたデザインだと思うものを何でもいいから撮影するように指示しました。6週間後、アルバムを提出したのはわずか数人で、奥さんに写真を撮らせた人もいました。多くの人々はまったく手をつけずにいました。彼らは、デザインとは何かをわかっていなかったのです。

私が社内でデザインについて話そうとするたびに、パッケージのことだと勘違いされました。「違う色合いのブルーにしましょうか」といった具合で、デザイン思考が本質的に中身を変えることであるのに対して、上辺だけ飾り立てることのように誤解されていたのです。このため、デザイナーを社内に迎え入れる必要があると悟りました。

——マウロ・ポルチーニを探し当てるのは、簡単でしたか。

リサーチを重ねた結果、彼がこの分野において3Mで成果を上げていたことを突き止めました。そこで彼を呼んで当社のビジョンを伝え、本人から求められた人員とデザインスタジオ、役職をすべて提供しました。彼のチームは現在、製品開発からパッケージやラベルの開発、店頭での製品の陳列方法、消費者と製品との関わり方に至るまで、システム全体におけるデザインを推進しています。

——あなたにとって優れたデザインの定義とは、どのようなものですか。

私にとってうまくデザインされた製品とは、消費者が惚れ込む製品、もしくは嫌悪感を抱く製品です。両極端かもしれませんが、つまりは、何らかの生の反応を引き出すものでなければならないのです。理想的には、単に「あぁ、それ買って食べたよ」で終わるような製品ではなく、これから関わりたいと思わせる製品を指します。

――デザインは単なるパッケージ開発ではないとおっしゃいますが、話題のほとんどはパッケージのことではないかと思われます。

デザインとは、パッケージ開発の領域を大きく超えるものです。私たちはコンセプト開発から最終製品化、製品消費後の体験に至るまで、デザイン体験を丸ごと見直さなければなりませんでした。

当社のタッチスクリーン式の新型ドリンクサーバー、ペプシ・スパイアを例に挙げましょう。ドリンクサーバーを導入している他の企業は、フレーバーの組み合わせ方や機能の追加に力を入れていました。かたや当社のデザイン担当者が本質的に提唱していたのは、消費者とマシンとの関わり方を根底から一変させることでした。

ペプシ・スパイアは言うならば、近未来的なマシンに巨大なｉＰａｄ状のディスプレーを搭載したものであり、消費者に語りかけて関わり合いを求めます。

また、ここには購入した製品を記録できるので、2回目以降にＩＤをかざすと、前回試したフレーバーの組み合わせを表示するとともに新しい組み合わせを提案します。製品の美しい写真も表示可能で、消費者がライムやクランベリーを追加すると、実際にそれらのフレーバーが追加される様子を確認できます。単にボタンを押すとでき上がった製品が出てくるのではなく、フレーバーが注がれるさまを目で追って実体験できるのです。

――ほかにも、デザイン主導型で注目すべきイノベーションを生み出していますか。

女性向けの新製品をいくつか開発中です。当社がこれまで女性向け製品に活用していた手法は「小さくするか、ピンクにするか」だけでした。たとえば、スーザン・G・コーメン・フォー・ザ・キュア（乳がんの早期検診を呼びかけるピンクリボン運動を展開するNPO）のピンク色のバッグにスナック菓子のドリトスを詰めて、女性向けに販売するといった具合です。

そのやり方自体は間違っていませんが、女性にはスナック菓子をこう食べたいという願望がほかにもあります。

――女性はスナック菓子をどうやって食べたいのですか。

男性はスナック菓子をあらかた食べ終わったら、袋を逆さにして残りを口に放り込みますが、女性はそんなことをしません。それに、女性はスナック菓子がシミになりやすいことを気にするので、多くの男性がするように手を椅子にこすり付けたりはしません。

中国では、プラスチック製トレーの上にポテトチップスを並べた筒状のパッケージを導入しました。スナック菓子を食べたい女性は引き出しを開け、トレーから製品をつまめばいいのです。食べ終わったら、そのまま引き出しをしまうことができます。そうすれば、うるさい音を立てずに済みます。女性は、スナック菓子をバリバリと食べる音を人に聞かれたくないのです。

――要するに、ユーザー体験をいっそう考慮するようになったのですね。

その通りです。かつての当社の辞書には、ユーザー体験という言葉はありませんでした。食べる時の音や味をはじめ、あらゆることに注意を払うようになって、製品の形状やパッケージ、仕様、機能を見直すようになりました。

これらすべてを吟味した結果が、どのような生産設備を導入するかに表れています。たとえばビニール袋ではなく、プラスチック製トレーを製造する機械を設置するという具合です。つまり当社は、サプライチェーンの上流過程に遡ったところまでデザイン思考を採り入れているのです。

——デザイン思考といえば、ラピッド・プロトタイピングやスピーディなテスティングを思い浮かべますが、ペプシコでもそうした手法を採り入れようとしていますか。

米国ではそれほどでもありませんが、テスト・検証・発売というプロセスの迅速化では中国と日本がリードしています。短期間で発売すると失敗も多くなりますが、問題ありません。これらの市場で失敗しても、わずかなコストしか生じないからです。当社は米国では、極めて体系立ったプロセスを踏んでから発売する傾向があります。中国と日本のやり方は、いずれ米国式に改めるべきかもしれません。

——米国、少なくともシリコンバレーでは、日本や中国式のやり方がすでに浸透していませんか。

小規模企業の多くがこのアプローチを採り入れており、そうした企業にとって失敗に伴うコストは許容範囲です。当社はもっと慎重であり、特に主力ブランドには細心の注意を払わなくてはなりません。とはいえ、製品ラインの拡充は大きな問題ではありません。ドリトスの新しいフレーバーの売れ行きが芳しくなかったら、引き上げるだけで済みます。ところが新製品を市場に投入する場合には、十分にテストを重ねなければならないのです。

日本では、3カ月ごとにペプシの新しいフレーバーを期間限定で発売しています。グリーンやピンク、ブルーのみならず、キュウリ風味も発売したことがあります。好評だろうが不振に終わろうが、3カ月後には他の製品に移行するのです。

——ペプシコは、デザイン思考で競争優位を得られていますか。

企業として、やるべきことは2つです。売上げの成長率を1桁台半ばに維持すること、最終利益をそれ以上のペースで伸ばすことです。当社の場合、製品ラインの拡充によって売上拡大を維持しています。と同時に「期待の新星」、つまり特定の国やセグメントで売上げを大幅に伸ばせる2~3のヒット製品を常に模索しています。

その一例がマウンテンデュー・キックスタートです。これは画期的な新製品で、果汁含有量が高くて低カロリーであるうえに、斬新なフレーバーを揃えています。このイノベーションは、開発手法から従来とは異なります。以前は、単にマウンテンデューの新フレーバーを開発するだけでしたが、キックスタートはスリムな缶入りで、味も形も従来製品とは一線を画しています。このため、「80キロカロリーの果汁飲料で、パッケージも持ち歩きやすい」と女性の間で評判となり、新しい層の取り込みに成功しました。売上高は2年間で2億ドルを超えました。この業界では稀に見る高成績です。

――それはデザイン思考の一例ですか。それともイノベーションプロセスの一端にすぎないのでしょうか。

イノベーションとデザインは紙一重です。理論的には、デザインがイノベーションを生み出すのであり、デザインなくしては成り立ちません。当社の取り組みはスタートしたばかりで、昨年（2014年）の正味売上高のうち、イノベーションが占める割合は9％でした。市場はクリエイティブになりつつあるため、私はこれを10％台半ばに引き上げたいと考えています。そのためには、より多くの失敗と適応サイクルの短期化を甘んじて受け入れなければなりません。

第26章

Marketing Myopia

マーケティング近視眼

レビット・マーケティング論の原点

ハーバード・ビジネス・スクール 教授
セオドア・レビット

"Marketing Myopia"
Harvard Business Review, July-August 1960, July-August 2004 (product #R0407L).
1960年度マッキンゼー賞受賞論文
邦訳初出：「マーケティング近視眼」『DIAMONDハーバード・ビジネス・レビュー』2001年11月号

セオドア・レビット（Theodore Levitt）
ハーバード・ビジネス・スクール教授（執筆当時）。1959年から同スクールの教壇に立ち、1985〜1989年『ハーバード・ビジネス・レビュー』誌編集長を兼任。1960年代に「製造業のサービス事業化」「サービスの標準化」「顧客リレーションシップ」「アフターマーケット」「無形資産の価値」の重要性を説く慧眼ぶりは、「マーケティング界のドラッカー」とも呼ばれるゆえんである。主な著書に『T. レビット マーケティング論』（ダイヤモンド社）。

事業衰退の原因は経営の失敗にある

主要産業といわれるものなら、一度は成長産業だったことがある。いまは成長に沸いていても、衰退の兆候が顕著に認められる産業がある。成長の真っただ中にいると思われている産業が、実は成長を止めてしまっていることもある。

いずれの場合も成長が脅かされたり、鈍ったり、止まってしまったりする原因は、市場の飽和にあるのではない。経営に失敗したからである。失敗の原因は経営者にある。つまるところ、責任ある経営者とは、重要な目的と方針に対応できる経営者である。具体例を示そう。

鉄道会社のケース：鉄道が衰退したのは、旅客と貨物輸送の需要が減ったためではない。それらの需要は依然として増え続けている。鉄道が危機に見舞われているのは、鉄道以外の手段（自動車、トラック、航空機、さらには電話）に顧客を奪われたからでもない。鉄道会社自体がそうした需要を満たすことを放棄したからなのだ。鉄道会社は自社の事業を、輸送事業ではなく、鉄道事業と考えたために、顧客をほかへ追いやってしまったのである。事業の定義を誤った理由は、輸送を目的と考えず、鉄道を目的と考えたことにある。顧客中心ではなく、製品中心に考えてしまったのだ。

映画会社のケース：映画の都ハリウッドは、テレビの攻勢による破滅から、かろうじて踏み留まっている。現実には、すべての一流映画会社は、昔の面影が残らないほどの大変革を余儀なくされ、なかには、早々と消え去った会社もある。

映画会社が危機に陥ったのは、テレビの発達によるものではなく、「戦略的近視眼」のためである。鉄道会社と同じように、映画会社も事業の定義を誤ったのだ。映画産業をエンタテインメント産業と考えるべきだったのに、映画を制作する産業だと考えてしまったのである。映画という製品は、ほかのもので代替などできない特殊な商品だ――こう考えてしまうと、ばかげた自己満足が生まれる。映画制作者は、初めからテレビを脅威と見てしまった。ハリウッドはテレビの出現を自分たちのチャンス――エンタテインメント産業をさらに飛躍させてくれるチャンスとして、テレビを歓迎すべきだったのに、これを嘲笑し、拒否してしまった。

今日テレビは、狭い意味に定義されていた映画産業よりも巨大な産業である。ハリウッドが、製品中心（映画の制作）ではなくて、顧客中心（娯楽の提供）に考えていたら、財政的に苦しむこともなかっただろう。結局ハリウッドを救い、最近の再起をもたらしたのは、若手の脚本家、プロデューサー、監督たちである。彼らは、かつて古い体質の映画会社を打ちのめし、映画界の大物を動揺させながら、テレビ界で名を挙げてきた。

このほかにも、事業の目的を誤って定義したために将来が危ぶまれるようになった例がある。そのうちのいくつかは、のちほど詳しく議論し、苦境に追い込んだ原因について分析してみたい。ここでは、明らかにチャンスを逸した場合でも、顧客中心の経営を徹底すれば、成長産業であり続けることができることを示したい。

デュポンとコーニングは、長い間競合関係にあった。ともにナイロンとガラスの製造に優れ、技術力が非常に高く、製品中心型の企業であることは間違いない。しかし、両社の成功は製品だけによるものではない。大昔のニューイングランドの織物会社ほど、製品中心で製品重視を打ち出していたところはなかったが、いまではその片鱗もなく消え失せてしまっている。

デュポンとコーニングの成功要因は、製品志向やR&D志向であると同時に、顧客志向に徹していたことにある。技術ノウハウを応用し、顧客を満足させるチャンスを常に探し続け、膨大な数の新製品を生み出し、ことごとく成功させてきた。顧客について鋭い目を配っていなかったら、新製品の大部分は的外れなものとなり、その販売方法も空回りしていたに違いない。

アルミニウム産業も成長を続けている。これは戦時中に設立された2つの企業のおかげである。カイザー・アルミニウムとレイノルズ・メタル（現アルコア）によって、顧客を満足させるまったく新しいアルミニウムの用途が開発されたのである。この2社が存在しなかったら、今日のアルミニウム総需要ははるかに少ないものになっていただろう。

経営の想像力と大胆さ

鉄道産業とアルミニウム産業を比べたり、映画産業とガラス産業を比較したりするのは愚かなことだと批判する人がいるかもしれない。アルミニウムやガラスはもともと生産素材で汎用性が高いのだから、鉄道や映画よりも成長の機会に恵まれていて当然だと――。この考え方こそ、私が本稿で述べてきた失敗に陥らせた根本原因である。

産業や製品、あるいは技術ノウハウについて狭く定義してしまったがために、それらを十分花咲かせないままに衰退させてしまう。「鉄道産業」の場合、その意味は「輸送産業」でなければならない。輸送産業としてなら、鉄道にもまだまだ成長できるチャンスがある。鉄道による輸送だけに限定することはないからだ（もっとも、鉄道輸送は世間が考えているよりも、はるかに強力な輸送手段になりうると私は考えている)。

鉄道産業に欠けているものは、成長のチャンスではない。鉄道をここまで大きくした、経営的な想像力と大胆さなのである。哲学者ジャック・バーザンのような素人でさえ、鉄道に欠けているものに気づいて、次のように述べている。

「前世紀において最も進んだ物的社会的組織(鉄道)が、それを支えていた想像力を欠いたために、みじめで不名誉な地位に落ちていくのを見ると、何とも痛ましい思いだ。いま鉄道に欠けているものは、創意と手腕によって生き残り、大衆を満足させようという会社の意志なのである[注1]」

忍び寄る陳腐化の影

主要産業といわれるもので、ある時期に「成長産業」という名称を与えられなかった産業など一つもない。どれを見ても、その強みは、明らかに製品の優秀さにあった。有力な代替品もありそうになかった。その製品自体が既存の製品を蹴落とす代替品として、圧倒的な力を見せたのである。ところが、このような花形産業にも、衰退の影が忍び寄ってくる。あまり注目されなかったケースについて、少々触れておきたい。

ドライクリーニング産業:かつてドライクリーニング産業は、前途洋々の成長産業であった。ウール衣料全盛の時代には、衣料を傷めず簡単に洗うには、結局ドライクリーニングしかないと考えられており、その活況は長く続いた。しかし、ブームが始まって30年経ったいま、ドライクリーニング産業は苦境に立たされている。そのライバルはどこから来たのだろうか。より優れたクリーニング法が生まれたのだろうか。そうではない。合成繊維と化学添加剤の登場で、ドライクリーニングの必要がなくなったのである。これはまだ序の口にすぎない。化学処理を行うドライクリーニングを徹底的に陳腐化させる強力な魔法使い――超音波クリーニングが、翼を伏せて、いつでも飛び立とうと身構えているからだ。

電力事業：電力にも代替品がなく、向かうところ敵なしに成長を続けると考えられている。白熱電球の登場によって、石油ランプの時代は終わった。電動モーターの汎用性、信頼性、操作性、どこでも容易に使用できる利便性によって、水車も蒸気エンジンも粉砕されてしまった。電力事業は目を見張るばかりの繁栄を続け、家庭はいまや電気器具の展示場のようだ。向かうところ敵なしであるのに加えて、成長が約束されており、電力事業に投資しない人間などいない。

しかしよく見直してみると、万事順調というわけではない。というのは、電力会社以外で燃料電池の開発を進めている会社があるからだ。この装置は各家庭の人目につかない場所に設置され、音も静かである。この燃料電池が普及すると、住環境の美観を損なっていた電線も姿を消すことになる。街路を不断に掘り返す工事や、台風時の停電もなくなるだろう。近い将来、太陽エネルギーの研究も、電力会社以外の企業によって進められるに違いない。

こう考えると、電力会社にライバルはいない、と誰が言えるだろう。現在、電力会社が独占企業であることに間違いはないが、将来、死滅の時を迎えてもおかしくない。これを避けるには、電力会社も、燃料電池、太陽エネルギー、その他の新しいエネルギー源の開発に努めなければならない。生き残りを賭けて、現在の糧をみずから陳腐化させなければならないのである。

食料品店：昔、「街角の食料品店」と呼ばれ、かなり繁盛していた店舗があったことを、ほとんどの人は覚えていないだろう。スーパーマーケットの効率性がこのような食料品店を押し潰してしまったのである。

１９３０年代、このスーパーマーケットの攻勢から何とか逃れられて存続できたのは、大規模食料品チェーン店だけであった。最初の本格的なスーパーマーケットは、１９３０年にロングアイランド州ジャマイカで生まれた。１９３３年までには、カリフォルニア、オハイオ、ペンシルバニアその他の各州に広がっていった。ところが、既存の食料品チェーン店は尊大に構えたまま、スーパーマーケットの成長を無視した。その後、やっとその存在に気づいた時でさえ、「安売り屋」「荷馬車行商人」「素人商店経営」さらに「商人道徳のない一発屋」といった表現で嘲笑したのである。

当時、ある大規模チェーン店の経営者は次のように言った。「人々が何マイルもの遠方から食品を買いに来るなんて信じられない。チェーン店の行き届いたサービスには奥様たちも馴染んでくれていて、それを犠牲にすることはありえない(注2)」

１９３６年になっても、全国食品卸商会議やニュージャージー州食品小売商協会は、スーパーマーケット恐れるに足りず、とばかりにこう宣言している。

「スーパーマーケットは価格の安さを求めて来店する顧客に受けているのだから、市場規模は限られている。だからこそ、周囲数マイルもの広い地域を商圏にしなければならない。商圏内に競合店が現れたら、互いに売上げが落ち、ついには大型倒産が起こるだろう。現在、売上げが伸びているのは、一つには物珍しさからだろう。消費者は、家の近くの便利な店がよいに決まっている。もし近所の食料品店が仕入先と協力し合って、コストに注意を払うと同時にサービスもさらに改善すれば、スーパーマーケットとの競争に耐え抜いて、やがて嵐も収まるだろう(注3)」

ところが、嵐は収まらなかった。食料品チェーン店が生き残るためには、みずからスーパーマーケット事業に進出せざるをえないことに気づいた。この意味することは何か。それは、食料品チェーンがいままでに街角の店の敷地や、独特の配送方法、マーチャンダイジング方式に投資してきた巨額の金がすべて無駄になるということなのだ。しかし、信念を貫く勇気を持ったいくつかの食料品チェーン店は、街角店の原理に固執した。彼らは誇りを捨てなかったが、無一文になってしまった。

成長産業など存在しない

記憶とは忘れ去られやすいものだ。たとえば今日、エレクトロニクス産業と化学工業を救世主と確信して歓迎している人たちが、急成長しつつあるこれら産業にも、やがて不吉の影が忍び寄るだろうと気づくことなどできるはずもない。

ある経営者などは——大変先見性に長けていたが——かつて近視眼にかかったことをすっかり忘れてしまっている。この経営者とは50年前に、ボストンに在住していた有名な大金持ちである。彼は遺言状に「自分の全資産は永久に市電事業の株だけに投資すべし」と書いたがために、相続人たちを図らずも貧困に追いやってしまった。「市電は効率のよい都市交通機関であるから、永久に莫大な需要がある」という死後公表された彼の言葉は、ガソリンスタンドの給油係としてやっと生活を支えている彼の遺産相続人にとって、何の慰めにもならない。

ところが、私がトップマネジメントを対象にたまたま実施した調査では、その半数が「自分の財産をエレクトロニクス産業に永久に投資させるとしても、相続人が困ることはない」と考えていた。そこで私がボストンの大金持ちが市電事業に投資させた例を挙げると、口を揃えて「それは別の話だ！」と言った。はたして別の話なのだろうか。基本的には同じではなかろうか。

実は成長産業といったものは存在しないと私は確信している。成長のチャンスを創出し、それに投資できるよう組織を整え、適切に経営できる企業だけが成長できる。何の努力もなしに、自動的に上昇していくエスカレーターに乗っていると思っている企業は、必ず下降期に突入する。すでに死滅したか、死滅しつつある成長産業の歴史を調べてみると、急激な拡大の後に思いがけない衰退が訪れるといった、思い違いの繰り返しである。なぜこの繰り返しが起こるのか。そこには共通する４つの条件がある。

❶人口は拡大し、さらに人々は豊かになり続けるから、間違いなく今後も成長すると確信している。

❷当産業の主要製品を脅かすような代替品はあるはずがないと確信している。

❸大量生産こそ絶対だと信じており、生産量の増加に伴って、急速に限界コストが低下するという利点を過信している。

❹製品は周到に管理された科学実験によって、どんどん品質が改良され、生産コストを低下させるという先入観がある。

これら4つの条件の一つひとつについて、詳しく検討してみたい。できるだけ要点を明確にするために、3つの産業——石油、自動車、エレクトロニクス——なかでも、長い歴史を持ち、有為転変を繰り返してきた石油産業について、詳しく述べることにしよう。これら3つの産業は、評判もよく、慧眼の投資家たちの信頼も得ている。さらに経営者たちが、財務コントロールやR&D、管理者研修といった分野で進歩的な考え方を持っているとされる。もし、これらの産業でさえも陳腐化が忍び寄るとしたら、他の産業は言うまでもない。

人口増加という危うい神話

人口は増え続け、しかも人々が豊かになるので、利益は保証されているという確信はどの産業でも根強い。しかし、この確信ゆえに、未来への判断を鈍らせてしまう。消費者の数が増え続け、製品やサービスをどんどん買ってくれるとしたら、市場がだんだん先細りになる場合に比べれば、未来を安易に考えるのも無理はない。市場が拡大している時には、メーカーは真剣に思考したり、想像力を働かせたりはしない。問題があれば知的に反応することを思考だとするなら、問題がなければ思考は停止してしまう。もしひとりでに拡大する市場があるとしたら、どのようにして市場を拡大すべきかなどと真剣に考えたりしないだろう。

これについて興味深い事例がある。石油産業には、米国で一番古い成長産業という、輝かしい歴史がある。現在、その成長性を危ぶむ説もあるが、石油産業自体は楽観的な見方を取り続けている。とはいえ石油産業にも、他の産業と同じ基本的な変化が訪れているはずである。成長を続けることが難しくなっているばかりでなく、他の産業に比べると衰退産業と言わざるをえない現実がある。

まだ人々は気づいていないが、25年以内には、鉄道がいま直面しているような過去の栄光を懐かしむ立場に追い込まれるのではないだろうか。投資評価のNPV（正味現在価値）法の開発と応用、社員との関係や発展途上国との合弁事業などで見せたパイオニア的な業績にもかかわらず、自己満足と頑迷さとが、いかにチャンスを台無しにするかという、悲劇的な事例となってしまっているかもしれない。

増大する人口が望ましい結果につながると信じてきた産業、また同時に強力な代替品は存在しない素材製品を持っている産業の特徴とは何だろう。業界内の各社は既存の製品や販売方法を改良することで、他社よりも一歩先んじようと努力する。もちろん、顧客が製品特性だけで製品を比較するために、売上高が国の人口数と比例するというのであれば、この努力も意味があるだろう。

ジョン・D・ロックフェラーが中国へ石油ランプを無料で送って以来、石油産業は何一つ際立った需要創造の努力をしてこなかった、という事実を無視してはいけない。実際には、製品改良にさえ、これといった実績を残していないのである。ただ一つ最大の改良、テトラエチル鉛の開発も、石油産業以外——ゼネラルモータースとデュポン——から生まれたものだ。石油産業の大きな貢献といえば、油田探査や採油、精製の技術くらいなものである。

つまり、石油産業の努力は石油の採掘と精製の効率改良にのみ向けられ、石油製品そのものの品質改良やマーケティングの改良に対しては、何もしてこなかったのだ。さらに、主要製品をガソリンというごく狭い範囲に限定しており、エネルギー、燃料、輸送用の資源という、幅広い定義をしなかった。その結果、次のようなことが起こった。

- ガソリンの品質についての大きな改良は、石油産業から生まれなかった。優れた代替燃料（後述する）の開発も、石油産業によるものではない。
- 自動車燃料のマーケティングを変革したのは小さな石油会社によるもので、この会社は石油の採掘や精製とは無縁だった。給油ポンプを多数設備したガソリンスタンドを次々とつくり、広くて清潔な店舗レイアウト、スピーディで効率的なサービス、良質なガソリンの廉売に力を傾け、成功を収めた。

このように石油産業は難問を抱え込むことになった。いずれも石油産業以外から持ち込まれたものである。遅かれ早かれ、この産業にリスクを恐れない革新者や起業家が現れ、危機がもたらされることは間違いない。この危険性をもっとはっきり示そう。次に挙げる、経営者の多くが抱いている危険な確信に目を向けてみればわかる。これは最初の確信と密接な関連があるので、いま一度石油産業を例に取ることにする。

代替品が現れない製品はない

石油産業には、その主要製品であるガソリンに匹敵するような代替品はなく、しいて挙げればディーゼル燃料やジェット燃料など原油からの精製品だろう、と一般的に考えられている。

この考え方は、多分に希望的観測によるものだ。問題は、ほとんどの石油精製会社が膨大な量の原油を貯蔵していることにある。貯蔵原油に価値があるのは、原油を原材料とする製品の市場が存在している時だけだ——したがって、原油からつくられる自動車用燃料の競争優位は揺るがない、という確信が生まれたのである。

過去の歴史上の事実は、この確信が誤っていると教えている。にもかかわらず、この確信は根強い。歴史が証明しているように、石油はどんな目的においても長期間にわたって優れた製品であったことはない。それどころか、石油産業は成長産業であり続けたこともない。成長、成熟、衰退という通常のサイクルを経た事業の連続にすぎない。

石油産業が生き延びてこられたのは、幸運が続き、陳腐化の底に落ち込むのを奇跡的に救ってくれたからだ。ちょうど使徒パウロが危機に陥った時に、土壇場で思いがけなく刑の執行が延期されたようなものである。主なエピソードだけを挙げていこう。

石油ランプの衰退：当初、原油は主に売薬として使われていた。薬としての人気がまだ続いているうちに、石油ランプが使われるようになり、需要は拡大した。石油ランプは世界中に普及するという予想から、需要の飛躍的な拡大が見込まれた。現在、ガソリンがこれと似た状況にある。世界中の至るところでガソリンが必要になるという見通しは、はたして正しいのか。発展途上国の国民が一台ずつ車を持つ日は、いったいいつ訪れるのだろうか。

石油ランプの時代、それを改良するため、石油会社同士で競い合っていた。あるいはガス灯相手に競争していた。ちょうどその頃、突然信じがたいことが起こった。エジソンが、石油がいらない照明器具、白熱電球を発明したのである。もし当時、暖房用の石油需要が増えなかったら、エジソンの白熱電球が石油を完全に成長産業の座から引きずり降ろしていただろう。暖房以外では、機械の潤滑油くらいの用途しかなかったからである。

セントラルヒーティングの出現：その後再び危機に見舞われるも、石油産業は踏み留まることができた2つの大きなイノベーションが起こったのだが、そのどちらも石油産業から生まれたものではなかった。石炭を燃料とする家庭用セントラルヒーティングシステムの開発により、これまでの暖房機は陳腐化してしまった。石油産業があわてふためいているうちに、強力な救いの手が差し伸べられた——内燃機関の発明である。この発明もまた石油産業によるものではない。

内燃機関によるガソリンの膨大な需要は、1920年代になって横這いになり始めたが、セントラルオイルヒーティングの出現で、またしても奇跡的に救われた。前回と同様、この発明と開発を担ったのは石油産業ではない。この市場が衰えてきた時、航空機用のジェット燃料という戦時需要が救いの神として現れた。戦後は、民間航空の発達、鉄道のディーゼル化、乗用車およびトラックの爆発的な需要に支えられて、石油産業は高い成長を維持し続けた。

天然ガスの脅威：セントラルオイルヒーティングについては、将来ブームになりそうだと最近言われ始めている。だがすでに、天然ガスとの激しい競争が始まっている。石油と競合するようになった天然ガスを所有しているのは、ほかならぬ石油会社だが、率先して天然ガスへの移行に取り組んでおらず、天然ガスを所有しているという特権を利用しようともしていない。天然ガスへの移行に取り組んでいるのは、新しく生まれたガス販売会社である。積極的に天然ガスを市場に売り込んでいる。当初、ガス販売会社は石油会社の警告を無視し、石油会社の抵抗を物ともせず、輝かしい新産業のスタートを切ったのである。

筋から言えば、天然ガスへの移行を主導すべきだったのは、もちろん石油会社である。彼らは、天然ガスを所有しているだけではない。天然ガスの処理、不純物の除去、使用法、そしてパイプラインの技術と配給に関する経験があるのも彼らだけなのである。暖房について最も理解しているのも、石油会社である。だが、天然ガスが暖房用石油と競合するという理由もあって、天然ガスの将来性を無視してしまったのである。

天然ガスへの移行は、最初、石油パイプライン会社の経営幹部によって始められた。ガス販売を上申したが、受け入れられなかったためいさぎよく退社し、天然ガス販売会社を発足させ、見事に成功させたのである。この成功が石油会社の頭痛の種となった後でも、彼らは天然ガスの販売に踏み切ろうとはしなかった。自分のものであったはずの何十億ドルもの事業は、他人の手に渡ってしまった。過去もそうであったように、石油産業は石油という特定製品、その貯蔵の価値だけに目を奪われていた。もちろん顧客の基本ニーズと嗜好については、ほとんど注意を払ってこなかった。

第2次世界大戦後の数年間は、無風状態だった。その直後には、旧来の製品ラインの需要が急速に拡大したため、未来はバラ色だった。1950年には、国内需要の年間成長率を約6％と踏み、それは少なくとも1975年まで続くと予想した。（共産圏に対する）自由経済圏の原油埋蔵量と需要の割合が20対1であったにもかかわらず、米国ではその割合が10対1と考えられていたこともあって、石油需要ブームが起こり、将来的な見通しもないまま、油田探しに狂奔し始めた。

1952年、中東で大油田が発見された。埋蔵量と需要の割合は、一挙に42対1になった。もし、過去5年間の埋蔵量の平均増加率（年間370億バレル）がこのまま続くとしたら、1970年には45対1になる。石油の過剰が明らかになったため、世界中で原油と石油製品の価格は軟化した。

幸運を呼び込む方法

今日、石油化学産業が急速な勢いで発展しているからといって、石油会社の経営者は安穏としてはいられない。石油化学工業もまた、大手石油会社が手掛けたものではないのだ。米国全体の石油化学製品の生産高は、全石油製品の需要量の約2％にすぎない。石油化学工業は年間約10％成長すると見込まれているが、この程度では他の面での原油消費量の落ち込みをカバーできるものではない。

石油化学製品は種類も多い。それぞれ成長しているとはしても、石炭など石油以外の基礎原料があることも忘れてはならない。そのうえプラスチックなどは、比較的少量の石油から大量に生産できる。石油プラントの効率性を考えると、最低1日5万バレルを精製しなくてはならないが、石油化学工業では、1日5000バレルの石油消費が最大規模である。

石油は、過去においても常に成長産業であったわけではない。石油産業以外のイノベーションや開発に奇跡的に救われて、思い出したように成長したにすぎない。なぜ石油産業は成長路線をスムーズに歩めなかったか。優れた代替品が登場するおそれはないと業界が考えるたびに、石油は製品としての優位性を失い、陳腐化の道をたどらざるをえなかったからである。これまでのところ、ガソリンは自動車用燃料としては、この陳腐化の運命から逃れている。しかし、後述するように、ガソリンもまた、やがて瀕死の床に横たわるはずである。

以上の話のポイントを指摘すると、製品の陳腐化を免れる保証は何もないということだ。たとえ自社の製品研究では陳腐化が起こらなかったとしても、他社の技術開発によって陳腐化することもある。石油産業のように、特別な幸運に恵まれない限り、やがては赤字の泥沼に落ち込んでしまうことは目に見えている――ちょうど鉄道がそうだったように。馬車のムチ製造業がそうだったように。街角の食料品店がそうだったように。映画会社がそうだったように。そうした例は数え切れないほどある。

幸運に恵まれるには、みずからで幸運をつくり出すのが最良の方法だ。そのためには、事業を成功させる要因を知らなければならない。それを妨げる最大の敵の一つが大量生産である。

マーケティングは販売とは異なる

大量生産型の産業は、できる限り生産量を増やそうとする。生産量の増加に伴い、急速に製品の限界コストが低下する魅力には、どんな会社でも抗し切れるものではない。それがもたらす利益の増大は何よりも素晴らしい。したがって、企業努力は生産に集中し、その結果、マーケティングは軽視される。

ジョン・ケネス・ガルブレイスはこれと逆の現象が起こると言う(注4)。生産量が膨大になるので、市場で処分するために懸命な努力がなされる、というのだ。彼によれば、騒がしいコマーシャルが流れたり、田園風景が広告で汚され、浪費としか思われない低俗な販促手法が取られたりするのは、このためだという。

ガルブレイスは一面の真理を突いているが、戦略的な面で過ちを犯している。大量生産が製品の「移動」に圧力をかける原因であることは間違いない。しかし通常、そこで強調されるのは販売であって、マーケティングではない。マーケティングは販売よりも高度で難しい機能なのに無視されるのだ。

マーケティングと販売は、字義以上に大きく異なる。販売は売り手のニーズに、マーケティングは買い手のニーズに重点が置かれている。販売は製品を現金に替えたいという売り手のニーズが中心だが、マーケティングは製品を創造し、配送し、最終的に消費させることによって、顧客のニーズを満足させようというアイデアが中心である。

産業によっては、大量生産の能力を最大限に利用したいという誘惑にかられ、何年もの間、経営トップが販売部門に発破をかけてきた。「製品を余すところなく売りまくれ。そうしないと利益が出なくなるぞ」

対照的に、真のマーケティングマインドを持った企業は、消費者が買いたくなるような値打ちのある製品やサービスを創造しようとする。売ろうとするのは、製品やサービスそのものだけではない。それがどのような形で、いつ、どのような状況下で、どのような取引条件により、どのように顧客に提供されるのか、ということも含めて、すべてを売ろうとするのだ。

最も重要なことは、企業が売ろうとするものが、売り手によって決まるのではなくて、買い手によって決まるという点である。売り手は買い手からの誘導によって動くのであり、売り手のマーケティング努力の成果が製品になる。けっしてその逆ではない。

大手メーカーの大量生産至上主義

ここまで述べたことは、事業運営の基本ルールとして守られているように聞こえるが、事実はまったくほど遠い。ルールは守られるというよりも破られていると言ってよい。自動車産業を例に取ろう。自動車産業といえば、大量生産の代名詞といえ、その社会的影響力は最も大きい。顧客重視の姿勢が特に求められるので、毎年モデルチェンジが必要になる。この過酷な要求を福に転じたのが自動車産業である。自動車メーカーは、年に数百万ドルを消費者調査に費やしている。しかし、新しく出現したコンパクトな小型車が発売初年度から大変な売れ行きを示している事実を見ると、こうした調査は、消費者の真のウオンツをつかめていなかったと言わざるをえない。小規模メーカーに数百万の顧客を奪われるまで、大手メーカーは、消費者が別の車を求めていることを理解しようとはしなかったのである。

長い間、消費者のウオンツとかけ離れた車しかつくれなかったのはなぜだろうか。消費者の嗜好の変化を調査が指摘できなかったのはなぜか。実際に小型車が売れるまで気づかなかったのである。事実が起こる前に今後何が起こるかを発見することこそ、消費者調査の目的ではないのか。

答えはこうだ。自動車メーカーは消費者のウオンツなど調査していなかったのである。前もって自動車メーカーが売り出そうと決めておいた車のうち、どれを消費者が好むのかを調査していたにすぎない。自動車メーカーは製品中心主義であって、顧客中心主義ではなかった。メーカーが満足させられる顧客ニーズであれば、その限りで製品は手直しする。それでメーカーの任務は完了すると考えたのである。時には、消費者のための金融に力を入れることもあったが、顧客が購入できるように配慮するというよりも、一台でも多く売ることが目的だった。

顧客のニーズが考慮されていないという例は書き切れないほどたくさんある。なかでも無視されてきたのが、販売の問題と自動車の修理・メンテナンス問題である。大手メーカーは、これらの問題は、二義的な重要性しか持たないと考えている。自動車産業の末端機関である小売店および修理サービス店は、メーカー組織の一部として経営もされていないし、コントロールもされていないのだから、それは明らかである。工場から出荷された後、自動車はけっして行き届いているとはいえないディーラーの手に委ねられる。

自動車メーカーの末端機関への無関心さを物語る事実を一つ挙げてみよう。修理サービスは販売を刺激し、利益獲得のチャンスでもあるが、シボレー7000店のディーラーのうち、夜間の修理サービスを行っている店は57店しかない。

消費者は、修理サービスについての不満を口にし、現行の販売体制の下で車を購入することには不安があると言っている。車の購入時や修理時の心配事は、おそらく当時よりも深刻になっており、その数も増えているに違いない。それでも自動車メーカーは、不安に悩む消費者の声に耳を傾けず、消費者から指針を得ようともしていない。耳を傾けるとしても、生産中心という偏見のフィルターを通して解釈してしまうことだろう。マーケティングを、製造の後に続く必要な努力としか考えていないのだが、本来あるべき姿はその逆である。そう考える背景にあるのは、利益は低コストのフル生産でのみ生まれるといった偏狭な見方である。

ヘンリー・フォードはマーケティング第一主義

大量生産が利益を生むという考え方は、経営計画や戦略の中に組み込まれてしかるべきである。だがそれは、顧客について真剣に考えた後のことである。この点こそ、ヘンリー・フォードの矛盾した行動から我々が学ぶべき教訓である。彼はある意味で、米国史上、最も優れたマーケターであると同時に、最も非常識なマーケターだった。黒以外の色の車を販売しなかったという点では非常識だが、市場ニーズに適合した生産システムの設計をリードしたという点では優れている。

世間はきまってフォードを生産の天才としてほめるが、これは適切ではない。彼の本当の才能はマーケティングにあった。フォードの組立ラインによってコストが切り下げられたので売価が下がり、500ドルの車が何百万台も売れたのだ、といわれている。しかし事実は、フォードが1台500ドルの車なら何百万台も売れると考えたので、それを可能にする組立ラインを発明したのである。大量生産は、フォードの低価格の原因ではなく、結果なのだ。

フォードは繰り返しこの点を強調したが、生産中心主義の経営者たちは、彼の偉大な教訓に耳を貸そうとはしなかった。フォードがその経営哲学を簡潔に述べた文章を紹介しよう。

「当社のポリシーは、価格を引き下げ、事業を拡大し、製品を改良することである。価格の引き下げを第一に挙げたことに注意してほしい。当社は、コストが固定的だと考えたことはない。だから、さらに売上げが増えると確信するところまで、まず価格を引き下げる。その後で、その価格で経営が成り立つよう懸命に努力している。当社はコストで頭を痛めることはない。新しい価格が決められると、それにつれてコストを下げるからである。

コストを積み上げて価格を決めるという通常の方法は、狭い意味では科学的かもしれないが、広い意味では科学的ではない。なぜなら、いくら詳細にコストを計算しても、それに基づいた価格で製品が売れないとしたら、そのコスト計算は何の役にも立たないからである。コスト計算は誰でもするし、当社ももちろん詳細にコスト計算をしている。重要なことは、コストがどうあるべきかについては、誰にもわからないという事実なのだ。

それを発見する一つの方法は（中略）まず価格を低いところに決め、その価格で経営が成り立つよう、全員が最も効率よく働かざるをえないようにすることだ。低い価格を定めれば、誰もがその価格で利益を捻出しようと努力する。このように追い込まれた状況の中で、製造方法や販売方法について発見を重ねていくのであって、時間をかけてゆっくりと調査研究した結果ではない（注5）」

製品偏重主義の罠

生産にかかる限界コストさえ低くすると、何とか利益が出るという考え方は大変な思い違いで、会社をだめにする。特に需要の拡大する成長企業では、マーケティングや顧客を重視しない傾向がある。このような狭量の偏見から生じるのは、成長ではなく衰退である。常に変化し続ける消費者ニーズや嗜好に対して、製品がうまく対応できなくなるに違いない。自社の既存製品しか目に入らないため、その製品が陳腐化しつつあることに気づかないのである。

その古典的な例が、馬車のムチ製造業だ。製品改良をいくら試みても、死の判決から逃れることはできなかった。しかし、馬車のムチ製造ではなく、輸送を事業ととらえていたら、生き残れていたかもしれない。存続に必要なこと、すなわち変革を試みていたかもしれない。輸送事業といかないまでも、動力源に対する刺激、あるいは触媒を提供する事業だと定義していたとしたら、ファンベルトかエアクリーナーのメーカーとして生き残れたかもしれない。

いつの日か、石油産業も同じような古典的事例になるかもしれない。石油産業は、素晴らしいチャンスを他の産業に盗まれてきたので（たとえば、天然ガス、ミサイル燃料、ジェットエンジン用潤滑油）、二度と同じ過ちは繰り返さないだろう、と誰もが考えているのではないか。

しかし、事実は違う。馬力の大きい自動車用に設計される燃料システムにおいて、画期的な開発がなされつつあるが、ほとんどが石油会社以外の企業によるものだ。石油産業は石油と結び付いた幸福にうつつを抜かし、こうしたイノベーションを無視してしまっている。石油ランプが白熱電球に直面した時の話と同じである。現在石油産業は炭化水素燃料の改良を試みているくらいで、石油以外の原料であろうとなかろうと、ユーザーのニーズに一番適合した燃料を模索することなど、何ら試みていない。石油産業以外で目下行われている開発の例を、いくつか挙げてみよう。

- 10社以上で、エネルギーシステムの試作を進めており、これが完成すると従来の内燃機関に取って代わり、ガソリンの需要はなくなるだろう。これらシステムの優れた特徴は、燃料補給の際に作動を止める必要がないため、時間を無駄にしてイライラすることがなくなる点だ。システムのほとんどは、ガソリンを爆発させる方式ではなく、化学物質から直接電気エネルギーをつくり出す燃料電池である。水素や酸素など、石油から精製されるものとは違う化学物質が使われることが多い。
- ほかにも数社が大馬力の自動車用バッテリーを試作し始めている。そのうちの一社は、数社の電力会社と共同研究している航空機メーカーである。電力会社としては、電力消費の少ない深夜にバッテリーを充電させることで、ピーク時以外の発電能力を利用したいということだ。補聴器用の小型バッテリーに長い経験を持つ中規模エレクトロニクスメーカーも、自動車メーカーと共同でバッテリーの開発に取り組んでいる。また、ロケット用に高出力で小型の動力貯蔵装置が必要なため、最近改良が進められているのが、大きな負荷や電流の乱れにも耐えられる、比較的小型のバッテリーである。これも実用化が近いと思われる。ゲルマニウム・ダイオードの応用や焼結した金属板を使ったバッテリー、そしてニッケル・カドミウムの技術は、現在使用されているエネルギー源に革命をもたらすに違いない。
- 太陽エネルギーシステムも注目を集めつつある。ふだんは発言に慎重な大手自動車メーカーの経営者が最近、未来を予言して「太陽エネルギーで動く車が、１９８０年までには普及するだろう」と述べた。ある石油会社の調査部長が私に語ったように、こうした動きは石油会社にとって、程度の違いはあるにしても、いずれも「注目すべき開発」である。

燃料電池を多少研究している企業はいくつかあるが、大部分の石油会社は、炭化水素を動力源とした装置に固執している。燃料電池やバッテリー、太陽エネルギーによる動力の研究に熱心に取り組んでいる企業は一社もない。ガソリンエンジンの燃焼室の沈殿物を減らすといった平凡な研究にかけている費用の何分の一かでさえも、これらの重要分野には割いていないのである。

ある大手の総合石油会社が、最近、燃料電池の将来を予想して、次のように結論付けた。「燃料電池を熱心に研究している会社に言わせると、将来きっと成功するということだが、当社にしてみれば、燃料電池の影響がいつ頃、どれくらいの大きさで出てくるのか、あまりにも遠い将来のことなので、さっぱりわからない」

もちろん、「なぜ、石油会社が現在の事業とは違うことに取り組まなければならないのか」「燃料電池やバッテリーや太陽電池などは、現在の石油会社の製品ラインを無用にしてしまうのではないか」などといった疑問が出てくるかもしれない。答えはまさにその通り。だからこそ、石油会社はその競争相手より先に、これら新しい動力源の開発を進めなければならない。石油産業が消えてしまえば、石油会社は存在しえないからだ。

石油会社の経営者が、自社の事業はエネルギー産業であると考えれば、それは企業の存続に必要なことであるはずだ。ただし、エネルギー産業と自覚しただけでは十分ではない。従来と同じ製品中心主義の狭い考え方を捨てなければ、その自覚も無駄になる。石油会社は、石油を発見し、精製し、売るのが仕事ではなく、顧客のニーズを満たすことが仕事なのだ。輸送についてのニーズを十分に満たすのが仕事だと石油会社が正しく認識したならば、驚くほどの利益を生む成長を阻む障害は一つもないのである。

創造的破壊の重要性

「言うは易く、行うは難し」といわれるが、この考え方を突き詰めていくとどうなるかについて言及しておいたほうがよいだろう。まず、第一の出発点──顧客から始めよう。消費者が、ガソリンを買う場合のわずらわしさや手間を嫌っていることは間違いない。人々は実際にはガソリンを買っているのではない。ガソリンを見ることも、味わうことも、手で触れることも、良し悪しを知ることも、現実に試してみることもできないからだ。

では、何を買っているのかというと、自分の車を運転し続ける権利である。ガソリンスタンドは、人々が自分の車を使用する代償として定期的に使用料を支払わせられる徴税人のようなものである。つまり、ガソリンスタンドはもともと嫌われ者なのである。なるべく嫌われないように振る舞ったり、不愉快感を減らしたりすることはできても、好かれたり愉快な場所になったりすることはない。

つまり、人気を挽回したければ、ガソリンスタンドをなくすしかないということだ。たとえ徴税人の人柄がよくても、徴税人を好きな人など一人もいない。たとえ美少年アドニスや魅惑的なビーナスから買うとしても、ガソリンといった目に見えない製品を、運転を中断してまで買いたいとは思わない。したがって、頻繁に燃料補給する必要がない代替品の開発に努めている企業は、イライラした消費者たちが差し伸べた腕の中に飛び込めるのだ。これらの企業は必然的に成長の波に乗る。技術的により優れた、あるいはより高級な製品をつくり出すからではなく、顧客の強いニーズを満足させようとするからだ。しかも、その新しい燃料は有毒な臭気もなければ、空気汚染の心配もない。

石油会社が、顧客を満足させるには石油以外の動力システムが必要になるという論理を認めたとすると、消費効率の高い燃料（あるいは既存の燃料でも、消費者をイライラさせない給油方法）の開発に乗り出す以外に道がないことに気づくはずだ。かつて大規模食料品チェーン店がスーパーマーケット事業に参入し、真空管メーカーが半導体の製造に踏み切ったのと同じである。石油会社自体の将来のために、現在、高い利益を生んでいる資産を破壊しなければならなくなるだろう。いくら希望的観測によったところで、このような「創造的破壊」からは逃れられないだろう。

私がこの創造的破壊を強調するのは、経営者が旧来の考え方から抜け出す努力をしなければならないと考えるからである。現代は、一企業あるいは一産業が、みずからの事業目的を、フル生産の経済効率だけに置いたり、危険極まりない製品中心主義に偏ったりしやすい。経営者自身の考え方が定まらないと、経営は、どうしても製品やサービスを生産することに向かってしまい、なかなか顧客に満足を与える方向にはいかない。自社のセールスマンに向かって「製品を売りさばけ。そうでないと利益が出ないぞ」というほど底無しの泥沼にはまらないにしても、知らずしらずのうちに衰退の道を歩むことだろう。成長産業が次々とこの道をたどっていったのは、まさに自殺行為に等しい製品偏重主義に原因があったからだ。

R&Dに潜む危険な罠

会社の絶えざる成長を脅かす、もう一つの危険とは、トップマネジメントが技術のR&Dを進めさえすれば、利益は間違いないと思い込んでしまうことである。その例証として、新しい産業――エレクトロニクスをまず取り上げ、次に再び石油会社について考えてみたい。新しく取り上げる例と、すでに詳しく述べた例を比較することで、一つの危険な考え方が知らぬ間に広がっていることがわかるはずだ。

エレクトロニクス産業に属し、バラ色の未来が約束された新しい企業が直面する最大の危険とは何だろうか。R&Dに無関心なことではなく、あまりに注意を向けすぎるということである。急成長のエレクトロニクス会社がこれほどの地位に立てたのは、技術研究の賜物と強調しすぎることはまったくの的外れだ。エレクトロニクス会社が突然もてはやされるようになったのは、一般大衆がこの新しいアイデアに強い関心を示したためである。

エレクトロニクス会社の成功にはもう一つ原因がある。軍の助成金によって保証された市場があり、多くの場合、生産能力をはるかにしのぐ軍需があったためだ。言い換えると、これまでの発展は、ほとんどマーケティング努力なしにもたらされたものなのである。このようにエレクトロニクス産業は、優れた製品であれば自然に売れる、という幻想が生まれやすい条件の下で成長を続けている。

優れた製品を開発したことで成功した場合、経営者は製品を使ってくれる顧客よりも、製品のほうを重視するのは当然である。そして成長し続けるには、たえず製品の革新と改良を続けることだ、という信念が生まれる。この種の確信を強めこそすれ、けっして弱めさせない要因は、ほかにもたくさんある。

たとえば、エレクトロニクス製品は高度な技術によるものだから、経営者はエンジニアや研究者をとりわけ重視する。そのため、マーケティングを犠牲にして、研究と生産にだけ重点を置く。企業の使命は、顧客のニーズを満足させることではなくて、製品を生産することだと考えてしまう。その結果、マーケティングは、製品の創造と生産という、第一義の仕事が完了した後にすべきことで、何か余分な二義的な活動という扱いを受けることとなる。

また、このように製品のR&Dに偏りすぎること以外に、制御可能な変数のみ扱いたいという傾向がある。エンジニアや研究者は、機械、試験管、生産ライン、さらにはバランスシートなどの具体的な物の世界に居心地よさを感じる。抽象の世界で性に合うものといえば、研究室でテストや操作ができるものか、そうでなければユークリッド公理のように自分の役に立つものである。つまり、エレクトロニクス会社の経営者たちが好む事業活動は、慎重な研究や実験、制御可能なもの——研究室や工場や文献で確かめられる、形のある実用的なものに限られるのだ。

そこには、見落とされているものがある。それは市場の実態である。消費者は、予測しがたく、種々雑多であり、気まぐれで、愚かで、先が読めず、強情で、やっかい極まりない。技術畑の経営者は口にこそ出さないものの、心の底ではそう考えているはずだ。それゆえ、自分たちに理解でき、統制できるもの、すなわち製品研究、エンジニアリング、生産にだけ努力を傾ける。製品の限界コストは生産高に応じて低下するのだから、生産はますます面白くなる。収益を上げるには工場をフル操業させる以外にはない、と考えてしまう。

今日、大半のエレクトロニクス会社が、科学、エンジニアリング、生産中心に固まっているのに、これほど繁盛しているのは、軍が開拓し、保証してくれた市場などの新分野に進出しているためだ。市場を発見するのではなく、満たさなければならないという恵まれた立場にいる。顧客がほしがるものを見つける必要はなく、顧客のほうからすすんで新しい需要を具体的に出してくれているのだ。経営コンサルタントに、顧客中心のマーケティングの必要性がない事業環境を設計するように依頼しても、これ以上の条件を考え出すことはできないだろう。

マーケティングは「じゃま者扱い」されている

科学や技術や大量生産に頼りすぎると、その大半の企業が横道に逸れていく。その好例が石油会社である。消費者調査はある程度（あまり多くはないが）実施されているが、その目的は、石油会社の活動の改善に役立つ情報を得ることにある。たとえば、顧客が納得する広告テーマとか、もっと効果の上がるセールスプロモーションとか、石油会社の市場シェアとか、ガソリンスタンドや石油会社に対する好感度などである。どの石油会社を見渡しても、今後顧客を満足させる素材の基本特性とは何か、といった基本ニーズを調査しているところは見当たらない。

顧客と市場に関する根本的な質問など、まったく投げかけない。要するにマーケティングはじゃま者扱いされているのだ。問題はあるし無視できないという認識はあっても、真剣に考えたり、十分な注意を払ったりするほどのものではないと思っている。遠いサハラ砂漠の石油には熱中するが、そばにいる顧客には冷淡だ。どれほどマーケティングが無視されているかは、業界新聞の扱い方を見れば明白だ。

１９５９年発行の『米国石油協会クオータリー』１００周年記念号は、ペンシルバニア州タイタスビルでの油田発見を祝して、石油産業の偉大さを証言した21の特集記事を載せている。この中で、マーケティングの成果に触れた記事はたった一つしかなく、それもガソリンスタンドの建物にどんな変化が見えるかを図入りで示しただけにすぎない。またこの号には、「ニュー・ホライズン」と名付けた特別コーナーがあって、石油が米国の未来にどんなに素晴らしい役割を演じているかを強調している。このコーナーに書かれていることは、どれもこれも楽観主義にあふれており、いつか石油にも強力な競合製品が出現するかもしれないといったことを、暗に匂わせたものすら見受けられない。

原子力エネルギーについて述べた記事にしても、その成功に石油産業がどのように役立つのかという項目を並べ立てた内容になっている。石油産業の現在の豊かさもやがては脅かされるかもしれない、といった懸念などみじんもうかがえない。また、石油を利用している既存顧客にもっと優れた新サービスの仕方を提供する「ニュー・ホライズン」が現れるといったことにも触れていない。

マーケティングをじゃま者扱いしている典型的な例はほかにもある。「エレクトロニクス革命の未来像」と題した短い特別記事のシリーズがこれであって、次のような見出しがついている。

- 油田探査とエレクトロニクス
- 採掘作業とエレクトロニクス
- 精製工程とエレクトロニクス
- パイプライン作業とエレクトロニクス

注目すべきは、石油産業の主要な機能は残らず挙がっているのに、マーケティングだけがないことだ。なぜだろうか。石油のマーケティングにエレクトロニクス革命は関係ないと信じられている（これが誤りなのは明白だ）のか、それとも編集者がマーケティングに触れるのを忘れたからだろう（こちらはありそうなことで、マーケティングをじゃま者扱いしていることをよく示している）。

石油産業における４つの機能分野を並べた順序を見ても、石油産業が顧客から遠く離れていることを告白しているようなものである。油田探査に始まり、精製工場からの送油で終わるのが石油産業と定義しているようだ。しかし実際には、石油産業であろうと製品に対する顧客ニーズから始まる、と私は考える。したがって、この最上位の顧客から、順々に重要性の低いものへと逆に進んで、最後に「油田探査」で終わるべきなのである。

発想を逆転させなければならない

産業活動とは、製品を生産するプロセスではなく、顧客を満足させるプロセスであることを、すべてのビジネスパーソンは理解しなければならない。顧客とそのニーズから始まるのであって、特許や原材料、販売スキルからではない。顧客ニーズを明らかにして顧客を満足させるには、何をいかに提供すべきか、と逆に進むべきである。さらに逆進して、顧客に少しでも多くの満足を与えられる製品を創造すべきである。顧客にすれば、この製品がどのように生産されているかということはどうでもよいことだ。したがって、製造方法、加工方法、そのほかの作業の具体的内容は、産業活動の重要事項とは見なされない。さらに逆に進んで最後に来るのが、生産に必要な原材料を見つけることなのである。

R&Dを重視する産業にとって皮肉なことは、経営の席に着いている科学者たちが組織全体のニーズや目的を定義する場合になると、まったく科学的でなくなる、という点である。彼らは、科学的方法における2つの基本的なルール——企業の課題は何かを突き止めて問題の定義をする、次にその問題を解くための仮説を立てる——を破る。彼らは研究室や製品実験といった勝手のわかるものについてだけ科学的なのだ。

顧客（そして彼らの心の底にあるニーズを満たすこと）が企業課題として考慮されないのは、顧客に問題はないと確信しているからではない。科学者として昇進してきたために、経営を逆の方向には進ませたくないからだ。彼らにすれば、マーケティングは傍流部門なのである。

私はこれらの産業で販売が無視されていると言っているのではない。繰り返しになるが、販売とマーケティングは違う。すでに述べたように、販売は企業の製品と顧客のキャッシュを交換するためのテクニックである。その交換によってどんな価値が生まれたかは関係ない。販売はマーケティングと異なり、顧客ニーズを発見し、創造し、触発し、満足させるといった一連の努力こそ事業活動のすべてである、という立場にはない。販売では、顧客とはどこか外側にいる見知らぬ人であり、うまい手を使えば、その小銭を吐き出させることができる相手にすぎないのだ。

技術志向の会社の中には、このような販売にさえ、あまり大きな注意を払わないところがある。次々と新製品を発売しても販売が保証された市場があるために、市場とはどんなものかをまったく知らない。あたかも計画経済の中にいるかのように、製品は工場から小売店に間違いなくひとりでに移動する、と考えている。製品にだけ目を向けてこれまで成功してきたものだから、過去のやり方が正しいと思い込んでいる。したがって、市場の上に怪しげな雲が集まり始めているのに気づかない。

顧客中心の企業となるために

かつて米国の鉄道産業は、抜け目のない証券市場から、絶対に間違いのない投資先と思われていた。欧州各国の王室は、米国の鉄道産業に膨大な金を投資した。数千ドルをかき集めて鉄道株を買った人には、神の祝福として永遠の富が約束されたと考えられた。スピード、融通性、耐久性、経済性、さらに成長可能性から見て、鉄道に匹敵する輸送形態はなかったのである。ジャック・バーザンが指摘したように、「19世紀の終わり頃までは鉄道は社会制度そのものであり、人間のイメージそのものであり、伝統であり、栄誉の象徴であり、詩の源泉であり、少年期の願望の拠り所であり、最高の玩具であり、人生のエポックを記す荘厳な機械であった(注6)」。

自動車、トラック、航空機が出現した後でさえも、鉄道は、揺るぎない自信を持ち続けていた。その時に鉄道会社の経営者に向かって、「30年もすれば鉄道は活気を失って破滅の道をたどり、政府からの助成金を嘆願するようになるだろう」などと言おうものなら、頭がおかしいと思われたはずだ。そのような未来は考えもつかなかったからである。問題視したり質問したりするどころか、普通の人間にはそのようなことは考え付きもしなかった。そんな未来を思い描くなど、正気の沙汰ではなかった。ところが、現在では、そのとんでもないことが事実として受け入れられている。

たとえば、楽しげにマティーニを飲んでいる分別ある100人の市民を乗せて、重量100トンの金属物体が地上1万メートルの上空をスムーズに移動するといったアイデアも、いまや現実のものとなった。これらが鉄道産業に無残な一撃を加えたのである。

こうした不幸な運命を避けるために、企業はどうすればよいのだろうか。顧客中心に考えるとはどんなことなのだろうか。部分的かもしれないが、この質問への答えは、これまでに挙げた事例とその分析で明らかにしてきた。個々の産業についての詳細は、別の機会で示したいと思う。いずれにしても、顧客中心の企業となるには、単なる志や秘密の販売促進法が必要になることは間違いない。その際、どういう組織をつくり、どういうリーダーシップを執るか、といったより大きな課題に取り組まなければならない。ここでは、衰退の運命を避けるのに、一般的に何が不可欠なのかを提言するに留めたい。

マーケティングマインドの浸透とリーダーシップ

企業がその存続に必要なことを実行するのは当然である。市場の要求に応え、しかも素早く対応しなければならない。単に存続することを願うだけならば、それほど大志を抱く必要はない。路上生活者でさえ、何とかして生存できるものだ。堂々と生き続け、事業で成功を収めたいという衝動を持ち続ける秘訣は、成功という甘い香りに酔うのではなく、起業家の素晴らしさを心の底から実感することにある。

成功への情熱に駆り立てられた精力的なリーダーなくしては、どんな企業も、優れた業績を上げることはできない。リーダーは数多くの熱狂的なフォロワー（追随者）を引き付けるだけの、勇猛果敢なビジョンを掲げなければならない。ビジネスの世界で言えば、フォロワーとは顧客である。こうした顧客をつくり出すには、企業全体を顧客創造と顧客満足のための有機体であると見なさなければならない。

経営者の使命は、製品の生産にあるのではなく、顧客を創造できる価値を提供し、顧客満足を生み出すことにある。経営者はこの考え方（およびこれが意味し、要求するすべてのもの）を、組織の隅々まで継続的に広めていかなければならない。また、社員たちを興奮させ刺激させるような経営感覚も求められる。さもなければ、組織はバラバラな部分の集まりにすぎなくなり、一本化された目的意識や方向性が失われてしまうだろう。

つまり企業は、製品やサービスを生み出すためでなく、顧客の購買意欲を促し、その企業と取引したいと思わせるような活動をするためにある、と考えなければならないのである。またCEOはこうした環境、こうした態度、こうした願望をつくり出すために大きな責任を負っている。経営姿勢、進むべき方向、目標を設定しなければならない。そのためにはCEO自身がどこへ進みたいのかを正確にわかっていなければならないし、企業全体が進むべき目標を十分に理解するよう、努めなければならない。これこそがリーダーシップの第一条件である。自分の進む目標がわからなければ、道は無数にあるために迷路に入り込んでしまう。

どの道でもかまわないのであれば、CEOはカバンをしまって魚釣りにでも出かければよい。もし、企業が進むべき目標を知らず、それに無頓着ならば、わざわざ教えてやる必要もない。やがて誰もが、その誤りに気づくはずである。

【注】

（1）Jacques Barzun, "Trains and the Mind of Man," *Holiday*, February 1960.

（2）詳細は以下を参照。M. M. Zimmerman, *The Supermarket: A Revolution in Distribution*, McGraw-Hill, 1955.

（3）同右。pp. 45-47.

（4）John Kenneth Galbraith, *The Affluent Society*, Houghton Miffin, 1958.

（5）Henry Ford, *My Life and Work*, Doublesday, 1923.

（6）前掲（1）に同じ。

第27章

The Commercial Space Age Is Here

「スペース・フォー・スペース」エコノミー

宇宙ビジネスを民間企業が牽引する時代

ハーバード・ビジネス・スクール 教授
マット・ヴァインツィール
ハーバード・ビジネス・スクール リサーチアソシエート
メハク・サラン

"The Commercial Space Age Is Here"
HBR.org, February 12, 2021 (product #H066NH).
邦訳初出：「宇宙ビジネスを民間企業が牽引する時代が到来した」DIAMONDオンライン、2021年4月7日

マット・ヴァインツィール（Matt Weinzierl）
ハーバード・ビジネス・スクールのジョセフ・アンド・ジャクリーン・エルブリング記念講座教授。経営管理論を担当。全米経済研究所のリサーチアソシエートも務める。主な研究・教育テーマは、経済政策の設計、宇宙の経済学とビジネス。

メハク・サラン（Mehak Sarang）
ハーバード・ビジネス・スクールのリサーチアソシエート。マサチューセッツ工科大学の宇宙探査イニシアティブで月探査プロジェクトの責任者も務める。

好景気に沸く宇宙ビジネス

民間宇宙ビジネスがいかに将来有望か、という話を耳にすることは多い。しかし、スペースエコノミー（宇宙経済）はこれまでのところ（少なくとも宇宙規模で見れば）極めて「局地的」なものに留まっていた。テクノロジー界のリーダーたちは月面基地や火星移住という夢を語っているが、それは実現してこなかったのだ。

しかし2020年、宇宙開発の歴史が大きな転換点を迎えた。人類史上初めて、政府ではなく、民間企業が製造・所有する宇宙船が有人宇宙飛行に成功したのである。最終的に目指しているのは、手の届く料金による宇宙移住を実現することだ。

今回の成功は、「宇宙における、宇宙のための」宇宙ビジネスの構築に向けた重要な最初の一歩といえる。この一歩がビジネスと政府の政策、そして社会全体に対して持つ意味は非常に大きい。

2019年、宇宙産業の売上高は推計3660億ドルに上った。このうちの95％は、言ってみれば「スペース・フォー・アース」（地球のための宇宙活用）エコノミーによるものだった。通信・インターネット接続のインフラ、地球観測システム、国家安全保障用の人工衛星などである。

このビジネスは、いま好景気に沸いている。研究によれば、稀少な天然資源をめぐる競争が過熱すれば、市場に多くの企業が参入しすぎたり、独占が生じたりするおそれはある。しかし、未来の展望は明るい。(注1)

打ち上げのコストが下がり、機器がおおむね安価になるに伴い、市場に新規参入する企業が増えてきた。また、幅広い業種の多くの企業が人工衛星テクノロジーと宇宙へのアクセスを活用して、自社の地球上での製品やサービスにイノベーションを起こし、効率化を高めようとしている。

これとは対照的に、「スペース・フォー・スペース」（宇宙のための宇宙活用）エコノミー――つまり、宇宙で用いるための製品やサービスを宇宙でつくる経済活動――は、うまく軌道に乗れていない。たとえば、宇宙での生活拠点を建設したり、宇宙で燃料補給を行ったりするために、月や小惑星を掘削するといったビジネスがこれに該当する。

早くも1970年代には、米国航空宇宙局（NASA）の委嘱により行われた研究の中で、宇宙に拠点を置くビジネスの台頭が予測されていた。宇宙で暮らす膨大な数の、ことによると何百万人もの人たちのニーズを満たすためのビジネスが成長し、スペース・フォー・アースのエコノミー――そして、いずれは地球上の経済活動のすべて――よりもはるかに規模が大きくなるとのことだった。(注2) この予測通りになれば、すべての企業のビジネスとすべての人の人生、さらには政治のあり方が様変わりすることになる。

今日に至るまで、このシナリオは現実になっていない。これまで一度に同時に宇宙に滞在した人類は、最大で13人だ。NASAが描いた未来像は、ほとんどSF映画の中の話に留まっている。

しかし、いよいよ真のスペース・フォー・スペース経済の時代に突入しつつあるのかもしれない。2020年にスペースXがNASAとの協力により成果を上げたことに加えて、今後はボーイング、ブルーオリジン、ヴァージン・ギャラクティックが継続的に、そして大規模に人類を宇宙に送り込むことを計画している。こうした動きは、民間企業による宇宙飛行の新しい一章の扉を開くものといえる。

これらの企業は、民間人を乗客や旅行者、いずれは移住者として宇宙に送り込む意志と能力を持っている。それが実現すれば、向こう数十年の間に、そうした民間人のニーズに応えるためにスペース・フォー・スペースの製品やサービスを提供するビジネスが生まれるだろう。

民間による宇宙時代の幕開け

政府主導の有人宇宙探査というモデルが確立されたのは、1960年代のことだ。筆者らの最近の研究でも検討したように、この20年間で、それが新しいモデルに転換してきた。政府の取り組みだけでなく、民間による活動の比重が高まってきたのだ。(注3)

政府主導の宇宙開発は必然的に、政府の関心に沿って、スペース・フォー・アースの活動に力を入れることになる。国家安全保障、基礎科学、国威発揚などの活動が中心になるのだ。

これは当然の結果といえるだろう。政府による宇宙開発プログラムへの予算拠出を正当化するためには、国民にとっての利点を示さなくてはならない。その点、政府を選ぶ国民は、そのすべてが(厳密には、ほぼすべてと言うべきかもしれないが)地球上で暮らしているので、スペース・フォー・アースの活動から恩恵を受ける立場にある。

一方、民間企業が人類を宇宙に送り込もうとするのは、宇宙を訪れることを望む人々の需要に応え、その人たちのニーズを満たすことが目的だ。スペースXは、まさにそれを目指してきた。

同社は創業以来20年近くの間に、ロケット打ち上げ産業の様相を一変させ、世界の民間打ち上げ市場で60%のシェアを握るまでになった。同社がつくる宇宙船の規模もどんどん大きくなっている。国際宇宙ステーション(ISS)だけでなく、自社が火星で建設を目指す入植地に人を運ぶことも目指しているのだ。

現状では、スペース・フォー・スペースの市場は、すでに宇宙にいる人たち——つまり、NASAやその他の政府プログラムに雇われた一握りの宇宙飛行士――のニーズを満たすビジネスに限られている。スペースXは、膨大な数の民間宇宙旅行者のニーズに応えたいという壮大な目標を掲げているが、現時点で同社のスペース・フォー・スペースのビジネスは、政府機関（要するにNASA）を顧客とするものがほとんどだ。

しかし、打ち上げコストが下がれば、スペースXのような企業は規模の経済の力を追い風にして、もっと多くの人を宇宙に送り込めるようになるだろう。その結果、民間の需要（つまり、政府機関職員ではなく、旅行者や移住者の需要）が高まり、いまはまだデモンストレーション段階の取り組みが、大規模で持続可能なビジネスに発展していく可能性がある。

まずはNASAを相手にビジネスを行い、将来的にはもっと大規模な民間の市場をつくり、それを拡大させていくことを狙う――そうしたモデルを実践している典型的な企業がスペースXだ。しかし、このアプローチを追求している企業は同社だけではない。スペースXはスペース・フォー・スペースの輸送に注力しているが、この新しい産業には製造業も含まれる。

メイド・イン・スペースは、2014年以降、「宇宙で、宇宙のための」製造を行うビジネスの先頭を走ってきた。この年、同社は3Dプリンターを使って、ISS内で工具のレンチをつくったのだ。

同社は現在、高品質の光ファイバーケーブルなど、無重力空間でつくられた製品に対して、地球上の顧客の需要が期待される製品の生産も模索している。しかし、それだけでなく同社は最近、NASAと7400万ドルの契約を結び、NASAの宇宙船で用いるための金属製の大きな建材を宇宙空間で3Dプリンターによってつくることになった。

未来の民間宇宙船でも、同じように宇宙船内での製造へのニーズが高まると予想できる。メイド・イン・スペースは、そのようなニーズに応えるビジネスで有利な立場に立ちたいと考えている。

スペースXがまずNASAのニーズに応えることから出発し、将来的にもっと大規模な民間市場相手のビジネスを行いたいと考えているのと同じように、メイド・イン・スペースがNASAと行っているビジネスは、民間部門向けに宇宙空間でさまざまな製品を——地上で製造して宇宙まで運搬すれば、途方もないコストがかかるような製品を——製造することに向けた最初の一歩になるのかもしれない。

スペース・フォー・スペースへの投資が活発に行われているもう一つの主な領域は、居住施設、研究施設、工場など、宇宙におけるインフラの建設と運営だ。現在この分野で先頭を走っているアクシオム・スペースは最近、2022年にスペースXの宇宙船「クルードラゴン」により、「史上初の民間人だけの商業宇宙ミッション」を宇宙空間に送り込むことを発表した。

同社は、ISSで居住モジュールの建設と配備を行う独占的な契約も結んでいる。これにより、ISSで（そしていずれは宇宙空間のそれ以外の場所でも）民間の活動を行うためのモジュールをつくるという同社の計画が前進するだろう。

このようなインフラが整備されれば、宇宙ステーションに滞在する人のためのさまざまな関連サービスへの投資が加速する可能性が高い。

たとえば、2020年2月、マクサー・テクノロジーズは、NASAと1億4200万ドルの契約を結び、地球に近い軌道を周回する宇宙船で設備の組み立てを行うロボットを開発することになった。将来、民間部門の宇宙船や入植地が登場すれば、このようにさまざまな建設・修理ツールが必要になるに違いない。

そして言うまでもなく、民間部門でニーズが生まれるのは、産業用の製品だけではない。宇宙に滞在する人たちの快適性を高めるためのビジネスも急成長すると予想される。

ビジネス界は、宇宙の過酷な環境の中で人々の生活の人間的な側面を支援する取り組みに乗り出すだろう。たとえば、2015年には、宇宙テクノロジー企業のアルゴテックとコーヒー会社のラバッツァが協働して、ISSの無重力環境で機能するエスプレッソマシンを開発した。これにより、乗組員の日々の暮らしがわずかに充実した。

人類はこれまで半世紀、宇宙空間の真空と無重量を活かして、地球上ではつくれないものを調達したり、製造したりしたいという夢を抱いてきた。しかし、これまでその試みはたびたび失敗してきた。それを考えると、宇宙空間での製造業に懐疑的な見方をする人がいても無理はない。

とはいえ、過去の数々の失敗は、スペース・フォー・アースのビジネスに向けた取り組みだった。たとえば、2010年代には2つの新興企業、プラネタリー・リソーシズとディープスペース・インダストリーズが宇宙における資源採掘ビジネスの有望性に目をとめた。しかし、スペース・フォー・スペースのビジネスが存在していなかったため、両社が差し当たり生き延びられるかどうかは、採掘した資源（貴金属やレアメタルなど）を地球上の顧客に販売できるかどうかにかかっていた。

結局、莫大なコストをまかなうために十分な需要がないことが明らかになり、資金が干上がって、両社とも別の事業に方向転換していった。

この2つの企業は、スペース・フォー・アースのビジネスが実を結ばず、失敗した。しかし、人間が宇宙に住み始めれば、宇宙で建設資材や金属や水を採掘するビジネスへの需要は極めて大きくなるだろう。その結果、現状よりはるかに安価に、これらの資源を供給することも可能になる。

人々が宇宙で生活し、働く時代が訪れた時、私たちはこれらの初期の小惑星資源採掘会社のことを「失敗した会社」というより、「時代を先取りしていた会社」だったと見なすようになるだろう。

スペース・フォー・スペースのチャンスをつかむ

スペース・フォー・スペースの活動が生み出すチャンスは極めて大きい。しかし、そのチャンスを活かすことは必ずしも簡単ではない。

チャンスを逃がさないために、政策決定者はしかるべき規制と制度の枠組みをつくり、民間主導の宇宙ビジネスを花開かせるうえで不可欠な要素、すなわちリスクをいとわない姿勢とイノベーションへの取り組みを促進する必要がある。

特に重要な政策領域としては、以下の3つを挙げることができる。

❶民間人が政府の宇宙飛行士よりも大きなリスクを取れるようにする

まず、宇宙産業をより分権的で市場志向の産業へと転換させるために、政策決定者は、民間の宇宙旅行者や移住者が自発的に、政府の宇宙飛行士よりも大きなリスクを取ることを認めるべきだ。政府が政府職員である宇宙飛行士に許容するリスクは、ある程度以上大きなものにはなりえない。

もちろん長い目で見れば、宇宙旅行者や宇宙移住者を増やすうえでは、高いレベルの安全性を確保することが重要だ。しかし、初期段階でリスク回避の姿勢が強すぎると、進歩がまったく起きずに終わってしまう。

この点では、NASAと取引企業との関係が参考になる。2000年代半ば、NASAは取引企業との関係で、原価加算契約（宇宙に投資することの経済的リスクをすべてNASAが引き受ける）から、固定価格契約（NASAと取引企業がリスクを分かち合う）に転換した。

民間企業のほうが政府よりもリスク許容度が高いので、これをきっかけに宇宙産業が一挙に活性化した。そうした民間企業の宇宙ビジネスへの参入増加は、「ニュースペース」（新しい宇宙産業）という言葉で表現されることもある。

これと同じように、スペース・フォー・スペースの経済活動を軌道に乗せるためには、民間の宇宙飛行士による自発的なリスクテイクへの姿勢を変える必要があるのかもしれない。

❷考え抜かれた規制と公的支援を導入する

次に、大半の市場がそうであるように、安定した宇宙ビジネスを育てるためには、考え抜かれた規制と公的支援が不可欠だ。

NASAと米国の商務省および国務省は、「（地球に近い軌道における）米国の商業活動が花開くように、適切な規制環境を形づくる」ことをあらためて確約している。これは、政府が産業界との協働を続ける意思を示したものとして歓迎できる。しかし、行うべきことはまだたくさんある。(注4)

まず、政府は、宇宙における限られた資源の所有権をどのように扱うかを明確にすべきだ。たとえば、火星の水、月の氷、そして周回軌道上の「枠」の利用権（言ってみれば、宇宙空間における駐車スペースのようなものだ）などがそれに該当する。

2020年にNASAが月の土壌や岩の買い取りを申し出たり、2020年4月に宇宙空間の資源に関する大統領令が発せられたり、2015年に「商業宇宙打ち上げ競争力法」が制定されたり——こうした近年の動きを見ると、米国政府は、宇宙の経済開発を後押しするための規制の枠組みを確立したいと考えているといえそうだ。

2017年、ルクセンブルクは欧州諸国で初めて、宇宙で採掘された資源に対する私的権利を保障する法的枠組みをつくった。同様の動きは、日本やアラブ首長国連邦（UAE）でも見られている。また、8カ国が署名したアルテミス合意では、月、火星、小惑星の持続可能な国際的開発のビジョンに合意した（ただし、ロシアと中国は参加していない）。

こうしたことは初期の重要なステップではある。しかし、主要な宇宙開発国すべての間で稀少な宇宙資源を公正に利用・分配するための包括的な国際条約はまだ生まれていない。

また、各国政府は、まだ成熟途上にあるスペース・フォー・スペース経済のエコシステムにおける資金不足を解消するため、人間を宇宙に送り込むのに有益な基礎科学研究に資金援助を行い、宇宙関連のスタートアップ企業に業務を発注すべきだ。

加えて、過度な規制が宇宙産業の息の根を止めるリスクがあることには留意すべきだが、スペースデブリ（宇宙ゴミ）を削減するための政策など、ある種のインセンティブ施策は、政府の措置抜きに企業同士で調整して成し遂げることが難しい成果をもたらし、すべての企業にとって宇宙ビジネスのコストを引き下げる効果が期待できる。

❸地政学的対立を乗り越える

最後に、スペース・フォー・スペースの経済の発展が地球上の地政学的対立（米国と中国の関係はその典型だ）により足を引っ張られないようにすべきだ。

国家間の地政学的対立は、どうしても宇宙空間にも（少なくともある程度は）波及する。それに軍事関連の需要は、航空宇宙企業にとってこれまで重要な収益源になってきた。しかし、地政学的対立を抑え込まなければ、国境を超えた商業宇宙開発から関心と資源が奪われるうえに、民間の投資にとっての障害とリスクが生まれてしまう。

地球上では、民間の経済活動を通じて、対立関係のある国の人同士が結び付いてきた。スペース・フォー・スペースのエコノミーが成長すれば、同様の結束を生み出す大きな原動力になる可能性がある。

各国政府は、そのじゃまをしないようにすべきだ。世界の国々が協働して、宇宙空間での法の支配を確立し、国際的なルールを徹底していく取り組みは、スペース・フォー・スペースの経済を健全に発展させるために不可欠だ。

＊　＊　＊

スペース・フォー・スペースのエコノミーを確立するというビジョンは、1960年代に宇宙時代が幕を開けた頃、すでに存在した。これまでそうした未来予想図はほとんど実現してこなかったが、ようやく状況が変わりつつあるようだ。歴史上初めて、民間企業の資本、リスクを伴う行動に乗り出しやすい立場、そして利益追求への意欲が、人間を宇宙に送り込む取り組みに注入され始めた。

このチャンスを活かすことができれば、のちに2020年を振り返って、スペース・フォー・スペースの経済と社会を築くという画期的な取り組みに乗り出した最初の年だったと評価することになるだろう。

【注】

(1) Matthew C. Weinzierl, Angela Acocella, and Mayuka Yamazaki, "Astroscale, Space Debris, and Earth's Orbital Commons," Harvard Business School, February 25, 2016, https://hbsp.harvard.edu/product/716037-PDF-ENG; and Matthew C. Weinzierl, Kylie Lucas, and Mehak Sarang, "SpaceX, Economies of Scale, and a Revolution in Space Access," Harvard Business School, April 9, 2020, https://hbsp.harvard.edu/ product/720027-PDF-ENG.

(2) William M. Brown and Herman Kahn, "LongTerm Prospects for Developments in Space: A Scenario Approach,"

NASA Technical Reports Server, October 30, 1977, https://ntrs.nasa.gov/citations/19780004167.

(3) Matthew C. Weinzierl, "Space, the Final Economic Frontier," *Journal of Economic Perspectives* 32, no. 2 (Spring 2018), 173–192, https://www.hbs.edu/ris/Publication%20 Files/jep.32.2.173_Space,%20the%20Final%20Economic%20Frontier_413bf24d-42e64cea-8cc5-a0d2f6fc6a70.pdf.

(4) Marcia Smith, "Space Council Gets Human Spaceflight Strategy Report," SpacePolicyOnline.com, November 19, 2018, https://spacepolicyonline.com/news/spacecouncilgets-human-spaceflight-strategy-report/.

第28章

That Discomfort You're Feeling Is Grief

その不快な感情の正体は「悲しみ」である

自分の感情を無視したり、振り払ったりする必要はない

著述家
デーヴィッド・ケスラー

聞き手＝
『ハーバード・ビジネス・レビュー』シニアエディター
スコット・ベリナート

"That Discomfort You're Feeling Is Grief"
HBR.org, March 23, 2020 (product #H05HVE).
邦訳初出：「その不快な感情の正体は『悲しみ』である」 DIAMONDオンライン、2020年4月15日

デーヴィッド・ケスラー（David Kessler）
著述家。悲嘆と喪失に関する世界的な権威。グリーフ・ドットコム創設者。主な共著に『ライフ・レッスン』（角川文庫）、『永遠の別れ』（日本教文社）などがある。

スコット・ベリナート（Scott Berinato）
『ハーバード・ビジネス・レビュー』シニアエディター。著書に『ハーバード・ビジネス・レビュー流 データビジュアライゼーション』（ダイヤモンド社）などがある。

最近、『ハーバード・ビジネス・レビュー』（ＨＢＲ）の編集スタッフ数人でオンライン会議を行った。コンピュータのスクリーン上に大勢の顔が映し出された。リモートワークの導入が進む中で、いまあちこちで急速にお馴染みになりつつある光景だ。

私たちはその日、新型コロナウイルス感染症が猛威を振るう日々に、我々のウェブサイトＨＢＲ．ｏｒｇに掲載予定の原稿について話し合い、読者の役に立つ情報を提供するために何ができるかを議論した。しかし、それだけでなく、自分たちの心の状態も話題にした。

自分が感じているのは深い悲しみの感情だと、会議参加者の一人が述べた。すると、スクリーン上に映し出された大勢の顔がいっせいにうなずいた。

問題の正体がはっきりすれば、その問題に対処しやすくなるのではないか。そう考えた私たちは、悲嘆に関する世界的権威であるデーヴィッド・ケスラーに話を聞いた。ケスラーはエリザベス・キューブラー・ロスの『永遠の別れ』（日本教文社）の共著者で、近著*Finding Meaning*（未訳）では、それまでの「悲嘆の5段階」に加えて6つ目の段階を新たに提唱した。

ケスラーはロサンゼルスの病院運営団体で10年以上勤務しており、同団体でバイオハザード対策チームの責任者も務めている。また、ロサンゼルス市警の心的外傷スペシャリストとして待機したり、赤十字の災害支援チームに所属したりするなどの社会奉仕活動にも携わってきた。深い悲しみを感じている人を支援するウェブサイトwww.grief.comの創設者でもある。同サイトには、１６７カ国から年間５００万人以上がアクセスしている。

ケスラーは私たちのインタビューの中で、自分が深い悲しみを感じていると自覚することの重要性、そうした感情に対処する方法、その経験に意味を見出す過程について語った。以下はそのインタビューの内容である（文意を明確にするために、発言の細部を整理していることをお断りしておく）。

社会全体の安全が失われたという感覚

ベリナート（以下略）：いま人々は、実にさまざまな感情を抱いています。その一部は「悲しみ」と呼ぶべきものなのでしょうか。

ケスラー（以下略）：そうです。私たちはいま、さまざまなタイプの悲しみの感情を抱いています。世界が変わってしまったと、私たちは感じています。

実際、世界は変わりました。（感染症の流行が）永遠に続くわけではないと頭ではわかっていても、そうは感じられない。もう昔には戻れないと悟っているのです。

（2001年の）9・11テロ以前と以後で、旅客機に乗ることの意味が一変したように、これを境に物事が大きく変わるでしょう。平穏な暮らしが奪われ、経済的な不安が高まり、人と人のつながりも失われつつあります。

こうした変化の直撃を受けて、私たちは深い悲しみの感情を抱いています。社会全体が悲嘆の感情の中にあります。これほどまでに悲しみの感情が社会に充満することに、私たちは慣れていません。

――私たちは複数のタイプの悲嘆を感じているということですか。

はい。私たちは、いわゆる予期悲嘆も抱いています。予期悲嘆とは、不確実な状況の下で、未来がどうなるかを考えた時に抱く感情です。

典型的なパターンとしては、死について考えた時、この種の悲しみの感情を抱きます。家族や友人が厳しい医学的診断を言い渡されたり、誰もが考えることですが、いつか親を亡くす日が来ると考えたりした場合です。

もっとも、予期悲嘆は、もっと漠然とした未来を想像することで生まれる場合もあります。「悪いことが起きそうだ」「危険が近づいている」といった思いも悲嘆の原因になります。

感染症が広がっている状況では、この種の感情は人々を混乱させます。悪いことが起きつつあると直感的に感じてはいるけれど、その問題そのものは目に見えない——このような状況は、人々の安心感を奪います。

私たちはいま、安全が失われたと感じています。社会全体の安全が失われたという感覚がこれほど高まったのは、初めてのことだと思います。

個人単位や小規模なグループ単位では、これまでも私たちはそのような感覚を味わってきました。けれども、社会全体でというのは過去に経験のないことです。私たちはいま、ミクロなレベルでも、マクロなレベルでも、深い悲しみを感じているのです。

——そのような深い悲しみの感情に対処するために、私たちはどうすればよいのでしょうか。

悲嘆の段階について学ぶことが出発点になるでしょう。

ただし、私がこのテーマについて話す時に必ず釘を刺しているように、悲しみのプロセスは常に一直線で進むわけではないし、いつもこの段階の順番通りに進むとも限りません。悲嘆の段階とは、進むべき道を指し示す案内図というより、言わば未知の世界を歩むための足場を提供するものと考えてください。

悲嘆のプロセスはまず、否認の段階から始まります。最初のうちは、現実から目を背けようとする人が少なくありません。「私たちはウイルスに感染しない！」といった具合です。次は、怒りの段階。「家に閉じこもっていろ？　冗談じゃない！　何もできないじゃないか！」と反発するのです。

取引の段階では、「2週間家の外に出なければ、すべて解決するんだな？」などと考える。抑鬱の段階では、「この状況がいつ終わるのか、まったく見当がつかない」という思いが湧いてくる。

そして最後は、受容の段階。「現実は変えられない。この中でどうやって生きていくかを考えなくては」と思い始めます。

おそらくお気づきの通り、受容の段階に到達すれば力を手にできます。自分で物事をコントロールできるようになるのです。「ていねいに手を洗おう」「ほかの人と安全な距離を保とう」「リモートワークの方法を学ぼう」などと考えるようになります。

悲しみを和らげるテクニック

――深い悲しみの中にある時、人は激しい身体的苦痛を感じ、頭の中も浮き足立ちます。それを和らげるために役立つテクニックはあるのでしょうか。

予期悲嘆に話を戻しましょう。不健全な予期悲嘆の正体は不安です。あなたがいま指摘したような反応を生むのも不安の感情です。

人間の精神は、私たちにさまざまなイメージを見せます。たとえば、親が病気だとします。その場合、人は最悪のシナリオをイメージします。これは精神の自己防衛反応でもあります。

そのようなイメージを無視したり、振り払ったりすることを目指す必要はありません。そんなことは、私たちの精神が許してくれません。無理をすれば、大きな苦痛を味わう可能性もあります。

目指すべきなのは、思考のバランスを取ることです。最悪のシナリオが頭の中で形づくられてきたと感じた時は、最善のシナリオをイメージするようにしましょう。

「みんないくらかは具合が悪くなるけれど、世界が終わるわけではない」「自分の大切な人は誰も死なない」「私たちが正しい行動を取る結果として、誰一人死なないで済むかもしれない」。このように考えてみるのです。

最悪のシナリオも最善のシナリオも、どちらも無視すべきではありません。けれども、いずれかのシナリオに精神を完全に支配されてはなりません。

予期悲嘆は、精神が未来に目を向けて、最悪の事態を想像することで生まれます。そこで、精神を落ち着かせるためには、いまと向き合うとよいでしょう。瞑想やマインドフルネスを試したことがある人にはお馴染みのアドバイスですが、それがあまりに何の変哲もない活動であることに驚く人も少なくありません。

部屋の中にあるものを5つ挙げろと言われれば、誰でも苦もなくそれができるでしょう。コンピュータに、椅子に、犬の写真に、古いカーペットに、マグカップという具合に。いまと向き合うことは、それと同じくらい簡単です。

深呼吸をして、いまこの瞬間、恐れていた事態が起きていないことを再確認しましょう。問題は起きていない。食料は手に入る。病気でもない。その点を確認するのです。

五感を駆使し、自分の感覚が何を伝えてくるかに意識を向けましょう。デスクの硬さや毛布の柔らかさを感じる。鼻から吸い込まれる空気を感じる。こうしたことを実践すれば、苦痛がいくらか和らぐはずです。

自力でコントロールできないことを考えないようにするのも有効な方法です。隣の人がどんな行動を取るかはコントロールできません。自分でコントロールできるのは、隣の人から2メートル距離を置くことと、丹念に手を洗うこと。そのことに集中しましょう。

最後にもう一つ。買いだめならぬ、「思いやりだめ」をするのもよいでしょう。どのくらい大きな恐怖と悲嘆を抱いているかは、人それぞれです。その恐怖と悲嘆をどのように表現するかも人によって異なります。

私はつい先頃、ある同僚にぶっきらぼうな態度を取られました。その時、私はこう考えました。「この人らしくない振る舞いだな。そうやって、人はこの状況に対処しているのだろう。恐怖と不安を抱いていることがよくわかる」

現在のような状況では、ほかの人の言動に対して忍耐心を持つことが大切です。いまその人がどのように振る舞っているかではなく、ふだんどのような人物かを思い出しましょう。

――現在の状況のとりわけやっかいな点の一つは、出口が見えないことです。

これが永遠に続くことはありません。それを口に出して言えば、いくらか気持ちが楽になるでしょう。

私は10年間、ある病院運営団体で働いています。このような状況に対処する訓練を受けてきました。1918年のスペイン風邪についても研究しました。その経験から言えば、いま私たちが取っている警戒措置は間違っていません。その点は、歴史に照らして明らかです。

この状況は乗り切ることができます。私たちは生き延びられます。いまは過剰なくらい防御を徹底すべき時期ですが、過剰反応をしてはなりません。

そして、私たちはこの経験に、きっと意味を見出せるようになるでしょう。光栄なことに、エリザベス・キューブラー・ロスの遺族は、私が悲嘆の5段階に新しい6つ目の段階を付け加えることを許可してくれました。その6つ目の段階とは、意味の段階です。

私がよくエリザベスと議論したのは、受容の後にどのような段階に至るのかという点でした。自分が個人的に悲嘆を経験した時、受容して終わりというのは嫌だったからです。どん底の日々に意味があったと思いたい。そうした暗闇の日々にも一筋の光は見つかるはずだと、私は信じています。

実際、人々はいまも、テクノロジーを利用してつながれることに気づき始めています。思っていたほど、人と人の距離は遠くないとわかったのです。

電話で長話だってできます。歩くことの効用も再認識され始めました。私たちは、現在の状況下で、そして状況が落ち着いた後に、この経験にもっと多くの意味を見出すことでしょう。

――この記事を読んでも、まだ深い悲しみに打ちひしがれている人に助言があれば、お願いします。

ここで紹介した取り組みを続けてください。自分の抱いている感情の正体が悲しみだとはっきり認識することには、大きな効果があります。自分の内面を理解する助けになります。

この1週間、「とてもつらいと、同僚たちに打ち明けた」とか、「昨晩泣いてしまった」と私に話した人が大勢いました。このように自分の内面の感情を明確に認識すれば、その感情をしっかり感じて体験することができます。そのようなプロセスは避けて通れないものです。

自分が経験している感情を知ることが重要です。自己啓発ブームが生み出した不幸な副産物の一つは、自分の感情に対して感情を抱く傾向が生まれたことです。

たとえば、「私はいま悲しい。でも、そんなふうに感じることはよくない。もっとつらい経験をしている人もいるのだから」などと考えてしまう。でも、「私はいま悲しい」とだけ思えばよいのです。というより、そうすべきです。「私はいま悲しい。5分間、悲しむ時間がほしい」と思うようにしましょう。

大切なのは、ほかの人がどのような感情を抱いていようといまいと、自分の悲しみや恐怖や怒りにしっかり向き合うこと。そうした感情を抑え込もうとしても意味がありません。その感情は、私たちの体が生み出しているものだからです。

その感情を抱くことを自分に許せば、秩序立った形でその感情が生まれて、力が湧いてきたように感じられます。そうなれば、私たちはもはや犠牲者ではなくなります。

――秩序立った形で感情が生まれる？

そうです。人は、自分が抱いている感情を感じないよう努める場合があります。それは、感情をギャングのようなものと考えていることが原因です。悲しいと感じて、そのような感情を抱けば、その悲しみの感情がずっと心の中に居座ると思い込んでいる。否定的な感情に心を占拠されると恐れているのです。

でも、実際は違う。感情は人の中を通り過ぎていくものです。人がある感情を抱けば、その感情は外に出ていきます。そして、人はまた別の新しい感情を抱く。感情がギャングのように人を支配したりはしないのです。

いまの状況下で、悲しみを感じるべきでないなどと考えるのはばかげています。悲しむことを自分に許し、前に進みましょう。

第29章

What Psychological Safety Looks Like in a Hybrid Workplace

ハイブリッドな職場で心理的安全性を高める

文化を構築するための5つのステップ

ハーバード・ビジネス・スクール 教授
エイミー C. エドモンドソン
INSEAD 准教授
マーク・モーテンセン

"What Psychological Safety Looks Like in a Hybrid Workplace"
HBR.org, April 19, 2021 (product #H06AWX).
邦訳初出：「ハイブリッドな職場で心理的安全性を高める5つのステップ」『DIAMONDハーバード・ビジネス・レビュー』2021年8月号

エイミー C. エドモンドソン（Amy C. Edmondson）
ハーバード・ビジネス・スクールのノバルティス寄付講座教授。リーダーシップと経営論を担当。著書に『恐れのない組織』（英治出版）などがある。

マーク・モーテンセン（Mark Mortensen）
INSEADの准教授。組織行動論を担当。協働、組織設計、新しい働き方、リーダーシップに関する研究、教育、コンサルティングを行う。

働き方の変化が心理的安全性に与える影響

「当社の職場の方針では、従業員に週1回の出社を求めています。そして現在、15人のチームミーティングが計画されています。それに納得する人もいるのでしょうが、私は違います。家には幼い子どもがいるため、とても気をつけて対策してきました。でも、そんなことは言えません」

――世界的な食品ブランドの幹部による非公式な発言

（在宅勤務をしている同僚に）「あなたがオフィスにいないのは寂しいです。最近はオフィスの人が増えていて、周りにより多くの人がいるのはいいですね」

――バーチャルチームのコーヒーチャットでのコメント

新型コロナウイルス感染症のパンデミックが仕事の環境を変えて以来、離れた場所で働いている人たちを管理することの難しさ（信頼の低下や新しいパワーダイナミクスなど）といった、在宅勤務の目に見える側面が広く着目されている。

だが、それよりもはるかに目に見えにくい要因が、ハイブリッドな職場の有効性に著しく影響を及ぼす可能性がある。前述の発言が示唆するように、将来の勤務体制を整備し、それに対して従業員が抱く当然の不安に対処するために、マネジャーはチームの有効性を予測するうえで最も強力な要因の一つを再考し、拡大させる必要がある。その要因とは、心理的安全性だ。

心理的安全性とは、罰や屈辱を受けるリスクがなく発言できるという考え方だ。組織における質の高い意思決定、健全なグループダイナミクスと対人関係、偉大なイノベーション、効果的な業務の遂行などの重要な要因として確立されている。[注1]

頭で理解するのは簡単かもしれない。しかし、筆者のエイミーはこれまで、極めて単純で、現実的で、重大な状況でも、心理的安全性を構築し、維持することがいかに困難かを明らかにしてきた。

たとえば、手術室のスタッフが誤った手術を避けるために声を挙げることができるとか、CEOが公の会議で不正確なデータを発表する前に誤りを訂正できるといったことだ（いずれもインタビューで報告された、心理的安全性の失敗例だ）。残念ながら、在宅勤務やハイブリッドワークが心理的安全性の実現を容易にすることはない。

心理的安全性に関して、マネジャーはこれまで、仕事の内容に対する率直さや異議を認めることに重点を置いてきた。問題は、仕事と私生活の境界が曖昧になるのに伴って、マネジャーは従業員の個人的な状況を考慮した人員配置、スケジューリング、調整の決定をしなければならないことだ。従来とはまったく異なる領域といってよい。

いつ自宅で仕事をするかは、配偶者と死別した親と過ごしたり、学校で問題を抱える子どもを支援したりする必要性によって決まる従業員もいるだろう。別の従業員は、公にされていない健康上の問題（新型コロナウイルスが浮き彫りにした）や、仕事以外の事柄に対する情熱が影響しているかもしれない。実際に、仕事のかたわら五輪レベルのアスリートとしてトレーニングを積んでいた若者がそうだった。

独身であることや子どもがいないことを理由に、疎外されている、不当な扱いを受けている、あるいはワークライフバランスをめぐる議論から排除されていると感じる従業員の話を聞いている。彼らは、ワークライフバランスの問題がないから幸運だと言われることがよくあるという。

ワークライフバランスの問題について心理的に安全な議論をするのが困難な理由は、そのテーマがアイデンティティや価値観、選択といった、従業員の深い部分に触れる可能性が高いからだ。そのため、そうした議論はより個人的であると同時に、法的・倫理的な観点から偏見を招くリスクが高いものとなっている。

マネジャーが取るべき戦略

これまで私たちは「仕事」と「仕事以外」の議論を切り離して考え、マネジャーは後者を考慮しなくてもよかった。しかし、この1年で多くのマネジャーが気づかされたのが、育児、健康上のリスクを許容するレベル、配偶者や家族が直面する問題など、以前は立ち入るべきではないとされていたトピックが、ハイブリッドワークの構築やスケジュールをマネジャーと従業員が共同決定するために、ますます必要とされていることだ。

オフィスに戻れば、この2つを再び切り離すことができると考えたくなるかもしれないが、在宅勤務の割合が高くなっていることから、それは現実的でもなければ長期的に持続可能な解決策でもない。今後のアプローチを最適化しようとする企業は、情報が不正確とはいわないまでも不完全で、非常に複雑なスケジューリングと調整の課題を最適化しようとすることになるだろう。

ハイブリッドな勤務形態は、マネジメント上の複雑さを増大させる。マネジャーはこれまでのワークフロー調整の課題に加え、予測可能な時間に出勤することを期待できない人々を調整するという、新たな課題にも直面することになる。

まず確認しておきたいのは、マネジャーが個人的な情報に触れるのを避けてきた理由は、これまでと変わらず今日でも適切で、重要であることだ。個人的な情報を共有することは、個人的な質問をすることに関する法的規制、偏見が生じる可能性、従業員のプライバシー尊重の要望を考えると、現実的かつ重大なリスクを伴う。そのため、個人情報を多く明かすよう求めることが答えにはならない。

マネジャーは、従業員が仕事のスケジューリングや所在に関する個人的な状況を共有することや、チームのニーズとのバランスを取りながら、従業員が自分と家族のために正しい選択をすると信頼し、それらを奨励する環境をつくらなければならない。

マネジャーの責任は、ワークライフの問題を安心して提起できる領域を拡大することだ。心理的安全性は、新しく挑戦的な（そして緊張をはらむおそれのある）領域で生産的な会話を可能にするために、今日必要とされているのだ。

当然ながら「とにかく私を信じて」と伝えるだけではうまくいかない。仕事の内容だけでなく、幅広い従業員の経験も含めた心理的安全性の文化を構築するための5つのステップを提案したい。

ステップ❶ 場を設ける

ありふれたことのように思えるかもしれないが、最初のステップは、チームの課題だけでなく、あなた自身の課題も彼らに認識してもらえる話し合いの場を設けることだ。この話し合いの目的は、問題の責任をチームで共有することだ。

チームが効果的に働ける新たな方法を生むための、問題解決に必要なものだととらえてほしい。問題は何かを明確にしよう。従業員は（顧客、ミッション、自分のキャリアのために）仕事を遂行することがこれまで同様に重要であることと、それは過去と同じようには実現できず、その中で自分が（創造的で責任ある）役割を果たす必要があることを理解しなければならない。

あなたとチームのメンバーはグループとして、目の前に多くの障壁があっても、仕事のニーズとチームのニーズについて誰もが理解し、透明性を持ち、成功する責任を連帯して負う必要があることを認識する必要がある。

ステップ❷ リードする

言うは易しで、心理的安全性に関して、マネジャーが従業員に率直さを求めておきながら、特にミスや恥ずかしい思いをしそうな話題について自分が率直さを示さないとか、誰かが実行しても擁護しないといった話を非常によく耳にする。

あなたが真剣であることを示す最善の方法は、在宅勤務やハイブリッドワークについてのあなた自身の個人的な課題や制約を共有して、弱さをさらけ出すことだ。こうしたリスクを取る際、マネジャーが率先すべきことを忘れてはいけない。

明確な計画がないことについて弱さを見せて謙虚になり、自分の課題にどう対処しようと考えているのかを率直に話そう。あなたが従業員に対して率直であろうとしないなら、従業員があなたに対して率直であることを期待すべきではない。

ステップ❸ 少しずつ進める

従業員が個人的かつリスクの高い課題を、すぐさま共有してくれるものと期待してはいけない。信頼関係の構築には時間がかかる。仕事に関する心理的安全性の健全な文化が確立されていたとしても、これは新しい領域であり、欠陥のあるコードについて率直に話すことと、家庭での問題を共有することは異なるという事実を忘れてはいけない。

自分で小さな告白をすることから始め、従業員がそれに続くのを歓迎することで、共有しても不当な扱いを受けないという確信を彼らが持てるようにしよう。

ステップ❹ ポジティブな事例を共有する

課題やニーズを共有することのメリットを裏付ける情報のすべてを、従業員がすぐに入手できると思うのは間違っている。

透明性が高まっていて、個人のニーズと組織の目標の両方を達成する新たな仕組みをチームがデザインするのに役立っているという、あなたの確信を共有して、マーケターのように心理的安全性を売り込もう。ここでの目的は、個人的に打ち明けられた話を共有することではなく、その告白によりチームだけでなく、その従業員にとってもよりよい解決策を協働で導き出せたと説明することだ。

同調圧力が生じないよう、配慮しながらうまく行わなければならない。従業員が自発的に賛同できるだけの根拠を提供することを目指そう。

ステップ❺ 監視役になる

心理的安全性の構築には時間がかかるが、破壊されるのは一瞬であることを、たいていの人は認識している。人は一般的に、受け入れられるかどうかが確かでないと、重要な考えでも職場で共有することを躊躇する。リスクを冒して発言しても、それが却下されれば、本人も他の人も次に発言したいとは思わない。

従業員が「もっと頻繁にあなたと顔を合わせたい」とか「あなたの力が必要だ」といった一見無害な発言をしていることに気づいたら、チームリーダーとして気を配り、そうした発言を払いのけなくてはならない。そうした言葉をかけられた従業員は、チームメートを失望させていると感じるかもしれない。

これは非常に難しく、スキルが必要だ。思想警察になったり、在宅勤務の同僚がいなくて心から寂しいと思っている人や、彼らの助けを必要としている人を罰したりするのではなく、従業員がこうした意見をより前向きで、理解ある方法で表現できる手助けをしなくてはならない。たとえば、「あなたの思慮深い視点が得られないのは残念ですが、制約のある状況にあることは理解しています。何かお手伝いできることがあれば教えてください」といった言い方もできる。

出社を求められても非難されていると従業員が受け取らないように、インクルーシブになって、役に立ちたいというあなたの意図を率直に伝えよう。同時に、共有された個人的な情報を不適切に利用した人を断固として非難できる準備ができていなければならない。

マネジャーは、こうした対話は発展途上の段階にあるものとしてとらえる（そして議論する）ことが大切だ。すべてのグループダイナミクスがそうであるように、時間の経過とともに発展し、変化を遂げる、創発的なプロセスである。

これは最初の一歩だ。この先の旅にロードマップはなく、あなたは繰り返し導いていかなければならない。踏み込みすぎて修正が必要になることもあるかもしれないが、こうした話はしてはいけないと決め付けるよりも、まずは試してみて、失敗するほうがいい。

学習や問題解決のための取り組みであり、確固たる状態にたどり着くことなどけっしてないものだと考えよう。

勝利宣言をして進むのではなく、こうした視点を持てば、あなたとあなたのチームは、真の拡大された心理的安全性をつくり出し、維持することができるだろう。

【注】

（1）Amy C. Edmondson, *The Fearless Organization: Creating Psychological Safety in the Workplace for Learning, Innovation, and Growth*, Hoboken, NJ: John Wiley & Sons, 2018.（邦訳『恐れのない組織』英治出版、２０２１年）

第30章

Strategic Intent

ストラテジック・インテント

「組織の志」こそ競争力の源

ミシガン大学 スティーブン M. ロス・スクール・オブ・ビジネス 教授
C. K. プラハラッド
ロンドン・ビジネススクール 客員教授
ゲイリー・ハメル

"Strategic Intent"
Harvard Business Review, May-June 1989, July-August 2005 (product #R0507N).
1989年度マッキンゼー賞受賞論文
邦訳初出:「ストラテジック・インテント」『DIAMONDハーバード・ビジネス・レビュー』DHBR2008年4月号

C. K. プラハラッド（C. K. Prahalad）

ミシガン大学スティーブン M. ロス・スクール・オブ・ビジネスのポール・アンド・ロス・マクラッケン記念講座教授。サンディエゴにあるソフトウェア会社、プラジャの創業者であり、かつてはそのCEOを務めていた。主な著書に『価値共創の未来へ』（ランダムハウス講談社）、『ネクスト・マーケット』（英治出版）などがある。

ゲイリー・ハメル（Gary Hamel）

ロンドン・ビジネススクールの客員教授。コンサルティング会社、ストラテゴスの創設者でもある。著書に『リーディング・ザ・レボリューション』（日本経済新聞社）、『経営は何をすべきか』（ダイヤモンド社）などがある。

2人の共著に『コア・コンピタンス経営』（日本経済新聞社）がある。

競合分析では見えない日本企業の強さ

昨今さまざまな業界で、新興グローバル企業の競争優位に何とか対抗しようと、欧米企業の経営者たちがやっきになっている。

人件費を抑制しようと海外に生産拠点を移し、グローバルに規模の経済を働かせるために製品ラインの合理化を推し進め、QC（品質管理）サークルやジャスト・イン・タイム生産を取り入れ、日本企業の人事慣行に倣おうとしている。それでもなお十分な競争力が得られないならば、他社との戦略的提携に乗り出す。その相手はほかでもない、自社の競争力を揺るがすライバル企業である。

これらの施策には、たしかにそれなりの意義があるが、たいていは模倣の域を出ない。ほとんどの企業は、途方もないエネルギーを費やした末、グローバル市場でライバルがすでに享受するのと同じコストや品質面での優位性を手にする程度である。模倣は、相手企業を心から称える気持ちの表れかもしれないが、自社の競争力強化にはつながらないだろう。他社の戦略を模倣した場合、その戦略をすでに実践している企業からは、こちらの動きは手に取るように見えているはずだ。

そのうえ、成功企業の場合、現在に立ち止まることはまずない。このため当然ながら、多くの経営者がいつまでもライバルの後を追い続け、時折、相手の新たな成果に不意を突かれる。このような経営者と企業は、戦略の基本コンセプトの多くを問い直さない限り、かつての競争力を取り戻すことも、新たな競争力を獲得することもかなわないだろう。(注1)

「戦略」が注目を集めるのに従い、欧米企業はその活力を失っていった。筆者ら2人は、これを偶然だとは考えていない。

たとえば、経営資源とビジネスチャンスの適合度、すなわち「戦略のフィット」、コストリーダーシップ、差別化、集中といった「基本戦略」、目標、戦略、戦術という「戦略のヒエラルキー」などを妄信するあまり、往々にして競争力の低下が招かれた。一方の新興グローバル企業は、戦略というものを、欧米流の経営思想とは根本的に異なる視点から考えている。このような競争相手を前にしたら、これまで正統とされてきた手法を多少手直ししたくらいでは、オペレーション効率を心持ち引き上げるのと同じく、競争力の回復にはつながらないだろう（囲み「対照的な2つの戦略」を参照）。

欧米企業は、新たにグローバル市場に参入してきた他社の動きを、ほとんど予測できずにいる。というのも、大多数の企業はそもそも、競合分析に頼っているからである。一般に競合分析は、既存のライバルだけに焦点を絞り、現在どのような経営資源、たとえば人材、技術、資本力を持っているかに着目する。脅威と見なすのは、来期の利益や市場シェアを奪いそうな企業だけだ。仮に他社が、機転を利かせて新たな競争優位を瞬く間に築いたとしても、まず視野に入ってこない。

従来の競合分析は、走っている自動車のスナップショットを撮るようなものだろう。写真を見ただけでは、その被写体が、のん気なサンデードライバーにせよ、グランプリの予行走行をするプロドライバーにせよ、そのスピードや目指す方向はほとんどわからない。

ましてや、多くのマネジャーは、企業がグローバル市場で成功できるかどうかを占ううえで、経営資源が潤沢か否かによって判断できるものではないことを、苦い経験を通じて学び取ってきた。

過去を振り返ってみよう。１９７０年において、日本企業の大多数は、経営資源、生産量、技術力のどれを取っても、欧米のリーダー企業に見劣りしていた。たとえば、小松製作所（コマツ）は売上高がキャタピラーの35%にも満たなかった。その名も日本以外ではほとんど知られておらず、売上げの大半を小型ブルドーザーに頼っていた。本田技研工業（ホンダ）は、アメリカン・モーターズよりも小規模で、米国に製品を輸出してはいなかった。キヤノンの複写機事業はまだよちよち歩きで、40億ドルの売上げを誇るゼロックスと比べると、吹けば飛ぶような存在だった。

もし欧米企業のマネジャーがこれら日本企業を競合分析の対象にしていたならば、経営資源の面で格の違いがはっきり浮き彫りになっていただろう。

ところが1985年には、コマツは各種土木機械、産業ロボット、半導体製造機器などを取り揃え、28億ドルを売り上げるまでになっていた。ホンダは1987年には、全世界での自動車生産台数でクライスラーとほぼ肩を並べた。キヤノンは、ゼロックスの海外事業部と同等の市場シェアを握っていた。

以上からの教訓は明らかだろう。既存のライバル企業を対象に、戦術面の優位性を分析しても、潜在的なライバルの意志の力、持久力、革新力などを見抜くうえでは何の役にも立たないということだ。いまから3000年前、孫子は「勝利の戦術は誰にでも見抜くことができる。しかし、大勝利を収めるための戦略は誰にも見えない」と説いた。

ストラテジック・インテントとは何か

この20年間にグローバルリーダーの地位へと上り詰めた企業は、例外なく、当初の経営資源や能力をはるかに超える野心を抱いていた。組織のあらゆる階層に勝利への執念を植え付け、グローバルリーダーになるまでの間、10年でも20年でも、その執念を燃やし続けたのである。本稿では、この執念を表現したものを「ストラテジック・インテント」と呼ぶ。

ストラテジック・インテントがあると、目指すべきリーダーシップポジションを思い描き、そこに向かって歩を進めることができる。コマツは「キャタピラーを包囲せよ」、キヤノンは「打倒ゼロックス」を掲げ、ホンダは第二のフォード・モーター、つまり自動車業界のパイオニアを目指して奮起した。これらは皆、ストラテジック・インテントをわかりやすく表現したものである。

ただし、ストラテジック・インテントは、無軌道な野心とは異なる。野心を抱きながらも、それを果たせずに終わる企業もけっして少なくない。

この概念は、積極果敢なマネジメントプロセスを伴う。具体的には、組織を勝利することに集中させる、目標の意義を社員たちに伝えてモチベーションを高める、個人やチームに貢献のチャンスを与える、環境の変化に合わせて挑戦課題を設定し、社内のやる気をさらに引き出す、常にストラテジック・インテントに基づいて経営資源の配分を決めるなどである。

ストラテジック・インテントは、勝利の本質をとらえている

「ソ連よりも先に、人類を月に送る」というアポロ計画は、競争を強く意識していた。米国にとってアポロ計画の成否は、ソ連との技術競争の行方を決定付ける意味合いがあった。コマツはこれと同じくらい、キャタピラーにはっきりと照準を合わせていた。

ＩＴ業界は変化が激しく、どこか一社を競争のターゲットに決めるのは難しかった。そこで日本電気（ＮＥＣ）

は1970年代初め、情報プロセッシング技術と通信技術が融合することで生まれてくるだろうビジネスチャンスに向けて、そのために最もふさわしい技術の獲得をストラテジック・インテントとして掲げた。この融合を予測していた企業はほかにもあったが、この見通しをもとに「C&C」（Computing and Communication）という志を戦略の指針に据えたのは、NECただ1社だった。

ちなみに、コカ・コーラは「コカ・コーラを世界のすべての人の手の届く製品にする」をストラテジック・インテントにしている。

ストラテジック・インテントは、時間が経過してもぶれない

グローバル競争を制するには、長期的に物事を見たり考えたりする習慣を組織に根付かせることが極めて重要である。ストラテジック・インテントによって、短期的には行動に一貫性が生まれ、新しいビジネスチャンスが生まれた際には、さまざまな解釈が許容される。

コマツは、キャタピラーの包囲網を広げる過程で、いくつもの中期計画を立て、そのつどキャタピラーの個別の弱点を攻撃したり、具体的な競争優位を築いたりすることを目標にした。たとえば、キャタピラーが日本市場に揺さぶりをかけてきたら、まずは品質をさらに改善し、次にコストを下げ、そのうえで海外市場を開拓し、新製品の開発に乗り出すことを決めた。

ストラテジック・インテントは、社員が一個人としても献身するに値する

米国企業のCEOたちに「自分が会社の成功に貢献しているかどうかを何によって測定するか」と尋ねれば、大半が「株主価値」と答えるだろう。しかし、ストラテジック・インテントを掲げた企業の経営陣からは「グロ

ーバル市場での地位」という回答が返ってくる可能性が高い。

たしかに、大きな市場シェアを獲得すれば、普通に考えれば株主価値も向上する。ただし、この「株主価値の向上」「グローバル市場での地位向上」という2つの目標は、働き手のモチベーションへの影響という点で大きく異なる。ブルーカラーはもとより、ミドルマネジャーたちが、起きている間、ひたすら株主価値の向上に努力するとは想像しがたい。

しかし、日本の某自動車メーカーのように「ベンツを追い抜こう」というかけ声であれば、働き手のモチベーションも変わってくるのではなかろうか。社員たちが武者震いをするのは、「世界のナンバーワンになる」「ナンバーワンの座を守る」といった目標が与えられた場合だけである。その土台が、ストラテジック・インテントにほかならない。


多くの企業は、ストラテジック・インテントよりも戦略プランニングに馴染みが深い。プランニングは一般的に、戦略をふるいにかける役目を果たす。戦略の中身（ｗｈａｔ）と、これを実現する方法（ｈｏｗ）が精緻に示されているかどうかによって、採用されたり、見送られたりする。

はっきりしたマイルストーンが決まっているだろうか。必要なスキルと経営資源はあるだろうか。ライバル企業はどのような反応を示すだろうか。市場調査に抜かりはないだろうか。事あるごとに、ラインマネジャーに向かって「現実を直視しろ」といった叱責が飛ぶ。しかし、グローバルリーダーになる戦略というものが、はたしてプランニング可能なのだろうか。

コマツ、キヤノン、ホンダは、欧米市場に進出するに当たり、20年後までを視野に入れた詳しい戦略を携えていたのだろうか。また、日本や韓国のビジネスリーダーたちは、欧米のリーダーたちよりも戦略プランニングに長けているのだろうか。答えは「ノー」である。

戦略プランニングには、たしかに意義がある。しかし、「業界のグローバルリーダーになる」というのは、戦略プランニングの域を超えた壮大な目標である。実際、先進的なプランニング手法を使いこなしている企業でも、ストラテジック・インテントを生み出せた事例はごく少数に留まる。

というのも、戦略プランニングの域を超える目標を掲げてしまうと、その目標と戦略の適合性を検証するのが難しくなるため、途中で挫折しがちだからである。とはいえ、そのような壮大な目標を掲げるだけの気骨なくして、グローバルリーダーの地位など望むべくもない。

「戦略プランニングによって、将来に目が向く」といわれるが、マネジャーたちにその実態について問い質してみれば、大多数が「戦略は概して、将来のチャンスよりも、むしろ目の前の問題点をあぶり出すためのもの」と率直に認めることだろう。したがって、プランニングの時期が訪れるたびに、マネジャーたちは新たな課題に直面するため、そのたびに焦点が大きくぶれる。

しかも、たいていの業界では、変化のスピードが加速しつつあり、予測の対象期間は短くなる一方である。このため、戦略プランニングから生まれてくるのは、現状をわずかに改善した計画となる。

かたやストラテジック・インテントは、将来のあるべき姿から逆算して、いま何をすべきかを明らかにするように促す。ストラテジック・インテントの実現へと近づくには、「今年と比べて、来年はどうなるのか」を予測するのではなく、「来年はどのような点を改めなければいけないか」と発想することが大切である。

戦略プランニングを毎年積み重ねながら、グローバルリーダーの地位を手にするには、そもそもストラテジック・インテントについて吟味し、それに忠実であることが必要である。

ストラテジック・インテントによって組織力を引き出す

10年あるいは20年という単位の経営計画を策定したところで無意味である。これと同じく、グローバルリーダーの地位が幸運によって転がり込んでくる可能性もまず期待できない。泥縄的なマネジメントでグローバル市場を制覇できるほど、世の中は甘くない。

社内ベンチャーを目的としたスカンクワークスやその他の手法も、この場合、大して役に立たないだろう。これらの手法の根底には、極めて冷めた悟りがある。すなわち、組織は古いしきたりや発想にがんじがらめになっているため、イノベーションを生み出すには、ごく一握りの精鋭を隔離し、それなりの予算を注ぎ込み、素晴らしい成果が生まれてくるのを期待するしかないという諦観である。

このシリコンバレー流のイノベーション手法の場合、ボトムアップで有望な新規事業の種が蒔かれるのを待ち、それに合わせて企業戦略を修正するだけである。したがって、経営陣は付加価値を生み出す存在ではない。残念ながら、大企業の多くは、このような姿勢でイノベーションに取り組んでいる。(注2) しかも、その経営陣は、株主を満足させ、買収の脅威を遠ざけておくこと以外に、これといった志を持っていない。

そのうえ、プランニングの形式、各種報奨制度、市場の定義、根強い業界慣行など、いくつもの手かせ足かせがあり、取りうる手段はごくごく限られる。その結果、イノベーション活動はおのずと孤立していく。つまり、野心的なストラテジック・インテントの実現に向けて、経営陣が社内のさまざまな力を結集させるよりも、個人や少数精鋭チームの力に託すのだ。

経営資源の制約を乗り越えてグローバルリーダーの座に就いた企業の場合、手段と目的の関係が通常とは一味も二味も違う。ストラテジック・インテントは単純明快な目標を示す一方、その手段については問わず、さまざまな手段を臨機応変に選択できる余地を与える。

たとえば、富士通はＩＢＭを攻めるに当たり、欧州で他社との戦略的提携を結んだ。ただしこれも、あくまで明快な目標を達成する一手段でしかない。社員たちは、経営陣が定めた基準に照らして、自分たちの施策が適切かどうか、あらかじめ判断できる。その結果、創造性が解放され、しかし野放図になることはない。

またミドルマネジャーは、財務目標を達成するだけでなく、ストラテジック・インテントに込められた幅広い指針に従わなければいけない。

ストラテジック・インテントを掲げると、組織はかなりの背伸びを強いられる。この目標を達成するのに、手持ちの経営資源や能力だけではとうてい十分とはいえない。したがって、何とかして知恵を絞り、限られた資源を最大限に活かすよう迫られる。

従来の戦略観は、目の前のビジネスチャンスにふさわしい資源が自社にあるかどうかを重視するが、ストラテジック・インテントの場合、経営資源の制約などは度外視し、大望を掲げる。そこで経営陣は、この溝を埋めるために、新しい優位性を計画的に築くよう社内に檄を飛ばす。

キヤノンは、まずはゼロックスの特許をくまなく調べ、次いで技術ライセンスをてこに市場参入を果たすと同時に、Ｒ＆Ｄに力を入れ、独自技術を他社にライセンス供与し、次のＲ＆Ｄに向けた資金を調達した。そして、ゼロックスが出遅れていた日本と欧州の複写機市場に、満を持して参入したのである。

こうして見ると、ストラテジック・インテントの実現を目指すのは、４００メートル競走を繰り返しながら、最終的に42・１９５キロを走破するようなものだろう。ゴール周辺の状況は、そこにたどり着くまでは誰にもわからないため、次の４００メートルに組織の注意を向けさせるのが、経営陣の役割となる。

そこで企業によっては、ストラテジック・インテントを実現するには、次にどのような挑戦課題をクリアすべきか、適宜きめ細かく社内に示している。たとえば、1年目は品質改善、2年目は顧客サービスの充実、3年目は新市場への参入、4年目は製品ラインの刷新といったように、そのつど焦点は移り変わる。ここからもわかるように、挑戦課題を具体的に示すことは、まず何に努力すべきかを社内に伝え、新しい競争優位を段階的に獲得する手段にほかならない。ストラテジック・インテントを掲げた企業の経営陣は、「製品開発期間を75％短縮する」といった具体的な目標を示すが、その手段について細かい制約を設けたりはしない。

ストラテジック・インテントと同じく、新たなチャレンジもまた、組織に背伸びを強いる。キヤノンは家庭向け複写機市場でゼロックスの機先を制するために、「１０００ドル以下の価格を実現するように」と、技術陣に発破をかけた。当時、キヤノン製の複写機は最も安価なものでも数千ドルだった。既存機種のコストダウンにいくら努力したところで、価格を劇的に下げ、家庭向け市場へのゼロックスの参入を遅らせることはできなかっただろう。キヤノン技術陣はそのために、複写機を一からつくり直す必要に迫られた。こうして、従来の複写メカニズムに代えて、使い捨てタイプのインクカートリッジが考案されたのである。

何にチャレンジすべきかを決める際には、ライバル企業を分析するほか、業界が今後どのように推移していくのかについて予測してみる。これらを通して、競争の空白地帯を見つけ、有利な立場のライバルを出し抜くには、どのようなスキルが必要なのかを探り出す（図表30-1「コマツ：競争優位の軌跡」を参照）。

挑戦課題を組織に浸透させるには、各人、各チームがその中身を十分理解し、自分たちの職務と重ね合わせなければいけない。品質改善に取り組み始めたフォード・モーターやＩＢＭの事例が示す通り、新たな競争優位の獲得に向けて挑戦課題を設定し、これに全社を挙げて取り組むには、経営陣に次のような行動が求められることが、すぐにわかるだろう。

社内に緊迫感あるいは危機的な状況を生み出す

改善の必要性をうかがわせるちょっとした兆しを、やや大げさに社内に伝える。危機が深刻化するまで手をこまねいていてはいけない。コマツは、想定される最大の円高シナリオに基づいて予算を策定していた。

ライバル企業に関する情報を大規模に収集し、全社の目を競争相手に向けさせる

すべての社員が自分の取り組みを業界の最高水準と比較できるよう、しかるべき仕組みをつくり、一人ひとりの心に経営課題を深く刻み付ける。たとえばフォードは、マツダの最新鋭工場における操業風景を撮影したビデオを、生産現場の人々に紹介した。

仕事のパフォーマンスを高めるスキルを社員たちに身につけさせる

統計ツール、問題解決手法、バリューエンジニアリング（VE）、チームビルディングなどの研修を施す。

一つのチャレンジを十分消化してから、次の挑戦課題を与える

挑戦課題が次々と降ってくると、ミドルマネジャー層はえてして、部下たちが優先順位を理解できずに混乱するのではないかと恐れ、守勢に回る。「経営陣がどこまで本気なのか、まずは様子を見よう」という雰囲気が社内に蔓延すると、挑戦課題は骨抜きになってしまう。

国際企業へと飛躍して輸出市場を切り開く	外的要因から市場を守る	新製品と新市場を生み出す
1960年代初め 東欧圏の市場開拓に着手する。 **1967年** 販売子会社コマツ・ヨーロッパを設立。 **1970年** コマツ・アメリカを設立。 **1972年** 大型ブルドーザーの耐久性と信頼性を高め、コストを低減するために、プロジェクトBを始動。 **1972年** ペイローダー(ショベルなどを搭載した運搬用機械)の改良を目指してプロジェクトCを立ち上げる。 **1972年** 油圧掘削機の改良を目指してプロジェクトDを開始。 **1974年** 新興工業国の建設プロジェクトを支援するために、予約販売とサービスを担当する部門を設立。	**1975年** 品質水準を維持したままコストを10%下げる、部品数を20%減らす、製造システムを合理化するという内容の「V-10計画」を始動。 **1977年** 「180円計画」を立ち上げ、1ドル=180円の為替レートを前提に全社の予算を組む(ちなみに当時のレートは1ドル=240円だった)。 **1979年** 石油危機を受けてプロジェクトEを始動させ、各チームの品質、コストへの取り組みを強化する。	**1970年代後半** 製品ラインの拡充を目指して製品開発を加速。 **1979年** 社会のニーズと自社のノウハウに沿って新たなビジネスチャンスを見つけるために、「フューチャー・アンド・フロンティア計画」を立ち上げる。 **1981年** 製品ラインを無理なく拡大できるように、生産効率の向上を目指した「EPOCHS計画」を始動させる。

図表30-1 コマツ：競争優位の軌跡

企業課題	キャタピラーから国内市場を守る	品質水準を維持したままコストを低減させる
具体的な施策	**1960年代初め** カミンズ・エンジン、インターナショナル・ハーベスター、ビサイラス・エリーなどとライセンス契約を結び、技術を取得するとともに、業界の標準的な技術水準を探り出す。 **1961年** プロジェクトA（エース）を始動させ、小型、中型ブルドーザー分野でキャタピラーをしのぐ品質を目指す。 **1962年** 全社QCサークル運動を展開し、全社員に研修をほどこすことを目指す。	**1965年** コストダウン（CD）運動を開始。 **1966年** CD運動を全社的に展開する。

わかりやすいマイルストーンと反省の仕組みをつくる

マイルストーンと反省を通して、挑戦課題の進捗を把握し、望ましい行動につながるような業績評価指標や報奨制度を設ける。言うまでもなく、挑戦課題を社内の全員に真剣に受け止めさせるのが狙いである。

挑戦課題に取り組むプロセスと、そこから生まれてくる優位性を混同してはいけない。品質改善、コスト削減、バリューエンジニアリングなど、どのような課題であろうと、社員たちの熱意や知性を刺激して、新しいスキルを身につけさせる必要がある点に変わりはない。またいずれの場合でも、経営陣と社員がそれぞれ、競争力の強化にそれぞれ責任を負っていることを自覚しない限り、挑戦課題は組織に根を下ろさない。

筆者らが見たところ、企業が競争に敗れると、現場が不当なまでに責められる例が多い。ある米国企業は、極東のある企業と同じ水準まで人件費を引き下げようとして、時給工たちに40％の賃金引き下げを求めた。この提案によってストライキが起こり、これは長期に及んだ。最終的には10％ダウンで決着した。

しかし製造業の場合、付加価値総額に対する直接労務費の割合は15％にも満たない。この企業では、ブルーカラー全員のやる気をすっかり失わせておきながら、圧縮したコストはわずか1・5％足らずであった。また皮肉にも、ライバル企業を詳しく分析したところ、低コストの主な要因は人件費ではなく、社員たちが考案した業務改善手法にあったことが判明した。

この米国企業の場合、ストライキと賃下げの後だけに、生産現場に改善運動を求めても、真剣に取り組まれることなど、およそ期待できないだろう。他方、日産自動車は為替相場が円高に振れた折、経営者報酬を大幅にカットしたうえで、ミドルマネジャーや一般社員たちに小幅の賃金カットを求めた。

経営陣も社員も互いの責任をまっとうすることとは、果実と痛みを互いに分かち合うことにほかならない。といる。

ところが、苦境に陥った企業の大半が、再生の痛みを、最も責任が軽いはずの一般社員たちに最も重く押し付けている。

経営陣は社員たちの尻を叩くだけで、彼らの努力に応えていない。実際、雇用を保障する、利益を分配する、経営のあり方について社員たちの意見を聞くといった姿勢はない。このように、一方的に社員たちに犠牲を強いる形で競争力を高めようとするからこそ、多くの企業が、彼らの知的エネルギーを十分活用できないのである。

経営陣と社員の相互責任がなぜ重要なのか。それは、競争力とは何かについて突き詰めると、新たな優位性をいかに短時間で組織の末端にまで根付かせられるか、その時々においてどれだけの優位性を身につけているかによって決まるからだ。このため、多くのマネジャーがもっぱら使っている評価基準、たとえば「他社よりもコストを低く抑えているか」「当社の製品は高く売れるだろうか」だけでは十分とはいえず、より広範な視点から競争優位をとらえ直さなければいけない。

競争優位は極めて移ろいやすい。新たな競争優位を探るのは、株式銘柄に関する耳寄り情報を入手することにどこか似ている。最初にひらめきや洞察を得た人は、後発組よりも多くの利益を手にするからだ。

製品の累積生産量が少ない段階においては、他社に先駆けて生産能力を拡張し、製品価格を引き下げ、工場をフル稼働させながら、販売量が増加するに従ってコストを低減させた企業が、繁栄と利益を手にする。

ある先行者は、他社が市場シェアを軽視しているという事実に着目した。他社は、市場シェアを伸ばせば、コストが下がり、利益率が上がることを理解せず、シェアの拡大につながりそうなプライシングを怠っていたのだ。もっとも半導体業界のように、20もの企業がひしめき、おのおの世界市場の10%に相当する生産能力を持ってしまうと、市場シェアを軽視する企業など、いようはずもないが——。

既存の優位性についていくら評価を重ねたところで、新しい優位性は生まれてこない。戦略の要諦は、既存の優位性が他社に真似される前に、いかに次の競争優位を築くかにある。

日本のメーカーは、1960年代には人件費と資本コストの低さに助けられた。その後、欧米メーカーが生産拠点を国外に移し始めると、日本メーカーは製造技術への投資を加速し、規模と品質面での優位性を生み出した。欧米のライバルが生産の合理化に乗り出すと、次なる一手として、製品開発のペースを上げた。さらにはグローバルブランドを構築したり、提携やアウトソーシングを通して他社をしのぐスキルを身につけたりした。また、社員の士気も高かった。

こうして既存のスキルを高めながら、新たなスキルを獲得することができたわけだが、これこそ無敵の競争優位だといえる。

既存の競争ルールを塗り替える4つの手法

ストラテジック・インテントを実現するには、一般には規模や資本力で自社に勝る相手に挑戦することになる。つまり、貴重な経営資源を無駄にしないように、競争の方法を工夫する必要がある。

そのためには、従来の競争ルールに従い、他社と同じ技術や事業慣行を少し改善したくらいでは、とても十分とはいえない。むしろ他社の優位性を逆手に取るくらいでなければいけない。具体的には、新規市場への参入、優位性の構築、競争などに関する斬新なアプローチを考案するのだ。競争優位を奪取するには、リスクを許容範囲内に抑えながらも、模倣ではなくイノベーションを目指すべきだろう。

日本企業が海外進出していく過程から、次の4つの手法によって「競争のイノベーション」、すなわち競争ルールを塗り替えてきたことがはっきり見て取れる。

❶新たな優位性を次々と身につける。
❷相手のすきを突く。
❸競争ルールを塗り替える。
❹競争と協働の両面作戦を展開する。

❶新たな優位性を次々と身につける

優位性に厚みがあればあるほど、競争上のリスクは小さい。欧米企業よりも遅れてグローバル市場に参入した企業は、競争の武器をたえず拡充することで優位性のポートフォリオを築いていった。低賃金といった些細な優位性を起点にしながらも、グローバルブランドなど強固な優位性の構築に向けてひたすら精進した。このように優位性を積み重ねていくプロセスは、日本のカラーテレビ業界の足跡に示されている。

1967年、日本は白黒テレビの生産台数で世界一になり、1970年にはカラーテレビの生産でも他国を追い上げていた。日本のメーカーは当時、低賃金を主な競争優位として自社ブランドを立ち上げ、短期間に、世界の一流メーカーにも引けを取らない大規模な工場を設けた。

この投資によって、品質と信頼性という新たな優位性を手に入れる一方、製造手法の改善を通じてさらなるコスト削減を成し遂げた。ただし、このようなコストリーダーシップは、賃金水準、製造技術、為替レート、貿易政策などの変化に弱かった。この点に気づいた日本メーカーは、1970年代に流通チャネルの拡充とブランド力の強化を推し進め、グローバル市場における販売の足場を固めた。

同年代末には、以上のような莫大な投資を回収するために、製品や事業の範囲を広げ、1980年には、松下電器産業（現パナソニック）、シャープ、東芝、日立製作所、三洋電機など主要メーカーは皆、グローバルな販売を支えられるだけの関連事業を立ち上げていた。各社は以後、各市場の嗜好や実情に見合った新製品を開発するために、地域別にデザインセンターや工場を置いている。

ここで紹介した企業は皆、さまざまな優位性の源泉を、互いに排他的なものと見なさず、相乗効果を期待できると考えた。二兎を追うのは自殺行為に等しいという見方もあるが、現実には多くの企業が、コストリーダーシップ戦略と差別化戦略の両方を追求している。(注3)

融通の利きやすい生産技術を身につけ、マーケティングに工夫を凝らす。そしてそれをてこに、標準化された世界仕様の製品ではなく、地域特性に合わせた製品を投入する。その典型例の一つがマツダで、同社はカリフォルニア州で、米国市場に特化したミニバンを生産している。

❷相手のすきを突く

次に、競争のイノベーションの第2の手法である「相手のすきを突く」について説明したい。

これは相手に奇襲をかける戦術で、戦争と同じく競争においても大きな効果を発揮する。とりわけ、グローバル競争の初期段階では、新規参入者は強大な既存企業から反撃されにくいように、ひっそりと立ち回る。たとえば、敵の守りの手薄な市場を探して、そこに狙いを定めるといった具合だ。守りの手薄な市場を探すには、市場参入や企業間競争の既存手法にこだわってはならない。筆者らは、米国の某多国籍企業の地域別担当者たちに、各国における日本メーカーの動きについて尋ねた。

1人目は、「彼らはローエンド市場に参入しています。それが日本企業の十八番ではないでしょうか」という意見だった。

2人目は、この意見に関心を示しながらも、異なる見解を披露した。「私の担当する市場では、日本企業はローエンド製品を提供していません。むしろハイエンド市場に、趣向を凝らした製品を投入しています。当社もこれに倣うべきでしょう」

3人目は、さらに別の見方をしていた。「日本企業は当社と競合するのを避け、部品を供給したいと言って、魅力的な条件を提示してきましたよ」

つまり、この多国籍企業の守りが手薄な分野は国ごとに異なり、日本企業はそれに合わせて各国で違った戦略を選択したのである。

相手のすきを見出すには、出発点として、ライバル企業の考え方を慎重に分析しなければいけない。市場をどのように定義しているか。最も収益性が高いのはどの事業か。参入を控えたほうが無難な地域市場はどこか等々――。

ここでの狙いは、強大なライバルが見向きもしないような辺境やニッチを探すことではなく、業界リーダーが君臨する市場のすぐ脇に攻撃の拠点を構えることだ。無風で収益機会にあふれた市場を目指すわけである。それは、低価格オートバイのような特定の製品、コンピュータ部品のようなバリューチェーンの一端、あるいは東欧のような地域市場かもしれない。

ホンダは米国のオートバイ市場に参入するに当たり、リーダー企業とはわずかに異なる製品分野を選んだ。このため、相手のすきを突いて事業基盤を築き、それを足がかりに戦線を拡大することに成功した。競合他社の多くは、ホンダのストラテジック・インテントの存在に気づかず、エンジンとパワートレイン分野での実力の伸びをも見過ごしてしまった。

しかし実際には、ホンダは米国市場で50㏄バイクを販売する一方、欧州ではすでに大型オートバイ市場にも参入していた。オートバイや自動車を広範かつ計画的に提供するという目的に向かって、必要な設計スキルや技術を着々と蓄えていたのだ。ホンダは、このようにエンジン分野のコア・コンピタンスを築いていた。ならばライバル企業は、ホンダが、自動車、芝刈り機、船舶エンジン、発電機など、さまざまな製品分野に参入する可能性を察知できたのではないか。

ところが、これまで守ってきた市場にばかり気を取られていたため、ホンダが他の製品分野へ多角化する脅威を見落としてしまった。最近では、松下電器産業や東芝も異分野に奇襲をかける態勢を整えている。

このような奇襲から身を守るには、敵が、製品セグメント、事業分野、国別市場、バリューチェーンの段階、流通チャネルなどの垣根を超える可能性を想定し、その動きを見逃さないよう、たえず広い範囲にわたって警戒していなければならない。

❸競争ルールを塗り替える

業界リーダーによる市場やセグメントの定義を退け、新規参入のルールを変えることも、競争のイノベーションの一形態である。キヤノンの複写機事業への参入はその好例である。

1970年代、イーストマン・コダックとＩＢＭはオフィス機器市場において、セグメンテーション、製品、流通、サービス、価格など、あらゆる面でゼロックスと肩を並べようとした。しかしながら、ＩＢＭはやがて複写機事業から撤退した。一方のコダックは大型複写機市場でゼロックスに大きく水をあけられ、2番手の地位に甘んじた。

ところが、キヤノンは競争ルールの刷新を図った。ゼロックスが種々多様な機種を販売していたのに対して、キヤノンは製品と部品の標準化を推し進め、コストを低減した。ゼロックスのような巨大な販売網を築こうとはせず、オフィス製品のディーラーを通して製品を販売した。

信頼性が高く、修理もしやすい製品を用意し、アフターサービスをディーラーに委託したため、全国的なサービス網を設ける必要もなかった。また、製品をリースではなく、売り切りにしたため、リースに伴う財務負担を避けることができた。そのうえ、顧客への売り込みに当たっても、文書管理を担う本社部門の責任者ではなく、身近に複写機を置きたいと考えるマネジャーや秘書にターゲットを絞った。キヤノンはあらゆる局面において、参入障壁をそつなくかわしたのである。

キヤノンの軌跡からは、参入障壁と模倣障壁は異なるという重要な事実が見えてくる。仮にゼロックスの手法を踏襲した場合、相手と同じだけの参入コストを覚悟しなければならない。模倣障壁はこのように高かった。そこで、キヤノンは競争ルールを一変させることで、参入障壁を著しく引き下げたのである。

競争ルールの変更は、ゼロックスがすかさず反撃に出てくるのを防ぐ効果もあった。実際に、ゼロックスは事業戦略と組織体制を考え直す必要に迫られ、しばらくの間、身動きが取れなくなった。製品ラインを絞り込み、新たな流通チャネルを開拓して信頼性を高めるにしても、急げば急ぐほど、従来の利益基盤が崩れるのも速いからだ。

それまで成功を支えてきたはずの要因、たとえば、全米に張りめぐらせた販売・サービス網、膨大な数のリース機器、アフターサービス収入への依存などが、キヤノンへの反撃を困難にさせていた。

この意味では、競争のイノベーションは柔道に似ている。敵の大きさを逆手に取り、「柔よく剛を制す」を地で行くのが狙いなのだ。そのためには、業界リーダーと同じケイパビリティを身につけるほかに、相手にはない強みを育成するという考え方もある。

競争のイノベーションを目指す背景には、「強者はえてして成功の方程式に縛られる」という前提がある。このため、新規参入者にとって最強の武器は、戦略を一から築くことのできる自由度だろう。他方、既存企業にすれば、従来のやり方を信じ切っていることがアキレス腱になる。

❹競争と協働の両面作戦を展開する

ライセンス契約、アウトソーシング、合弁などの手法を用いると、戦わずして勝利できる場合もある。一例として富士通は、欧州ではシーメンスとスタンダート・テレフォン・アンド・ケーブル、米国ではアムダールとの提携を通して生産規模を拡大し、これを欧米市場へ参入するための突破口とした。

松下電器産業は１９８０年代初め、英国のソーン・エレクトリック・インダストリーズ、ドイツのＡＥＧテレフンケン、フランスのトムソンと合弁事業を立ち上げ、欧州のＶＣＲ（ビデオカセットレコーダー）業界の主導権をフィリップスと争う態勢を短期間で整えた。日本企業はグローバル市場で強大な敵と戦うに当たり、「敵の敵は味方」という古くからの格言に忠実に従い、他社とタッグを組んだのだ。

コラボレーションは時として、潜在的なライバルの開発努力を腰砕けにする狙いが隠されている。コンシューマー・エレクトロニクス分野の日本企業は、テレビやハイファイ機器などの既存事業では欧米企業への攻勢を強める一方、ＶＣＲ、カムコーダー、ＣＤプレーヤーなど次世代事業に関しては、すすんで製造を請け負った。「自分たちが生産を引き受ければ、欧米のライバルは開発費を縮小するだろう」という思惑からであった。その狙いはみごと的中した。ひとたび自社開発を怠った企業は、新製品をめぐる以後の競争でほぼ一様に精彩を欠いた。

コラボレーションは、競合他社の強みと弱みを見極めるうえでも役に立つ。トヨタ自動車はゼネラルモーターズ（GM）と、マツダはフォードとそれぞれ合弁に乗り出した。これは、相手企業のコスト削減、品質改善、技術進歩などの進捗を知る貴重な機会となった。そのうえ、GMとフォードがどの局面で戦い、どの局面で手を組むのかも見えてきた。言うまでもなく、この逆も成り立つ。提携は、GMとフォードにとっても、相手から学ぶ絶好の機会である。

以上、競争のイノベーションを生み出す手法について紹介してきたが、ここから新しい戦略観が浮かび上がってくる。ストラテジック・インテントの実現を目指して努力すると、長期にわたって一貫性のある資源配分が可能になるのだ。また、全社の課題がわかりやすく示されていると、一人ひとりが中期的に努力の対象を絞り込みやすい。

しかも、競争のイノベーションは短期的なリスクを減少させる。長期の一貫性、中期の集中、短期の工夫と熱意こそ、経営資源の制約を跳ねのけ、野心的な目標へと突き進むためのカギである。

ただし、勝利へのプロセスがあるように、敗北へのプロセスも存在する。競争の活力を取り戻すには、こちらの理解も欠かせない。欧米企業は技術で先行していたばかりか、その膝元に大きな市場を抱えるなど、グローバル競争で優位に立つ条件がそもそも揃っていたはずだが、なぜそれを活かし切れなかったのだろうか。その答えは簡単には見えてこない。

ほとんどの企業は、失敗の記録を残す大切さを理解できていない。敗北の原因を探るために、これまで経営の定石としていたものは何かについて振り返る企業はさらに少ない。しかし、敗北の裏には何らかの病理が存在しているはずだ。それを探り出せば、貴重な手がかりが得られるだろう（囲み「敗北のプロセス」を参照）。

欧米流マネジメントの欠点

欧米の戦略コンセプトには、『エクセレント・カンパニー』で紹介された8つのルール、マッキンゼー・アンド・カンパニーが提唱した7S、マイケル・ポーターのファイブ・フォース・モデル（5つの要因）や3つの基本戦略（コストリーダーシップ、差別化、集中）、製品ライフサイクルの4段階（PLC理論）、そのほか数え切れないほどのマトリックスなどがあるが、その本質について考えたところで気休めにもならない。(注4)

にもかかわらず、この20年間、えてして十分な実証を経ないまま、次々と新しい分類、教授法、長いリストなどが考案され、これらが戦略の進歩とされてきた。しかも、製品ライフサイクル、経験曲線、製品ポートフォリオ、基本戦略など、合理性のあるコンセプトですら、好ましくない副作用を伴いがちである。

一つには、戦略の選択肢を狭め、守りよりも攻めることばかりを重視する姿勢につながる。ライバルから戦略を見透かされやすいという難点もある。

決まったレシピに沿って戦略をプランニングすると、競争のイノベーションが阻害される。さらには、40もの事業を抱えている企業が、「投資」「現状維持」「投資の回収」「撤退」という4つの選択肢しか持たないことにもなりかねない。しかし、現状は業界のリーダー企業に有利であるため、これらリーダー企業を相手に同じやり方で戦いを挑んだところで、とうてい勝ち目はない。

マネジャーの多くは、セグメンテーション、バリューチェーン、ベンチマーキング、戦略グループ（業界内で同様の戦略を選択している企業群）、移動障壁（戦略グループ間の移動を妨げる障壁）といったコンセプトを学び、産業分析に磨きをかけてきた。ところが、このような分析に明け暮れている間に、ライバル企業は大陸全体を動かしにかかっている。

戦略プランニングのゴールは、既存業界のニッチを見つけることではなく、自社の強みを活かせる新たな競争空間を探り当てることだ。つまり、地図の外にまで目を向けなければいけない。今日では、業界の垣根がなくなりつつあるため、なおさらである。

たとえば金融や通信といった業界では、目まぐるしい技術革新、規制緩和やグローバリゼーションの進展などを受けて、これまでの業界分析はその意義を失いつつある。いかに地図を作成するスキルに長けていても、地震の震源地近くでは大して役に立たない。

半面、業界の地殻変動は、野心にあふれる企業にすれば、自分たちに都合のよいように地図を塗り替えるチャンスとなる。ただしそのためには、業界の垣根に囚われない自由な発想が不可欠である。

成熟という幻想

「成熟産業（企業）」「衰退産業（企業）」といった概念は、定義次第でさまざまに解釈できる。

ビジネスリーダーが事業を成熟したと表現する時は、「地理的に見た既存市場において、既存チャネルを介して販売した既存製品の売上げが横ばいに転じた」という意味である。この場合、成熟したのは、あくまでもそのビジネスリーダーがイメージする産業のことでしかない。

ヤマハのあるシニアマネジャーは、「ピアノ業界は成熟したと思うか」と問われて、次のように答えている。「仮に市場シェアを他社から奪い取らなくても利益が上がるならば、成熟したといえるでしょうね。もっとも私どもは、ピアノ業界に身を置いているのではなく、『キーボード事業』を展開しているつもりですが」

ラジオやテープレコーダーの業界では、他社がとうの昔に「この業界は成熟した」と見切りをつけたにもかかわらず、ソニーだけは毎年のように、事業に新たな息吹を吹き込んできた。

成熟という堅苦しい概念に囚われてしまうと、将来のさまざまなビジネスチャンスを逸しかねない。1970年代、少なからぬ米国企業が「家電業界は成熟した」と考えた。「カラーテレビを上回る製品など、もはや生まれてこないだろう」というのだ。こうして、ラジオ・コーポレーション・オブ・アメリカ（RCA）やゼネラル・エレクトリック（GE）は、より魅力的なメインフレームコンピュータなどの業界へとなびいていき、VCR、カムコーダー、CDプレーヤーなどの市場は、事実上、日本メーカーの独壇場となった。

皮肉にも、かつて成熟の烙印を押されたテレビ製造業界は現在、目覚ましく活性化しようとしている。米国でハイビジョン放送が始まれば、年間200億ドルの売上げがもたらされると予想されているのだ。しかし、テレビの黎明期を支えた製造業は、ほとんどその恩恵にあずかれないだろう。

戦略を分析する各種ツールは、たいていが国内市場に照準を合わせており、グローバル市場でのチャンスや脅威に目を向けるきっかけになるものはまずない。

たとえばポートフォリオ・プランニングの場合、「地理的に見て、どの市場に投資するか」ではなく、「どの事業に投資するか」という発想にしかつながらない。この結果、当然というべきか、外国企業からの殴り込みを受けると、その事業分野を諦めて、逃げ込むようにグローバル競争の波が押し寄せていない別の分野に参入する。

自社の競争力が脅かされた場合の当座の対応とすれば、これはこれで致し方ないのかもしれない。しかし、逃げ込む先、つまりグローバル競争と無縁の産業は減っていく一方である。

国内市場しか見ていない企業は、次のような問いなど、およそ念頭にないようである。「他国企業の先手を打って新興市場に参入すれば、この事業分野で今後も利益を上げられるのではないか」「ライバルの自国市場に逆襲をかければ、敵の動きも鈍るのではないか」

繁栄著しいあるグローバル企業のシニアマネジャーは、痛烈なコメントを述べている。「ライバル企業が事業ポートフォリオを重視しているとしたら、当社にとっては吉報です。その会社のＣＥＯが撤退を決めた事業分野で当社がどれだけ市場シェアを伸ばせるか、かなりの精度で予測可能です」

ＳＢＵの弊害

部門や階層に囚われずに事業戦略を実行する「ＳＢＵ」（戦略事業単位）を設置する、その中で分権化を図るといった組織政策に妄信的に従うのも考えものだろう。

分権化すれば、事業の成否に関する責任を、正面切ってラインマネジャーたちに負わせることができる。どのＳＢＵも戦略を実行するための経営資源をすべて持っている以上、問答無用というわけだ。したがって、経営陣の評価に傷がつきようがない。責任を明確化するのはたしかに必要である。しかし、競争において局面の打開を図るには、経営陣が付加価値を生み出すことが欠かせない。

ＳＢＵを重視している企業のほとんどが、グローバル市場において強力な流通チャネルやブランドを築けずにいる。とりわけグローバルブランドを育てるには、個別事業の経営資源やリスク許容度に縛られない自由度が求められる。

欧米企業の中にも、ハインツ、シーメンス、ＩＢＭ、フォード、コダックほか、30～40年以上も前からグローバルブランドとして定着している例もあるとはいえ、この10年ないし15年の間で新たにグローバルブランドを築き上げた欧米企業は、およそ思い当たらない。ところが、ＮＥＣ、富士通、松下電器産業、東芝、ソニー、セイコー、エプソン、キヤノン、ミノルタ、ホンダほか、日本発の事例には事欠かない。

ＧＥの事例は、実に多くを物語っている。ＧＥは超巨大企業であるにもかかわらず、欧州やアジアでは、たいていの事業分野で無名のままである。それは、全社を挙げてグローバル市場での基盤を構築するという取り組みをなおざりにしてきたからだ。

国外進出を目指す事業部門は、未知の市場で信用を得るために孤軍奮闘しなければならなかった。当然ながら、かつて強大を誇った事業部門の中には、グローバルブランドを築き上げるという大仕事に二の足を踏むところもあった。

これとは対照的に、サムスン、大宇（デウ）、ラッキー金星（現ＬＧ）などの韓国企業は、小粒ながらも、全社を挙げて懸命にグローバルブランドの構築に努力した。このため、傘下事業は皆、比較的容易に他国市場に進出できた。

ここから「グローバル市場へと羽ばたくうえでは、範囲の経済は規模の経済と同じくらい重要である」というシンプルな原則が引き出せる。ただし、範囲の経済を働かせるには、部門横断的な取り組みが不可欠であり、そのための音頭を取るのは、まさしく経営陣の役割である。

ＳＢＵ重視の組織は融通が利きにくく、そのせいでスキル不足に陥った企業もある。各ＳＢＵ単独では、半導体、光ディスク、燃焼機関といった分野のコア・コンピタンスを維持・強化するための投資がままならず、競争力を維持するには、日本や韓国などのライバルから主要部品を調達せざるをえなくなる。SBUはたいてい製品市場に基づいて組織されているため、価格や性能に優れた最終製品を提供できるかどうかが生命線となる。そのせいで、SBUのマネジャーたちは、外部調達によって製品開発するやり方と、自社開発して組織にコンピタンスを根付かせ、これを他のSBUと共有するやり方との間に、大きな違いを認めようとしない。

また、上流工程である部品製造を単にコスト源と見なし、コストプラス方式で社内取引していると、このコア業務への追加投資は下流工程への投資よりも収益性が低いと考えがちである。さらに困ったことに、コア・コンピタンスを社内に定着させる価値は、財務データには反映されない。

多くの日本企業は、グローバルブランドやコア・コンピタンスの構築に向け、全社一丸となって取り組んでいる。他方、このような結束力に乏しい企業は、結局のところ、いくつもの事業部門の寄り合い所帯にすぎず、当然すきだらけである。そのため、地道にコア・コンピタンスへの投資を続けている他国企業から攻勢を受けると、ひとたまりもない。

攻勢をかける側は、国内市場しか見ていない企業に部品などを供給し、長期的に自社に依存させるように仕向ける一方、全社の足並みを揃えて範囲の経済を活かしながら、グローバルブランドを築き上げていく。

ROIの罠

分権化の進んだ組織の弱みとしてもう一つ、画一的な業績評価基準の採用が挙げられる。この傾向はSBUを導入している企業でとりわけ顕著である。多くの企業では、事業部門長の手腕をＲＯＩ（投資利益率）だけで評価する。

不幸にも、このやり方は、ともすると投資や人員の削減を招く。事業部門のマネジャーたちは、分子である売上げを増やすよりも、分母を構成する投資額や人員数を減らしたほうが業績評価基準を手っ取り早く底上げできることに、すぐ気づくからだ。

ＲＯＩを重視すると、業界が低迷し始めた時に過剰反応を引き起こすという弊害も生まれる。これは大きなツケになりかねない。不況時に、反射的に投資を抑え、人員削減してしまうと、景気が上向いてきた時に、必要なスキルを身につけ、投資の遅れを取り戻すために、何と時間がかかるものかと、いたく後悔することになる。

こうして、景気が循環するたびに、市場シェアがじりじりと落ちていく。なかでも、人材獲得競争が激しく、他社が投資に熱心な業界では、このような対応は競争力を確実に低下させる。

マネジャーを頻繁に異動させると、先で指摘したように、何かというと分母を削ろうとする傾向にますます拍車をかけることになる。この点には、ビジネススクールにも責任がある。すなわち、その教育のせいで「ＮＰＶ（正味現在価値）の計算とポートフォリオ・プランニングさえできれば、ありとあらゆる事業を経営できる」という思い込みが定着してしまったからだ。

ローテーションの落とし穴

多角化企業では一般に、経営陣は数字だけでラインマネジャーの業績を評価する。それ以外に話し合いの材料がないからである。また、そのような企業のラインマネジャーたちは、キャリア開発の一環として頻繁に異動を繰り返すため、自分が担当する事業固有の特性を理解できていない例が少なくない。

たとえば、GEで新規事業を率いる某マネジャーは、出世頭と社内での誉れも高く、5年間に5つの事業分野を渡り歩いてきた。ところがやがて、日本企業との競争に行き詰まり、出世も頭打ちになった。一方、競合先のマネジャー層は、一つの事業分野で10年以上も地道に努力してきた人たちばかりだった。

短期間に次々と異動しながら出世の階段を駆け上がってしまうと、たとえどれほど努力を重ね、能力にも恵まれていたとしても、十分なビジネス経験が身についていないため、技術面での選択肢、ライバルの戦略、グローバル市場でのビジネスチャンスなどについて、中身の濃い議論はできない。

このため、議論のテーマはいきおい数字中心になり、どのポストに就いても財務と戦略プランニングの面でしか貢献できない。しかし、自社でのみ通用する戦略プランニングや財務の知識によってビジネス経験の不足を補ったところで、競争に風穴を開けられるわけではなかろう。

各ポストでの任期が2～3年だとわかっていると、マネジャーは「早く実績を上げなければ」と焦る。このようなプレッシャーは通常、2種類の反応をもたらす。自分の現職中にクリアしなければならない目標にだけ集中するか、ごく短い期間に高い目標を達成しようとがむしゃらになるかのどちらかである。

ナンバーワンを目指すのがストラテジック・インテントの狙いとはいえ、わずか3～4年でそれを成し遂げるように求めては悲惨な結果を招くだけである。組織統合の難しさに注意を払わないままM&Aに走る。矢継ぎ早に施策を打ち上げて、組織を消化不良に陥らせる。競争への影響を十分に見極めずに、他社とのコラボレーションに乗り出す等々――。

現場とのコミュニケーション不足

経営理論や戦略プランニング手法のほぼすべてが、企業目標に基づいて事業部門の戦略が決まり、それに沿って各職能部門の戦術が固まるという前提に立っている。(注5)

このような戦略のヒエラルキーの下では、経営陣が戦略を立案し、現場がそれをただ実行することになる。つまり、立案と実行は別々の人たちが担っているわけだ。これでは、経営陣に権限が集中し、一般社員は単なる歯車のように扱われることになり、ひいては競争力の低下につながる。社員たちは「我関せず」と、企業目標を無視し、競争力の向上に努めたりはしない。

経営陣をカリスマ視する風潮を助長する要因は、もちろんほかにもある。「クライスラー中興の祖、リー・アイアコッカ」「オリベッティを再建したカルロ・デ・ベネデッティ」「アップルを救ったジョン・スカリー」など、有名経営者を神格化する動きも、その一つである。

事業環境の激変もしかりである。ミドルマネジャーたちは、荒波に押し流されそうだと感じると、わらをもつかむ思いで「経営陣がすべてを解決してくれる」と信じようとする。経営陣は、社内の失望を招くのを恐れ、真実を明かすことができない。

以上のような要因が重なった結果、えてして社内は沈黙が支配し、競争力の衰えなど、ほとんど知られないままとなる。

ある企業の事業部長クラスを対象にインタビューしたところ、経営陣からいっこうに競争上の課題が伝わってこないため、大きな不安を抱えている様子が感じられた。経営陣からのコミュニケーションがおざなりになっているため、「上層部はおそらく問題の存在に気づいていないのではないか」と気を揉んでいたのだ。

ところが、これら事業部長たちも、部下たちに実情を包み隠さず伝えてはいなかった。「部下たちは現実を正面から受け入れられそうもない」というのがその理由である。一般社員が、自社が競争上の脅威にさらされていることを知るのは、賃金交渉の場だけに限られる。「状況が厳しいから、何とか譲歩してくれ」と迫られるからだ。

残念ながら、みんなが脅威を感じていながら、誰もそれについて語らないと、不安だけが一人歩きし始める。むしろ、脅威の存在をはっきり認め、全社を挙げて問題解決に取り組む体制を敷いたほうが、不安は抑えられる。社内を活性化するには、何よりもまず、経営陣に率直さと謙虚さが欠かせない。お題目を唱えるよりも、社員の経営参加を引き出さなければならないことも、率直さと謙虚さが必要な理由である。

QCサークルやトータルサービスの実現といった取り組みを見ると、なかなか期待通りの成果が上がっていないようだが、これは、管理体制を整えれば成果が出てくると、経営陣が誤解しているからである。

新しいケイパビリティが容易に身につかないのは、一般にはコミュニケーションのせいだとされる。上から下へのコミュニケーションが効果的であれば、つまり「ミドルマネジャーが、きちんとメッセージを受け止めてくれさえすれば」、新しい取り組みもすぐに広まるというのだ。

逆に、部下から上司へのコミュニケーションの必要性は、えてして見過ごされる。あるいは、感想以上の意味はないと見なされる。これとは対照的に、日本企業は輝かしい成果を上げているが、それはマネジャーが優秀だからではなく、現場で働く人たちの知恵を活かす術を見出したからである。

日本企業は、「経営陣は、スペースシャトルに乗って地球の周りを飛ぶ宇宙飛行士のようなものだ」という気づきを得た。喝采を浴びるのは飛行士かもしれないが、誰もが知っているように、ミッションを本当の意味で支えているのは、地上で指令を出したり、制御を担ったりするスタッフたちなのだ。たとえ優秀な人材が戦略プランニングに携わったとしても、あっと驚くような戦略を編み出せるとは限らない。1つ目は、本社や事業部門の企画部門は人数が少ないため、常識を破る発想が飛び出しにくい。

2つ目の理由として、形式化された戦略プランニングの手順からは、異色の戦略が生まれてくる可能性は極めて低い。次年度の戦略は、必ずといってよいほど今年度の戦略を下敷きにして策定される。変更といっても若干の改善が施される程度である。

その結果、既存のセグメントや領域にばかり目が向いてしまう。実はほかの分野に大きなビジネスチャンスが潜んでいるかもしれない。キヤノンはパーソナルコピー機事業にいち早く参入したが、これは日本の事業部門のアイデアではなく、海外の販売子会社による提案がきっかけだった。

本社が土台となる戦略を決め、事業部門以下の組織がそれを具体的な方針や戦術へ落とし込んでいく。このような仕組みは、全社戦略に一貫性を与えることを狙いとしており、それはそれで理にかなっている。ただし一貫性のためならば、戦略をトップダウンで押し付けるよりも、明快なストラテジック・インテントを示すほうが望ましい。1990年代には、野心的な目標を達成するに当たり、一般社員たちにその具体的な方法を考えてもらうことが重要な経営課題となるだろう。

控えめな目標の罪

劣勢を省みず、グローバルリーダーに挑んだ経営者を見ると、石橋を叩いて渡る役人タイプは少ない。

他方、ライバルに打ちのめされた企業を調べてみると、その経営者たちには、壮大な目標、すなわち経営資源の制約やプランニングの枠組みを超越した目標に向かって突き進もうとする気概は感じられない。目標を控えめに設定してしまうと、競争ルールを塗り替えてやろうといった緊迫感や意欲が生まれてこようはずもなく、組織に有意義な指針を示すことなど望むべくもない。

グローバル競争を勝ち抜くには、具体的な方向性を示すことが欠かせないが、財務目標と漠然としたミッション・ステートメントだけでは、その役目を果たせない。背伸びをせず、控えめな目標を掲げる理由として、一般的に金融市場の存在が指摘される。しかし、投資家たちがいわゆる短期業績を重視するのは、たいていの場合、「経営陣はおそらく、高い目標を掲げて実現するだけの力量を持たないだろう」と考えているからではないか。

ある企業の会長は、業績の思わしくない事業から撤退し、他の事業を徹底的に合理化したことで「使用総資本利益率（ROCE）を40％超にまで押し上げたにもかかわらず、PER（株価収益率）は8倍の低水準に留まっている」と憤懣(ふんまん)やるかたない様子で語っていた。

しかし、株式市場のメッセージは明快である。「経営陣の手腕は評価できない。これまでのところ、事業を拡大して利益を生み出すという力量がまったくうかがわれない。無理や無駄を削り、人員や投資を減らしただけだ。早晩、経営資源の活用に長けた企業に買収されてしまうだろう」

欧米の大企業の業績に、株式市場から信認を得られそうな要素はおよそ見られない。投資家たちは、意味もなく近視眼に陥っているのではない。彼らが懐疑的になるのにも、それ相応の理由があるのだ。経営陣が壮大な目標を掲げずにいるのは、活力ある成長に向けて全社を結集させる自信がないからだろう。その自信がないために、財務目標を引き上げただけでお茶を濁しているのだ。

壮大な目標を達成できるという自信を社内に植え付け、モチベーションを高め、新しいケイパビリティを着実に身につけることこそ、経営者の挑戦課題にほかならない。このようなチャレンジこそ、グローバルリーダーを目指して全社を率いていく勇気を湧き立たせるものなのだ。

【注】

（1）マネジメントにいち早く戦略の概念を応用したのは、H・イゴール・アンゾフとケネス・R・アンドルーズである。H. Igor Ansoff, *Corporate Strategy: An Analytic Approach to Business Policy for Growth and Expansion*, McGraw-Hill, 1965.（邦訳『企業戦略論』産業能率大学出版部、1969年）ならびにKenneth R. Andrews, *The Concept of Corporate Strategy*, Richard D. Irwin, 1971.（邦訳『経営幹部の全社戦略』産業能率大学出版部、1991年）を参照。

（2）Robert A. Burgelman, "A Process Model of International Corporate Venturing in the Diversified Major Firm," *Administrative Science Quarterly*, June 1983.

（3）たとえばMichael E. Porter, *Competitive Strategy: Techniques for Analyzing Industries and Competitors*, Free Press, 1980.（邦訳『競争の戦略』ダイヤモンド社、新訂版、1995年）がある。

（4）多角化企業における資源配分の戦略フレームワークは、以下に紹介されている。Charles W. Hofer and Dan E. Schendel, *Strategy Formulation: Analytical Concepts*, West Publishing, 1978.（邦訳『戦略策定』千倉書房、1981年）

（5）一例としてPeter Lorange and Richard F. Vancil, *Strategic Planning Systems*, Prentice-Hall, 1977.がある。

対照的な2つの戦略

筆者らはこの10年間、グローバル競争、国境を超えた企業間提携、多国籍企業のマネジメントといったテーマの研究を通して、米国、欧州、日本のシニアマネジャーたちと接してきた。

グローバル市場での成功と失敗の理由を探り出すにつれて、欧米と極東のビジネスリーダーたちは、往々にしてまったく異なる競争戦略に基づいて事業展開しているのではないかという思いが募ってきた。その違いを理解できれば、競争の成り行きと結果を解き明かし、なぜ日本企業が躍進し、また欧米企業が後退したのか、従来の説に新たな視点を提供できるのではないかとも考えた。

そこで筆者らは、調査に協力してくれたマネジャーたちの行動の裏にある戦略モデルについて分析し始めた。次いで、いくつかの競争事例を選び、その詳しい経過を追跡した。戦略、競争優位、経営陣の役割についての考え方が違うことを裏付けるために、証拠となる事実も探した。

ここから、次のような2つの対照的な戦略モデルが浮かび上がってきた。

戦略1：戦略のフィットを保つことを重視する欧米流の戦略
戦略2：経営資源の制約を乗り越えるための戦略

これら2つの戦略はけっして排他的ではないが、重点がまったく異なる。この重点の違いが、競争の帰趨に深く影響している。

戦略1、戦略2はともに、「限りある資源でいかに競争と向き合うか」という問題意識を土台にしている。ただし、戦略1が、資源の制約に合わせて目標を決めるのに対して、戦略2では、資源の制約を物ともせず、無謀とも思える目標を達成しようとする。

また、2つの戦略モデルはいずれも、競争優位の力の大きさによって収益性に差が出ることを前提にしている。戦略1は、息の長そうな優位性を重視するが、戦略2では、目覚ましいスピードで知識や技術を吸収し、たたみかけるように新たな優位性を身につける。

どちらの戦略モデルも、規模の大きな相手と戦うことの難しさを踏まえている。しかし、戦略1がニッチ市場を探そうとする、あるいは確かな足場を築いた企業に挑むのを避けようとするのに対して、戦略2は競争ルールを刷新して、既存企業の優位性を無効にしようとする。

「さまざまな事業活動のバランスを図ると、リスクを低減できる」という気づきも、両者に共通している。戦略1は、収益性の高い事業とそうではない事業をうまく組み合わせようとする。戦略2は、優位性を幅広く、かつバランスよく揃えて、競争のリスクを抑えようとする。

さらに、2つの戦略はどちらも、組織を細分化し、各企画担当部門の投資ニーズを差別化する必要性を認識している。

戦略1は、各製品事業部門に経営資源を割り振る。製品、流通チャネル、顧客の関連性を切り口にユニットを設け、どのユニットも、その戦略を実行するうえで重要なスキルをすべて備えていることを前提としている。

戦略2では、製品別ユニットだけでなく、マイクロプロセッサー制御、エレクトロニック・イメージングなど、コア・コンピタンスに投資する。経営陣は、各戦略ユニットの事業計画が将来の発展を妨げることがないように、事業横断的な視点から投資の状況に目を光らせる。

どちらのモデルも、各組織階層が足並みを揃えて行動する必要性を理解している。

戦略1では、主に財務目標に基づいて本社と事業部門の整合性を取ろうとする。戦略を実現する手段を細かく決めて、それを守らせることによって、事業部門と職能部門の歩調を揃えようとする。業務手順を標準化し、市場を定義し、業界慣行に従うのだ。

戦略2では、ストラテジック・インテントという旗印の下、本社と事業部門のベクトルを一致させる。事業部門と職能部門は、中期的な目標や課題に対処する中で互いに足並みを揃え、そこでは下層の社員たちも、これらの目標を達成する方法を考えるよう奨励される。

敗北のプロセス

この20年間、グローバル市場の覇権をめぐり、主に日欧米企業の間で激しい競争が繰り広げられてきた。そこでの攻撃と撤退のパターンは、業界を問わず驚くほど似通っていた。筆者らはこれを「敗北のプロセス」と呼んでいる（図表30-2「敗北のプロセス」を参照）。このプロセスの根っ子にあるのは、ストラテジック・インテントの見落としである。欧米企業は、ライバルに照準を合わせた長期の目標を持たないため、ライバルがストラテジック・インテントを掲げているなどとは、思いも寄らない。

しかも、他社による脅威の大きさを既存の経営資源の量だけで決め付け、フットワークの軽さや機知などは考えに入れない。このため、まるで申し合わせたかのように、小規模なライバルを見くびる結果となった。

ところが相手は、ライセンス契約を通してスピーディに技術を身につけ、ＯＥＭ（相手先ブランドによる生産）によって市場の理解を深め、組織の下層まで巻き込んだ全社的な取り組みをてこに、製品の品質と生産性を向上させた。欧米企業は、相手のストラテジック・インテントにも、また目に見えない優位性にも気づかず、完全に不意を突かれる格好となった。

しかも、新規参入者はたいてい、最初から既存企業に正攻法で挑むのではなく、まずは市場の周辺部分を攻めてきた。ホンダは小型バイク、ヤマハはグランドピアノ、東芝は小型の白黒テレビを製造・販売するという具合だった。このため、既存企業は往々にして、「相手はニッチ戦略を選んだのだろう」と高をくくり、寝首をかこうとしているなどとは夢にも思わない。

図表30-2 敗北のプロセス

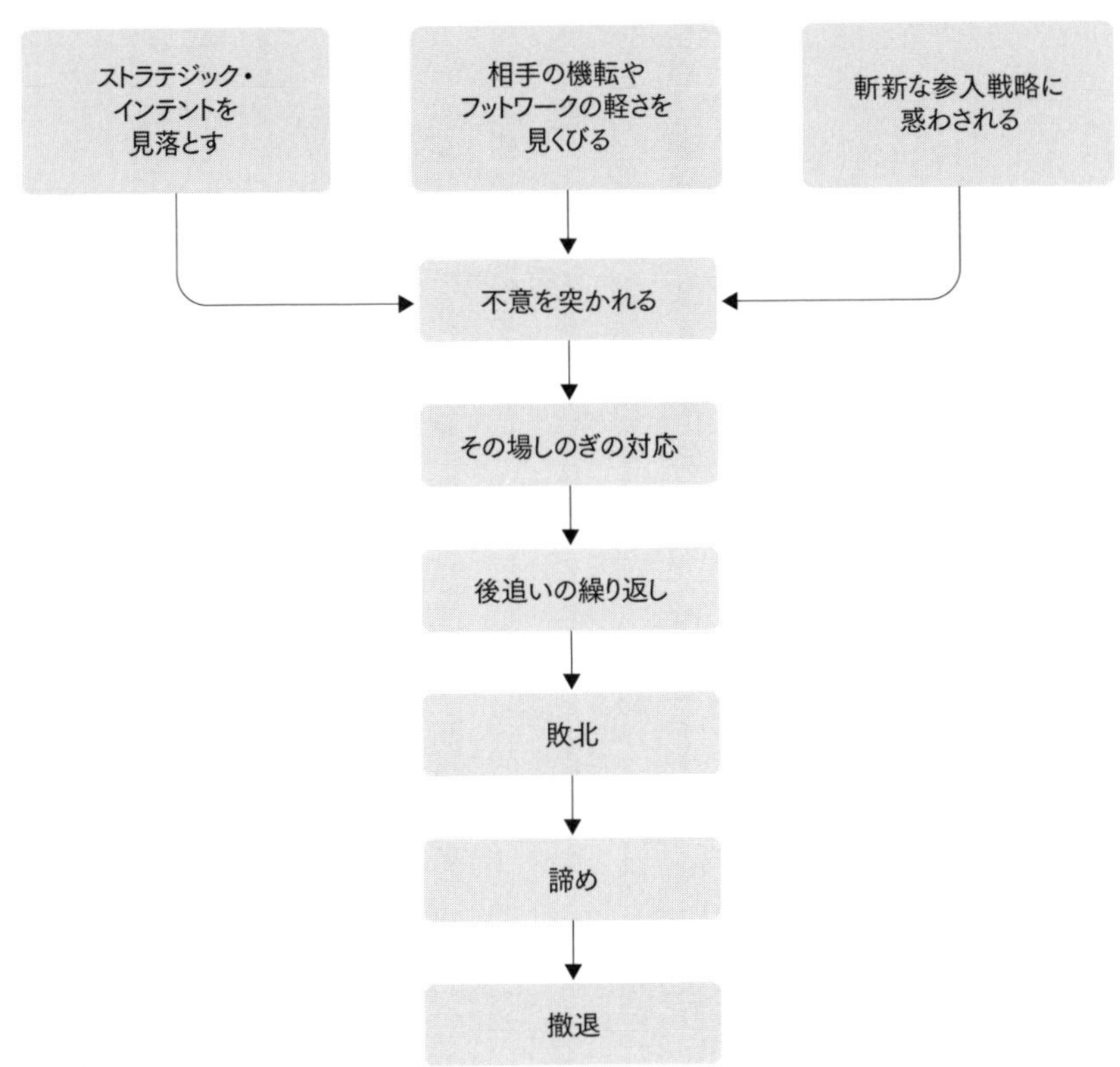

新興国企業への少額出資、新しい流通チャネルの開拓、大々的な企業広告など、従来とは異なる参入戦略についても、「ただ奇をてらっているだけだ」と歯牙にもかけなかった。たとえば、筆者らが意見交換した経営者やマネジャーは、欧州のコンピュータ市場における日本企業の現状について、「取るに足らない」という見方を示した。ブランド別シェアで見れば、たしかにその通りである。ところが、欧州系コンピュータメーカーのハードウェア売上高は、実にその3分の1が日本メーカーの部品などに頼って

いる。

ドイツの自動車メーカーも、「日本メーカーが高級車市場に攻め込んでくるおそれはないだろう」とのんきに構えていた。しかしポルシェなどは、低価格モデルが日本メーカーの凄まじい攻勢を受け、この分野からの撤退を発表した。

欧米のマネジャーは、ライバルの戦術を読み誤るという失敗を重ねてきた。日本企業や韓国企業の武器を「低コストと高品質だけ」と甘く見た。このため、たとえば生産拠点を海外に移す、アウトソーシングに乗り出す、品質向上プログラムを立ち上げるなど、その場しのぎの対応に終始した。

ライバル企業が次々と新しい優位性を身につけ、関連性の高い製品セグメントへと拡大を図り、グローバルブランドの構築を進めているにもかかわらず、欧米企業のほとんどはその全体像をとらえ切れなかった。このように敵の戦術を表層的に見た結果、後追いを繰り返すことになった。

こうして、一社また一社と力尽き、やがて「初めから負け戦だったのだ」と諦めの境地へと至った。言うまでもなく、最初から負け戦と決まっていたわけではない。最終的な狙いを隠し、真っ向勝負を避けながら攻撃を仕掛けてきた敵の術策に、見事にはまっただけなのだ。

な行

は行

ま行

ら行

わ行

【人名】

あ行

か行

さ行

た行

ま行

や行

ら行

わ行

た行

な行

は行

か行

さ行

索引

【事項・社名・機関名】

英数字

あ行

『Harvard Business Review』(HBR)とは

ハーバード・ビジネス・スクールの教育理念に基づいて、1922年、同校の機関誌として創刊され、エグゼクティブに愛読されてきたマネジメント誌。また、日本などアジア圏、ドイツなど欧州圏、中東などでローカルに展開、世界中のビジネスリーダーやプロフェッショナルに愛読されている。

『DIAMONDハーバード・ビジネス・レビュー』(DHBR)とは

HBR誌の日本語版として、米国以外では世界で最も早く、1976年に創刊。「社会を変えようとする意志を持ったリーダーのための雑誌」として、毎号HBR論文と日本オリジナルの記事を組み合わせ、時宜に合ったテーマを特集として掲載。多くの経営者やコンサルタント、若手リーダー層から支持され、また企業の管理職研修や企業内大学、ビジネススクールの教材としても利用されている。

経営とは何か ハーバード・ビジネス・レビューの100年

2023年4月4日　第1刷発行

編　者――ハーバード・ビジネス・レビュー編集部
訳　者――DIAMONDハーバード・ビジネス・レビュー編集部
発行所――ダイヤモンド社
〒150-8409　東京都渋谷区神宮前6-12-17
https://www.diamond.co.jp/
電話／03･5778･7228（編集）　03･5778･7240（販売）

装丁・本文デザイン―デザインワークショップJIN（遠藤陽一）
校正――――茂原幸弘
製作進行――ダイヤモンド・グラフィック社
印刷――――新藤慶昌堂
製本――――ブックアート
編集担当――前澤ひろみ

ISBN 978-4-478-11581-7